华中科技大学民族精神研究院主持

国家教育部重大攻关项目“弘扬和培育民族精神研究”成果

民族精神研究丛书

主编：杨叔子 刘献君 欧阳康

民族精神研究丛书

杨叔子 刘献君 欧阳康 主编

民族精神

思想碰撞与方法借鉴

——民族精神的比较研究

欧阳康 主编

人民出版社

总　序

杨叔子　欧阳康　刘献君

中华民族精神是中华民族在数千年历史发展中形成的以爱国主义为核心的团结统一、爱好和平、勤劳勇敢、自强不息的伟大精神。在发生亘古未有之巨变的近现代，中华民族精神一方面经受了巨大的挑战，显示出强大的生命力，但同时也得到了新的磨炼、丰富和扩展。在当今全球化的时代背景下，国家之间的竞争已不仅仅是经济实力的竞争，同时更是文化实力的竞争。一个民族，没有强大的科学技术，一打就垮；没有民族精神和文化，不打自垮。先进生产力的发展离不开先进的文化，而先进文化归根到底依赖于并体现于文化精神的先进。在全面实现小康社会的伟大历史征程中，在贯彻落实科学发展观的伟大社会实践中，中国特色的社会主义文化建设尤其应当把民族精神的培育和弘扬作为重中之重。江泽民在中国共产党第十六次全国代表大会上所作的报告中指出："面对世界范围各种思想文化的相互激荡，必须把弘扬和培育民族精神作为文化建设极为重要的任务，纳入国民教育全过程，纳入精神文明建设全过程，使全体人民始终保持昂扬向上的精神状态。”为此，2003年教育部设立了哲学社会科学重大攻关项目“弘扬与培育民族精神研究”课题，华中科技大学组队申报获得成功。至承担课题后，又组成了课题组，课题组成员围绕如何弘扬与培育中华民族精神这一时代课题，从理论、历史、现实、比较、对策等不同角度进行了一系列深入的研究和考证。经过多年的精心组织、分工合作、联合攻关形成了本套丛书，集中反映了我们在这方面所取得的具有学术和应用价值的初步研究成果。

一

民族精神是一个民族在长期共同生活和实践中逐步形成和培育起来的，并通过他们特定的社会行为方式表现出来的思想观念、价值信念、性格与心理的总和。作为一种特定的文化现象，民族精神是一个民族共同的思想品格、价值取向和道德规范的综合体现，是被高度综合和概括了的一个民族的共同的精神品质和风貌。中国传统文化博大精深，源远流长，勤劳善良的劳动人民在长期的社会生产实践中逐渐形成了一系列优秀的文化传统和文化精神。在此基础上也形成了以爱国主义为核心，以团结统一、爱好和平、勤劳勇敢、自强不息为主要内容的中华民族精神。仁民爱物、忧乐天下、自强不息、与时偕行是中华民族精神的精髓。在全球化浪潮中，现代文明的示范影响早已突破商品生产和贸易往来，渗透到社会生活的方方面面，人们在日常生活中所接受的已不仅仅是本国本民族的文化传统和生活习俗,而且有来自世界各地的文化和信息。伴随文化交流而来的文化渗透,必然产生对民族文化的冲击,对于各民族的价值体系、思维方式、伦理观念、国民品性以及审美情趣,都会产生难以估量的影响。厘定固有民族精神的优秀因子,汲取其他民族精神的合理因素,凝聚中华民族的新的精神形态,是实现中华民族的伟大复兴并跻身世界伟大民族之林的必然要求。

开展民族精神研究具有深远的理论意义和实践意义。首先,该研究将有助于提高全体国民对民族精神重要性的认识,自觉地用民族精神指导、规范、激励自己的思想、意志和行动,成为合格的有美德的公民。其次,该研究有助于在经济全球化背景下,强化凝聚民族精神、加强民族认同的时代感和紧迫性,以爱国主义精神支持和激励民族的团结和国家的统一。最后,该研究有助于为精神文明建设提供根本的着眼点、新的思路和具体落实措施,从制度和规则上保障转变社会风气,有效地服务于全面建设小康社会,使物质文明、精神文明和政治文明及其制度建设协调发展,并为人类走出精神的低迷、形成新的文明做出贡献。

根据我们的考察,以往的研究成果虽取得了有目共睹的成绩,但还存在着严重的不足之处:

一是缺乏系统性。研究者往往仅仅从自己所在的学科出发来开展研究,而缺乏对于这个宏大课题的整体关照,少有从整体上去把握弘扬和培育民族精神这个论题的应有广度和深度。实际上,“弘扬和培育民族精神”这个论题是一个有自己理论体系的重大课题,从概念内涵、基本原理、基本规律到研究路径,应该是多层的立体的。

二是缺乏实证性。没有或少有关于民族精神现状的严密和求实的社会调查作为理论研究的支撑,因此研究难以深入,突出表现在论题和论证存在"泛化"倾向。如论证有一定的广度而深度欠缺,纵向谈论较多而横向比较研究很少。概而论之的多,深入具体分析的少。

三是缺乏比较性。对于国外和海外如何培育和弘扬民族精神不甚了解,缺乏多种参照系,也就难以更加科学合理地把握我们自身的民族精神。

四是缺乏时代性。对于如何在经济全球化和世界一体化的全新时代背景下培育和弘扬中华民族精神缺乏足够的关照。

五是缺乏建构性。对于如何科学合理和有效地弘扬中华民族精神缺乏具体和系统的探讨,缺乏对策性的建议,从而难以在实践中发挥积极作用。

有鉴于此,进一步开展弘扬与培育民族精神的研究就具备了现实的可能性和较大的探索空间。

二

我们的研究目标是:在认真学习吸取已有研究成果的基础上,努力克服在理论研究和实践运作中尚存的问题,科学地运用马克思主义哲学的基本理论和方法,立足于对世界格局、时代精神、中国特色的全面把握和深刻理解,以理论与实证、历史与现实、批判与继承、比较与借鉴相结合的方法,确立合理可行的研究思路和构架,围绕弘扬和培育民族精神的主题展开系列研究,构建和完善中华民族精神研究的理论体系,探索和寻求弘扬培育民族精神的实施策略和有效路径,为弘扬培育民族精神的实践提供理论与制度、机制上的支持。为此,我们分别从以下方面进行了深入细致的研究:

理论研究。旨在通过多学科交叉与综合基础上的学理性研究来奠定民族精神研究的学术和理论基础,其基本内容可概括为民族精神与民族生存、民族精神与民族文化以及民族精神与现代人的生存境遇三个部分。

历史研究。旨在以中华民族精神的起源、演化和发展进程为主线,通过深入研究来揭示中华民族精神发展的历史命脉和内在逻辑。

实证研究。目的是通过严密科学和广泛合理的社会调查统计和资料分析,展现当代中国人的精神生态,把握当前中国公众对中华民族精神的认同状况,揭示在民族精神的弘扬与发展实践中尚存的问题。

比较研究。我们力求以开阔的国际化视野将中华民族精神的弘扬与培育置于全球性的文化和精神碰撞之中,通过对跨国跨境不同文化和民族精神的比照和研究,尝试从海外境外寻求思想和学术借鉴,以推动中华民族精神的不断发展与创新。

对策研究。这是本课题研究的落脚点和归宿,旨在通过深入的历史与现实、理论与实践研究,探索有效弘扬民族精神的基本途径与方法。

三

本课题组自2004年年初启动"弘扬与培育民族精神研究"

课题后，专门成立了国内首家民族精神研究院，下设若干研究所，集中学校和海内外专家协同攻关；开设了“弘扬与培育民族精神”系列学术讲座，宣传造势，形成良好的学术和社会氛围；召开了“弘扬和培育民族精神”课题开题报告会和“全球化与民族精神”国际学术研讨会等，广泛开展国际和国内学术交流；在《华中科技大学学报》(社会科学版)开设了“民族精神研究”专栏，自2004年第1期开始到现在持续刊登本专题论文，已发表了近百篇相关专题学术论文。在进行学术研究的同时，我们根据国家教育部关于将中华民族精神教育贯穿在国民教育的全过程的要求，编辑出版了《中华民族精神教育读本》系列教材，分为小学版(含拼音版)、初中版、高中版，由华中科技大学出版社出版，力图将学术研究成果转化为教材和教学内容。教材已于2007年春季开始在湖北省部分中小学使用，迄今已印刷发行15万册，产生了较大的社会影响。

我们把弘扬与培育民族精神的研究从学理、实证、比较、对策等四个主要方面设立了相应的课题组，在课题负责人的带领下开展协同研究，取得了丰硕的和有价值的研究成果，形成了目前这5本学术专著。通过研究，在以下方面取得了一定突破：

其一，从人类生存的视角考察了民族精神与民族生存的相互关系；科学界定了民族精神的本质属性和文化内涵；探讨了民族精神与意识形态的关系；揭示了民族精神的道德支撑及其形而上学本质。

其二，探索了民族精神在表现方式上的多样性及其和时代内涵的统一性；揭示了民族精神与时代精神的关联；阐明了民族精神的相对稳定性及其与时俱进的变化性之间的关系。

其三，勾勒出比较清晰的民族精神的内容体系；系统阐述了民族精神与民族文化、哲学的民族精神与文化的民族精神之间的关系；全面把握中华民族精神的核心内容与构成要素、传统形态及其现代转换。

其四，探讨了中华民族精神与其他民族精神间的良性互动问题；分析了不同文化传统和民族精神比较研究的必要性和可能性；指出了民族精神比较研究中的误区并对民族精神比较研究中的若干前提性问题进行了反思；对与中华民族未来发展走向密切相关的东西方民族国家的不同文化传统和民族精神进行了较为细致深入的比较研究。

其五，结合实证研究手段，通过全面系统、科学合理的社会调查及其数据分析，揭示了当代中国人的精神生态和新时期的社会意识状况，为探索弘扬与培育中华民族精神的现实途径提供了可靠和有效依据。

其六，积极探索新时期培育与弘扬中华民族精神的有效途径和方法建议；把弘扬民族精神作为全面建设小康社会和人的自由全面发展的必要精神条件，为全面建设小康社会寻求理论资源和动力。

其七，研究了全球化进程中民族的自我认同和民族凝聚问题；为民族成员提供自觉弘扬、培育坚守民族精神的明确目标；同时提出了适应新的时代的以继承民族文化核心理念为基础的现代民族精神系统。

通过研究我们清醒地认识到，正如马克思所言，理论的难题无非是实践难题的一种观念表现。对于任何可能把理论难题探讨引向神秘主义的东西，都应当在实践中和对实践的合理理解中得到科学的解答。面对经济全球化和世界一体化的挑战，当代中华民族的民族精神应该而且必将在社会主义市场经济和现代化建设的实践中得以振兴、提升和发扬光大。当代中国特色社会主义建设的伟大实践不仅是民族精神的学术研究活动，更是中华民族精神的弘扬与培育最为丰厚的思想源泉和不竭的发展动力。

四

经过多年的精心研究，课题组成员积极探索了民族精神从理论走向实践的有效路径。但由于以下原因，本课题研究还需继续推进：第一，民族精神是一个非常重大和复杂的问题，具有很强的跨学科、跨地域和跨文化性，需要更加深入持久的研究；第二，从中央到民众对这个问题的认识与认同都在不断的深化和发展之中，尤其是社会主义核心价值体系构建和建设中华民族共有精神家园问题的提出，对于民族精神研究提出了更高的要求；第三，弘扬民族精神是一个涉及面很广、实践性很强、政策性很强的任务，需要更加全面深入的研究和探讨；第四，我们的学术平台刚刚搭建起来，学术队伍刚刚整合起来，学术研究的水平还有待提高，以推出更有分量的成果。

为此，我们准备在以下方面继续开展相关研究：一是继续深入开展理论研究，尤其是深入开展民族精神与社会主义和谐文化、民族精神与社会主义核心价值体系、民族精神与中华民族共有精神家园相关性研究。二是继续在民族精神层面开展国际学术对话与交流，积极学习借鉴其他国家开展民族精神教育的经验和办法,加强中华民族精神的国际宣传与交流,提升我国的国际影响力和竞争力。三是加强研究成果在实际中的推广应用。四是认真总结弘扬和培育民族精神的实践经验,在合适的时候推出适合大学生和各方面各层次人员需要的民族精神教育读本。五是开展民族精神与科技文化沟通与交融的理论与实践研究,探讨在现代条件下全层次有效开展民族精神教育的科学合理途径。

弘扬与培育民族精神是一个重大的研究课题,涉及的领域广泛,需要多方面的紧密合作。除课题组成员外,在课题设计和研究过程中,国内外、校内外的众多学者都不同程度地以各种方式参与其中,有的还参加了有关书稿的撰写,在此一并表示衷心谢意。课题的研究进展还得益于众多的博士生、硕士生的不断加盟,他们有的帮助搜集资料和翻译论文,还有的以此为题撰写学位论文。本丛书饱含着他们的汗水、辛劳和智慧。我们衷心希望,本丛书的出版不仅有助于民族精神研究的深化,而且能够对中华民族精神在当代中国与世界的弘扬有所助益。

人民出版社的领导和编辑为本丛书的出版费心谋划,特别是哲学编辑室的陈亚明主任、夏青编辑等同仁们的努力,促成本丛书顺利出版。在此表示由衷的敬意和谢忱。

目　录

导　言

民族精神的比较与融通

——兼论中华民族的精神走向

一、开展民族精神比较研究的必要性

关注民族精神的比较与融通问题，是一种社会的需求。中国的事情只有依托于世界的更大背景才能看得更清楚，中国特色的社会主义现代化建设需要有世界性的定位。而在这种定位系统中，无论是对中国问题的研究还是对世界问题的研究都一定需要比较。有学者说过，真正的学术研究没有哪一种是不比较的，也就是说，所有的学术研究都在进行比较，如历史比较、人物比较、著作比较、理论比较、实践比较等。比较是一个非常普遍的方法。我们要澄清一个概念就要把它同其他的概念相对照，我们要搞清楚一个人物就要把他和他的同时代人物加以比较。研究中华民族精神更需要有一个世界的比较背景。

但客观来说，民族精神的比较研究难度非常之大，它不同于一般意义上的文化比较和哲学比较。文化比较中有比较直接现实的东西可以把握。每个人生活在文化之中，每个国家都有自己的文化特色，每个地区都会形成自己一定的文化发展方向。因此当我们进行文化比较的时候可以找到比较清晰的、客观的、直接的、明了的对象。当我们进行哲学比较时,我们根据哲学家所撰写的哲学著作或论文进行各个方位的比较。而民族精神有一种既看不见、摸不着,又无处不在、无所不有的特点。民族精神存在于什么地方,民族精神以何种方式得以表现和发挥作用,这本身就是需要厘析和探讨的事情。因此民族精神的比较研究比较困难。如何才能进行真正意义的民族精神的比较研究而使之不流于形式?这个问题还没有得到很好的解决。笔者曾参加了在圣彼得堡举行的第七届国际哲学与文化大会。笔者带去的任务是研究俄罗斯民族精神,在参加会议之余,尽可能多地看一些材料,做一些实地的考察,看到了很多有形的体现民族精神的东西,如圣彼得堡就体现了彼得大帝的理想和精神,也是彼得大帝精神的现实化。彼得大帝时期将首都从莫斯科迁到了圣彼得堡,并按他的理想设计了这个城市。这个理想渗透了他对西方文化的向往,尤其是对意大利文化、威尼斯城市的向往。在这个意义上从圣彼得堡的城市建筑及其理念中可以看到俄罗斯的民族精神。但这是否就是俄罗斯的民族精神呢,因为我们能够直观地看到的毕竟只有历史上留下的、死的建筑,尽管其中渗透着文化的、活的内容。于是笔者又力图与俄罗斯的学者交谈。交谈中深感俄罗斯历史文化的深厚,同时也为今天的俄罗斯的现状感到惊讶。什么是俄罗斯的民族精神?笔者采访了十几个人都没有得到一个明确的、系统的、有信心的回答。苏联老大哥的形象曾在中国人心目中、至少曾在笔者的心目中占有崇高的地位。但是到了实地却发现那里面临着堪忧的社会状况。这促使笔者去思考俄罗斯民族精神、俄罗斯精神的演变和当今国际形势变化,促使笔者去深入追问,俄罗斯到底发生了什么?俄罗斯所发生的重大事件不仅影响着俄罗斯自身,也影响着中国乃至世界。但是客观一点来说,比较哲学、比较文化问题是很难简单说清的问题,学术界也存在着很大的争论,其最大的争论就是比较研究的合法化问题,也就是比较研究问题可能还是不可能、应该还是不应该、应当怎么样来进行。

二、超越民族精神比较研究中的误区

俞吾金教授曾经谈到过文化比较中的三个误区,那就是随意性、简单化和无根基点。对此笔者是赞同的,也愿意介绍给大家。中国的哲学家庄子讲逍遥,西方的哲学家萨特讲自由,能不能对他们做比较研究呢?孔子与马克思,道与logos,亚里士多德与老子等,能不能比?怎么比?这都是有争议的问题。不论是中国的学者还是西方的学者,他们在进行比较研究时对一些问题的判断都可能带有随意性、简单化的倾向。我们比较尊重的一些学者,比如说梁漱溟先生,他在《东西方文化及其哲学》中提到:西方文化以意欲向前要求为其根本精神,中国文化以意欲自为调和持中为其根本精神;印度以意欲反身向后要求为其根本精神,这是不是准确?陈独秀先生在《东西方民族根本思想之差异》中指出:西洋民族以战争为本位,东洋民族以安息为本位;西洋民族以个人为本位,东洋民族以家庭为本位;西洋民族以法制为本位,东洋民族以情感为本位;西洋民族以实利为本位,东洋民族以虚利为本位。然而生活中是不是都是这样呢?这是值得反思的。比如说西方国家是否都好战呢?至少我们看到,西方的瑞士是永久中立国,永不参战。康德的《论永久和平》被认为是反战思想的永久圣经。是否东方民族都不好战呢?至少我们看到,东方的日本曾经多次挑起过战争。还有人说,西方是个人主义,东方是集体主义;西方是契约文化,东方是血缘文化。这听起来有道理,也不一定能够经得起仔细推敲。因此,当我们谈论民族精神的时候要特别谨慎,切忌随意性和简单化的倾向。一旦简单化和随意化了,比较研究就难以令人信服。笔者在谈到比较哲学与文化研究时多次提到过"围城"的现象,①笔者觉得在中西文化碰撞中也有"围城"现象。笔者也多次提

① 欧阳康:《文化围城及其超越》,《江海学刊》1996年第6期。

到过类似的方法论问题,就是比较研究在什么意义上才是必要的、可行的、合理的,如果我们不能对这个前提性和方法论问题有足够清晰的反思,就会陷入到随意性和简单化的倾向中去。

三、反思民族精神比较研究中的几个前提性问题

正是有感于比较研究中随意性和简单化的倾向问题,我们有必要进一步讨论以下三个方面的问题。

第一,为什么要从事民族精神的比较研究,也就是要重新探讨民族精神比较研究的必要性问题。这可以从四个层面加以探讨:

(1)全球背景下的文化碰撞特别是精神碰撞迫使每个自觉的民族要了解、学习他民族。全球化是一把刀、一个场。全球化作为一个场将原本生活在世界的各个特定地域的民族集中到了狭小的全球性地域空间。具有特色的民族文化原来在各自的领域里发挥着作用,但是现在不得不相遇了,而且是在一个密集的空间里、一个紧迫的时段中相遇了。我们今天在同样的空间中感到的时间压力和在同样的时间中所感到的空间的碰撞,它的密度和程度都超过了历史上的任何时期。民族文化之间的差异变得更加明显和突出,而民族文化之间的矛盾则变得越来越尖锐。正是在这种意义上我们有必要了解、学习他民族文化,尤其是民族精神。之所以说全球化是一把刀,是因为它以自愿的方式砍杀着、阉割着各民族文化的特色,或者说是以一种西化的方式迫使着各民族自觉或不自觉地放弃差异性,走向同一性。全球化是以英语为工具,以资本为主体来推动的。英语化、资本化的全球化对于所有的民族无疑是一场严峻的挑战。这种挑战不仅是在外部文化样态上,尤其触动着各个民族的精神内核。

(2)对民族精神发展方向的自觉研究。从总体上看,比较研究是弱势群体向强势群体学习的必经之路。比较研究在20世纪成为中华民族先进

思想家们关注的重要问题，正由于他们对于现实状态的不满，正由于他们要努力寻求未来发展的合理道路，因此要开展比较。现今比较研究做得比较多的国家一般都是落后国家。当然如果是一个不思进取的民族也不需要比较。而对于一个落后又急需谋求发展的国家，这种比较就显得尤为重要。在比较中一般只会和先进的比，不会和落后的来比。比较研究在当今中国引起普遍的重视，正在于今天的中国有一种特殊的和开放的心态，要积极地谋求发展。

(3)跨文化交往层次的自觉提升。我们过去的国际文化交往很多实际上是表象性的。比如我们学习西方的礼仪、工业、生活。从一定意义上说，我们学习西方的器物现代化方面已经达到了很高的程度，但在学习科学精神和民主精神方面则还有很长的路要走。而文化交往中更重要的是精神的交往，即实质性学习，尤其是精神的碰撞。这种实质性的学习对于今天的中国显得格外迫切，更不用说我们还面临着文化的围城、精神的围城。

(4)对于中华民族来说还面临着如何提升与培育民族精神的问题。我国近年来提出了“培育与弘扬民族精神”并将其作为一项自觉的任务，这本身就是中国社会的一个相当重要的进步。近代以来中华民族的落伍，核心是民族精神的衰退。1840 年以来中华民族在精神气质上可以说是节节败退，精神状态空虚，留下了很多的遗憾与问题。改革开放以来取得了巨大的成就，但在精神生活中确实还存在许多问题，有一个如何在全球化的背景下提升和改造自身的问题。这就需要做国际性的比较。

第二，比较研究的可能性问题，重要的就在于如何超越“围城”。在民族精神的比较研究中，一方面要着力超越西方中心主义、欧洲中心主义、美国中心主义、中国中心主义、传统中心主义等，另一方面我们还要进行三个方面的储备：首先是知识的储备。进行比较是个艰巨工作，要求对比较的双方甚至多方有清晰的了解和把握。其次是方法的储备。要有进行比较研究的恰当和可行的方法论。最后是比较中的价值预设的问题。我们往往带着既成的价值理念去论证某个命题，这往往会犯错误。比如说这次俄罗斯之行，笔者满心期盼地想寻找社会主义和马克思主义在当前俄罗斯人民心目中的状态,事实上他们不愿意,甚至根本没有兴趣来谈论这个问题。于是及时调整自己的目标,和他们探讨当前俄罗斯民族精神的现状,并和他们取得了一些共同的认识。这种可能性是建立在对笔者研究计划的自觉调整的基础之上的。在一定意义上可以说,当我们提出开展比较研究的任务时,实际上也是对自己的知识、方式、思维体系的一种全面反思和提升。

第三,比较什么?一种真正有价值的比较可以从以下方面展开。①比较民族精神的历史渊源,也就是开展寻根之比。哲学研究的本质在于寻根究底、追踪溯源,比较研究也同样赋有这种使命。任何真实的现象都是在一定时间和空间中的存在,都有它发生的历史渊源、演变的历史进程、空间状态、内容的特性等。两种或多种事物的差异是在历史中形成的,一定有其历史的根源,只有通过寻根比较才能找到它们之间的异同的历史之根。因此,比较研究首先应当寻根溯源。②比较民族精神的生存论基础。比较研究中切忌表象性和直观性,对于民族精神的比较研究更是如此。一定的民族精神产生于一定民族的生产方式和生存样态。民族的生产和生存方式孕育了他们的精神状态,承载和表达着一定的民族精神,而民族精神又现实化到生活方式、生产方式、思维方式、情感方式之中。对民族精神的比较一定要重视不同民族的生存论基础。离开了生存论基础的比较则是一种无根的比较,很难拿出任何有说服力的材料。③比较民族精神在其历史演进中获得重大发展的关节点,也就是要关注民族精神演进历程中的重大事件,尤其是历史转折点。一定民族的精神状态会随着民族所遭遇的重大历史事件而发生相应的变化,对于重大历史事件的理解是把握民族精神的非常重要的方面。不同的民族在应对不同事件时会有不同的精神表现,并对民族精神的发展形成不同的结果。通过重大事件的精神比较分析可以更好地了解不同民族精神之间的差异性和相似性。例如,民族精神与民族国家的关系就值得研究。西方国家的民族精神是与西方民族国家的形成相伴相随的,中国与之不同的是中华民族没有经历这么一个环节。如何准确定位中华民族精神的问题,这是一个难题,也是中外民族精神比较研究中的重要问题。④比较民族精神的内容结构和价值取向。究其内容而言,民族文化是一种价值组合和价值体系,民族精神则作为其精神的方面表征着也引导着一定民族的价值取向。相应地,民族精神的比较研究也应当重在把握不同民族精神的价值取向。不同价值组合取决于不同的场景、不同的条件和对象。以价值组合的方式来看一个民族可以看出在该民族的组合价值体系中的主导价值取向。不同民族之间的价值差异一定会通过其价值取向而得到表现。⑤比较民族精神发展历程中的重要代表性人物。一定的民族一定会有自己的领袖。领袖的作用是多重的,最具有历史和时代意义的是他们对于民族意识的自觉和提升。因此,真正的民族领袖必然首先是民族的精神领袖。一个民族的先进思想家和政治代表人物在很大程度代表了一个民族当时的自觉程度和组织程度。⑥比较一个民族在遭遇突发事件时的精神表现和应对能力。这是衡量不同民族的成熟程度的重要方面。⑦比较当代各民族的生机与活力。比较研究有广泛的领域,笔者认为以上各方面应当是加以比较的主要内容。

四、试比较若干民族的民族精神

1. 关于民族精神的历史渊源或对民族精神的发生学考察问题

瑞士学者皮亚杰认为,过去人们的哲学研究、认识论研究、心理学研究都有一个缺陷,就是只研究成人或成熟了的主体的思想和行为。他认为这种研究是重要的但又是不够的,还应当去回溯作为那些成熟了的主体的发生基础和成长机制,这样才能理解成熟的主体和他所从事的各项活动。他的《发生认识论原理》讲到了发生学的方法,发生学的方法是一种历史溯源的方法,它把人的成长看做一个由无知到自觉、由低级到高级不断自我学习、自我塑造、自我提升的过程。而民族的存在和演变也是这样一个过程,民族的发展不仅仅是自然的历史过程,还包含着不断的自我塑造和自我提升。个体的发生在民族的发生中有一个重演律,即个体的发生和民族的成长实际上以浓缩的方式重演着人类、民族演化发展的历程。所以民族精神的研究应该有个溯源的视角。笔者在圣彼得堡开完会后，与两位意大利学者和一位德国学者一道接受了俄罗斯电视台的采访，记者问笔者的第一个问题就是：你如何看待当前西方学者把视野转向东方，寻找东方智慧？你如何看待人类文化起源是一个还是多个源头的讨论？笔者说我们感谢西方学者对于东方文化的关注和青睐，但不希望看到他们对于东方尤其中国文化的简单化理解和功利主义态度，那样搞得不好就会造成对东方智慧的误解，而且带来他们对东方文化的失望。人类文化的源头不可能是单一的，至少从历史的角度我们已经看到了四大文明源头：古巴比伦、古印度、古埃及、古代中国。人类文明是多元的。人类文化既有内在的统一性、相关性，又有着地域的差异性和人种的差异性，这样才使得人类不同文化之间的交往成为必要和可能。今天我们许多民族之间的差异性都应当从历史中找到它们的根据，至少可以从对中国哲学与文化历史渊源和希腊哲学文化渊源的比较中找到。例如，古代希腊是一个多神教的国家，神话学家、历史学家告诉我们，这就是西方文明的秘密，是西方文化为什么会崇尚自由、尊重个性的一种历史根源。中华古代传说的神话学解读告诉我们，中国古代的神话基本上都是史实性的神话。我们过去的神话传说无非是一些历史发展的过程和阶段的形象化描述，我们所尊敬的神无非是古代先民中的代表性人物的集中和提升。所以对民族精神的认识要有一个发生学意义上的考察。对民族精神的源头性回溯有助于加深对于民族精神的根源性理解。

2. 民族精神与民族国家之间的特殊关系

中华民族自秦始皇统一六国开始就形成了一个统一的国家，但民族精神在何时形成是一个值得探讨的问题。而西方民族的民族精神是在民族国家形成的过程中得到提升和强化的。有三个方面的因素非常重要：一是古希腊罗马文化精神的传承；二是宗教精神及其改革；三是现代化价值因素向民族精神内涵的转换。

以英国和美国为例，在一般人的眼中，英国是个有绅士风度的国家，但从历史的角度看，这是与英国革命不彻底性相联系的，而大不列颠民族精神中又蕴涵着民主的和革命的现代因素。从总体上看,大不列颠的民族精神大体上包括了如下几方面的成分:①残余的贵族气质。英国革命是妥协式的革命,君主制的一些东西一直保存到现在,如今女王仍然是英国最高元首,尽管是名义上的。长期贵族统治的因素仍然遗留在英国人的血脉中。保守主义能够长期统治英国,从一个侧面说明一些问题。保守主义要求"不走极端",这就是英国的历史经验和教训。革命都是如此完成的,更无须说其他的事情。②清教伦理精神。清教与天主教之不同在于破除了严格和繁琐的教规,适应了生产发展进步的要求,反对奢华、浪费、纵欲,建立了节俭、节制、强调关心他人的清教。马克斯·韦伯说,清教伦理孕育了资本主义精神。③现代化的价值要素成为大不列颠民族精神的内在组成部分。笔者认为现代化包含六大价值要素:理性化,为了要张扬人性反对神性、强调理性,培根的"知识就是力量",笛卡儿的"笔者思故笔者在",都强调人的理性对于人的自主存在的证明和价值;工业化,利用科学技术发展大工业生产,科学精神成为民族精神的内在要求,这是为何英国人能走向实证主义的一个原因;市场化,大工业机器生产需要大市场、国际市场,而市场交易又要求平等权利;都市化,要求改变生产方式的同时,改变居住方式、生活方式,使农村人口转变为城市劳动力;民主化,要求建立能够保护资产阶级的财产体系并与之相应的民主政体;法治化,要求建立能够保护资产阶级民主政体的法律制度。这些价值都通过英国的工业革命和社会革命而转化为大不列颠民族精神的内在组成部分。

而美国的民族精神包含如下5个要素:①欧洲殖民文化的痕迹。在历史上,北美是欧洲宗主国的殖民地,欧洲传统是美国文化的历史基础,有一种血缘性的传承。②宗教改革和清教伦理的影响。美利坚民族同英国与欧洲国家一样受到了宗教改革和清教伦理的影响。而且当时受迫害的清教徒到北美大陆去发展,也带去了他们的社会理想,他们对于自由的向往,他们所具有的勤俭节制、互助合作这些非常好的价值、习惯和道德。③现代文明的全新建构,美国在这方面又大大优于英国,美国历史上没有严格的贵族制,也没有不彻底的革命留下的不良痕迹。所以它可以在全新的基地上建立起一个完全意义上的三权分立的政治体制、社会经济体制和相应的文化体制。这些体制的建构尤其得益于美国丰厚的资源。④特殊的法律原则。在新的政治体制与新的法律体制间保持一致性。有的人概括美国的法律原则,尤其是在开发西部中的法律原则有:多数决定原则,形成团队以多数人的意见为转移;优先占有原则,先来先到,这也促使了美国人今天不甘落后的心态和革命、开放的精神;法律至上原则。⑤实用哲学主义成为美国社会的重要精神支柱,如美国著名实用主义哲学家皮尔士、杜威,实用主义是美国社会走到今天的重要精神支柱。

3. 民族精神的生存基础问题

探讨民族精神的生存基础,至少应当提到以下几个方面。①民族精神的生产基础。例如,中国注重农业生产,必然受自然气候和已有经验的影响较多,在精神气质上相对来说会更尊重历史,但也可能会显得更加保守,容易关注自然而忽视人的自主性和创造性。中国人讲天人合一,讲的最多的是天,尊重的主要是天意。②民族精神的生活基础。生活样态决定人们的思想状态。在某种意义上可以说,生产是社会性的,生活是个性化的,而只有个性化的生活才能造就个性化的思想。在这方面我们过去有所忽视。③民族精神的社会制度基础。人的社会性要通过社会组织来实现,人的社会关系要通过制度来体现。而精神只有制度化才能保证精神的长期存在和延续。④民族精神的思维构架。生存论意义上的生存实际上是人的自觉生存,而自觉生存意味着人们要以一定的方式来观察世界、思考世界,来作出自己的判断、决策。不同民族会形成一定的具有特色的观察与思维方式。农耕民族容易产生出循环论的思维方式,这些恰恰是妨碍中华民族发展的值得关注的方面。⑤民族精神的价值基础。民族精神的核心问题是价值导向。在多样化的世界里必然面对着多种价值的冲突与碰撞,一个民族作出何等选择,决定着一个民族未来的发展。不同的民族有不同的选择方式,带来民族发展的不同方向。例如近代以来的中华民族就面对着高度现代化的西方世界的挑战,传统价值与西方价值之间激烈碰撞,产生出巨大的思想困惑。

回顾起来,中华民族从近代以来面对现代化的挑战,在思想、精神上的演变大体上经历了 6 个阶段。第一个阶段是畏惧现代化。大概从 1840 年到 19 世纪末,中国在帝国主义的入侵中被西方人的洋枪洋炮打得落花流水,中华民族的自尊心受到了严重的伤害,产生出对于现代化的畏惧心态。现代化是人类文明的极大进步,中华民族本来应当借助于现代化来发展和提升自己。但现代化不是作为朋友,而是作为敌人或敌人的伴侣来到中华民族的身边,就使得中华民族在感到民族屈辱的同时也产生出对现代化的抵触和畏惧,从而妨碍了中国的现代化进程。在这种情况下,现代精神也很难被积极自觉地纳入到民族精神之中。第二个阶段是追寻现代化。从辛亥革命到五四运动前后,一批先进的思想家们要求民族的振兴,要求走西方现代化的道路,高举科学与民主的旗帜。但非常遗憾,它们仅仅成为了先进思想家的话题,而没有来得及成为时代的主题,更没有成为全民族的共同追求,中华民族精神有所提升但没有来得及普遍化。第三个阶段是远离现代化,时间大概是从 1927 年国共关系破裂到 1949 年。这段时间中国由于国共关系破裂而打内战,后来日本帝国主义入侵,中华民族的国家主权和民族独立都发生了危机,这个时候谈不上搞现代化,也谈不上对民族精神的特殊整合和创新。当然这个时候也激发了中华民族的革命精神和抗日精神,但从民族精神的现代建构而言我们也错过了一段时间。第四个阶段是误解现代化,时间大概从 1949 年到 1966 年。中华人民共和国成立后,中国人民感到了前所未有的解放,但由于国际国内的严峻形势,也由于毛泽东同志的一些失误和对现代化的误解,中华民族没有能够利用这个机会有效地发展自身,在思想上产生了"左"倾盲动。第五个阶段是拒斥现代化,时间是在 1966 年到 1976 年。10 年文化大革命期间,在很大程度上是对中华民族的民族精神的一种自我摧残。所谓文化大革命,实际上是大革文化的命,革了中国历史传统的命,割断了民族精神的历史命脉。在与帝国主义和修正主义的斗争中,我们的思想变得格外的封闭,我们基本上将世界上的所有其他文明类型都拒之于国门之外。我们自以为手中有马列,但又陷入对于马克思主义的误解。在这种复杂局面下,中华民族精神没有能够正确地引导中华民族的正确发展方向。第六个阶段是 1978 年以来,中华民族在丢掉了一个半世纪的机会以后,重新找回了自我。二十多年来,以真理标准讨论为契机,中华民族前所未有地激发了自己的独立性和创造性,这是一次革命性的变化。中华民族在二十多年里所取得的成就让世界上所有的国家都瞠目结舌。中华民族精神正是在这种背景下引起了世界的普遍关注和重视。

4. 民族精神的基本内容和价值组合

中华民族精神的基本内涵是“以爱国主义为核心的团结统一、爱好和平、勤奋勇敢、自强不息的伟大民族精神”。为了更好地理解中华民族精神的内涵,笔者认为可以参照其他几个国家的民族精神。

印度民族精神的特点。印度哲学学会会长 Bath 认为,印度民族精神有 4 种古典美德,或者叫 4 种价值:美德、繁荣、爱、从轮回中得到解脱。印度人的个人性格中有 5 个要素:物质的、生命的、智力的、知识的、精神的。印度的民族精神要通过良好的生活方式而得到体现,它包括行为方式、认识方式和信仰方式等。

俄罗斯民族精神的多难选择。笔者所采访过的一些俄罗斯学者认为,今天的俄罗斯的民族精神面临着在三者之间的困难抉择:第一种选择是“沙皇俄国”的“千年俄罗斯”精神,这包含了“东正教、君主专制和人民性”。他们认为整个的苏联时代都是历史的曲折,现在要抛弃苏联时代,回到沙皇时代,要用沙皇时代所留下的“千年俄罗斯”精神来解决俄罗斯今天的问题。第二种选择是把苏联时期的思想继承下来,加以改造。他们希望继承和发展苏联时代的好的东西并加以改造和发挥,以此来解决今天俄罗斯所面临的问题。第三种选择是西方精神,要搞全盘西化,叶利钦主政时期正是这样做的,但带来了俄罗斯社会的巨大震荡。今天的俄罗斯总统正在倡导一种“新俄罗斯精神”,希望保存和发挥俄罗斯历史上的一切好东西,同时也向西方和世界各国学习,但又不照抄照搬,走一条自主的强国之路。

东西方的价值观比较。笔者于 1998 年在美国国际研究交流协会(IREX)做了一个课题,叫价值观研究。其中谈到一个美国的日本问题专家所做的一个东西方价值观比较。美国学者 David Hitchcock 教授曾在美国驻日本大使馆工作,长于亚洲和日本问题研究。在他的一部《亚洲价值观与美国:有多大的冲突?》一书中提供了对于美国人和亚洲人的调查材料,表明他们在个人价值和社会价值方面的不同取向。调查在美国、中国、日本、泰国、韩国、新加坡、马来西亚和菲律宾人中进行。调查者在社会价值方面提出了14个选项:尊重权威、多数决定、爱护和谐、有序社会、社会权力、个人自由、向新思想开放、个人权利、多数意见、责任心、私下磋商、关心自己、言论自由、公开争论。美国人选择的前6个社会价值是:言论自由、个人自由、个人权利、通过公开争论解决政治争端、关心自我、公众责任;亚洲人选择的前6个社会价值是:有序的社会、和谐、公众事务的责任、向新思想开放、言论自由、尊重权威。作者在个人价值方面提出了以下的选项:自主性、努力工作、注意学习、诚实、服从家长、帮助他人、宗教信仰自由、自我约束、自我实现、个人成就、事业成功。西方人选的5个最重要的个人价值是:自主性、勤奋工作、生活中的成功、个人成就、帮助他人;东方人选择的是:勤奋工作、刻苦学习、诚实、自主性、自我约束等。

再需要比较的是东西方民族精神的代表人物。最近有西方学者列举了世界上对人类最有影响的100位人物,其中包括了中国的孔子、蔡伦、秦始皇、毛泽东、老子、杨坚、孟子等,还有俄国的彼得大帝、赫鲁晓夫等。

比较不同民族在应对突发事件时的精神表现。在“9·11”事件中,美国人表现出了强烈的凝聚力、互助精神、牺牲精神,当然也包括一些华人。而每一个民族在自己的发展中都会遇到特殊的时刻,不仅仅是对所在个人的考验,也是对民族的考验。韩国在强化自己的民族精神方面非常典型。中华民族在面对SARS灾难、洪水灾难、冰雪灾害、汶川大地震中都有上乘的表现。在一些特殊时刻不同民族的素质与风采会得到最好的表现。

五、加强民族精神的融通

如何在全球化的历史进程中融通民族精神?民族精神能不能融通?这

与我们谈科技与人文的融通不太一样。笔者认为在两个意义上可以融通。

第一,所有自觉的民族都会向他民族学习其优点,把他民族优秀的东西与本民族在现实实践中所创造出的东西进行融会。不应该只把民族精神看成是一种传统,民族精神还有在新的历史条件下如何再生的问题,再生中就包含着向其他民族精神的学习。全球化的进程中有很多东西是各个民族所共同需要和共同创造的,也会激发各个民族的精神创造力。从一定意义上可以说,当代资本主义正是在应对包括社会主义在内的各方面的挑战和刺激中,才不断地强化了它们的自我学习能力和自我超越能力,展示出了活力。

第二,每个民族在全球化的背景下确实都在创造着许多共同的东西,只要善于学习和创造,不同的民族之间就会有越来越多的共同语言、共同利益、共同文化,也会变得越来越相互支撑和相互依赖。比如对于中国,当前西方流行着两论:中国崩溃论和中国威胁论。听到类似的论调,一方面觉得刺耳和反感,但反过来想也不一定就是坏事,说明从一个方面反映了中国经济的发展程度和国际对于中国经济的依赖程度。关于中国崩溃的问题,一方面我们要警惕,另一方面这也从反面说明了中国经济的强大和国际化程度。如果中国经济在数量上是很小的,崩溃不崩溃,无妨大局,引不起别国的关心;如果中国经济是封闭的,即便崩溃了,也不会殃及他国,别人也不会在意。所以对于中国崩溃论,除了应当警惕鼓吹者的别有用心外,我们也可以从中看出一些别的东西。至于中国威胁论,实际上是表明了国际力量对比的变化,表明了中国的强盛。实际上我们既还没有达到能够威胁他国的地步,而且我们也无意去威胁别人,更不必为此而烦恼。

我们应当继续保持开放的心态,继续向所有世界文明学习,专心做好我们自己的事情。为了做到这一点,我们应当有一种好的精神状态。培育和弘扬民族精神,就有可能在这方面发挥出意想不到的作用。所以我们谈提升民族精神,这不仅仅是一个意识形态的要求,也是中华民族伟大复兴的要求。民族复兴的核心又是精神力量的重塑和精神境界的提升。让我们一道为中华民族的复兴、为中华民族的精神提升作出我们应有的贡献。

第一章

德国民族精神研究

“作为一个中央之国(Das Land der Mitte),缺少一个自然的边疆已使德国在地理概念上不够完善,在政治概念上也因为其政治制度的不连续性而有所欠缺。”①因此从地理和政治上给德国严格地划界是一件很困难的事情。不过德国始终是一个欧洲国家,地理上以欧洲为背景,文化上也以欧洲为后台。德国精神与西欧文明是同源的,古希腊罗马是它们文化上的共同祖先。德意志的文化也有自身特色,既是由于她独特的历史遭遇,也是由于她有不同的种族根源。

研究民族精神就要从民族的历史开始,而民族历史最为外在的部分是政治历史。政治是上层建筑,这个说法演绎成另一个形式就是:政治现象是民族精神露出水面的冰山一角,政治史是民族历史的最外在表象。当然,抓德国的民族精神,总览德国政治历史是首要的。

相比政治现象,文学艺术则是民族精神开展的隐约方面。文学作品是民族生活的缩影,文学形象则是民族精神的典型。文学艺术既包含历史文化的积淀,也蕴涵着未来文化的萌芽。从文学艺术中,我们不仅能回顾民族精神的过去,也能企望民族精神的未来。德国的文学大师众星璀璨,如莱

① [德]艾伦·沃森:《德国人——他们现在是谁?》,德意志联邦共和国大使馆印行,1997 年,第 172 页。

辛、歌德、席勒、海涅等,他们的作品既刻画了德意志人的内在品貌,也培养了德意志人的理想追求;德国同时也是一个艺术国度,世界级的音乐大师层出不穷,如巴赫、贝多芬、舒曼等,他们的音乐陶冶了这个民族的性情,修炼了这个民族的气质。可以说,德国文学艺术既反射出了德国民族的生活现状,也折射出他们的理想追求。

德国最为人熟知的民族特性是严谨,这种思维素质决定了德国人最擅长哲学思维。近代史上的哲学家,有一半是德国人;现代产生巨大影响的哲学家,多数要算德国人。德国的哲学家,如康德、黑格尔、马克思、尼采和海德格尔,都是世界性的,他们都有着扭转人心的伟大思想。马克思说:任何真正的哲学都是自己时代精神的精华。哲学也理应是民族精神的精华,对于德意志民族尤其如此。德意志民族精神的形成,哲学劳苦而功高:它一方面把在生活中沉默的民族精神激活在哲学里,另一方面也通过真善美的思索,给民族精神定航向。

对德国民族精神的考察,一方面要"顺藤","顺藤"追溯,摸清民族精神的历史脉络,测度每一个历史关节的贡献;另一方面要"摸瓜",摸出历史发展的果实,也就是民族精神的静态沉淀,悉览其结构,领会其特色。

第一部分是对德国民族精神的动态探索,主要是选取几个对它有集中影响的历史时段:在古代阶段,概括了古希腊、罗马、日耳曼、神圣罗马帝国这些核心时段,整体描述了它们对德国民族精神的贡献;近代的历史考察,选取了文艺复兴、宗教改革、启蒙运动、浪漫主义这些小轴心时期;现当代历史的考察,则综合成"统一后德国和战后德国"两个阶段。第二部分是考察民族精神的基本内容,主要是概括作为民族精神核心内容的价值观念;第三部分是论述德国民族精神的气质品性。第四部分对照中德民族精神,反思德国民族精神的中国意义和当代意义。以德意志民族精神之镜,映照中华民族精神的优劣短长,"择其善者而从之,其不善者而改之"。

一、德国民族精神的历史渊源

从血统上看,德意志的传承脉络是:日耳曼—查理曼帝国—神圣罗马帝国—普鲁士—德意志;从道统上说,德意志的精神祖先依次是:古希腊—古罗马—基督教—路德新教—启蒙运动—古典哲学。德国民族精神的历史源头有两个,血缘的源头是日耳曼种族,而文化的源头是古希腊罗马文明。

(一)德国民族精神的古代源头

1. 希腊文明的培育

德意志的文明,是结合了"希腊的心灵"和"罗马的才智"。古希腊是一个文明光源,两千年来一直辉照着欧洲大地。对希腊文明,德意志人一直洋溢着"家园之思",充满了"故土之爱"。黑格尔说:"一提到希腊这个名字,在有教养的欧洲人心中,特别是在我们德国人心中,自然会引起一种家园之感。"①

文艺复兴时代,整个欧洲重新消化古代希腊的才艺,渴望返回古典时代。德国也参与了这个潮流。文艺复兴后,欧洲文明开始从古典中断裂开来,而德国文化却始终不肯割断与古典文明联系的脐带,几百年内一直都在缅怀希腊文化。尼采研究古希腊悲剧,希望光复酒神精神;海德格尔主张回归古代希腊,与前苏格拉底哲学合流。德国的学术变化,却始终不离这种"返古冲动"。

20 世纪,世界两次经历世界大战,经济危机频频发生,社会动乱,思想家们都在为之担忧,发出"时代病了"的感叹。德国思想家为时代把脉,诊断出了"现代性危机"、"文明没落"的病候;分析其病根,是现代文明数典忘

① [德]黑格尔著,贺麟、王太庆译:《哲学史讲演录》第一卷,商务印书馆 1997 年版,第 157 页。

祖,远离了希腊源头所致;开出的拯救药方,大都是要求在精神上认祖归宗,向希腊文明看齐,用古典精神来医治现代弊病。

2. 日耳曼的血统和古罗马的遗传

“罗马与日耳曼部落的对抗,是严格意义的德意志历史的最初阶段。”① 如果说日耳曼给德意志提供的是肉体质料,那么古罗马给予德意志的就是文明形式。在古代,日耳曼人和罗马人纠缠了几个世纪,最终杂糅成德意志这个成果。古罗马一直以文明人自居,他们掌握了话语霸权,给德意志祖先扣上了一个污辱性的称号——日耳曼,意思无异于现今的俚语“侉子”。这个称呼给日耳曼人定了性,成为了一直缠绕德意志人的心理阴影。而莱茵河成了文明与野蛮的分野,一方是野蛮的日耳曼人,一方是文明的罗马世界。

日耳曼人重视荣誉,骁勇善战。东征西战、南讨北伐的军旅生活,使得他们信念坚定,意志刚强。军旅生活,也在军士之间建立起了相互友爱、相互尊重。因此,日耳曼社会纪律严明,分配公道,这方面要比自诩文明的罗马人要人道得多;在对待奴隶上,日耳曼人也远比罗马人仁慈,以至于罗马奴隶都希望日耳曼人来解放他们。关于日耳曼野蛮和罗马文明的论述,至今已有定论,但是历史事实存在辩证法,这是成见所掩盖不了的。野蛮和文明的辩证法就是,被冠上蛮族帽子的日耳曼,处处显现公平人道的天性;而自诩文明的罗马人,却经常暴露野蛮残忍的凶相。

近代德国人对日耳曼有很强的民族认同。希特勒嘴里经常念叨“日耳曼人手中的犁”,一直想着给日耳曼军国精神招魂。尼采眼中的日耳曼勇士是主人道德和强者品质的象征。在他看来,日耳曼人保持着纯真,未受奴隶道德的污染;而德意志则是一种堕落,它杂合了基督教文化,因而辱没了日耳曼种族的英雄气概。

3. 神圣罗马帝国的阴影

公元 476 年,西罗马帝国最后一位皇帝被日耳曼雇佣军废黜,西

① [德]埃里希·卡勒尔著,黄正柏等译:《德意志人》,商务印书馆 1999 年版,第 23 页。

罗马帝国正式覆灭了。西罗马帝国覆灭后，西欧陷入了分裂。而日耳曼人随后建立了法兰克王国。公元496年，法兰克国王克洛维率众放弃日耳曼的原始多神教信仰，皈依罗马天主教，欧洲从此进入了中世纪。

法兰克王国继罗马帝国之后，统一了西欧。但是好景不长，查理大帝的3个不肖子孙将帝国一分为三，形成东、西、中法兰克3个王国，它们分别是今天德意志、法兰西、意大利的雏形。公元962年，东法兰克萨克森王朝国王奥托一世①接受教皇加冕，成为罗马教廷的监护人。公元972年，其子奥托二世(973—983在位)同拜占庭公主结婚，东罗马皇帝正式承认萨克森王朝的西罗马皇权。公元1157年，帝国接受神圣罗马帝国的称号，全称是德意志神圣罗马帝国。这个帝国自认既上承罗马帝国，也接续查理帝国，拥有两大帝国的双重血统和高贵血脉。神圣罗马帝国由德意志人当家做主，因此德意志人的自我意识获得了极大的提升。他们脱掉了野蛮种族的帽子，戴上了文明世界保卫者的冠冕。名称也有变化，不再使用“日耳曼”这个鄙陋的称呼，而用了“德意志”这个精神性称号。德意志与法兰西、意大利之间的对立，不再是野蛮与文明的对立，而是文明种族内部的矛盾。神圣罗马帝国有着辉煌的开始，国土曾经覆盖整个西欧。但是不久，帝国威力逐步流失，统一不断受到破坏，分裂格局日益加深，帝国也变成了一个松散的联合体。神圣罗马帝国的尊号变成虚名，直到拿破仑出兵德意志，这个僵死的称呼才被摘除。

神圣罗马帝国在德意志历史上绵延了近千年，因此给德意志文化留下难以磨灭的烙印。神圣罗马帝国既给德意志留下了“神圣”情怀，也留下了“罗马帝国”的责任。“神圣的情怀”给德意志施加压力，要他们做好宗教卫士，守护好天主教会；“罗马帝国”给德意志人分派的重担是，要树立大欧洲视野，要以大欧洲为家。直到现在，德意志的政治热情还体现在营建大欧洲

---

① 奥托一世(912—973)，德意志萨克森王朝第二代国王，神圣罗马帝国首任皇帝，亨利一世之子。公元936年即位后，积极打击封建割据势力，抵御匈牙利人入侵，维护了中央集权。

上。政治家们都自信地认为德意志的使命是促成大欧洲统一。同时,帝国几百年的护教运动,在国民心中形成了双重权威和双重自由观念。帝国的臣民们一直生活在一个教诲中——“上帝的归上帝,恺撒的归恺撒。”他们既要树立宗教虔诚,也要坚持政治服从。

神圣罗马帝国给德意志民族精神的烙印,可见于旗帜的“祖述”关系。中世纪条顿人军旗用上了十字形,魏玛共和国时,国旗也用上了这个标志。神圣罗马帝国的旗帜是黑鹰,德意志联邦的国旗用上了黑鹰,普鲁士的旗帜也用上了黑鹰,直到德意志联邦共和国,这个黑鹰仍然作为德意志的民族象征,保留在了德国的旗帜上。

神圣罗马帝国皇帝的黑鹰旗帜

德意志邦联的战旗

第二帝国的战旗

魏玛共和国战旗

联邦德国政府旗

(二)文艺复兴和宗教改革

中国的四大发明传到欧洲,令欧洲催生了魔幻般的变化:指南针指点西方人进行环球冒险,进而发现了“山外青山楼外楼”,美洲大发现使西方人大开眼界;印刷术妙用神奇,精神财富可以“一传十,十传百”,西方人由是知识大增,眼界大开,欲望也跟着升腾。文艺复兴在此背景下悄然兴起,不断冲打神学堤岸。人文主义茁壮成为一股洪流,与神学人性封闭和思想禁锢在暗地里争锋。人文主义者,缅怀古希腊罗马文明,他们捣腾古典、翻新旧物,倚重文学,形式上追求华辞丽藻,内容上张扬人的宏大形象,他们激情昂扬,任达人性力量;留恋俗世生活,高扬此岸幸福;同时,他们转而又挖苦经院神学,嗤笑彼岸世界。

意大利首先亮出文艺复兴的旗帜,之后英法等国闻风而起。德意志的文艺复兴却是姗姗来迟,响应程度也不及英法。德意志文艺复兴,最引人注目的有两处:哥特式艺术继续影响德意志,版画的兴起和画家大师的出现。

德国艺术一直都以建筑见长,但是这个时期的建筑严守哥特式风格。哥特式是一种宫廷艺术,因为它直接源于 14 世纪的传统。它的基本特征是:虽不过分写实,却孕育着大自然的兴趣,细节讲求精致,色彩优雅响亮,富装饰性。相对于僵硬、直挺、哀伤的中世纪人物,哥特式人物形象宏大、刚毅，充满了力量和乐观色彩。绘画因其敏锐方便，在文艺复兴时，成为了德国艺术主流。

文艺复兴时，德意志大地上出现了两个著名的画派，一个是科隆画派，另一个是纽伦堡画派。纽伦堡画派为世界贡献了著名画家丢勒①。在美术世界里，德意志首次有了自己的大师。丢勒的铜版画《书房中的圣徒哲罗姆》，技艺高超精湛，深入刻画了一位人文主义思想家的形象。

德意志的文艺复兴不声不响，宗教改革却如火如荼。德意志的文艺复兴与宗教改革是紧密相连的。宗教改革是文艺复兴的继续，是对文艺复兴的政治总结。可以说，若没有宗教改革，欧洲的文艺复兴，只有一群孤独好斗的人文主义者在嘲讽和呐喊，千年神学壁垒仍然会岿然不动，对神学壁垒真正致命的是宗教改革。

神圣罗马帝国下的德意志，教权盖过了皇权。教会掌握着天国的钥匙，垄断了信仰，不厌其烦地向德意志出售赎罪券，盘剥德意志人民。德意志人却温顺敦厚，一直恪守双重信念，虽被教会敲骨吸髓，仍然逆来顺受，因此被当做“教皇的乳牛”。在路德之前，德意志人既无反抗教会的勇气，也无反对的口实，因此是“敢怒而不敢言”。

1517 年 10 月 31 日，马丁·路德终于蓄足了精神勇气和理论力量，在维腾贝格大学教堂门上张贴了《九十五条论纲》，全面公开教会的欺骗行径，猛烈批判教会的贪污腐化。《九十五条论纲》影响巨大，应者云集。宗教改革一触即发，迅速在欧洲大陆形成燎原之势。路德趁热打铁，马不停蹄地发表了《致德意志基督教贵族公开书》、《罗马教皇权》、《论基督教徒的自由》等论文，讨伐天主教会，阐发自己主张。檄文中的观点归结起来就是：因信称义、政教分离、廉俭教会等。

因信称义指的是，只要信仰就可得救，无须教士主持的宗教仪式。因信称义这个主张在中世纪也有相同的声音，奥古斯丁就有这个主张。路德去

① 丢勒（1471—1528），德国画家，1471 年 5 月 21 日生于纽伦堡，1528 年 4 月 6 日卒于同地。《四圣徒》是丢勒的作品中最完整地表现其艺术功力的杰作。

掉了奥古斯丁关于教会的部分思想，吸收了他关于灵魂与神关系的思想。宗教改革的几个领袖，他们的哲学观并没有多少首创，奥古斯丁的理论痕迹十分明显。

政教分离就是号召德意志各路诸侯驱逐天主教会，实现宗教独立。宗教改革一开始就围绕国家在宗教事务上的权限问题展开了争论。路德的意思是，不管哪国君主，只要信奉新教，就承认他是本国的宗教首脑。他为了谋求新教生存与发展，把立场摆到了新教诸侯一边，代表他们说话。三十年战争之后，许多诸侯在宗教上自立门户，再也不朝奉罗马教廷，于是天主教会痛失半壁江山。

廉俭教会就是要简化宗教仪式，废弃圣物和圣像的崇拜。天主教所规定的七种圣礼，即洗礼、圣餐、忏悔、虔诚、婚姻、授职、临终膏油中，路德新教只承认洗礼和圣餐礼。新教还反对炼狱、圣餐变体和尊玛利亚为圣母。在路德的影响下，德意志的宗教仪式得到了简化，圣像和圣物的崇拜开始退热，部分宗教禁忌被取消，德语可以用来做礼拜，牧师甚至也可以结婚。

随着宗教改革的铺开，德意志境内，出现了天主教诸侯和新教诸侯对峙的情形。1555 年，各方诸侯心平气和地坐在了一起，签署了《奥格斯堡和约》，确立了“教随国定”的原则，诸侯有权决定臣民的信仰。但是新教诸侯和天主教诸侯之间，诸侯和皇帝之间，仍然矛盾重重。《奥格斯堡和约》没有化解新旧矛盾，他们最终还是兵戎相见。1618 年，“三十年战争”①爆发了，德意志各邦都参加了混战。战争的结果是，新旧双方谁也胜不了谁。双方持和的结果使人们深信，新教与旧教，哪一方都不能全胜，统一教义这种传统愿望必须放弃。这似乎是在默许，在种种根本问题上，人们有独立思考的自由。

宗教改革可以看做是一场民族战争，是德意志对意大利的抗战。虽然

---

① 三十年战争(Thirty Years’ War:1618—1648)，由神圣罗马帝国内战发展为欧洲主要国家卷入的大规模国际性战争。1618 年捷克反对哈布斯堡王朝的起义，是三十年战争的导火线。1648 年，法国、瑞典和德意志新教诸侯和哈布斯堡王朝神圣罗马帝国皇帝和德意志天主教诸侯，缔结了《威斯特伐利亚和约》，至此战争结束。

文艺复兴从意大利诞生,但一旦走出桑梓之地,它掉头反攻意大利,这时候出现了很多捉弄意大利人的文学作品,像莎士比亚笔下的许多棍徒恶汉,基本上都是意大利人。宗教改革也是反意大利的,是针对罗马教会的斗争。宗教改革最终瓦解的是罗马天主教会的统治。

宗教改革之后,新教开始登上了历史舞台。按照韦伯的说法,正是新教的登台,资本主义才有了发展的精神动力。

路德新教给德意志民族上了一堂心灵课:上帝不应该尊奉在神龛上,而应该内化于心灵中。冗繁的仪式宗教理应净化为简单的心灵宗教。路德还教导人们继续尊重双重权威。中世纪双重服从观念,路德原封不动地传承了下来,强化到了德意志民族的精神中。双重服从造就了双重自由,即自由观念的内在化和超越化,这就为后来的德意志精神定了航向。

宗教改革给德意志文化带来的影响,有一半要归功于路德个人:他的模范作用和文字贡献。他的模范作用表现在个人性格对民族性格的引导。他性格中有很多负面的因素:气度褊狭,难容异己,鼓吹暴力,有强烈的反犹情绪,这些对后人都多有误导。他与世俗政治的距离并不比神圣信仰远,这为知识分子效劳政治权威做了一个榜样。

路德也是一位多产的作家。他呕心沥血,用德文翻译了《圣经》。他以希伯来文和希腊文《圣经》为原本,而不取失去原汁原味的拉丁版本。他广泛收集各地德语词汇,精挑细选,因此收集进译本的德文词汇,既有音乐性,又有代表性。他的翻译字斟句酌,因此《圣经》译文辞藻优美,文句流畅,文学价值极高。甚至有后人假设,如果没有路德的语言努力,德意志的文学都上不了格调。随着《圣经》译本的推广,路德的德语成为了德语标本。海涅曾经惊叹地说:“路德语言在不多几年内,便普及到全德意志,并被提升为共同的书面语言。这种书面语言今天仍然通行于德国,并赋予这个政治上宗教上四分五裂的国家以一种语言上的统一。”①《圣经》的翻译是德国思想

① [德]亨利希·海涅著,海安译:《论德国宗教和哲学的历史》,商务印书馆1974年版,第47页。

文化史上的一件大事，它扩大了《圣经》的传播范围，使普通民众可以阅读；同时为德意志语言的融合提供了一个范式，成为联系德意志各邦的纽带。

（三）启蒙运动

启蒙运动是文艺复兴之后的又一场思想革命。在启发科学、批评神学上，它们旨趣一致。但是启蒙运动显然比文艺复兴要激烈，革命的深度和广度也要超出后者。文艺复兴时的反封建、反神学是一种文学主张，而启蒙运动要求在政治制度上闹革命。文艺复兴的目标是廉俭教会，他们只是揭露主教会的贪污腐化，谴责修道院戕害人性；启蒙运动时，思想界被自然科学的发展推到了自然神论和无神论的高度。文艺复兴的口号是反对禁欲和个性解放，而启蒙推广的则是"自由、平等、博爱"的政治理想。

启蒙思想家们在经济上主张自由放任，反对官僚机构的封建束缚。他们的政治思想，则是用社会契约论来否定王权神授。他们要求扫除愚昧无知和传统偏见，用科学知识来启迪人们。他们制定了一套理性化的社会纲领，用来取代传统的政治方案：用政治自由对抗专制暴政，用信仰自由对抗宗教压迫，用"天赋人权"来取代"君权神授"，用"人人在法律面前平等"来反对等级特权。

启蒙思想的突破口是自然法，这也是古今决裂的突破口。施特劳斯在《自然权利与历史》中说，近代思想家变更了自然法的含义，把它由外在法则变成内在权利，因而促使了古今断裂。在荷兰，格劳秀斯写作了《论战争与和平法》，首次提出了自然法理论；在英国，霍布斯著有《论人》、《利维坦》等书，洛克写作了《政府论》；在法国，卢梭写了《社会契约论》。这些著作都牵涉到自然法理论。这些理论借上帝之口，把平等、自由变成了自然法则，以此批评封建专制和等级制度。孟德斯鸠写了《论法的精神》，摩莱里有《自然法典》，马布里写了《论法制和法的原理》，他们都着手了法律，通过研究法律精神，来寻求实现平等的手段，实现"法律面前人人平等"的愿望。

在宗教上，启蒙运动用自然神论和无神论来批判宗教迷狂。启蒙作品有一部分是直指宗教的。英国历史学家赫伯特于 1624 年发表《论真理》，创立自然神学，讥讽《圣经》荒诞无稽，认为理性才是寻求真理的可靠依据。法国人爱尔维修于1758年发表《论精神》，攻击一切以宗教为基础的道德。霍尔巴赫《基督教真相》一书则指责基督教违反理性和自然。

在哲学上，启蒙思想以机械唯物论来批判经院哲学。机械论原本是近代力学的成果，而如今成为了科学研究的基本范式，也成了社会学科的改造方针。霍布斯就用加法和减法来分析意识运动和人类社会，这影响了英国后起的经验论者，使他们在研究意识和社会时都用上了机械论思维。法国人运用机械论思维，得出了人是机器的结论。后世批评启蒙理性，就是因为它有很强的工具色彩，而这其实是机械论造的孽。

1. 德意志启蒙运动的进程

德意志启蒙运动具体是针对虔信主义的。宗教改革之后，虔信主义在德意志散布开来，它弥补了宗教改革之后的信仰余缺，收拾了人心。

在英法启蒙思想的鼓励下，莱布尼茨在德意志首次扛起了唯理论哲学，对虔敬主义神学展开了委婉的批评。他的著作是用法文写的，他的再传弟子沃尔夫把他的思想用德语改装了过来，并且体系化。沃尔夫的唯理论哲学深入批评了虔信主义。没有他的功劳，就没有后世德国思想界对信仰和理性的划界。沃尔夫是第一个使用德语写作的哲学家，他对莱布尼茨思想进行了加工，去掉法文的优雅和散漫，浇铸德语的严谨，把莱布尼茨思想真正转化为了德国的精神财富。黑格尔说："沃尔夫为德国人的理智教育作出了伟大的贡献，不朽的贡献。他不仅第一个在德国使哲学成为公共财产，而且第一个使思想以思想的形式成为公共财产，并且以思想代替了出于感情、出于表象中的感性知觉的言论。"①

沃尔夫也使哲学成为了德国本地的东西。他给德国和哲学牵了一桩文化姻缘，而康德哲学则是这场文化婚姻最直接的辉煌成果。康德哲学是启蒙运动的一个重大事件，也是德意志文化的一个重大事件。启蒙运动在他那里得到了哲学总结，古典哲学则在他这里起步。康德哲学的意义已经超

① [德]黑格尔著，贺麟、王太庆译：《哲学史讲演录》第四卷，商务印书馆1996年版，第185页。

出了一个时代,超出了一个民族的精神。他为德意志赢得了文化主动权。从康德开始,德意志文化开始独立自主,不再仰英法的鼻息。

在认识论上,他对理论理性进行全面的审视,既理清楚理论理性的内涵,也划明了它的界限。他主张"理性的正确运用在于批判",他历览前贤先哲的思想,检验传统的形而上学,对怀疑论和独断论左右开弓,对经验论和唯理论兼容并蓄。

在理论哲学里,《纯粹理性批判》已是动人心魂,而在道德哲学中,《实践理性批判》更是石破天惊。道德不是工具,道德是绝对律令;道德不关乎情感,只涉及意志;自由不是顺从意欲,而是坚定意志。这一系列的论断,如今已经成为德意志精神的内核。

据说,《纯粹理性批判》出版之后,因为其艰深晦涩,许多研究者望而却步,不敢接近。但是不久,这本书就成为了民族焦点、时代热点,引来了各个学科的热烈讨论,其热门程度竟然也让贵妇们拿这本书当时髦。而他的哲学古奥难懂,也逐渐成为了德国哲学的一大特色。

2. 德意志启蒙运动的特色

在法国,启蒙运动十分激烈,思想家们挥刀砍杀飞扬跋扈的"九头蛇",猛烈地攻击作威作福的特权等级,最后还爆发了法国大革命。在德意志,启蒙思想家注重思想上的总结,没有法国启蒙运动的慷慨激昂,而是温和深沉。德意志的启蒙运动不像英法那么乐观,它从一开始就带着一种自身反省的意味,这使得德国启蒙运动沉重而深刻。

在《什么是启蒙》一文中,康德挖掘了启蒙思想的哲学之根:"启蒙乃是人脱离其自我导致的不成熟状态。不成熟状态就是没有他人引导便无法使用自己的理智。如果不是因为缺少理智,而是因为在无人引导时缺少使用自己理智的决心和勇气,那么此种不成熟状态就是自我导致的。因此,'敢于运用你自己的理智!'就是启蒙的座右铭。"①启蒙就是要鼓起独立运用自己理性的勇气,摆脱情感惰性,解除权威依赖。

① [德]康德著,何兆武译:《历史理性批判文集》,商务印书馆 1990 年版,第 22 页。

(1)自由主义的政治理想。启蒙运动有一个副现象,意识形态登上政治舞台,知识分子开始指点江山。这是丹尼尔·贝尔的论调。知识分子登上政治舞台,议论现实政治,建立自己的政治哲学。不过他们建立的意识形态,原型在传统之中,他们只不过是将这种传统意识形态化了。启蒙的政治理想是自由主义,而自由主义的原型是英国传统。英国经济和政治实力,把这种英国传统巩固为一种启蒙理想,逐步推广开来。

启蒙运动时期的德意志,知识分子对自由主义很有好感。康德的法哲学就是对古典自由主义的总结。他的法哲学回应了历史主义对于契约论的批评,坚持了自然权利。不过自然权利的基础不再是天赋人权这种神学观念,而是从全人类出发的实践理性。洪堡也是自由主义者,洪堡1792年写了《论国家作用范围之界定》,从自由主义出发,讨论了国家的主权范围。

自由主义有一个背景特性就是世界主义,自由主义思想家希望在世界范围内普及自由主义理想,用自由主义来打破国家和民族界限,制造永久和平。康德和洪堡都是世界主义者。康德在《论永久和平》中就旗帜鲜明地表达了自己世界主义的政治抱负。不过启蒙时期的德国,对自由主义只有学院反应,思想家并没有推动自由主义的政治行动。

(2)机智聪明的文学主张。文学是启蒙精神的最重要的载体。德国文学一向主张“机智聪明”,而这在启蒙运动文学中最为突出。中世纪留下的思维惯性是:背对现实生活,向往彼岸幸福。托马修斯、魏塞等启蒙文学家,引导人们面对现实思考问题,面对现世体味生活。而正是这种面向现实的态度,使得“聪明机智”的人生态度和倜傥风雅的行为方式风行起来,成为了德国启蒙文学代表性的特征。

启蒙文学提倡聪明机智的生活方式,与聪明机智相对的是盲目信仰,盲目信仰的后果是自作自受,自寻烦恼。提倡聪明机智,就是暗示不要做信仰的奴仆,不要做权威的俘虏,而是要注意观察,勤于思考,独立判断,自主行动。启蒙思想肯定“聪明机智”是人人皆有的天赋,因此就是变相激励人们充分运用这种理性力量。

反宗教、反专制是启蒙文学题内话,但德意志启蒙文学还在张罗民族意识。18世纪上层社会仍然迷恋法语，高特舍特发起了启蒙文学，聚集了一个以讲德语用德语为荣的圈子。但他机械地模仿高乃依和拉辛的法国古典主义，给文学定了死框框，因此后人很少问津他的理论。莱辛成长起来之后，告诫德国文友，“不应做法国高乃依、拉辛和伏尔泰的奴隶”，成为了公认的德国文学奠基人。因此，德国文学一开始，便开始和法国拉开距离，而坚持民族内容和民族感情。

（四）浪漫主义

文艺复兴的桑梓是意大利，启蒙运动的故乡是法国，浪漫主义的发源地则是德国。文艺复兴的口号是返回到希腊罗马古典文明；启蒙运动的主旨是割断古今，阔步向前；而浪漫主义则是“中世纪诗情的复活”。三种思潮有着不同的时代依恋。

18世纪下半叶，浪漫主义在德国吹响了号角。此时德国思想界是一波未平，一波又起，启蒙运动方兴未艾，狂飙运动又继之而起，古典哲学也于此时开始运作。时间上，浪漫主义与启蒙运动是继承关系，但是精神上，浪漫主义是针对启蒙运动的。启蒙思想家从自由、博爱的精神中，发展出了世界主义理想，但是浪漫派作家都留恋民族国家，以民族国家作为政治理想的边界。启蒙时期，康德是世界主义者；而浪漫主义时期，黑格尔的政治学说则强调国家观念。虽然黑格尔并不能简单归属到浪漫派中，但是他的国家学说激动了浪漫派作家。启蒙思想家乐观自信，浪漫派哲学家都有点伤感悲观。启蒙思想家相信理性能够营救人类，拯救整个社会。他们制定了一套理性化的政治方案和人性价值，并坚定不移的用这套理性方案来给人们启蒙。但是浪漫派思想家则显得犹豫不决、六神无主，他们不信任理性，而任情感随波逐流，让思想朝三暮四。他们不相信理性能够构造最好的政治前景，也不相信理性可送人类达到最好的政治目标，因此他们经常在不同的政治理想之间切换，陷人无所寄托的迷茫。

浪漫主义是从狂飙突进运动开始的，狂飙运动反启蒙的情绪最为强烈。浪漫主义是一场文学青年对启蒙运动的精神反叛。这些年轻人不满法国主导文化,厌恶冷漠、机械的理性主义。他们反感科学,认为科学分析简化了精神生活,抽掉了一些生命向度。启蒙时期,思想家们都乐观地相信科学能推动道德与物质双重进步,因此都盛赞科学。但是卢梭对科学发难,批判科学给人类道德带来了灾难。卢梭的论调,在法国没有多少响应,但在德意志引起了很大的反响。狂飙青年们就直接吸收了卢梭的哀伤和批判,刮起了一场反科学的风暴。

他们珍视个人经验和生命感受,强调个人经验的丰富性和感受的独特性。他们歌颂这种热诚的生命代表"天才"。天才们回避僵化的教条、虚假的道德和繁文缛节,因为这些破坏了生命力。然而在现实生活之中,热诚的生命大多在僵化的社会面前饱受挫折。因此天才的命运充满矛盾与挣扎。他们肩负改造命运与历史的使命,这种远大的理想使他自负,但是又经常受挫,而屡屡失去自信,意志消沉。他们言语激烈,讥讽现实;他们行为乖僻,抗议僵化和虚伪的世界。但到最后"天才"搏斗不过现实,反倒积压了很多内疚。内疚在心灵上折磨天才。这种自我折磨,又滋生了超越的渴望。他们在无穷的折磨与无尽的渴望之间不断挣扎,最后以自我摧毁来做彻底了断。

狂飙运动的文学形象,大都是以狂热的生命投入到痛苦的现实,饱经内外的折磨,为求提升,而以自杀来结束天才的悲剧。天才充满了悲观情绪和末日的心理。他们抛弃了仰望的信徒心态,抛开了得救的乐观主义,漠视启蒙思想的进步主义,而胸怀反叛、抗议、虚无和自我摧毁的情绪。这种心理不断冲洗着德意志人的心灵,强化了他们的斯多葛情结。狂飙运动在德意志史上只坚持了15年,15年就耗尽了这群文学青年的突进激情。但是狂飙运动激起的浪漫主义精神还是延续了下来。

对于浪漫主义来讲,有两个重要的年头:一个是具有开端意义的1770年,一个是具有收尾意义的1830年。这个时段精准地覆盖了几个伟人的一生:黑格尔(1770—1831)、施莱格尔(1772—1829),也凑巧截取了几个伟人最重要的人生时段,例如歌德1770年开始写作《少年维特之烦恼》,而于1832年停止思考。

1770年是一个时代的开始。德意志思想界甚至德意志民族在这一年被激活了。许多世纪大事都围绕这一年而发生。这一年歌德和赫尔德相识了，共同发起了狂飙运动。浪漫主义也由此形成，古典哲学也准备问世。众多世界人物也挨着这一年降生，如拿破仑、黑格尔、贝多芬、荷尔德林。而1832年，则是一个转折，一个结束。黑格尔和歌德相继去世，人文世界的两大巨星陨落，古典哲学和浪漫主义双双开始落下帷幕。海涅于1833年发表了《论浪漫派》，他的总结也就是浪漫主义的尾声。

浪漫主义可以粗略地分为两派：耶拿派和海德堡派。耶拿派以耶拿为据点，主要代表是施莱格尔兄弟。施莱格尔兄弟编辑的刊物《雅典娜神殿》，在推动浪漫主义运动的宣传和理论建设方面起了重要作用。他们要求个性解放，主张创作自由，提出打破各门艺术界限。奥古斯特·施莱格尔为浪漫主义运动制定了纲领，成为了德国浪漫主义的领袖。施密特对浪漫派的批评，主要是针对他的政治浪漫派纲领。在1801年，奥古斯特·施莱格尔在柏林作了题为“启蒙批判”的讲座。他批判启蒙思想，说启蒙囿于狭小空间，只知道俯首经济功用，而将哲学弄得流俗不堪；同时启蒙用理性反对神学，为了理性而放弃幻想，表面要驱除无知，其实恐惧未知；启蒙运动所提倡的博爱、宽容，其实不过是冷淡、思维惰性和缺乏想象力。

德国浪漫主义的另一个派别是海德堡派。代表人物有阿尔尼姆、布伦坦诺和格林兄弟等。他们重视民间文学，深入民间收集民歌和童话，对浪漫主义文学发展起过积极作用。关于格林兄弟，当代小说家马丁·瓦尔泽评论说：“格林兄弟神话故事将继续成为‘只有路德《圣经》’才能与之相比的德国最重要书籍。”[①]除了两大派别之外，海涅、歌德、席勒、霍夫曼、荷尔德林这些浪漫主义者，则属于“体制外的人”；哲学上费希特、谢林、黑尔德也可以不严格地归入这个思潮。

浪漫主义作家喜欢异域风情，迷恋古代文化。他们回避理性，缅怀宗

---

① ［德］艾伦·沃森：《德国人——他们现在是谁？》，德意志联邦共和国大使馆印行，1997年，第131页。

教，情绪伤感。浪漫主义倾情中世纪的宗教，对于宗教改革多有诋毁。回到中世纪是他们的精神口号，海涅总结说："德国浪漫派不是别的，就是中世纪诗情的复活。"①浪漫主义的倾向不是理性，而是情感。他们相信本性善良，思想随情而动。他们的政治抱负依靠本性和情感来指引，并没有一以贯之的政治理想。施密特批评政治浪漫派说，政治浪漫派是没有主见的纯粹机缘，没有主心骨，可以被任何意识形态依附，完全丧失了自我决断，只是一股倾慕异域风情和他乡文化的政治思潮。这种评判是十分中肯的。但是浪漫派影响十分广泛，它的幽灵四处活动，在文学、哲学、政治、科学、经济领域都有渗透。

浪漫主义是对启蒙运动的挑战，也是德国反对法国文化渗透的自卫战。启蒙运动时期，文学上的古典主义，政治上的自由主义，质料都来自于法国，因此德国的启蒙思想可以说是法国启蒙运动的激荡和沉淀。但是到了浪漫主义时期，古典主义和形式主义被视为需要奋力清扫的文学障碍，自由主义也被人所冷淡。这个时期，作家们的文学兴趣都避开了法国文学，越过法国去和其他国家文学套近乎。在他们看来，法国文明有点过度成熟了，德国是初起的文明，形式上不那么完善，但有实质的力量。他们拼命与法国文化拉开距离，制造自己的文化神话。格林兄弟笔下的德国神话，就是民族意识自我缔造的一个范例。"他们把自己看做为德意志民族的存在而斗争。这就是为什么他们反对法国文化和其他文化在德国横行……但是人们却忘记了他们是以自己的方式来做一个民族主义者。"②拿破仑要给德国传播自由主义，结果吵醒了德意志的民族主义。从费希特开始，浪漫主义便和民族主义结合起来。《德国人》中引了费希特的一段话："日耳曼优越于其他一切文明形式的概念牢固的建立起来了，……确实，因为这是永恒世界的内在部分。"③在参与反法同盟的战争中，德意志民族情绪逐渐高涨了起来。

---

① [德]亨利希·海涅著，海安译：《论浪漫派》，商务印书馆1983年版，第29页。

② [德]艾伦·沃森：《德国人——他们现在是谁?》，德意志联邦共和国大使馆印行，1997年，第131页。

③ [德]艾米尔·路德维希著，杨成绪、潘琪译：《德国人》，三联书店1997年版，第234页。

(五)统一后的德意志

1. 德意志特有道路

德意志在地理上夹在东西之间,左邻是西欧英法,右舍是东欧国家。左边邻居的政治特色是自由民主宪政;右边街坊在19世纪还固守封建专制。俄国于第一次世界大战后建立了社会主义国家。近代德意志政治去向,不仅受西方道路的牵引,也受东方路线的拉扯,政治抉择一直在东西之间摇摆。"非东非西"的德意志在19世纪知识界提出了"特有道路"这个概念,这个独有道路与社会主义和民主宪政一起,构成了一条意识形态的三岔路。

19世纪,德意志曾经三次受到西方道路的冲击。第一次冲击是法国大革命和拿破仑战争时期。1789年法国大革命在德国反响强烈,许多知识分子积极响应,但这些知识人都沉湎于书斋,没有力量用西方自由民主制度来聚合一盘散沙的德意志。后来,拿破仑这个"马背上的世界精神",用铁骑来给德意志派送自由民主,德意志人却"不识好人心",用民族主义来招架他。费希特等浪漫派知识分子,就鼓舞德意志上下齐心,左右通力,一起抵御外敌。德意志最后赶走了拿破仑,但也驱逐了自由民主制度。

*西方道路对德国的第二次冲击是1848年革命。法国1848年*爆发了二月革命,影响辐射了整个欧洲,德国资产阶级也跟风闹革命。不过革命的硝烟"燃也匆匆,灭也匆匆",德意志在政治上没有大幅度地迈步,仍然在原地踏步。

西方道路对德国的第三次冲击是1862年的普鲁士宪法纠纷。[①] 事情因军事改革而起,国王威廉一世与议会发生冲突,威廉一世招架不住,准备妥协退位。侥幸的是,他在情急之间抓对了一根救命稻草:他找来了俾斯麦,让他做了自己的宰相。俾斯麦不负所托,不仅顶住了资产阶级议会的进攻,而且通过三次战争统一了德国,建立了德意志帝国。

---

① 普鲁士宪法纠纷,因军事改革而起。1862年,议会保守派与自由派因军事改革而产生激烈冲突。冲突延及预算问题,导致了严重的宪法危机。当时普鲁士国王威廉一世准备妥协退位。但是普鲁士驻法公使的俾斯麦回到柏林,出任王国首相,支持国王,顶住了自由派的攻击。

西方模式对德意志的三次撞击,都没有把它推到自由民主的框框里,反倒引起了强烈的民族反弹。德意志人认为民主自由是英法的作品,他们批评现代、中伤民主,诋毁英法西方文明,坚持与英法拉开距离。

德意志虽然羞于承认西方制度的优越,却精于克隆西方科学技术,这使它表现出很强的后发优势。德意志统一以后,短短一代人时间之内,经济、军事、科技都获得了欧洲的领先地位。统一前"小国杂乱,百政不修",统一后时日不多,就奇迹般地实现了"武备第一,政治第一,文学第一,医术第一,电学第一,工艺第一,商务第一,宫室第一,道路第一,乃至音乐第一",这些都可归功于铁血宰相俾斯麦,是他带领德国走向了一条特有的康庄大道,不仅抵御了西方路线的侵袭,而且还推动了民族的富强和扩张。因此他是最得"特有道路"本质的人。他为帝国配上的特有道路可谓是光怪陆离、不伦不类。这个特有道路夹在自由主义、民族主义、社会主义之间,同时也不落下传统的政治力量——专制王权、军国主义、容克贵族,这一些都被杂糅在一起,形成了一条"和谐"的德意志特有道路。俾斯麦制作的这个特有路线,既专制又民主,既保守又开放,既传统又现代。

俾斯麦抱势守术,行"力"擅"诈",精通纵横捭阖之术。自由主义者被他夺去了民族主义的旗帜;民族主义被他扭曲用来粉饰普鲁士专制王权;保守主义被他改造得体无完肤;社会主义被他玩弄得不知所措:这些意识形态都落到他的手腕中,为其所用。但是他制造的德意志帝国促进了政治统一和经济进步,因而团结了人心,也折服了知识分子。思想家跟在政治家后面,吹捧自己民族的文化和制度,用特有道路来挑战自由主义,用德国文化来挑衅西方文明,用非理性哲学来对抗启蒙理性。他们与国家政治不断拉近距离,相互倚重,共同声张民族利益,鼓吹民族优越。这种前赴后继的民族狂热,在1914年达到了高峰。1914年第一次世界大战爆发,反西方、反现代的思潮达到了高潮,被称为"1914年思想"。

第一次世界大战之后,德意志帝国被打垮了。帝国迎来了一个三岔路口,民族面临着政治去向的抉择。要么走国家社会主义道路,学习东方苏联;要么学习西方,走民主自由的宪政道路;还有第三个选择,就是"非东非西、既东又西”的德意志“特有道路”。大战之后，魏玛共和国立即成立。魏玛共和国法制健全，魏玛文化也多彩多姿，魏玛宪政则是努力靠近西方自由主义。但是在向西方道路迈进过程中，它遇到了两重障碍：第一重障碍是苛刻的《凡尔赛和约》，德国必须割地赔款，这使德国人十分愤怒，他们把西方道路与《凡尔赛和约》结合起来，视它们为一种民族耻辱，对西方道路作出了拒绝。第二重障碍是《魏玛宪法》自身的弊端。《魏玛宪法》实行了过多的民主：人民可以选举反民主的党派，可以直选总统，可以通过公决直接立法。民主泛滥造成了无政府主义状态。物极必反，高度民主必然通向高度集权。最终，高度集权的纳粹政权就站了出来，收拾了这种无政府主义残局。其实深刻的思想家对此已有警惕，施密特《政治的概念》就是针砭时弊之作，他就提请联邦政府关注宪法中的漏洞。

20 世纪 30 年代，资本主义世界爆发了一场经济危机，德国也遭受到深重的打击。纳粹乘虚而入，用国家社会主义蛊惑人心，骗取了政权。国家社会主义对国家事务大包大揽，完全不守自由主义的政策禁忌。它推动了一次社会变革，冲破各社会阶级之间的传统隔阂，把国民整体都纳入到一个平等划一的权力结构中。这种对全民的调控，带动了社会流动和平等，却是运用了消极与摧毁的方式去完成的，这种方式是一种虚无主义的自我摧毁。以国家社会主义铲除传统的一切，在虚无的摧毁之后重建一套新价值，最终导致了猖狂的毁灭活动。第二次世界大战，就是这种毁灭和重建逻辑的延伸。

第二次世界大战后，国家社会主义这颗毒瘤被强行摘除，德意志特有道路日落西山。同盟国占领德国之后，强迫他们实现宪政，西方民主自由在德意志真正扎根了下来，而德国特有道路，也就成为了历史废墟。

2. 实证主义的风潮

一个时代已经过去，另一个时代接踵而至。黑格尔逝世之后，古典哲学开始落下帷幕，黑格尔对于物理学的思辨总结，让内行的科学家贻笑大方，在众人的攻讦下，黑格尔体系成为一堆废墟。科学的发展要求更多的经验实证，而不是玄思幻想。实证主义适应了科学发展的需求，赢得了科学界的广泛赞同。

英国的经验主义传统到了德国，就“德国化”为实证主义，因此实证主义是经验主义的变种。实证主义主张任何理论都要落实到经验层面，要求任何判断都能兑现为实践行为；实证主义只信任视觉化的经验材料，有数字化的准确说明。由于它向科学的极力献媚，实证主义在那个时代成了科学与伪科学分野的标准。

在实证主义的鼓动下，一批社会科学纷纷逃出哲学的羽翼。心理学、社会学、政治学等社会学科，都抛开形而上学，独立了出来。这些社会学科经过实证主义洗礼后，晋升到了科学行列。从此它们与自然科学一道，一起为自然世界和人文世界提供科学图景，以便供人类奴役。而哲学则是众叛亲离，成为了一个孤独的思辨老人。近代形而上学原初想法是为科学奠基，现在却被科学恩将仇报。哲学落到这般田地，也是咎由自取的。形而上学玄思空想太多，经验实证太少；诺言许得太多，兑现得太少。玄思空想让哲学斯文扫地，加速了科学对哲学的离心。自此之后，胆小的哲人不敢再触碰科学和经验，而是躲到了先验世界里发牢骚。

3. 非理性哲学的兴起

黑格尔体系垮台之后，理性哲学开始失去吸引力。思想界开始分野，人本主义与科学主义分道扬镳。实证主义属于科学主义的范畴。实证主义对于哲学的伤害，使得哲学志趣脱离了科学。哲学不再跟科学套近乎了，而是开始对科学进行反思批判。意志哲学和生命哲学则属于人本主义哲学一列，它们在一开始就具有反科学的向度。

人本主义思潮是对理性的反叛。他们批评理性主义哲学忽视人的本能欲求，忽视生命的丰富性，而用理性逻辑来统摄生命，实际上是对生命的残害。人本主义哲学从叔本华开始，把注意力引向了人心中的非理性力量。意志、情欲、情绪成为了生命的表征，成为了哲人的体验对象。在这些人本哲学家当中，叔本华关注的是意志欲望，尼采则高举强力意志，精神分析学关注性欲本能，而狄尔泰创立了生命哲学，把生命作为哲学体验对象。整体上，人本哲学都反对用理性分析和直观来把握生命，而提倡用体验来感受生命。因此，从叔本华开始的人本主义哲学都具有非理性倾向。

(六)战后德国民族精神

第二次世界大战后，第二帝国国祚分离，盟军对德国分而治之。不久，东西德相继成立，"二分天下"。分裂局面形成，两德都加入到了东西对立的阵营中，成为了对峙各派的附庸。西德在盟军的督促下，推行了波恩宪政。英美对德国的封建残余毫不客气，尽行清理。从此，特有道路就在德国舞台上黯淡了下来。西方民主自由宪政，被强行殖民了进来。

第二次世界大战，给交战的各方都带来了巨大的经济损失。德意志也得到了毁灭性的打击。有人夸张地估计，仅仅是扫除柏林的废墟和垃圾，就需要花掉柏林人30年的血汗。由此可见，战后重建任重道远，它压在了德国人肩上，成为了沉重的负担。战后这一代人，被这种负担压得沉默务实。他们大都不愿意回忆过去，自信心降到了最低点。失败教训他们默默承受。对于第二次世界大战，他们没有反思，反思的重担大都落在了流亡海外的犹太思想家背上。对德国人来讲，纳粹的罪恶昭然于宪法和法律，无须过问。过了20年，战后成长起来的一代人，开始活跃了起来。这一代人是受英美的殖民教育的，他们对历史的反思开始严肃地铺开。

德意志对于第二次世界大战的反思是真诚而深刻的。从政治领袖，到普通民众，都有对纳粹的醒悟；首相与黔黎都在努力与纳粹做心理断绝。勃兰特总理[①]一跪犹太亡灵，二跪波兰冤魂，那份对和平的愿望和真诚，感动了整个世界。相反，今天的日本领袖，还浑浑噩噩地俯首于罪人的恶灵之前，对罪孽没有半点忏悔，因此颇受世人的唾弃。两个民族原本都四面树敌，积累了许多仇恨。但德意志人用深刻的反思和真诚的忏悔，获得了世界的谅解，这是不知悔改的日本人远远不及的。两个国家的道德实践殊异，使得它们的世界声誉也差异悬殊。

---

① 维利·勃兰特(1913—1992)，1969—1974年任西德总理，著名国际活动家，1971年获诺贝尔和平奖。

德国哲学反思纳粹统治及其崩溃的经历，重新审视了文化传统，开放自己，融合他国文化，因此愈加走向世界化。今天德国哲学中最有影响的潮流与流派当属语言分析哲学、新法兰克福学派、存在主义和哲学解释学。

随着德国文化的对外开放，英美哲学也开进了德国文化。语言分析哲学对德国的渗透愈益加强，维特根斯坦和罗蒂的哲学备受人们重视。此时，法兰克福学派仍延续战前的话题，继续针砭启蒙理性，不过锋芒更加犀利和深入，大众文化、技术理性都纳入了批判视野。存在主义也影响巨大，它不仅在国内发挥余热，而且迈出了国门，传播到了法国等欧洲国家。第二次世界大战后的一代人被战争送到了迷茫之中，存在主义对这种虚无状况既可以提供解释，也可以提供解脱，因此深受迷茫人群的爱戴。解释战前战后的精神特性，存在主义可谓是屡试不爽。

但是从总体上看，思想界的弊端仍然未有改善。一方面，理论和思想建构有卓越的分析和缜密的研究，但另一方面则是观念偏狂、概念造作、纲领混乱和玄思幻想的习性没有改观。这种洞察与浅薄的混合体，既挑起了德国人的热望，也让德国人感到失望。

政治上，德国人还是放眼欧洲。知识分子和政治家都主张以大欧洲为德国政治使命。哈贝马斯和他的弟子就很热心营造大欧洲共同体。许多德意志政治家或者出于实际的利益考虑，或者出于政治理想，都呼唤大欧洲。"统一的总理"科尔说："德意志是我们的祖国，欧洲是我们的未来"；德国前外交部长、有"德国的喉舌"之称的汉斯·迪特里希·根舍说："我们想把德国命运扎根欧洲，因为我们听到了欧洲对德国人的呼唤。"在德国人积极主张、德法精诚合作下，欧盟创建发展了起来，这是德意志人的祖先一直梦想实现的，也是近千年用武力达不到的政治目标。大欧洲的视野开阔了德意志精神，把偏激的民族主义变得雍容大度，大欧洲就是德意志大包容、大开放的精神体现。德意志现今勇于接纳外来民族，也乐于接受异域风情。当代德国都市，荟萃了各类文化。美国音乐、中国文化、巴黎风情，都能融合于德国人的生活中。

二、德国民族精神的基本内容

历史考察是考察德国民族精神的动态变迁，内容考察则是概览它的静态沉淀。德国民族精神的内容，集中地表达在他们的价值观念之中。这些价值观有理想性的成分，反映了德意志民族的理想追求，同时也具有现实层面，是德意志民族的文化机制。

打探一个民族的价值观念，可以从他们生活的各个侧面着手。一个民族的价值观由他们的解释机制、理想追求和情感态度合成的，因此要概观一个民族的价值观念，可以通过汇总他们的解释机制、政治追求、历史态度而实现。

解释机制有人物解释两类。对事的评价，是广义的政治性评价。古今政治评价有差别。近代以来，意识形态开始在政治上风行起来，与它配套的评价机制就是“左右之分”。左派激进，右派保守，中间派骑墙而立，望风而动。左右原本是地位的高低，如今成了政治活动的快慢。论事其实是论人，事在人为，就是此解，它们原本就是体用关系。对人的评价不离善恶框架，这个框架属于人性，普适于整个人类。但“何者为善，何者为恶”，古今有异，中西有别。津津乐道“圣凡”差别，是中国特色的善恶标准。古色古香的中国式道德要求是“法圣人、祛凡俗”。因而，中国古代的“善恶”标准与“圣凡”境界是相即相入的。古人还有“立德、立功、立言”三重激励，与现代人提出的“三个有利于”标准交相辉映。

对照中国，德意志善恶观有自己风格。中国人守柔居下，以柔克刚；德意志人却以刚强为善，以软弱为不齿。中国人推崇慈悲为怀，德意志人却鼓励铁石心肠。中国人世事洞明，人情练达，明哲保身；德意志人有唯心气质，信仰虔诚，理想主义。

德意志价值观在内容上与中国殊异，在形式上与英美也多有不合。这些在道德哲学中有集中显露。德意志的道德学说,可以说既响应了民族心理,也培育了民族个性,是我们常说的作用力与反作用力的关系。从道德哲学中折射出来的善恶标准,可以总结为:以刚强为善,以软弱为恶;以内在精神为善,以崇拜物质为恶;以任自然意志为善,以虚伪情感为恶;以虔诚为善,以功利为恶;以纯粹为善,以杂乱为恶。

(一)反客观主义的唯心气质

自然科学在近代茁壮成长了起来,它要求研究者摆脱主观成见,保持客观心态,达到对自然的本然认识。客观主义由此推崇为科学家的职业操守,并强化为一种科学精神。随后,这种科学精神越出了自己的地界,渗透到了日常生活之中,演变成为了一种生活态度。另一方面,主观想法则成了科学研究要提防的心态,主观主义逐渐被看做科学的阴影,甚至被看成了日常理性的仇寇。

深受科学恩惠的现代人,对客观主义敬畏有加,不敢有半点怠慢。受客观主义的鼓舞,人们可以只问是非,不管善恶;若是客观属实,便可以不问主观情由;若是真理在手,便可以大义凛然,可为真理而牺牲,代表真理而“与天下为叛”。

近代以来,客观主义随科学的发展而纵横拓展,并频频侵袭德意志人的生活。德意志原本是一个唯心民族,他们重视个体生命,习惯内审心灵,体验内在,过一种主观生活。但是客观主义为了收纳客观事实,要求清空心灵,夷平主观见地的丰富性,取缔多姿多彩的生命体验。因此它与德意志民族的唯心精神产生了矛盾。

在主客观问题上,德意志哲人态度最执著。美国人开放,可以放开这个问题,用实用主义来调节这个问题;英国人保守,随时可以向经验询问答案;法国人散漫,回答随便;唯有德意志人,要在这个问题上较真。思想家在这个问题上,一方面要承认科学的进步与成就,正视客观主义;另一方面,也要维护人的尊严和心灵主动性,保卫心灵世界。在主客取舍上,他们一般是偏好心灵,而提防客观主义的。因为德意志是一个唯心民族,他们坚守内在,护卫精神。他们惧怕心灵受到外在宰制，担心灵魂沦为物质奴隶。这种唯心气质形成了一个强大的文化惯性，阻挡着客观主义大行其道。从近代开始，德国哲人在面对主客麻烦时，就一直偏袒心灵。

启蒙运动刚开始，莱布尼茨还在延续神学话题，谈论单子论和神正论。他在神学的范围内开展工作，因而躲开了客观主义的骚扰。康德时期，唯理论和经验论都向科学看齐，用客观主义自律，康德却反过来宣布“人为自然立法”。对他来讲，所谓的客观性，不过是先验主观性。因此康德瓦解了物理客观主义，用先验唯心主义来取代了它。如果说英国是经验主义，法国是唯理主义，那么德意志就是走中间路线——先验唯心主义。启蒙运动之后，浪漫主义“崇感性，重体验”，诟病理性，与客观主义视同水火。黑格尔之后的各类哲学，都口口声声要超越主客对立，对单向度的理性哲学和客观主义有诸多不满。这些都是与客观主义旨趣相异的。他们对主客的超越，其实站在唯心立场做的虚假超越，实际上是对主观心灵的一种偏袒。

（二）自我决断的强者道德

在德意志人的心中，软弱无能、摇摆不定、伤春悲秋都是负面价值。他们心中的正面楷模是意志坚定、刚强决断、敢于承担的强者。文学艺术的作品中屡见这种刚毅形象。歌德创作《浮士德》，里面的主人翁就是一个沉思命运、敢于承担、敢于决断的英雄；尼采笔下的超人身影，显然是一个肩负强者道德的英雄典型；贝多芬用音调鼓舞人心，用旋律召唤英雄，他的《英雄》一曲，最直接地表达了德意志人对英雄价值的肯定。

在这个民族里，政治家强调铁血，称道实力，信奉强权；艺术家召唤英雄，鼓舞斗志；哲学家也给予积极的配合，鼓励人们刚强坚毅、自我承担、自我决断。康德道德哲学就旨在打造刚强坚毅的德意志大丈夫。

对康德来讲，道德是意志的事情，而不是情感的事情。道德要的是意志刚强，不是要寸寸柔肠。自由是人的本质，失去自由就使自己退化到动物队伍里面。自由意味着理性独立自主，而不是随欲望摇摆，顺经验流动。意志坚定不移，才能自由；跟情感妥协，在经验中摇摆就会失去自由。

意志要坚定地扛起自身的责任。道德意味着责任,不敢承担责任和逃避责任的人不配谈论道德。这个责任是实践理性给自身立的法则。意志要勇敢地承担这个理性责任,毫不保留地执行这些道德律令。康德说:“自我的准则(明智)只是劝告,德性的法则是命令。”①执行道德律令应该是绝对服从,不打折扣地遵守。为道德而道德才是真道德,为其他功利目的而遵守道德是谦谦君子。

康德考察了 Tugend(德性)这个单词。Tugend 来自于 taugen(有能力的),因此德性就是力量,就是坚强。而 Untugend(缺德)和软弱是同义词。德性原本是一个男性色彩的单词。如果说,男性代表意志,那么女性就象征情感;男人对理性负责,女人就是顺情而动。因此在康德看来,道德从来就是强者的语言,不是弱者的哀怜;男人才是道德主体,而女人只能靠边站。

男人意味着强者意志,女人意味着弱者情感。康德对弱者的不依不饶,深化为对女性的攻击,本质上像是一个单身男人倾泻多年的怨恨,同样孤独一生的尼采也对女性“不怀好意”,把女性看做弱者道德的象征。

如果说康德道德哲学对强者道德的赞同还作了一些学理铺垫,那么尼采的道德哲学,就是直截了当地倡导强者意志,歌颂强者道德。他痛批了基督教这种弱者道德。在尼采看来,基督教道德把悲天悯人和行善乐施当做道德是扭曲人性;而赞美锄强扶弱,则是拉平人们的生命意志,是摧残人性。他说,基督教这种奴隶道德远肇古代罗马,是从奴隶们的对意欲的自我消磨中产生的。尼采还继续批判了现代价值,在他看来平等观念也不比基督教道德好,平等观念要造就平均化的大众,这必然要求扯平人们的生命意志,因而会摧残人们的权力意志。尼采的强者哲学大胆而不留余地,是德意志精神的一个极端,却也是康德哲学的逻辑结果。

即便是导致虚无主义的存在主义,也有强调强者素质的一面。海德格尔在《存在与时间》里,鞭策人们追索本真生存。他讥讽常人生活,说常人沉沦于世,失去了自主决断,因而成为了一个各种知识、各种声音都可以轻

① [德]康德著,邓晓芒编译:《康德三大批判精粹》,人民出版社 2001 年版,第 310 页。

易入住的机缘。在情感上,他只知道求新骛奇,各种新奇事物都能引动他的情绪;在语言上,他人云亦云,似乎很有观点,却没有自己的思考,任何观点都能俘获他;在理解上,他模棱两可,这样可以,那样也行,没有一定的主见。本真生存要去掉这种常人生活,面向此在的本真而生存。那就是要面向死亡,与过往的价值痛下了断,作自己最本真的抉择。弱者会苟安于常人生活之中,只有强者才会勇敢而执著地追求本真生存。

(三)"历史是唯一的诗人"

马克思说"历史是唯一的诗人"。诗人创作诗歌,历史这个诗人创作的是人类文明:人类生活的全部内容,都由历史做主。近代德意志,"历史"被看成了价值的主宰和源泉。多数思想家都有历史崇拜。施密特在《政治浪漫派》里发论说,启蒙理性扳倒了上帝,树立了新的价值权威:有的摆出全人类作为最高价值,有的则抬出历史作为最高权威。把人类放于首位的,是一种另类的"人本主义",而坚称"尊重历史"的,则是一种别致的科学主义。不过马克思却不落两端,他既着眼全人类的利益,也详察了历史的发展,纵横于人本主义和科学主义之间,兼容并蓄,创造了历史唯物主义。

站在历史的高度来俯视苍生,人类社会尽收眼底,古今中外无逃于外。因此用历史的思维来创作理论,既普适众生,也固若金汤。一个论断若是镀上了"历史规律"的金,那就所向披靡,无往不胜了。

尼采用历史思维创作了谱系学。他用这种方法考察了道德起源与发展,与英国的心理主义伦理学针锋相对。英国心理主义伦理学,从人心本能情感和欲望出发,来讨论同情、公正等社会道德的发生史,尼采则用谱系学对这种分析围追堵截。他认为社会道德是在历史中形成的,在历史中变化的。在古代社会,善恶指示的是身份的高下。古代中国说的君子小人,原本也是指地位的尊卑和地理的城野。在原初的主人道德中,善恶意味着强弱差别,但是到了后来的奴隶文化,例如,基督教道德,善的主要内容是隐忍、克己、施舍、同情,而恶则是放纵欲望、侵犯他人。

狄尔泰也给自己的思想配上了历史视野,他的解释学就是要体悟历史文本。海德格尔接续了他的解释学，发展出了“此在乃是历史性的存在”的思想。他在《存在与时间》之中，有一部分精力都用在了此在历史性的思索上。

历史的崇拜培养出了德意志各种精神特性。德意志思想界一直对自然权利不屑一顾，大概就是因为历史思维在挤兑它。从历史的角度出发，任何普适的价值都是一个时代的观念假设；同样社会契约在严格的历史拷问中，也是不合实情的。因此自由主义在历史思维面前是站不住脚的。

历史主义先入为主，挤兑了自由主义理想，同时也衍生出其他乖张的思想逆流。历史思维使黑格尔相信自己处于历史最高潮的年代，在这个时代，政治历史终结于普鲁士王国。他说，普鲁士的皇帝“腓特烈二世之所以特别值得提起，是因为他理解了国家的普遍目的，而且在君主中还是第一个”①。历史主义因此引来了第一个恶果，那就是封闭精神和封闭社会。同时历史思维也会堕落到历史相对主义，滑向历史虚无主义。狄尔泰说“每一种世界观都取决于历史条件，因而都是有限的、相对的”②。他站在历史主义角度，否定任何永恒价值，走向了相对主义的价值误区。而尼采和海德格尔则走向了虚无主义，结出了历史主义最深刻的思维恶果。

三、德国民族精神的主要特征

民族精神的特性可以说是民族性情。民族性情有两个部分：隐藏在内心的是思想气质；开显在外面的就是行为机制。按照机能主义的看法，人要对外部环境作出心理适应和行为调整，因时变化，因地制宜。这种对外部环境的适应和调整日积月累，就成为了自然性情。因此性情是人心与环境“内外相冥”的成果。而这个环境，既有规导人性的物理环境，也有化育人

① ［德］黑格尔著，王造时译：《历史哲学》，上海书店出版社1999年版，第435页。

② ［德］里克曼著，殷晓蓉、吴晓明译：《狄尔泰》，中国社会科学出版社1989年版，第94页。

心的文化处境。物理环境是人兽共有的，而文化环境唯人才有。文化是一种人本质力量的积累，是人理性思考的传承，是人行为习惯的沉淀。文化在历史中形成，同时又向未来敞开。文化处境，是确定人的意义的“上下文”。断开了文化上下文的联系，人就退化到动物的队伍里面。

“一方文化养一方精神”，中华文化培养出来的是中华精神。中华文化“外儒内道”。儒者，内修“恭敬笃敬”，积德行善，养浩然正气；外修社会责任感，“天下兴亡，匹夫有责”。道者，不争功名，任达自然，逍遥自在，“春看鱼虫叶，秋观草木情”。外儒内道的中国文化内管品质，外管气度，培养出了刚柔相济的中华品性。刚者，浩然正气，襟怀坦荡，天下国家，一肩扛之；柔者，守柔居下，温文尔雅，性情随和。

德意志文化迥异于中华文明，她的特色既彪炳于康德、黑格尔、尼采这些思想楷模身上，也体现在莱辛、歌德、海涅这些文化榜样身上。这些巨人汇集了德意志文化精粹；培养出了德意志人虔诚、严谨、刚毅、诚实的品性。

德意志人服从权威，思维严谨，信仰虔诚，性格刚毅。如果说在气质上，中国人温文尔雅，德国人则是深沉严谨；法国人热情浪漫，德国人则腼腆矜持；美国人开放大方，德意志人则是冷漠固执；英国人像优雅绅士，德国人则是自卑敏感。如果习性上，美国人是实用主义，德国人则是理想主义；英国人崇尚经验理性，德国人则是追求先验理想。

中国人事事克己忍让，处处大而化之；德国人却严谨机械，喜欢“多管闲事”。德国人既冷漠，又博爱：他们会对朋友固守一个界限，却会对陌生人伸出友爱之手。现代德国流行社会教育，如果你犯了错，任何人都会来纠正你。德国人工作认真细致，所以工业产品质量很高，以至于“德国制造”已经成了高品质的标志，真正体现了“螺丝钉精神”。他们习惯精准，康德时代人们的生活习惯精准到“刻钟”，如今精准到了分钟，所以德国人安排约会会定在“十二点零三分”。

(一)服从与英勇

德意志战士既有良好的服从性，又英勇善战，可谓忠勇有嘉。忠勇精神源于古代条顿人养成的作战习惯。由于好战的传统和严格的训练，服从性已在人们思想中根深蒂固。俾斯麦得意地称赞普鲁士这种“美德”，说“荣誉、忠诚、顺从和勇敢贯穿于从军官到年轻新兵的整个队伍”。这种美德给了德意志很多好处，发动战争和发展经济都有受益。正如路德维希所说：服从、责任感、朴素的生活方式，保证了德国人能迅速地发展工业和进行战争。

服从性一心开多门，衍生出很多美德。服从理想，就成就了执著的精神气质；服从政治权威，就养成了忠君报国的政治素养；服从法则道德，就形成了守规矩的生活作风；服从信仰，便有了虔诚的宗教生活。

德国人执著，有坚忍不拔的追求精神，因此德国人也是理想主义者，为了理想可以牺牲现实利益。忠君报国的信念使德意志的战士骁勇善战，军魂巍峨，战功累累。守规矩的生活作风，使德国秩序严明，社会安定。德意志是世界上最守规矩的民族，这个民族执法守法，认认真真，不打半点折扣。有人戏言，德国人是靠法律活着的，如果没有法律，他们就不知道如何活下去。德国的马路，如果红绿灯失灵了，行人可以在马路前一直等下去，等到修好了再过马路。而在中国，每个人都有一种“自律”，国家虽有法律，人们却“无所适从”。

服从性让德意志民族受益匪浅，但盲目服从也让他们受害颇多。“他们盲目地服从领袖，排斥一切独立的思考……杀害一个失去自卫能力的人，并不认为是可耻的；相反，如果未能按照领袖要求去杀死一个人，却是奇耻大辱。”①上下一致、左右同心的服从性，使民族内部没有恰当的约束，而容易失去平衡。知识分子的服从性使他们失去了对现实政治的批评力，有的向政治权威靠拢献媚，有的掉到了当权者的陷阱里：大法学家施米特曾效力过纳粹政权，海德格尔也有过助纣为虐的历史污点。

（二）敏感与自负

德国人敏感，他们有一种与生俱来的不安全感。“德国人内心很少感

---

① [德]艾米尔·路德维希著，杨成绪、潘琪译：《德国人》，三联书店1997年版，第7页。

到满足,他们有太多的紧张和不安。”①这种不安全感与它的地理位置和长期分裂的历史有关。“德国有比其他国家更多的邻国”,它缺少自然边界,长时间四分五裂,处于大国之间,容易成为蚕食的对象。同时这种敏感也跟后起民族的焦躁心情有关。在近代史上,德意志始终是一个政治和经济上的后进民族。后进民族在发家致富之后,民族心理会摇摆于自负与自卑之间。一方面,民族经一夜而暴富,国力猝然强大,难免会心理膨胀;另一方面,民族发展的历史短暂,积累浅薄,又使他们自觉卑微。自卑与自负交织,合成了一种敏感不安。这种敏感不安需要“证明”与“承认”来安慰,即需要向其他民族证明自身,让他们承认。于是在文化上,他们傲视远邦,轻贱近邻,用文化自负来掩盖民族自卑;在政治上,他们宣称德意志民族优越,用武力寻求其他民族的承认。他们屡兴怒师,为的只是证明自身的优越。

路德维希说,德意志人一直担心被人看不起,这种恐惧和自卑感驱使他们不断行动。征服活动不是为了物质的目的,他们不会为生活富裕和轻松去征服别的国家,而主要是为了显示自身优秀。他们曾经残酷地对待犹太人,因为德国的犹太人多数是金融家、银行家或高利贷者,这引起了德国雅利安人的嫉妒心理。有人说,“犹太人的才干是自己致死的原因”。犹太人的才干激发了雅利安人的仇恨。不过犹太人还有一点也触怒德意志人,就是犹太人自视为上帝的选民,抵牾了德意志人的狂妄。德意志人强调自身种族高贵,得打掉犹太人的气焰。因此反犹主义其实是一场傲慢的交锋,是一场上帝选民的争宠。

(三)野蛮与虔诚

数千年德国历史,兵戈不解,战争连绵,德国人四处征战,杀戮无数,沾满了其他民族的鲜血。他们积累的血债,可谓世界第一。施特劳斯在《德国的虚无主义》中说:“德国文明比其他文明年轻得多,因此可以觉察到德

① [德]艾米尔·路德维希著,杨成绪、潘琪译:《德国人》,三联书店1997年版,第150页。

国比西方民族更接近野蛮。”①

在历史上，德意志民族的祖先日耳曼人凶残成性，乐于战争。“全体人员都是战士，这是他们的共同思想。战场是他们的天堂，战斗英雄是他们的上帝，群众集会内容是检阅军队。”②因为他们野蛮成性，所以罗马人对他们既有畏惧心理，也有鄙视情愫，于是送给他们“日耳曼”这个称号。神圣罗马帝国时期，日耳曼人接受了文明驯化，成为了德意志人，但是仍然斗心不改。此时，德意志人肩负着护教的神圣使命，他们忠心护教，带领军队四处讨“异”，因此造了不少杀孽。三十年战争之后，普鲁士强大了起来。它继承“祖宗遗训”，推行军国主义，四处扩张，到处征战。德意志统一以后，在半个世纪里，就连续发动了两次世界大战。他们屠戮其他民族，灭绝其他种族。在腥风血雨中，把凶残的本性发泄到了极点。

德意志人有着野蛮的天性，但另一方面又十分虔诚，保持着坚定的宗教信仰。即便是历史上各种针对宗教的思想运动，也并没有伤害信仰的意思。路德宗教改革如果说是一场反宗教的改革，那么就大大偏离了原意。宗教改革不如说是一场挽救宗教信仰的运动。宗教改革号召剔除宗教信仰中的杂质，清理宗教中的繁文缛节，就是出于纯粹的信仰。这场“去粗取精、去伪存真”的宗教净化运动，其实是一场挽救信仰的运动。宗教改革之后，虔信主义占据德意志文化舞台，它教导德意志人虔诚信仰。对虔信主义多有批评的启蒙运动，并没有带领德国走向无神论，而是走向了理性宗教。法国启蒙运动走向了无神论，德国启蒙思想却迎来了温和的泛神论。德国人仍然保持着虔诚的信仰。各种思想运动没有清洗掉德国人的虔诚信仰，因为这种虔诚扎根于他们的心灵。

虔诚加野蛮的气质，综合成了一种斯多葛气质。一方面，民族心理深处有着与生俱来的虔诚；另一方面，他们又欲望强烈，容易冲动。这种矛盾心理使他们身感罪孽深重，要求救赎，因此他们沉于信仰以求解脱。

---

① [美]施特劳斯著，丁耘译：《德国的虚无主义》，参见刘小枫主编《施特劳斯与古典政治哲学》，上海三联书店2002年版，第762页。

② [德]艾米尔·路德维希著，杨成绪、潘琪译：《德国人》，三联书店1997年版，第7页。

这种野蛮与虔诚的交响气质，在日耳曼人对罗马的态度中就已稍露端倪。古日耳曼人始终被罗马文明所吸引，即使最严酷的汪达尔日耳曼人也对罗马文明怀有深厚的敬意。但是他们本能上渴望自由，喜欢战争。这种战斗天性，使得他们既成为罗马的保卫者，又不可避免地成为罗马的破坏者。对罗马文明的破坏爆发了他们的野蛮天性，对罗马文明的保护体现了他们对文明的虔诚。因此虔诚与野蛮这对精神对子，从一开始就在德国人心中闹对抗。

（四）末日与拯救

德国人容易沾染末日思维而背负尽头忧虑。这种末日负担和尽头忧虑来自于他们俯视人类历史的思维习性。科学家们关心宇宙历史，达尔文关注生物历史，德国思想家喜欢对人类历史高瞻远瞩。

他们会在历史之外找一个静观位置，来鸟瞰人类历史的图景，然后回到历史中，给自己的时代做定位。有的思想家幻想自己处在历史的终结，有的则认为自己恰逢历史的高潮，有的则认为所处是历史的开端。末日思想和尽头忧虑就是从终结处境中产生的。思想家会在这个处境中，把自己幻想成弥赛亚：或者把自己看成历史高度的总结者和终结者，或者当自己是人类高度的拯救者。

黑格尔就自诩为历史终结者。在这个历史终结者看来，真理到他那里为止，国家历史则在普鲁士那里打住。他斗胆地说自己的哲学体系终结了真理，他的《精神现象学》，终结了哲学史的探讨。他相信他赶上了历史最关键的时刻，他说“这个形式上的绝对原则把我们带到了历史的最后阶段，就是我们的世界，我们的时代”①。在他看来，在这个最关键时代出现的普鲁士是最完美的国家，这个臻于至善的国家是政治历史的终结形式。

马克思积极乐观，“厄于陈蔡”而不改济世之志。他要终结的是不平等的剥削历史，他要开启的是一个崭新的历史，这个崭新的历史，是直奔自由、

① 参见［德］黑格尔著，王造时译：《历史哲学》，上海书店出版社 1999 年版，第 435 页。

平等、物质极大丰富而去的。

尼采、斯宾格勒也认为历史在他那里告一段落。尼采用铁锤从事哲学，推倒偶像，杀死上帝。他要结束上帝主持人类的时代，而要开发一个生命意志的时代。斯宾格勒也自认为处在历史没落的阶段。他写了《西方的没落》，把他的末日情怀化做了胸臆中的文明哀叹。他认为西方文明经历了春生夏长、秋收冬藏之后，渐入生命晚年。因此他哀叹西方文明的没落。希特勒发动世界大战的原因，就用结束一个世纪作为借口。他要用国家社会主义来开辟一个崭新的时代，在新历史中，实现世界大统一。

德意志人的没落情绪被生存忧郁强化了，并滋生出了他们的毁灭信念。在个人生活中，是毁灭自身或者毁灭他人；在政治生活上，就是毁灭文明或者毁灭种族。毁灭与拯救是相伴相随的。这个喜欢玩历史末日的民族，每个人似乎都有向死而生的觉悟。在行将灭亡之时，会生出奋力一搏的冲动。他们会为神圣秩序和神圣权威献身，在这种献身中谋求精神拯救。

（五）清醒与理想

德国人是理想主义者，纯粹性的追求是它的一个表现。德国人不愿把理想当做手段，只愿意追求纯粹的理想。康德为道德而道德，费希特为自由而自由，恩格斯为真理而真理。

理想主义者不是迷狂主义者，真正的理想主义者要面对现实，对现实保持清醒的认识。理想主义者面对的现实有两种，一种是过程的艰辛，一种是结果和回报。如果仅仅是过程艰辛，但是报酬丰厚，大多数人还是愿意过这种先苦后甜的生活。但如果没有物质奖励，甚至没有精神回报，大多数人便会敬而远之。但是德意志人是纯粹的理想主义者，为了理想，他们甘愿做没有回报的牺牲。

基于糊涂的牺牲是莽撞，宗教迷狂就属此类，宗教迷狂者损失自己，是为了追求天国给他的补偿。德国人的献身是基于对现实的清醒认识。他们有一种清醒的勇敢。他们知道在现实中找不到补偿，但还是要去献身。他们的献身不是弃车保帅，不是以退为进，而是纯粹的献身。

理想加纯粹,使德国人在理性面前毫不退缩。他们不会做一个老练的人,而只会追随自己理性,做一个遵循理性法则的人。黑格尔曾经批评孔子,说孔子的教条是一个老练的人的做人哲学。德国人大概都不太喜欢研究做人哲学,不太爱修身养性。

施特劳斯说,德国人主张自我否定的道德,而不屑于自我利益的道德。这种清醒的献身,就是一种自我否定的道德。这种乖僻的民族个性是来自于一个古老的日耳曼神话。主神奥丁和他的勇士们在与魔界的战斗中同归于尽,世界也随之毁灭。正义者没有获得任何安慰性的奖赏,即使是精神上和心理上的奖赏也没有。没有牺牲的光荣,也没有受难的神圣,甚至正义本身也随着他一起寂灭。这类悲剧性的结尾吸收了希腊悲剧的典型特色。但是日耳曼的悲剧更狂暴、刚健,具有一种可怕的冷静和客观。他们把这个世界看得既无价值也无意义,而把战争和死亡看成是虚无的挣脱。在日耳曼神话中,战争就是自然界的秩序,就是生命的基本要素。死亡则不再是一种纯粹否定性的东西,而被赋予某种终极的积极意义。

四、德国民族精神的启示

17 世纪开始,英国成为了世界头号文化输出国。18 世纪启蒙运动,是英国思想发动的。霍布斯和洛克的政治哲学传到法国,便引发了法国的启蒙运动。可以说,启蒙运动的古今之争其实是英国传统对大陆文化的批判。19 世纪下半叶,德国替换了英国,成为了世界头号文化输出国。于是德国思想文化在五洲四洋传播了开来。马克思主义也正是借着这种文化扩散的大势而东渡到中俄两国的。

德国文化资源进入中国,是在晚清西学东渐的大背景开展的。这个时候的大清国已屡历国耻,国势日衰。知识分子扼腕焦急,欲图振兴。但是国人与德意志相识,却远在认识其他国家之后。1861 年,普鲁士派遣使节团到中国来，和清政府签订条约时，国人对普鲁士仍一无所知。京师同文馆在建立之初，就只教授英、法、俄三国文字，而没有德文。1871 年普法战争爆发，普鲁士击败了强大的法国，实现了德意志的统一。这时德意志的军事和政治地位才受到中国重视，京师同文馆才也于 1871 年开设了德文馆。德国的发展后于英法，但进步十分神速，在极短的时间内复制英法的工业发展和技术成果，实现了经济的腾飞。这个后发国家的迅速崛起，惊动了救亡图存的中国知识分子，令他们兴奋不已。康有为就曾激动地说，德国统一前“小国杂乱，百政不修”，而统一以后，“武备第一，政治第一，文学第一，医术第一，电学第一，工艺第一，商务第一，宫室第一，道路第一，乃至音乐第一。飙举骤进，绝尘而奔，天下万国进化之骤且神，未有若德者也”。

1876 年，李鸿章派遣七名武官远赴德国学习军事技术，开近代中国人留学德国的先河。之后，中国学子一批又一批地开赴德国，向德国学习富国强兵的技法。学习的项目也不断深入，由向德国学习军事经验，而后改学政治制度，再到学习马克思主义理想。

由李鸿章亲自送去德国的学生（如王士珍、段祺瑞、冯国章等），归国之后，都成了叱咤风云的军阀。他们将从德国学到的先进军事经验，用来武装了自己的军阀队伍，最后造成了军阀穷兵黩武、江山割裂的混乱局面。中国人向德国学习的军事经验，反倒传染了他们的军国主义。这是向德国学习的负面效果，但是也有正面的收获。留德学生专业范围十分广泛，回国后他们的人才优势十分明显。不管是在科学技术还是人文科学领域，留德学人都贡献了一批杰出人才，从蔡元培、陈寅恪、傅斯年到张维、裘法祖、王淦昌，他们都为中华民族的振兴献计献策。

从德国留学回来，周恩来和朱德带回来了马克思主义，坚定不移地用马克思主义救中国；蔡元培带回来了德意志的教育理念，成为中华民国的教育总部长后，他便用这些教育理念来改造中国的教育体制；而王国维则把康德、叔本华哲学拿回了祖国，传译给祖国热心的思想者。

(一)考察德国民族精神,反思中华民族精神

近代历史对于中国人来讲,是一部学习史。20世纪一开始,经济全球化就先于政治文化全球化开展起来。面对全球一体化的趋势,各国都在调整自己的民族精神,来适应世界家庭的和谐需要。中华民族也急需借鉴他国民族精神。因此,考察和学习德国以及其他国家的民族精神,是时代分配给我们的一项重要任务。

*对待他国民族精神,要知己知彼。既要识他国文化之大体,也要解中华文明之精要。*识他国文化的大体,要做区分性处理:剔除那些不足为训的部分,警惕那些引以为戒的地方,学习那些值得提倡的优点。了解中华文明的精要,既要领会传统文化的精髓,也要洞悉现今面临的问题。

求同存异不仅是国际共处的原则,也应是文化交往的伦理。求同,乃是考察不同文化在根基上的共同境域和共同问题,寻找一个对话平台;存异,乃是了解两国文化在现象上的优劣短长,发掘可以互补之处。

民族精神之间的相互学习并非机械传递,而是一种民族文化的视阈融合。每个民族都有自己的历史传统,因而形成了不同的民族精神。要成功地学习其他民族的优点,就要做到两点:一是要放在一个文化背景下,仔细体会它的妙用;二是要寻找到它们诞生的历史境遇,在这种境遇中深思它的由来。

德意志民族精神中,有很多精髓性的特色,值得提倡。他们的思维严谨,办事细致;他们的信仰虔诚,理想坚定。他们讲原则,守规矩。这些民族精神值得我们学习。但是德国民族精神里,也有病态的地方。德国人自卑敏感,褊狭妒忌;同时他们又自我强迫,盲目自大;在政治上野心勃勃,热心扩张;在文化上自吹自擂,偏激乖张。这些方面都有失稳重,相比之下,中华文明的谦逊有礼、落落大方更有大国气象。

中华民族对其他民族特色精神的吸收,不能急功近利,过于实用主义;也不能光为展现海纳百川的大国气象,而滥用拿来主义。实用主义只问实利,挑剔短浅,会使我们与好的文化失之交臂;拿来主义的后果是囫囵吞枣,

没有真正吸收消化。两者都是皮相吸收,未得精要。因此对待其他民族的特色精神,学习态度既要谨慎,也要包容。

就当今中国情形来讲,对德国褊狭的民族情绪要引以为戒,对它的虚无主义也要尽力规避。我们国家在30年经济飞速发展,物质进步,精神却反过来滑坡,道德建设出现了很多问题。西方虚无主义的文化病,民族的褊狭情绪,如今在中国也已经形成暗潮,严重腐蚀了传统的美德,危及国家,因此不得不防。

(二)提防民族狭隘,弘扬健康爱国

海涅曾经比较过德意志和法兰西的爱国主义。法国人的宽宏博爱,爱国感情升华为对文明的敬重,对历史的爱戴,对友邦人士的友好,因此法兰西人爱国,爱得从容,爱得自尊。而德意志则陷入了狭隘的民族主义,内有自卑敏感的情绪纠缠,外有嫉妒报复的冲动烦扰。民族主义形态有多种,它展现了这个民族的历史修养和文化深度。法兰西历史悠久,文化深厚,因此培养出了宽宏博爱的爱国精神。德意志在近代是后起之秀,文化根基浅薄,历史视野短浅,因而浮躁冲动,很难掌握民族主义的尺度,因此一不小心就容易落到褊狭、极端情绪之中。

浪漫主义唤醒了德国的民族主义,民族情绪不断高涨。相继爆发的两次世界大战,就是极端民族情绪的恶果。大战既伤害了周边其他民族,也损害了德意志自身。战争失败,巨大战争创伤才给民族主义强行降温,德国才从褊狭的民族情绪中清醒过来。

知识分子在民族主义面前是失职的。有的迫于外部形势,不敢尽良心责任去责备民族主义;有的冷淡政治,对民族主义不闻不问;有的则火上浇油,使民族主义更加剧烈;有的甚至为民族主义寻找理论根基,让这种民族情绪变得理所当然。韦伯就曾做过民族主义的鼓吹手。第一次世界大战结束后,他作了“政治作为志业”的演讲,明目张胆地宣称,民族是政治的界限,民族是政治的目的。他嗤笑自由主义是政治幼稚,而将民族政治抬高为政治成熟。他的演讲给了民族主义一个理论支撑,从而使民族的褊狭情绪

心安理得。现在一批尼采读者，为了给尼采洗刷罪孽，批评纳粹对尼采思想的歪曲和误用，但是尼采思想中屡次有民族优劣的论调，的确助长了褊狭的民族情绪，因此他对德国民族主义泛滥，也是难逃其咎。

褊狭的民族主义在近现代非德国专有，整个世界都受这个流毒贻害。民族主义在近代，变成了一股仇视情绪和赶超意识。民族主义紧盯经济发展，追赶先进民族。在经济上搞赶超，在文化上搞攀比，在政治上搞竞争，乃至军事上的搞战争。民族主义激起了偏激的情绪，使人丧失理性操持：它使人褊狭而远离宽容，也使人怨恨而心丧友好，同时也使人敏感紧张而不再从容。它执著于经济发展，为了扫除经济发展的障碍，它甚至成为一种摧残工具：对内摧残文化传统，对外毁灭外在敌人。

爱国主义显然迥异于民族主义，但爱国主义也时常被歪曲误用为民族主义。爱国主义与民族主义有关联，它应该是民族主义的健康运用，是民族主义的理想运用。

树立健康的爱国情感，应该化褊狭为大度，解仇怨为友爱。应该变急功近利为从容大度，提升民族修养；变肤浅乐观为深厚稳重，善待传统文化，敬畏祖宗遗德。在古代中国，民众爱国雍容大度。大丈夫忠君为家，肩挑天下兴亡，他们兼爱友邦人民，视人之国为己国。这种爱国情绪，对内升华为对文化传统的爱戴，对外开显示为友好互助的动力，因此是健康理想的爱国精神。

（三）防止虚无作祟，充实民族精神

虚无主义的原型是一种怀疑态度，怀疑世界，怀疑人生。古今中外，都有一种作为生活心态的虚无主义。佛家的四大皆空，一切皆苦；道学的消极无为，与世无争，都是虚无主义。虚无主义还可分出一个消极虚无主义和积极虚无主义。消极的虚无主义就是消极遁世、顺其自然，这是优良的中国传统。积极的虚无主义是一种毁灭道德，推倒传统，树立新的价值，德国的虚无主义就是此类。德国虚无主义要推倒一切传统价值，树立崭新的新价值，结果引发了世界性灾难。每一个民族，都应该对这样一个道德现象有所

警惕。

尼采一生拼力与虚无主义作战，最后仍深陷虚无囹圄。他用永恒轮回来克服虚无主义，但永恒轮回没有赋予世界以意义，却给了人生无尽的折磨和轮番的虚空。海德格尔在解读尼采的时候，一反人们对尼采的定论，即认为是尼采制造了虚无主义，他反过来说，尼采没有制造虚无主义，只是挑明了这个一直存在于西方文化背后的动因，尼采是最后一个虚无主义者。海德格尔也对虚无主义发动了思想战争，并自认为取得了辉煌的胜利。但是他没有把虚无主义风光下葬，他的存在主义仍掉进了虚无的枯井中。他用本真来排斥常人，结果引发了生活的无所适从。他挖苦常人生活，日常生活的意义便黯淡了下来；他追求本真生活，本真生活却不可把握。信徒们由此被他引到了虚无深渊的边缘。

虚无像一个精神旋涡，把挣扎抗拒的德国思想家都拖了进来。按照施特劳斯的意思，虚无主义的精神旋涡是特属于德意志民族的。在他看来，德国的虚无主义体现在个人精神上，是"以自我牺牲和自我否定的道德反对自我利益的道德"[①]。虚无主义的一个诱因是漫无目的的进步主义，虚无主义的结果则是一种文明毁灭。在德国，虚无主义还与军国主义勾搭在一起，沆瀣一气。施特劳斯总结说，虚无主义是毁灭文明的战争道德。德国虚无主义就是一种对西方文化和现代文明的威胁。

虚无的精神状态已经普现于现代人的心灵。穷极无聊、无所事事的空虚感，经常会像毒瘾一样，在现代人的心灵中发作。现代社会诸神退隐，精神没落，人们失去了信仰和理想，因此虚无感也浮现了出来。人们用实用主义来调节虚无主义，但是后果更糟糕。个人主义与实用主义搅和在一起，腐蚀了社会道德。这种情形也是当今中国的部分实情，因此国人应该仔细反省，努力克服。

① ［美］施特劳斯著，丁耘译：《德国的虚无主义》，参见刘小枫主编《施特劳斯与古典政治哲学》，上海三联书店2002年版，第736页。

(四)去除自卑褊狭,重展大国气度

德意志是近代的后起之秀,曾经在很长的时间里,因国家分裂而积贫积弱,经济文化远远落后于英法"先富群体"。德意志的知识分子,眼巴巴地看着英法强大,对本国积贫积弱的情形焦急不安。但是德意志政治分裂,经济后劲不足,知识分子无法寄希望于政治经济的强大,而只好寄托于文化自强。于是德意志独立是文化先行,由知识分子自吹自擂,论证德意志文化优越。

德意志统一以后,通过一代人的努力,经济赶超了英法,政治走向了强大,并且成了世界头号文化输出国。自信心极度膨胀,民族情绪日益高涨。但是作为一个后起民族,他们的情绪是复杂的。一方面,民族经济一夜暴富,民族政治日益强大,使整个民族信心膨胀,傲慢骄矜;另一方面,民族起步迟缓,历史短暂,根基不深,积累肤浅,又使他们自觉浅薄。两方面综合成为一个心结:嫉妒先进、赶超一流,敏感自卑、寻求承认。德意志自视落后,就是以英法为先进,因此近代德国有一种很强的英法心结。他们对英法的感情是由羡慕变成嫉妒,由嫉妒变成报复。可以说近代德意志历史,就是一段追逐、赶超、报复英法先进民族的历史。这个赶超过程的表现,既有文化上的自吹,也有政治上的较量,还有武力上的征战。

敏感自卑会封闭一个民族,让一个民族偏激狭隘,也会让一个民族疑心重重,失去友好。汉唐时,中国经济富庶,政治强大,文化强盛,因此汉人雍容大度,唐人开放从容。但时至清朝,清人妄自尊大,养尊处优,见识短浅而闭关锁国,因此国势日衰。鸦片战争告诉国人清朝落后的事实。之后的一个世纪,国人转而自视为后进民族,要求民族振兴。似乎是"人穷志短",自卑情结压迫出焦躁不安,民众们失去了古人的从容大度,稳重豪迈,变得短浅浮躁,这点与近代德国历史有相似之处。如今中华民族经济飞速发展,综合国力逐步强大,因此时代又重新呼唤从容不迫、稳重深厚的大国气度。因而精神文明建设,应该加上"去除自卑褊狭,重展大国风度"的当下任务。

五、中国观在德国的变迁

德国有一个学者说,世界只有三个哲学民族:中国、法国、德国。三个哲学民族不含英美,大概是由于大陆国家不齿海洋文化的成见。德国人原本目空一切,此时拿中国、法国跟自己平起平坐,是出于不得已的包容。这亮出了德意志人的心结:法国心结和中国心结。法国心结特属于德国:在地理上,法国是近邻;在文化上,法国是同源兄弟,两者共享同样的文化始祖。但是它们又是竞争对手,近代德国历史,一直贯穿着与法国的纠缠。既有政治对立,也有军事斗争,还有情感纠合:羡慕、嫉妒、恐惧、仇视、鄙视。中国心结则普适于全世界,各个民族都忘不了,也躲不开。中华文明悠悠几千年,在世界上独领风骚几千年,所积累的历史荣誉是任何民族都无法比拟的,因而任何一个励精图治的民族,都会有与中华文明一争短长的冲动。即便是当代,各种对中华文明的回避、诋毁,都是出于一个动机——暗暗与中华文明较劲。德意志虽然有自己的文化主题,但也和其他国家一样,有偷窥中华文明的冲动。

德国思想界对中国有着持久的兴致,评价态度却几经波折。“德国人的中国观经历了赞赏(起码是尊重)、贬抑(俯就式的)、同情、诋毁和再发现等多个阶段。”①最早的中德交流是“距离产生美”。中德两国,在地球上是“阴阳相隔”。地理距离和模糊认识,在德国人以及西方人心中,营造了东方神话的期望。

启蒙运动时,人们一致盛赞中华文化。此时传入西方的中国文化,只是一个粗略的轮廓,很大一部分是关于儒学的,但是也折服了厌弃神学的西方

---

① 张祥龙:《思想方式与中国观——几位德国思想家的中国观分析》,《河北学刊》2000 年第 5 期。

人。腓特烈大帝批评教皇,用的是中国这个镜子。莱布尼茨就是一个中国迷。莱布尼茨诙谐地宣称,二进制的构想是源于老子的思想。他相信中国人的自然神学的运用和实践对于西方有很大优势,因此建议"由中国派教士来教我们自然神学的运用与实践"。

浪漫主义时代,德意志人仍然保持着对中华文明的幻想。歌德说:中国人读小说的时候,我们的祖先还在树林子里。歌德生前关注过中国,发表过关于中国文化的言论,西方有人把歌德称为"魏玛的孔夫子"。晚年的歌德对中国文化深感兴趣,他向汉学家请教中国文化。后来,歌德还读了不少中国的戏曲、小说和诗歌,如《老生儿》、《好逑传》、《玉娇梨》、《花笺记》等。海涅写作了《中国皇帝》,在海涅眼中,中国是"飞龙和瓷壶的国度"。他建议欧洲所有的君主都要仿效中国皇帝,国王必须有修养,请哲学家辅佐政务,听从他们的建议,欧洲应该模仿中国的。

不过黑格尔时期,人们对于中华文化兴趣虽高,但是贬抑也多,有些思想家将中国文化视为最原始的文明形态。"赫尔德认中国为'一具木乃伊,周身涂有防腐香料、描画有象形文字','中国人以及世界上受孔子思想教育的其他民族仿佛一直停留在幼儿期'。"①黑格尔认为中国文明形态,即它的宗教、科学与哲学代表人类精神历程中的最原始的阶段。谢林更为极端,"中国人是绝对史前人类所留存下来的一部分"②,在他眼里,中国人还停留在原始层次。他们对中国文化的种种浅见和误解,促成了对中国文化的轻视。

20 世纪刚开始,《西方的没落》的作者,在对中国部分中说,中国的战国时期与西方的 19 世纪就是"同时代的"。在斯宾格勒看来,每个文明都有自己的周期,要经历春生、夏长、秋收、冬藏四个阶段。"西方不亮东方亮"。如今西方文明走到了冬季,开始没落,这也正是东方文明重新坐庄的时候了。

---

① 张祥龙:《思想方式与中国观——几位德国思想家的中国观分析》,《河北学刊》2000 年第 5 期。

② [德]夏瑞春编,陈爱政等译:《德国思想家论中国》,江苏人民出版社 1995 年版,第 136 页。

当今德国,出版界对中国传统文化的兴趣逐渐增高,“汉学热”、“中国热”流行不衰。据说《道德经》德语译本有五十余种。不过,中国哲学能进入德国哲学家视野的并不多。对于中国文化的吸收,仅仅是轴心期诸子思想的研究。

中国观的变化实际是德国文化情境的变迁和民族精神的辗转。当德意志民族开始文化独立,不断上升的时候,民族自尊也极度膨胀,一心营造自己的文明神话,而贬低其他民族的文明,他们看英法文明用的就是这种眼光,看中国文化也用了这种短视。但是,随着民族几经周折,丰富的经历使得他们重新沉思远邦近邻的文化。中国文化这个“破败不堪的旧物”又重新闪烁光明,映照思想家思索现代处境,寻求新的出路。海德格尔痴迷老子,就是一个见证。

第二章

法兰西民族精神研究

一、法兰西民族精神的历史渊源

法兰西民族精神的形成既与法兰西民族社会发展变化的历史进程紧密相关,也与法兰西民族历经多次民族危机密切相连,更是启蒙运动对法兰西民族直接影响的结果。

(一)社会变革缓慢的法兰西

法兰西共和国位于欧洲西部,东北和东部与比利时、卢森堡、德国、瑞士、意大利相邻,东南与摩纳哥接壤,西南与西班牙毗邻,北部与英国隔海相望,西临大西洋,南临地中海,面积55.2万平方公里,人口5919万人(2001年),大部分人为法兰西人,居民多信奉天主教,法语为官方语言,首都为巴黎。

近代以来的法兰西在政治方面给人们留下了不断革命与践行民主的深刻印象,但是,近代以来的法兰西在社会结构方面给人们留下了变革缓慢与固守传统的印象。法国大革命极大地改变了法国政治结构,却没有导致法国社会结构的实质性变化。

整个19世纪,法国社会变革显得十分缓慢。当英国开始工业革命的时候,法国还处于农业社会,当英国在19世纪30年代已经完成工业革命的时候,法国才开始进行工业革命。因此,整个19世纪法国工业的发展一直比较缓慢,农业在法国经济中始终占有重要地位。法国学者在概括19世纪法兰西的政治变革与社会变革的差别时也认为:"当共和国被人接受时,法国还没有完全进入工业时代。""面对工业化迅速发展的北欧,法国骨子里仍然是一个农业经济国家。"①

19世纪的法兰西银行资本比较发达,大资产阶级和银行资本家具有重要影响,但是,法国银行资本始终未把法兰西工业作为其主要投资方向,而是把大量的资本投资到国外以便获得利息收入,从而又在法兰西造就一个势力庞大的食利者阶层。1905年,里昂信贷银行董事长瑞尔曼就指出:"工业企业甚至是管理最好的企业都担有风险,这和使用存款银行的资金所必需的安全是不相容的。"②1906年,法国就有人指出:"20年来,我们的银行拒绝向一切工业投资,不管是大企业、中等企业或是小企业;它们使我国经济陷入停滞状态,它们挫伤了一切创造精神,一切辛勤努力,一切良好愿望;它们让一切本领,一切才能埋没了;它们就这样在我们不幸的国家造成了普遍的软弱无力和衰退萎缩的状态。"③

19世纪法兰西农业经营规模变化不大,小农经济占有较大比例。1862年,拥有2.5—25英亩土地的农户为243.5万户,拥有25—100英亩土地的农户为63.6万户,拥有100英亩以上土地的农户为15.4万户。到1892年,拥有少量土地的农户不但没有减少反而比30年前有所增加,拥有2.5英亩以下土地的农户为223.5万户,拥有2.5—25英亩土地的农户为261.8

---

① 参见[法]让-皮埃尔-阿马泽著,沈炼之、郑德弟、张忠其译:《法兰西第三共和国》,商务印书馆1994年版,第83—85页。

② 沈炼之主编:《法国通史简编》,人民出版社1990年版,第397页。

③ [法]让-皮埃尔-阿马泽著,沈炼之、郑德弟、张忠其译:《法兰西第三共和国》,商务印书馆1994年版,第83页。

万户，拥有25—100英亩土地的农户为71.1万户，较之30年前增加不太明显。到1908年，拥有少量土地的农户虽有所减少，但减少幅度并不明显，拥有2.5英亩以下土地的农户仍为208.8万户，拥有2.5—25英亩土地的农户仍为252.4万户，拥有25—100英亩土地的中等规模的农户为74.6万户，较之1862年增加不太明显，拥有100英亩以上土地的大土地所有者为14.7万户，较之1862年还有所减少。① 可见，到20世纪初，法兰西仍然是以小农生产为主。

农村人口构成19世纪法兰西人口的主要组成部分。1851年，法兰西总人口为3578.3万人，其中农村人口为2664.8万人，城市人口为913.5万人，农村人口占法兰西总人口的比例为74.5%；1881年，法兰西总人口为3767.2万人，其中农村人口为2457.5万人，城市人口为1309.7万人，农村人口占法兰西总人口的比例为65.2%；1911年，法兰西总人口为3960.2万人，其中农村人口为2209.3万人，城市人口为1750.9万人，农村人口占法兰西总人口的比例为55.8%。可见，19世纪的法兰西依然是以农村人口为主。②

19世纪，农业人口始终占法兰西人口的绝大比例。1846年，法兰西农业人口占总人口的比例为75.6%，1866年为69.5%，1876年为67.6%，1886年为64.1%，1896年为60.9%，1906年为57.9%，1911年为55.9%。在农业人口中，自耕农规模较大，1882年，法兰西自耕农为215.1万人，农场主为96.8万人，份益佃农为34.2万人。到1892年，法兰西自耕农不但没有减少，反而增加为219.2万人，而农场主增加到106.1万人，份益佃农为34.4万人。③ 可见，19世纪的法兰西仍然是以农业人口为主的。

20世纪，法兰西社会结构变革的速度有所加快，但是，依然表现出明显

---

① 参见［法］克拉潘著：《1815—1914年法国和德国的经济发展》，商务印书馆1965年版，第190—193页。

② 参见中国社会科学院世界经济与政治研究所：《主要资本主义国家经济统计集》（1848—1960），世界知识出版社1962年版，第2313页。

③ 参见［法］克拉潘著：《1815—1914年法国和德国的经济发展》，商务印书馆1965年版，第188—189页。

的缓慢性。法兰西城市人口的比例开始明显增长，但城市人口超过农村人口占据法兰西人口的绝大比例仍然经历了一个漫长过程。1921年，法兰西总人口为3921.0万人，其中农村人口为2100.4万人，城市人口为1820.6万人，农村人口占法兰西总人口的比例为53.6%；1931年，法兰西总人口为4183.5万人，其中农村人口为2041.4万人，城市人口为2142.1万人，农村人口占法兰西总人口的比例为48.8%，法兰西农村人口比例开始降为不足总人口的一半，而城市人口则超过总人口的一半。1954年，法兰西总人口为4277.7万人，其中农村人口为1883.0万人，城市人口为2394.7万人，农村人口占法兰西总人口的比例为44.0%。①

20世纪后半期，法兰西人口城市化步伐明显加快，1975年，法兰西农村人口已减少到1420万人，城市人口达到3840万人，城市人口比例达到70%；1990年，法兰西城市人口的比例为74%，2000年，达到75.4%。法兰西成为名副其实的城市化国家，但其城市化过程却经历了一个半世纪的缓慢历程。

法兰西从业人口的就业结构在20世纪也发生明显变化，农业从业人口占从业人口的比例显著下降，工业从业人口占从业人口的比例有所增加，但其变化过程都呈现出比较明显的缓慢性，唯有服务业从业人口占从业人口的比例及其变化过程呈现出明显的快速性。1906—1975年，整个法兰西从业人口中，在农业部门就业者占全部从业人口的比例从43.2%下降为10.1%，在工业部门就业者占全部从业人口的比例从29.0%增加到39.1%，在服务业部门就业者占全部从业人口的比例从26.1%增加到50.8%。② 1975—1987年，法兰西从业人口中，在农业部门就业者占全部从业人口的比例下降为7.5%，在工业部门就业者占全部从业人口的比例减少到30.6%，而在服务业部门就业者占全部从业人口的比例增加到61.9%。

---

① 参见中国社会科学院世界经济与政治研究所：《主要资本主义国家经济统计集》(1848—1960)，世界知识出版社1962年版，第2313页。

② 参见[法]弗朗索瓦·卡龙著，吴良健、方廷钰译：《现代法国经济史》，商务印书馆1991年版，第180页。

法兰西社会结构变革的缓慢既是法兰西民族精神的重要体现,也对法兰西民族精神的发展变化产生了直接影响。法兰西社会结构变革的缓慢使得法兰西阶级结构十分复杂,各种政治势力的较量和消长经历一个漫长的过程,因此,法兰西民族表现出长期的革命性和革命的长期性,并使法兰西始终表现出政治的动荡和不稳性;法兰西社会结构变革的缓慢使得中小资产阶级广泛存在,这又使得法兰西民族的革命性表现得更加具有广泛性和彻底性,对自由、民主与共和的向往也表现出近乎狂热的色彩。

法兰西社会结构变革的缓慢使得农民的力量始终成为法兰西政治力量中的重要组成部分,近代以来的法兰西始终表现出明显的农村与城市、农业与工业、农民与城市居民之间的二元差别性,这使得法兰西民族精神在很长时间内表现出明显的二元性。当启蒙思想在法国大城市广为传播时,法国农村则严格恪守天主教会的旨意与封建专制文化传统;当大革命在巴黎展开之时,法兰西农村则成为法国封建势力的逃难地;当巴黎公社革命轰轰烈烈时,法国农村则风平浪静。近代以来很长一段历史时期的法兰西革命主要是在城市爆发、由城市居民进行的革命运动。

(二)历经民族危机的法兰西

法兰西民族是一个历经民族危机的民族,也是一个在民族危机中不断奋起的民族。

远古时代的法兰西地区就有人类居住,后来克尔特人迁居此地。公元前2世纪末,罗马人入侵和占领高卢后将其变成行省,并统治高卢达数世纪。公元5世纪后期,作为日耳曼人一支的法兰克人开始入侵高卢,并在击败罗马军队后占领整个高卢,建立了法兰克王国,法兰西的国名就来源于法兰克人,法兰西就是法兰克人王国的意思。

法兰克王国长期处于分裂之中,其中东西法兰克之间的争夺最为激烈,民族分裂的内忧曾导致英国长期占领法兰西大片领土的外患,其间虽然曾经出现过短期统一,但难以改变法兰克王国长期分裂的历史总特征,也始终没有改变法兰西民族时常面临民族危机的基本状况。

13世纪以后,法兰西统一的历史步伐加快,中央集权国家也随着国家统一的步伐不断向前发展,但是,伴随着法兰西民族国家的形成过程,法兰西民族曾经面临的民族危机不断出现。14—15世纪,英国与法国之间爆发世界历史上著名的“百年战争”。百年战争的初期,法兰西民族曾经面临了前所未有的民族危机,这唤起了法兰西民族精神的觉醒,法兰西民族经过艰苦卓绝的民族战争,完成了法兰西民族的统一,促成了法兰西中央集权民族国家的最终建立,同时,还创造了法兰西民族统一历史上的英雄人物——圣女贞德。

16世纪以后,法兰西中央集权国家的发展始终伴随着不同程度的民族战争或者民族危机。16世纪上半叶,法兰西与神圣罗马帝国进行战争并最终取得胜利,法兰西取得凡尔登等3个主教区统治权。16世纪后半期,法兰西参加了长达30年的宗教战争即著名的“胡格诺战争”,战争使得法兰西社会经济遭受严重影响,却使得法兰西中央集权国家高度发展,到路易十四时代,法兰西专制王权达到鼎盛时代。路易十五统治时代,以法兰西、奥地利、俄国、瑞典与西班牙为一方与以英国、普鲁士和汉诺威为另一方之间展开了著名的“七年战争”,法兰西在战争中的失败不仅导致其在北美和印度的殖民地丧失殆尽,而且导致严重的民族危机和国内社会危机,促成了对法兰西历史发展具有转折意义的大革命的爆发。

法国大革命的爆发不仅改变了法兰西民族的历史进程,而且引发了欧洲社会的强烈反应。为了尽量减轻法国大革命对欧洲各国君主统治可能带来的威胁,英国、俄国、西班牙等国先后多次组织反法联军,干涉法国革命,法兰西民族再次面对严重的民族危机。民族危机与国内社会危机结合在一起,使得法兰西民族的爱国主义与革命热情空前高涨,拿破仑顺应时代的要求,以法兰西民族独立和法国大革命成果捍卫者的姿态出现,建立法兰西第一帝国,并与反法联军进行了长达15年的战争,历史上称为拿破仑战争。法国的拿破仑战争虽然失败,但是,法兰西民族的独立和统一得以捍卫,法兰西民族的爱国主义精神得到增强。

19世纪70年代初,法兰西为了保持自己在欧洲大陆的优势,企图阻止德意志的统一，德意志为了实现统一必须打破法兰西的阻挠。于是，法兰西和普鲁士之间爆发了著名的“普法战争”。法兰西第二帝国的软弱无能，加之英国、俄国等不愿意看到法兰西过分强大，这导致法兰西在普法战争中遭受惨痛的失败，法兰西民族再次面临严重的民族危机，并因此造成法兰西国内社会危机的日益严重化，从而导致了巴黎公社革命运动的爆发，推翻了法兰西第二帝国的统治，但只能以法兰西领土主权为代价求得和平。法兰西被迫将阿尔萨斯和洛林割让给德意志帝国，此后，普法战争成为法兰西民族耻辱的历史记录，阿尔萨斯和洛林成为法兰西耻辱的代名词。

普法战争以后的很长时间，法兰西与德意志之间的关系历史就是对立与仇恨的历史，就是冲突与战争的历史，法兰西民族心中始终留下了普法战争的民族耻辱，笼罩着民族危机的阴影。法兰西始终担忧强大的德意志帝国给法兰西带来的巨大压力，准备与德意志之间进行随时可能发生的战争，成为法兰西政府和法兰西民族的头等大事，寻求与其他国家结成军事同盟以对抗德意志成为法兰西外交的重中之重。然而，法兰西在第一次世界大战初期的失败，却又使得法兰西民族再度陷入巨大的民族危机之中。

德意志在第一次世界大战中的失败并没有彻底消除法兰西民族心中的阴影，而德意志在第一次世界大战后的迅速崛起，更使得法兰西民族危机的阴霾越发严重，德国法西斯的兴起使得法兰西民族备感忧虑，战争步伐的日益临近使得法兰西民族危机的阴影愈发沉重，第二次世界大战爆发不久后，德国法西斯军队迅速攻入法兰西领土，使法兰西再次陷入空前严重的民族危机。

可见，法兰西民族在历史发展过程中，尤其是在近代以来的历史发展过程中，曾经面临多次严重的民族危机，不断面临的民族危机对法兰西民族精神的形成与发展产生了重要影响。历经多次严重的民族危机使得爱国主义精神成为法兰西民族精神的主要内容，也使得法兰西民族对捍卫民族独立的历史英雄怀有无限的崇敬之情。不断出现的民族危机使得法兰西民族将体现爱国主义的民族斗争精神，与体现民主与共和的民主革命精神紧紧地融合在一起，并往往将革命手段作为实现民族独立与社会革命目标的重要手段。

（三）启蒙运动洗礼的法兰西

启蒙运动不仅影响了法兰西民族精神的发展，甚至启蒙思想本身已被看做是法兰西民族精神的重要组成部分。以理性主义为主要特征的启蒙运动开始于17世纪末，到18世纪末达到高潮。启蒙运动波及整个西欧国家，但其中心是在法兰西。17世纪末18世纪初，法兰西启蒙运动开始兴起，其主要启蒙思想家为比埃尔·贝尔（1647—1706）和让·梅叶（1664—1729）。贝尔的《历史和批判辞典》是一部百科全书性的著作，梅叶的《遗书》是空想共产主义的早期作品之一。

18世纪中期，法兰西启蒙运动开始高涨。伏尔泰（1694—1778）、孟德斯鸠（1689—1755）和卢梭（1712—1778）是法国启蒙运动的伟大旗手。伏尔泰的代表性著作有《路易十四时代》、《哲学通信》、《哲学辞典》和《风俗论》，孟德斯鸠的《波斯人信札》和《论法的精神》深深地影响了西方乃至整个世界；卢梭的《论科学与艺术》、《论人类不平等的起源》和《社会契约论》成为启蒙时代著名的著作。

18世纪末，法兰西启蒙运动达到高潮，其著名代表人物有狄德罗（1713—1784）、爱尔维修（1715—1771）、霍尔巴赫（1723—1789）等人，他们所编纂的《科学、艺术与工艺的详解辞典》即《百科全书》是法国启蒙运动达到高潮的标志。

启蒙思想家提出了各种各样的理论和主张，但对理性的追求、对经院哲学的批判、对科学的渴望、对人类思想解放的憧憬成为启蒙思想家的共同目标。理性主义成为启蒙运动的灯塔和航标，启蒙运动时期的政治思想、哲学思想、文学艺术思想乃至经济思想都是在理性主义的大旗下得以充分的表达，并以理性主义为最终目标。

启蒙运动时期政治思想的主要内容是高举自然法的大旗，批判封建专制制度，强调人权，要求建立资产阶级的政治统治。自然法学说早在古希腊时期就已经出现，从古希腊的赫拉克利特到中世纪的托马斯·阿奎那为代表的古代中世纪自然法学说都把上帝作为自然法的来源，认为上帝是人类社会一切行为原则的制定者，上帝的意志决定了人世间的一切行为的准则。与古代中世纪的自然法学派不同的是，卢梭和孟德斯鸠不再以上帝为自然法的来源，而是从人性中寻找自然法的来源，把自然法看做是人的自爱和怜悯之心相互调和的产物。

启蒙思想家的哲学思想建立在唯物主义基础之上。他们认为：世界是物质的，物质是运动的，人的感觉可以反映物质世界，感觉是一切知识的来源。不仅自然界是物质的，人类社会也具有物质性，人类物质生活的需求和发展决定了人类社会的发展。启蒙思想家希望通过科学的发展与传播，将人们从封建神学的束缚下解放出来。狄德罗将《百科全书》的目标定为："汇集世界上分散的各种知识，向现实同我们一起生活的人们阐述它们的普遍体系，并将此书传之于我们的后人，从而使得过去时代的业绩对未来的时代不是无用的东西，让我们的子孙因为更有知识，从而更有道德、也更幸福，使我们与世长辞时无愧于人的称号。"①

启蒙思想家继续进行对基督教神学的批判。伏尔泰在《哲学辞典》中的宗教一条指出："第一个上帝是遇到了第一个傻瓜的第一个流氓所创造出来的。"狄德罗的一句名言是："走向哲学的第一步就是不信神。"他认为，人们应该行动起来，既要反对封建世俗政权，又要反对封建教权，他指出："人们在用最后一个教士的内脏作绞索把最后一个国王绞死以前，他们绝不可能自由。"当然，启蒙思想家并不是彻底否定宗教，伏尔泰就曾经说过即使没有上帝，也要创造一个上帝。启蒙思想家的宗教哲学是自然神论，他们对宗教中的非理性予以批判，要求消灭非理性的基督教，建立一种简单自然的宗教，在这种新宗教中，只有一个上帝，他创造宇宙并支配宇宙，但并不干预人类的事务，人具有自由选择的意志与权利。

启蒙运动不仅是法兰西而且是西欧思想文化的一次解放运动，它实现了法兰西思想文化的近代化转型，标志着近代思想和文化在法兰西的基本

① ［法］安德烈·比利著，张本译：《狄德罗传》，商务印书馆1984年版，第62页。

确立。通过启蒙运动的洗礼,社会变革缓慢的法兰西的政治变革表现出强烈的激进性与典型性,自由、民主、共和成为法兰西民族精神的重要内容,对革命行动的顶礼膜拜与对民主共和的誓死捍卫成为体现法兰西民族精神的鲜明标志,启蒙运动的火炬与大革命的旗帜成为法兰西民族精神的不朽化身。

二、法兰西民族精神的主要内容

法兰西民族精神的内容十分丰富,但是,基本上可以概括为崇尚自由和民主,弘扬大革命精神,具有革命与共和的传统,饱含爱国主义精神以及在文学和艺术领域中鲜明的浪漫精神与批判意识等。

(一)崇尚自由与民主

法兰西民族是一个崇尚自由和民主的民族,也是一个为争取自由和民主而不断斗争的民族。对自由、民主的呼吁和要求是法国启蒙运动的主要内容,几乎所有的启蒙思想家都曾经提出了自己对自由与民主的认识和主张,并把自由与民主的理念传播给法兰西民众,完成对法兰西民族的政治启蒙,使得法兰西民族精神中饱含了自由与民主的政治理念,而崇尚自由与民主也成为法兰西民族精神的核心内容。

卢梭将自由看做是人的天赋权利之一。他指出:“自由不仅在于实现自己的意志,而尤其在于不屈服于别人的意志。自由还在于不使别人的意志屈服于我们的意志。”一个人一旦做了主人也就失去了自由,因为“奴役别人的人是不会有真正的自由的”。卢梭认为,人们通过社会契约所建立的国家不是用于限制和破坏自由的,而是为了更好地保护自由,为了实现和保护真正的广泛的自由必须制定法律,“惟有服从人们自己为自己所规定的法律,才是自由”①。

孟德斯鸠更加强调自由的有限性,他按照自己的理解给自由下了一个至今为人们所熟知的定义,那就是:“在民主国家里,人们仿佛愿意做什么就做什么,这是真的。然而,政治自由并不是愿意做什么就做什么。在一个国家里,也就是说,在一个有法律的社会里,自由仅仅是:一个人能够做他应该做的事情,而不被强迫去做他不应该做的事情。”孟德斯鸠指出:“我们应该记住什么是独立,什么是自由。自由是做法律所许可的一切事情的权利;如果一个公民能够做法律所禁止的事情,他就不再自由了,因为其他的人也同样会有这个权利。”②

自由与民主是一对孪生的政治概念,法兰西民族是一个追求自由的民族,也是一个崇尚民主的民族。从启蒙运动时期天赋人权学说的出现,到19世纪中期代议制政府的建立,法兰西民族对民主的追求始终如一,并形成了系统的民主理论,这主要包括天赋人权学说、社会契约论、人民主权学说、权力制衡论等丰富的内容。

启蒙思想家认为,在国家出现以前,人类处于自然状态,在这种状态下,人是自由与平等的,他们有自己的财产,这些都是人生来俱有的,是人生来就有的权利,是自然的权利,是上天赋予的权利。只是在国家出现以后,人们才把这些交给了国家,这就是天赋人权的理论。卢梭认为,平等权是人的自然权利,既然平等是人的天赋权利,人就有权利保护自己的平等权利,为了保护自己的平等权利,人们可以使用一切手段包括暴力的手段,因此,反抗的权利成为卢梭的天赋人权学说的一大特征。

启蒙思想家提出了社会契约学说。卢梭认为:人们在自然状态下是自由、平等和独立的,只是由于私有制的出现才破坏了这种平等、自由和独立,才出现了不平等。国家是人们订立社会契约的结果,是人们“要寻找出一种结合的形式,使它能以全部共同的力量来维护和保障每个结合者的人身

① [法]卢梭著,何兆吾译:《社会契约论》,商务印书馆1982年版,第23—30页。
② [法]孟德斯鸠著,张雁深译:《论法的精神》上册,商务印书馆1995年版,第154页。

和财富,并且由于这一结合而使每一个与全体相联合的个人只不过是在服从自己本人,并且仍然像以往一样的自由"①。可见,在卢梭看来,国家只是人们订立社会契约的结果,其主要目的是维护和保障个人的权利和自由。

卢梭认为,国家是人民通过订立契约建立的,因此,人民才是国家权力的最终体现者,国家只是接受了人民的委托,国家的权力最终还是属于人民,国家的行为必须符合人民的意志。这就是著名的人民主权学说。卢梭提出公意和众意的概念,并根据公意来判断国家和政府是否合乎人民的意志,他认为公意就是代表全体民众的共同利益和愿望的意见和要求,众意则只是代表私人的眼前利益的意见和要求,是个人意见的总和,民主国家应该以实现公意为基本的目的。

卢梭认为,既然国家主权属于人民,人民主权就是不可转让的,一旦转让了这种权利,人民就会失去这种权利,也就失去了对政府的约束力,就有可能导致专制,人民的意志就无法实现,更无法得到有效的保护。为了保证人民主权的实际有效性,卢梭甚至强调人民主权是不能代表的,议员并不能代表人民,他们只是为人民办理各种事务的人。

卢梭认为,既然国家主权属于人民,人民主权也就是不能分割的。卢梭反对将国家主权分割为立法权、行政权和司法权的主张。卢梭还认为,既然国家主权属于人民,人民就拥有对国家行为的评判权和反对权,当国家权力被滥用并危害到人民的意志和愿望时,人民就有权起来反对它,甚至可以通过革命推翻它。

分权制衡理论既是法兰西民主与自由的重要内容,也是实现法兰西民主与自由的重要途径。孟德斯鸠将国家权力科学地化分为三种权力,并明确化分了三种权力的职能范围,他指出:"每一个国家有三种权力:(一)立法权力;(二)有关国际法事项的行政权力;(三)有关民政法规事项行政权力。""依据第一种权力,国王或执政官制定临时的或永久的法律,修正或废止已制定的法律。依据第二种权力,他们媾和或宣战,派遣或接受使节,维

① [法]卢梭著,何兆吾译:《社会契约论》,商务印书馆1982年版,第23页。

护公共安全，防御侵略。依据第三种权力，他们惩罚犯罪或裁决私人讼争。我们将称后者为司法权力，而第二种权力则简称为国家的行政权力。”这就是立法权、行政权和司法权三种权力。

孟德斯鸠阐述了三权分立的原因。他说：“当立法权和行政权集中在同一个人或同一个机关之手，自由便不复存在了；因为人们将要害怕这个国王或议会制定暴虐的法律，并暴虐地执行这些法律。”“如果司法权不同立法权和行政权分立，自由也就不存在了。如果司法权同立法权合而为一，则将对公民的生命和自由实行专断的权利，因为法官就是立法者。如果司法权同行政权合而为一，法官便将握有压迫者的力量。”“如果同一个人或是由重要人物、贵族或平民组成的同一个机关行使这三种权力，即制定法律权、执行公共决议权和裁判私人犯罪或争讼权，则一切便都完了。”

孟德斯鸠不仅主张三权分立以便相互制衡，而且认为立法权一权也要分立，“贵族团体和由选举产生的代表平民的团体应同时拥有立法权。两者有各自的议会、各自的考虑，也各有自己的见解和利益”。在立法权和行政权之间，孟德斯鸠更加强调行政权，并且认为行政权应该充分地制约立法权，而立法权则不应该过多地制约行政权。他指出：“如果行政权没有制止立法机关越权行为的权利，立法机关将要变成专制；因为它会把它所能想象到的一切权力都授予自己，而把其余二权毁灭。”“但是，立法权不应该对等地有钳制行政权的权利。因为行政权在本质上是有范围的，所以用不到再对它加上什么限制。”①

提倡自由与民主是启蒙思想家的基本主张，是启蒙运动为法兰西民族提供的宝贵精神财富；追求自由与民主是法兰西民族的基本政治理念，捍卫自由与民主成为法兰西民族的基本政治信仰。自由与民主培育、发展和锻造了法兰西民族精神，自由与民主也凝聚、提炼和升华了法兰西民族精神。

---

① [法]孟德斯鸠著，张雁深译：《论法的精神》上册，商务印书馆1995年版，第155—161页。

（二）大革命精神永存

法国大革命不仅成为法兰西民族精神的重要来源，也构成了法兰西民族精神的重要内容。1789 年，为了反对波旁王朝的专制统治，以第三等级为主要力量的法兰西民众掀起了一场对世界历史产生深远影响的革命运动，这就是法国大革命。法国大革命高举启蒙思想大旗，运用革命手段，经历多个阶段，推翻封建王朝，实践自由、民主与共和理念。法国大革命颁布了具有世界历史影响的《人权宣言》，制定了奠定法兰西近代政治基础的1791 年宪法和 1793 年宪法，实行了有别于传统的格雷高利的共和历，宣布成立了法兰西第一共和国，抗击了反法联军对法国的干涉，捍卫了法兰西民族统一与主权，创作了激励法兰西民族革命斗争激情的《马赛曲》。

在法国大革命过程中，自由、民主、共和与平等逐渐成为法兰西社会革命斗争的目标，成为大革命所体现的核心精神。“无宪法，毋宁死”成为法国大革命时期著名的政治口号，反映了法兰西民族对自由与民主的渴望、追求和誓死捍卫之情。“把高个儿截短，把矮个儿拉长，大家个头一般高，人间天堂乐无疆。”成为法国大革命时期的著名政治流行歌曲，反映了法兰西民族对平等的渴望、追求和誓死捍卫之意。

自由、民主、共和与平等的政治和社会意义在法国大革命中得到淋漓尽致的发挥。不仅法国的地名赋予强烈的革命化色彩，凡尔赛被改称为“自由的摇篮”，其他如“马恩河畔的平等”、“无套裤汉港”、“自由—小红帽”等都成为大革命时期法兰西的许多地方所采用的革命名称。法兰西民族的儿女也开始使用“革命的名字”，1793 年，采用带有革命色彩的名字的新生儿的比例为 3%，到 1795 年，使用革命名字的新生儿的比例在最高地区达到60%，在最低的地区也在 25% 以上，而这些新生儿中的 1/3 出生在农业工人、鞋匠、锁匠、小商贩等中下层阶级家庭之中。

自由、民主、共和与平等的大革命精神还表现在，大革命期间的法兰西的日常用品、用语和服饰都明显地呈现出革命化趋势。扑克牌上的方块 K 变成了启蒙运动领袖伏尔泰的肖像，梅花 K 改用了人民主权学说的创立者卢梭的肖像。原来只有社会下层才穿的无套裤成为革命的标志备受青睐，“平等装”和“制宪装”等革命名称在服饰方面广泛使用，成为大革命年代的服饰时尚。①

革命在18世纪末已经成为法兰西政治和社会生活的重要话题之一。卢梭指出：“我们已经临近危急状态和革命时代。”孔多塞指出：“一切都在表明，我们正在进入人类的一个大革命时代。”梅西耶指出：“仅仅30年功夫，我们的观念中就发生了一场重大的革命。”法国大革命使得革命一词成为法兰西乃至整个西方政治生活中使用频率最高的词汇，有统计显示，1600—1699年的100年中，“革命”一词在相关文献中曾出现过152次，出现的频率为0.0083%；1700—1799年的100年间，“革命”一词在相关文献中则出现过2526次，出现的频率为0.0673%；其中，法国大革命爆发后的1789—1799年的10年间，“革命”一词在相关文献中就出现过848次，出现的频率为0.02681%。②

法国大革命使法兰西民族引以为自豪，大革命精神更受到法兰西民族的尊崇和弘扬。大革命的参加者马拉－莫热指出：“革命绝不能半途而废，革命不进行到底就会流产……革命者应当踢开一切阻碍革命前进的绊脚石，坚定不移地把革命进行到底。”③19世纪法国著名历史学家托克维尔指出：“一切国内革命及政治革命都有一个祖国，并局限于这个范围内。法国革命却没有自己的疆域；不仅如此，它的影响可以说已从地图上抹掉了所有的旧国界。”他还指出：“翻遍全部史册，也找不到任何一次与法国革命特点相同的政治革命。”“法国革命仿佛致力于人类的新生，而不仅仅是法国的革新，所以它燃起一股热情，在这以前，即使最激烈的政治革命也不能产生这样的热情。”④20世纪法国学者索布尔指出：“作为争取平等的革命，法国

---

① 参见高毅：《法兰西风格：大革命的政治文化》，浙江人民出版社1991年版，第212—222页。
② 参见高毅：《法兰西风格：大革命的政治文化》，浙江人民出版社1991年版，第136页。
③ 参见高毅：《法兰西风格：大革命的政治文化》，浙江人民出版社1991年版，第32页。
④ ［法］托克维尔著，董果良译：《旧制度与大革命》，商务印书馆1992年版，第50—53页。

大革命大大超过了以往的历次革命。”①当代著名的法国大革命史学家勒费弗尔也指出:“自由和平等对人们的想象具有不可抗拒的魅力。……革命的幻想犹如鲜花盛开。许多人为着这个崇高的事业甘愿牺牲自己的生命,它所激励起的热情鼓励其他人继续英勇奋斗,把革命的光辉洒向全世界。”②

法国大革命促进了法兰西历史发展进程,也丰富和发展了法兰西民族精神的内涵,法国大革命对整个世界历史发展产生了深远影响,也使得大革命所表现出的法兰西民族的革命精神受到全世界的关注、敬仰和推崇。

(三)革命与共和传统并存

法兰西民族是一个具有进行社会革命和追求民主共和传统的民族。启蒙运动使自由、民主与共和的理念植根于法兰西民族的内心深处,法国大革命所体现的革命精神成为激励法兰西民族不断革命、争取共和、追求平等的力量源泉,法兰西民族的近现代史就是法兰西民族进行社会革命和追求共和的斗争的历史。

拿破仑帝国灭亡后复辟的波旁王朝,试图重新恢复封建专制统治,公然背弃《宪章》,引发资产阶级自由派和人民群众的不满,导致了1830年的七月革命,推翻了波旁王朝的统治,却建立了金融资产阶级和大资产阶级占主导地位的七月王朝。七月王朝维护大资产阶级利益的做法引发法兰西民众的极大不满,从而导致里昂工人起义。1831年的里昂起义工人提出“不能劳动而生,毋宁战斗而死”的口号。1834年的里昂起义的政治性更加明显,工人不仅提出改善自己的经济条件的要求,而且要求废除君主制度,并且提出了“我们为之奋斗的事业就是全人类的事业”的口号。

1848年法兰西再次爆发革命,这就是著名的“二月革命”。巴黎群众高唱《马赛曲》,高呼“革命万岁”,强烈要求建立共和国。革命群众高呼:“要

① 高毅:《法兰西风格:大革命的政治文化》,浙江人民出版社1991年版,第102页。

② [法]乔治·勒费弗尔著,顾良等译:《法国革命史》,商务印书馆1989年版,第131—133页。

共和国！你们无法阻挡实现共和国。人民是巴黎的主人，他们不再需要任何国王、王子和任何王朝。”“我们需要一个好共和国。”“共和国万岁！”起义群众还打出了“统一的、不可分割的共和国在法国宣告成立”的巨幅标语，以至于临时政府的灵魂拉马丁不得不承认：“要控制无政府状态，你们知道，这只有共和国！要战胜共产主义，只有通过共和国！要制止流血，也只有通过共和国！”临时政府也在其发布的《告法国人民书》中被迫宣布：“巴黎人民和临时政府暂时采用共和制。”[①]巴黎二月革命终于推翻了七月王朝，建立了法兰西第二共和国。二月革命后，临时政府下令解散国家工厂的做法引发巴黎工人六月起义，但遭临时政府的残酷镇压。资产阶级共和派执掌政权，通过了《1848 年宪法》，确立立法和行政分立原则，议会和总统由男性公民直接普选产生。路易·拿破仑·波拿巴当选总统，并于 1851 年发动政变，建立法兰西第二帝国。第二帝国的后期，法兰西经济危机开始出现，社会危机日益严重，普法战争的失败所带来的民族危机直接导致 1870 年巴黎人民革命浪潮，推翻了第二帝国的腐朽统治，建立法兰西第三共和国。临时政府的投降政策引发了 1871 年的巴黎公社革命，巴黎人民第一次推翻资产阶级统治，建立了工人自治政权——巴黎公社，巴黎公社虽然存在的时间很短，但极大推动了法兰西自由、民主与共和的发展，1875 年，法兰西颁布宪法，共和制作为法兰西基本政治制度得以永久性确立。

共和制度的确立是法兰西民族为之奋斗近一个世纪的结果，因此受到法兰西民族的珍惜和爱戴。缔造法兰西第三共和国的甘必大在 1881 年就指出：“先生们，经过这样重新整顿的法国，如今它依靠谁呢？依靠共和国，只能依靠共和国。……法国只承认、只热爱、只服从一个观念：共和国。”1887 年的一个法国初等学校视察员也指出：“如有人在你们面前攻击共和主义思想，就必须有勇气保卫它。”热爱自由、民主与共和的法兰西将《从军歌》一代一代地传唱下去，激励法兰西民族去珍惜和捍卫自由、民主与共和事业，“共和国号召我们，我们要懂得胜利或懂得牺牲，一个法国人应当为

---

① 孙娴：《法兰西第二共和国史》，社会科学文献出版社 1995 年版，第 63—64 页。

共和国而生存,一个法国人应当为共和国而献身。"饶勒斯在1904年也指出:"从历史观点看,共和国在法国有进步和自由的意义,它在别的国家未必能达到同样的程度。"①

法兰西第三共和国经历了70年的政治动荡,历经第一次世界大战的炮火,在第二次世界大战爆发后最后走向其历史的尽头。战争临近结束时,有关法国应该建立什么样的共和国在法国社会引发争议,共产党主张制定一院制的民主宪法,戴高乐主张加强总统权力,人民共和党主张恢复第三共和国时期的议会制。1946年,法兰西第四共和国宪法颁布,宣告法兰西第四共和国成立,确立两院制议会,并对共和国总统权力做出严格限制。1958年,阿尔及利亚问题引发法兰西政治危机,议会授权戴高乐组织政府,9月,法兰西公民投票通过新宪法草案,宪法削弱了议会的权力,加强了总统和政府的权力,法兰西第五共和国正式诞生。

法兰西民族正是通过不断地运用革命的手段去争取、捍卫和发展自由、民主与共和,同时,法兰西民族也正是在自由、民主与共和的旗帜下不断发动、推进和深化革命运动。革命是法兰西民族实现和捍卫自由、民主与共和的重要途径,自由、民主与共和是法兰西民族发动和进行社会革命的首要目标。自由、民主、共和与不断革命不仅是法兰西民族近现代历史发展的重要内容,而且成为法兰西民族精神发展的重要源泉和组成部分。

(四)饱含爱国精神

法兰西民族历经多次民族危机,民族危机没有使法兰西民族屈服和灭亡,反而使得法兰西民族的爱国精神在民族危机中不断发展。14—15世纪的英法百年战争使法兰西面临严重的民族危机。1428年底,英国军队围困法国的奥尔良,奥尔良是通往法国南部的咽喉,奥尔良的安危关系到法兰西的存亡。这时,一个法兰西民族的优秀儿女——贞德挺身而出,她向城防司

---

① [法]让-皮埃尔-阿马泽著,沈炼之、郑德弟、张忠其译:《法兰西第三共和国》,商务印书馆1994年版,第79—117页。

令说,上帝派我来拯救法兰西的!“要把英国人从法国整个国土上赶出去。”贞德的英勇行为感动了法兰西的民众。随后,贞德见到了法国的王子,她请求王子说:“给我军队,我要立即去解救奥尔良城。”1429 年 4 月 27 日,贞德手持王子赐予的宝剑,身骑一匹白色战马,带领 7000 人的法国军队向奥尔良进发,第三天进入奥尔良。贞德的英勇行为给奥尔良的法兰西民众带来了保卫自己的城市的信心和勇气,奥尔良军民在贞德的领导下经过卓绝的战斗,终于解除了英国长达 209 天的围困。奥尔良的顺利解围给法兰西民族极大的鼓舞,人们歌颂贞德,并将其称为“奥尔良姑娘”。其后,贞德率领法兰西军队乘胜进军,英国军队在贞德所带领的法兰西军队面前节节败退,法兰西军队收复许多失地,法兰西民族危机即将得以化解,但贞德的英勇行为遭致贵族和大臣的嫉妒,他们阴谋陷害贞德。贞德在 1430 年 3 月的一次战斗中被俘,勃艮第公爵将贞德出卖给了英军。1431 年 5 月 30 日,贞德被宗教法庭诬为女巫,遭受英军火刑,高呼“法兰西万岁”英勇就义。“贞德是法国法兰西爱国主义精神的象征。”①1979 年奥尔良战役 550 周年时,法国举行盛大的仪式来纪念这位法兰西民族的伟大历史英雄,罗马教皇也正式为贞德平反昭雪,恢复名誉。

1789 年,法国大革命的爆发引起欧洲各国反革命势力的惶恐,他们组织反法联军干涉法兰西民族的革命,法兰西再次陷入民族危机。法兰西民族的爱国主义精神再次爆发出来,他们在进行反对国内封建专制统治的斗争的同时,英勇进行反对反法联军干涉大革命和侵犯法兰西民族独立的斗争,不断地打退反法联军的进攻。在抵抗反法联军、维护民族独立的斗争中,造就了拿破仑这样的法兰西民族英雄,写就了拿破仑战争的辉煌历史,拿破仑被法兰西人民“塑造成大革命的英雄”,看成“是自然疆界的保卫者”,当做是法兰西“出类拔萃的英雄人物”,并在法兰西人民中“永远具有动人的魅力”。② 在抵抗反法联军、维护民族独立的斗争中,还出现了无数

---

① 罗芃等著:《法国文化史》,北京大学出版社 1997 年版,第 171 页。

② [法]乔治·勒费弗尔著,顾良等译:《拿破仑时代》下卷,商务印书馆 1978 年版,第 362—363 页。

可歌可泣的法兰西英雄儿女，留下了《马赛曲》等饱含法兰西民族爱国主义精神的不朽篇章。拿破仑曾经指出："《马赛曲》是共和国最伟大的将军，它所创造的奇迹是不可思议的。"[①]1795 年 7 月 14 日，法国国民公会将其确定为法国国歌。

19 世纪 70 年代初的普法战争使得法兰西民族又一次陷入民族危机之中。1870 年，法国军队在色当战役中的惨败，甚至使法兰西第二帝国的皇帝也成为普鲁士军队的俘虏，法兰西民族再次迸发出强烈的爱国主义激情。法兰西民众对 9 月 4 日革命后成立的共和国挽救民族危机寄予极大希望，对国防政府保卫法兰西的独立给予极大支持，据当时的文献记载："为了拯救祖国，国防政府可以要求一切，索取一切，支配一切，人们什么都不拒绝它。"[②]巴黎公社英雄们的爱国主义行为成为法兰西民族精神的光辉范例，《最后一课》也成为表现和宣传法兰西民族爱国主义精神的不朽篇章。

在 20 世纪所发生的两次世界大战中，法兰西民族两度面临严重的民族危机，法兰西民族的爱国主义精神和热情再度得以充分发扬和展示，法兰西民族经过英勇斗争，捍卫了法兰西的独立和主权，谱写了 20 世纪法兰西民族爱国主义精神的辉煌篇章。

（五）浪漫与批判同辉

法兰西民族不只因为崇尚自由民主而闻名于世，也不只因为曾经进行过法国大革命而闻名于世，也不只因为具有革命与共和的传统而闻名于世，也不只因为饱含爱国主义而闻名于世，法兰西民族还因为创造了辉煌的文学和艺术而闻名于世，其中，浪漫主义与批判现实主义文学艺术不仅代表了法兰西文学艺术的重要成就，而且成为法兰西民族精神的文化象征。

法兰西是浪漫主义文学与艺术的故乡。18 世纪末 19 世纪初法国大革命所引起的政治动荡对文学产生了重要影响。大革命后法国进步与反动、

---

① 罗芃等著：《法国文化史》，北京大学出版社 1997 年版，第 171 页。

② ［法］让－皮埃尔－阿马泽著，沈炼之、郑德弟、张忠其译：《法兰西第三共和国》，商务印书馆 1994 年版，第 34 页。

复辟与反复辟、专制与民主的激烈斗争，使得法国浪漫主义文学迅速兴起，并表现出十分鲜明的政治色彩，可以说几乎所有的浪漫主义作家都是带着强烈的政治感情从事文学作品的创作。

法兰西浪漫主义文学的早期代表是夏多波里昂（1768—1848），在政治观点上他拥护波旁王朝，深深地缅怀封建社会的法兰西，尤其是对基督教社会更是怀念万分。在其小说《阿达拉》和《勒内》中，主人公都是在宗教中找到了自己的归宿。斯塔尔夫人（1766—1817）则是一个带有自由主义倾向的作家，提出法国应该走浪漫主义文学的道路，在其小说《黛尔芬》和《柯丽娜》中，斯塔尔夫人描写了两个爱情悲剧，表达自己对爱情自由的歌颂以及对社会偏见的鄙视。

法兰西浪漫主义文学的重要代表是维克多·雨果（1802—1885）。雨果的浪漫主义是积极浪漫主义，并将这种积极浪漫主义发展到批判现实主义。其作品直接取材于法国大革命，具有鲜明的政治性与现实性。他的《克伦威尔序言》被公认为浪漫主义的宣言书，而《悲惨世界》、《巴黎圣母院》与《九三年》则既是其浪漫主义的代表作，又是开创法国批判现实主义文学的作品。

在《悲惨世界》中，雨果以人道主义为精神原则、以工人冉阿让的悲惨生活为主线，向读者展示了拿破仑帝国后期到七月王朝时期法兰西政治、经济、社会生活的历史画卷，揭露了大革命后法兰西普通民众生活依然贫困的事实，表达了对资产阶级的强烈不满，并对法兰西下层民众的美德给予赞扬。在《巴黎圣母院》中，雨果通过对两个主要人物爱丝米拉达和卡西摩多的成功塑造，使当时法兰西社会几乎所有阶层的人物都进入这部小说之中，美与丑、善与恶之间对比鲜明，卡西摩多丑陋的相貌下有一颗善良的心，而仪表堂堂、正人君子般的巴黎圣母院主教克罗德·弗罗洛的内心却龌龊不堪，这是对法兰西普通民众善良美德的颂歌，也是对法兰西当时所谓的上流社会的丑恶行径的无情鞭挞。

法兰西浪漫主义艺术主要反映在绘画方面。席里柯（1791—1824）的《梅杜萨之筏》宣告了浪漫主义绘画在法国的诞生，他采用 1816 年法国的

“梅杜萨”号船出海遇难这一事件为题材所创作的这一不朽作品，描绘了遇难人员在海上漂流十多天后的绝望和期盼、求生和死亡、悲哀和等待等充满矛盾的复杂感情，给人以强烈的震撼。

德拉克洛瓦（1798—1863）被西方艺术界称为“浪漫主义的狮子”。《自由引导人民前进》是德拉克洛瓦最著名的浪漫主义作品，自由女神居中站立，她一手向前挥动着三色旗，一手紧紧握着步枪，微微右转、面朝民众，正在引导法兰西人民为自由而前进，在她的旁边是各种各样的法兰西民众，有成年人，更有一个双手拿着枪的少年，他们有的倒在了血泊中，有的还在勇敢地向前、向前、再向前，远处的天空一明一暗，强烈的对比使人如置身为自由而战的生动场景之中。浪漫主义文学与艺术是18世纪末19世纪初法兰西社会生活的写照，是18世纪末19世纪初法兰西社会各阶层心态的写照，浪漫主义文学与艺术影响、丰富和发展了法兰西民族精神的基本内容。

法兰西不仅以浪漫主义文学艺术著称于世，更以批判现实主义蜚声世界民族之林。18世纪的启蒙文学特别是哲理小说便开创了法兰西文学批判的传统，孟德斯鸠、伏尔泰、狄德罗与卢梭都是哲理小说的著名作家。孟德斯鸠的《波斯人信札》被誉为法兰西第一部哲理小说，小说通过两位旅居法兰西的波斯青年与家人的通信，对法兰西当时的政治、社会、宗教等各方面进行了批判性的评论，揭露了法兰西封建制度的黑暗和腐败，并对理想的社会模式提出了一些设想。

伏尔泰最著名的三部哲理小说是《查第格》、《老实人》和《天真汉》。在《查第格》中，伏尔泰通过对天真善良的青年主人公不幸遭遇的描写，揭露和批判了法兰西封建社会的黑暗，通过主人公度过灾难成为国王后，以一个哲学家的行为方式将自己的国家治理得井井有条，颂扬了开明君主制度。在《老实人》中，伏尔泰通过主人公在充满乐观的情绪下所遭受的种种磨难的描写，批判了在封建专制下的法兰西那种盲目的乐观。在《天真汉》中，伏尔泰通过一位在印第安部落长大的法兰西青年回到欧洲后的种种经历，特别是与文明社会的格格不入，批判了当时一些人提出的回归自然的主张。

狄德罗的主要文学作品是《修女》、《宿命论者雅克》和《拉摩的侄儿》。

在《修女》中，作者通过一位修女的自述揭露和批判了封建教会的罪恶；在《宿命论者雅克》中，通过雅克与主人的对话批判了法兰西社会存在的弊端；而在《拉摩的侄儿》中，通过对音乐家拉摩的侄子这位既才华横溢又玩世不恭者的描写和刻画，揭示了正在形成中的法兰西资产阶级的社会心态。

卢梭以其《新爱罗伊丝》、《爱弥尔》和《忏悔录》三部著名文学作品对法国社会进行了强有力的批判，表达了对自由与平等的热望。在《新爱罗伊丝》中，卢梭用书信体这种富有真实感的形式对优丽与音乐家普乐之间的爱情悲剧作了震撼人心的描写。在教育小说《爱弥尔》中，卢梭开篇指出，出自造物主之手的东西都是好的，而一到人的手里就变坏了。他认为封建教育使人丧失了自然美德，应该对这样的教育加以改造。在其自传《忏悔录》中，卢梭以自己为标本，剖析了封建制度压抑下法兰西社会中人性的扭曲。

法国大革命的日益临近使得博马舍(1732—1799)的戏剧作品表现出更多的阶级冲突与现实色彩，在其姊妹剧《塞维勒的理发师》和《费加罗的婚礼》中，博马舍通过五个主要人物、两对人的爱情与婚姻，展现了法兰西封建势力的罪恶以及人民的反抗精神。理发师塞维勒强迫自己的养女罗丝娜与自己结婚，而罗丝娜却与阿勒玛维华伯爵相爱，善良的青年费加罗帮助罗丝娜与阿勒玛维华实现了爱情，但是，当费加罗要与阿勒玛维华伯爵的女仆苏珊娜结婚时，阿勒玛维华伯爵要求享有对苏珊娜的初夜权，费加罗与苏珊娜经过激烈的斗争，使伯爵在众人面前大丢其丑，并不得不放弃自己的无理要求。在大革命即将来临时，费加罗与苏珊娜的胜利就意味着法国第三等级的胜利。因此，路易十六十分害怕博马舍的这两部戏剧，说它嘲笑了几百年来“一切应该被尊敬的事物”，而拿破仑在看过这两部戏剧后，认为这已经是正在行动中的革命了。①

19世纪中期，批判现实主义文学与艺术在法兰西兴起。批判现实主义的主要作家大都是中小资产阶级出身，他们对大资产阶级独揽政权并占有

① 参见朱维之主编：《外国文学史》欧美卷，南开大学出版社1994年版，第152页。

大部分社会财富表示不满,对大资产阶级政治腐败、道德堕落、利欲熏心表示不满,对普通民众低下的政治地位、被剥削的经济地位、艰难的现实生活表示同情,更对自己所代表的中小资产阶级政治经济地位日渐没落感到可惜。但是,他们只能拿起批判的武器,既不敢自己与大资产阶级进行斗争,更害怕普通民众尤其是无产阶级的革命斗争,批判现实主义文学的大部分作家对大资产阶级只能是批判而已,对普通民众仅仅只能是同情而已,而对自己所代表的中小资产阶级也仅仅只能是惋惜而已。批判现实主义作家的最大愿望是通过社会改良使大资产阶级人性发现,对普通民众的生活与道德发展表示一定的关心,当然这也包含为中小资产阶级留下生存和发展的空间。批判现实主义作家对现实社会的揭露和批判超过了以往任何一种文学流派,并向读者展示一个又一个更加宏大的社会现实生活场景。

司汤达(1784—1842)是把法兰西文学带进批判现实主义时代的最重要的人物。1823—1825 年,司汤达发表了《拉辛和莎士比亚》这部美学论集,主张文学必须适应时代发展的要求,必须"表现人民的习惯和信仰的现实状况"。他认为,一切作家都应该用自己的作品"表现他们时代的真实的东西,因此感动他们同时代的人"。司汤达的这部著作被文学界公认为批判现实主义的宣言书。①

司汤达的主要批判现实主义作品有《红与黑》、《巴马修道院》和未完成的《红与白》等,其中《红与黑》成为奠定司汤达在批判现实主义文学中的重要地位的首要作品。《红与黑》反映的是复辟王朝时期法兰西的社会情况,小说通过主人公于连的形象的塑造,揭示了法兰西当时复杂的政治经济社会现实。于连是一个小资产阶级出身的青年,他一心一意想通过自己的努力进入上流社会,为此,他尝试了各种各样的依靠自我的途径,但这一切都不能使他顺利实现自己的愿望。他只好放弃自我的努力,开始靠出卖自己的感情、攀结权贵、迎合主子、结交情妇等来实现自己的目标。他最终达到了自己的目标,但也为此付出了代价,最后他被贵族与教士设下的陷阱害

① 参见朱维之主编:《外国文学史》欧美卷,南开大学出版社 1994 年版,第 269—270 页。

死。斯汤达的作品反映了大革命后法兰西大资产阶级政治地位的日益强大，中小资产阶级不甘失去自己昔日地位的社会现实，小说在对于连进行全面塑造的同时，涉及社会各阶层人等，特别是对由于复辟而重新得势的法兰西贵族进行了无情的批判，并透过贵族阶层的恐慌心理，表明革命仍然可能出现，贵族退出历史舞台已为时不远。

巴尔扎克(1799—1850)是法国批判现实主义文学大师。巴尔扎克竭力主张文学应该反映社会生活，作家应该是同时代人们的秘书。巴尔扎克一生处于贫困之中，有时不得不为了偿债而夜以继日地写作，艰难困苦的生活使他对法兰西社会现实有着一种特殊的感受，他要通过文学将一件件事情记录下来，为法兰西民族留下一部用文学写就的历史，他的《人间喜剧》就是这种愿望的体现。

《人间喜剧》共由 90 多部小说组成，涉及各类人物形象 2000 多个。巴尔扎克通过一件件事情、一个个人物、一部部小说将法兰西社会尽收其中，深刻、全面地揭露和讽刺了法兰西当时的社会现实：金钱万能、敲诈勒索、投机倒把、贪婪吝啬、政治腐败、道德沦丧、尔虞我诈等等。《夏培上校》中律师但尔维的道白表现了《人间喜剧》丰富的社会内涵："我亲眼看到一个父亲给两个女儿每年 4 万法郎进款，结果自己死在一个阁楼上，不名一文，那些女儿理都没理他！我也看到烧毁遗嘱；看到做母亲的剥削儿女，做丈夫的偷盗妻子，做老婆的利用丈夫对她的爱情来杀死丈夫，使他们发疯或者变成白痴，为的要跟情人过一辈子。我也看到一些女人有心教儿子吃喝嫖赌，促短寿命，好让他的私生子多得一份家私。我看到的简直说不尽，因为我看到很多为法律治不了的万恶的事情。总而言之，凡是小说家自以为凭空造出来的丑史，和事实相比之下真是差得太远了。"

福楼拜(1821—1880)是法国批判现实主义的又一重要作家，他的作品主要反映第二帝国时期法兰西的社会现实生活，其中《包法利夫人》是福楼拜批判现实主义文学的代表作。福楼拜的作品强调社会环境对人物个性与生活态度的影响。在《包法利夫人》中，福楼拜通过对富农的女儿爱玛悲剧性一生特别是爱情方面的不幸的描述，说明了爱玛在爱情与婚姻方面一步步走向堕落完全是由于法兰西社会造成的,是爱玛所住的外省的单调生活使其向往上流社会,是上流社会的腐化糜烂使爱玛走向堕落,是艰难的现实生活把她逼进欲望的深渊。福楼拜在这里通过对爱玛人生的描写又向读者展示了第二帝国法兰西上流社会的骄奢淫逸。

法国批判现实主义文学在19世纪末的主要代表是都德(1840—1897),其作品主要反映普法战争后法兰西的社会现实,其中包含着对普鲁士军国主义的批判和对法兰西民族爱国主义的歌颂,这一切都集中体现在都德的《最后一课》和《柏林之围》等优秀作品之中。法朗士(1844—1924)是19世纪末20世纪初法兰西批判现实主义文学的又一代表人物,他的作品主要反映法兰西第三共和国的社会现实,在《当代史话》中揭露了第三共和国的政治腐败,在《克兰比尔》中批判了第三共和国司法的黑暗,在《企鹅岛》中则对第三共和国的社会弊端进行了全面的揭露和批判。

法兰西也是批判现实主义艺术发达的国家。杜米埃(1808—1879)和库尔贝(1819—1877)则是法国现实主义绘画艺术的杰出代表。杜米埃亲身参加过1848年法兰西革命和巴黎公社革命,法兰西激烈的社会矛盾使得杜米埃的现实主义绘画与当时的革命运动紧紧相连,七月革命时他创作了《七月英雄》和《立法大肚子》等批判现实主义作品;1848年二月革命时期,他创作了《法国人的最后一个国王路易·菲里浦》、《1848年的共和国》和《街垒中的家庭》等批判现实主义作品;第二帝国时期,他又创作了《议会的面貌》、《司法的象征》和《可怜的法国》等批判现实主义作品;巴黎公社时期,他又创作了大批作品同反动势力进行斗争。库尔贝的作品以反映普通人的社会生活为主,借此表达对平民的同情和对社会的不满。《奥南的午餐》、《奥南的葬礼》和《打石工》都是他的现实主义绘画的代表作,他在1853年创作的《浴女》一改安格尔笔下静穆裸女的形象,创作出了粗犷、结实而又充满活力的农村妇女形象。

批判现实主义文学与艺术不仅反映了法兰西文学艺术的辉煌成就,而且与近代以来法兰西民族对自由民主的追求,对革命与共和的执著,对法兰西独立与自由的热爱紧密相连,相得益彰。法兰西民主与自由、革命与共和的斗争史实为法兰西批判现实主义文学与艺术提供了无限的源泉，而批判现实主义文学与艺术又使得法兰西民主与自由、革命与共和的斗争史实广为传颂，成为法兰西民族精神的又一个重要组成部分。

三、法兰西民族精神的主要特征

法兰西民族精神的内容复杂，蕴涵深刻。要想概括法兰西民族精神的特点并非易事，笔者在此只能根据个人的理解，并结合上述法兰西民族精神的主要内容，将其特点概括为以下几个主要方面：

首先，在法兰西民族精神中，爱国主义精神具有重要的地位。法兰西民族是一个历经多次民族危机的民族，而民族危机对考验和培育一个民族的民族精神具有直接影响。作为法兰西民族精神重要内容的爱国主义精神，就是在法兰西民族遭受多次民族危机的历史背景下不断唤起和发展起来，并在法兰西民族捍卫民族独立和尊严的英勇斗争中不断发扬和传承下来。法兰西民族精神中的爱国主义精神既表现在贞德、拿破仑、戴高乐等法兰西民族历史英雄人物的身上，更表现在全体法兰西民族儿女捍卫民族独立和主权的英勇斗争之中，也表现在法兰西民族无数的优秀精神文化作品之中。

其次，法兰西民族精神中，对自由、民主与共和的执著与对革命手段的崇拜构成法兰西民族精神的核心内容。法兰西民族精神表现出强烈的政治色彩，接受启蒙运动洗礼的法兰西民族对自由、民主与共和具有近乎疯狂般地痴迷，社会阶级机构复杂的法兰西民族对自由、民主与共和表达着各自的理解和观点，法国大革命成为法兰西民族的精神丰碑和政治图腾，革命成为法兰西民族所认同的实现自由、民主与共和的主要手段。法兰西民族对自由、民主与共和的执著衍生为对作为实现自由、民主与共和的革命手段的崇拜，可以说，法兰西民族既是一个追求自由、民主与共和的民族，更是一个崇拜甚至迷信革命手段的民族。

再次,法兰西民族精神中,爱国主义精神同革命精神与共和精神融合在一起。近代以来,法兰西民族精神发展的历史具有一个明显特点,这就是法兰西社会革命与法兰西民族危机时常相伴而行,在某一个历史时期,法兰西社会革命引发法兰西民族危机,从而唤起法兰西民族爱国主义精神的迸发;在另一个历史时期,法兰西民族危机引发法兰西社会革命,从而推动法兰西社会革命与共和运动的爆发。这种历史发展事实使得法兰西民族精神中爱国主义精神与共和主义精神紧紧融合在一起,这一点就是法兰西学者也不得不承认,让-皮埃尔-阿马泽曾指出:“在法国,爱国主义基本上是共和主义的。”①

法兰西民族精神中也表现出一些矛盾性的特点。如近代以来的法兰西民族精神中始终表现出强烈的政治性,从而导致法兰西民族精神中表现出政治观念的激进性与社会心态的保守性之间的矛盾;法兰西民族精神在很长时期中表现出城市与农村、城市居民与农民之间的显著矛盾性,法兰西城市成为激进革命精神的演习场,而法兰西农村则是传统和保守势力的庇护所。

四、法兰西民族精神的启示

对法兰西民族精神的历史渊源、基本内容以及主要特点的考察,可以给弘扬和培育中华民族精神带来有益的启示。

民族精神依靠民族历史的支撑。法兰西民族精神是法兰西民族历史发展的产物,法兰西历史发展深深地影响了法兰西民族精神的核心和灵魂。其中启蒙运动、民族危机和法国大革命等重要历史因素对法兰西民族精神

---

① [法]让-皮埃尔-阿马泽著,沈炼之、郑德弟、张忠其译:《法兰西第三共和国》,商务印书馆1994年版,第29页。

的形成和凝练产生直接影响。法兰西民族善于通过重要历史事件推进和升华民族精神，善于利用重要历史事件唤起法兰西民族的革命热情和爱国主义精神。因此，在弘扬和培育中华民族精神的过程中，我们应该加强中华民族历史文化教育，要大力宣传具有悠久历史和较高发展水平的中华古代文明，积极推进中华民族历史文化教育，增强中华民族的民族自豪感，同时注重进行近代以来中华民族所历经的民族危机的教育，增强中华民族的爱国主义精神，更应该进行中华民族革命斗争历史教育，特别是争取民族独立和民族解放的斗争历史的教育，强化中华民族的民族自强不息的精神。

民族精神需要不断总结和升华。民族精神来源于民族历史，但是，民族精神需要从民族历史中总结和升华，法兰西民族正是不断地从民族历史发展中总结和提炼出法兰西民族的基本内容。法兰西民族从启蒙运动中提炼出自由、民主平等的政治精神，从历次的民族危机中提炼出爱国主义精神，从法国大革命中提炼出政治革命传统，从近代以来的历次革命运动中提炼出革命和共和的精神，从法兰西民族社会生活中提炼出文学方面的浪漫精神与批判意识。在弘扬和培育中华民族精神的过程中，我们也应该注重中华民族精神的总结和升华，既要从中华民族的悠久历史文化中总结和升华民族精神，也应该从中华民族重大历史转折事件中总结和升华民族精神，还要从中华民族的现实生活中总结和提炼符合时代发展并具有感召力的中华民族精神。

民族精神可以表现为不同的方面。民族精神是一个十分复杂的历史综合概念，但民族精神可以从不同的侧面表现出来，这一点在法兰西民族精神中表现得尤为突出。法兰西民族精神在政治上表现为自由、民主平等精神，在历史文化传统上表现为爱国主义精神、革命与共和精神，在文学艺术方面表现为浪漫精神与批判意识。法兰西民族精神正是上述方面的综合和概括。在弘扬和培育中华民族精神的过程中，我们应该善于总结和把握中华民族精神在不同领域的表现，使得中华民族精神具有一定的具体化，从而更有利于弘扬和培育中华民族精神。

民族精神依靠一些重要的载体。民族精神是一种精神现象，但民族精神需要一定的载体来传承,法兰西民族精神依靠政治著作来承载,也通过政治口号或者政治歌曲来承载,还通过重要的历史文献来传承,同时也运用文学艺术作品来承载。法兰西民族精神正是依靠多种载体才得以广为传承,并在法兰西民族中产生深远的影响。在弘扬和培育中华民族精神的过程中,我们也应该善于利用不同的载体来承载和传播中华民族精神,要广泛深入地收集和提炼能够很好地承载中华民族精神的重要历史文献和优秀文学艺术作品,使得中华民族精神通过这些重要载体更加直接、更加广泛地传播和弘扬。

附录:法兰西民族精神的著名文献节选

(一)《社会契约论》

结合的行为包含着一项工种与个人之间的相互规约;每个个人都可以说是与自己缔约时,都被两重关系所制约着:即对于个人,他就是主权者的一个成员;而对于主权者,他就是国家的一个成员。……

为了使社会公约不至于成为一纸空文,它就默契地包含着这样一种规定,——惟有这一规定才能使其他规定具有力量,——即任何人拒不服从公意的,全体就要迫使他服从公意。……惟有它才是使社会规约成为其合法的条件。没有这一条件,社会规约便会是荒谬的、暴政的,并会遭到最严重的滥用。

主权既然不外是公意的运用,所以就永远不能转让;并且主权者既然只不过是一个集体的生命,所以就只能由他自己来代表自己;权力可以转移,但是意志却不可以转移。

由于主权是不可转让的,同样理由,主权也是不可分割的。因为意志要么是公意,要么不是;他要么是人民共同体的意志,要么就只是一部分人的。在前一种情况下,这种意志一经宣示就成为一种主权行为,并且构成法律。

在第二种情形下，它便只是一种个别意志或者是一种行政行为，至多也不过是一道命令而已。

正如主权是不能转让的，同理，主权也是不能代表的；主权在本质上是由公意所构成的，而意志又是绝不可以代表的；……因此人民的议员就不是、也不可能是人民的代表，他们只不过是人民的办事员罢了。①

（二）《人和公民的权利宣言》

第一条：在权利方面，人们生来是而且始终是自由平等的。

第二条：任何政治结合的目的都在于保存人的自然的和不可动摇的权利。这些权利就是自由、财产、安全和反抗压迫。

第三条：整个主权的本原主要寄托于国民。

第四条：自由就是指有权从事一切无害于他人的行为。

第五条：法律仅有权禁止有害于社会的行为。②

（三）《1793 年宪法》

第一条：社会的目的就是共通的幸福。政府是为保证人们享受自然的和不可动摇的权利而设立的。

第二条：这些权利就是平等、自由、安全和财产。

第三条：所有的人按其本性都是平等的，在法律面前都是平等的。

第四条：法律就是公共意志之自由而庄严的表现；它对于所有的人……都是一样的；它只得命令对于社会有益而公正的行为；它只得禁止对于社会有害的行为。

第六条：自由就是属于各人行为不侵害他人的权利的行为的权力；它以自然为原则；以公正为原则；以法律为保障……

第十六条：所有权就是各个公民有随意享受和处分其财产、收入、劳动

---

① ［法］卢梭著，何兆吾译：《社会契约论》，商务印书馆 1982 年版，第 26—37、125 页。

② 姜士林：《世界宪法全书》，青岛出版社 1997 年版，第 893 页。

成果和实业成果的权利。

第二十五条：主权属于人民。它是统一而不可分割的，不可动摇的和不可让与的。①

（四）《20区中央委员会致大革命所有捍卫者的请愿书》（1870年）

在已故高尚力量推动下，全国正在奋起；人民已经觉醒，92年精神重新回到了人民中间，这就是革命斗争。

……

停战和外交干涉只能为耻辱的暂时和平铺平道路；因为这种和平将以扼杀共和国为代价，而祖国将因我们统治者的无能和我们的怯懦再次被叛卖，王朝也将再次复辟。

只要敌人尚在践踏我们神圣领土，就绝不言和！应当由共和国迫使敌人媾和，而不是让共和国接受和平。

……

全世界的共和派，为了自由，起来！法国、意大利、西班牙、匈牙利、丹麦、波兰，各国共和派兄弟们，起来！……

……

向公民战士致敬！以法国和大革命的名义致敬！

……

公民们，拿起武器！不是死亡，就好似胜利！

全民共和国万岁！②

（五）《马赛曲》

前进，前进，祖国的儿郎/那光荣的时刻已经来临/专制暴政在压迫着我们/我们祖国鲜血遍地/你可知道那凶狠的兵士/到处在残杀人民/它们从你

---

① 姜士林：《世界宪法全书》，青岛出版社1997年版，第906—907页。

② ［法］让-皮埃尔-阿马泽著，沈炼之、郑德弟、张忠其译：《法兰西第三共和国》，商务印书馆1994年版，第325—326页。

的怀抱里/杀死你的妻子和儿女/公民们武装起来，公民们投入战斗，前进，前进，万众一心，把敌人消灭净！

我们在神圣的祖国面前/立誓向敌人复仇/我们渴望珍贵的自由/决心为它而战斗/决心为自由而战斗/我们正胜利地团结前进/高举自由的旗帜/在我们雄壮的脚步下/垂死的敌人听着我们的凯歌。（副歌）①

（六）《最后一课》

“我的孩子们，这是我最后一次给你们上课了。柏林已经来了命令，阿尔萨斯和洛林的学校只许教德语了。新老师明天就到。今天是你们最后一堂法语课，我希望你们多多用心学习。”

……

接着，韩麦尔先生从这一件事谈到那一件事，谈到法国语言上来了。他说，法国语言是世界上最美的语言——最明白，最精确；又说，我们必须把它记在心里，永远别忘了它，亡了国当了奴隶的人民，只要牢牢记住他们的语言，就好像拿着一把打开监狱大门的钥匙。……

那一天，韩麦尔先生发给我们新的字帖，帖上都是美丽的圆体字：“法兰西”，“阿尔萨斯”，“法兰西”，“阿尔萨斯”。这些字帖挂在我们课桌的铁杆上，就好像许多面小国旗在教室里飘扬。

……

忽然教堂的钟敲了十二下。祈祷的钟声也响了。窗外又传来普鲁士兵的号声——他们已经收操了。韩麦尔先生站起来，脸色惨白，我觉得他从来没有这么高大。

“我的朋友们啊，”他说，“我——我——”

但是他哽住了，他说不下去了。

他转身朝着黑板，拿起一支粉笔，使出全身的力量，写了两个大字：

“法兰西万岁！”

---

① 罗芃等著：《法国文化史》，北京大学出版社1997年版，第171页。

(七)《戴高乐将军告法国人民书》(1940年6月18日)

这是最终结局吗?是否要放弃希望呢?失败是决定性的吗?不!

我根据对事实的充分了解在说话,我说法国没有失败;请你们相信我。导致我们失败的那些手段,终有一天会使我们反败为胜。

……

我是戴高乐将军,我现在在伦敦,我向目前在英国土地上和将来可能来到英国土地上的持有武器或没有武器的法国官兵发出号召,我向目前在英国土地上和将来可能来到英国土地上的军火工厂的一切工程师和技术工人发出号召,请你们和我取得联系。

无论发生什么事,法国抵抗的火焰不能熄灭,也绝不会熄灭。①

(八)德拉克洛瓦的《自由引导人民前进》②

① [法]让-皮埃尔-阿马泽著,沈炼之、郑德弟、张忠其译:《法兰西第三共和国》,商务印书馆1994年版,第330—331页。

② [法]雅克·德比奇等著,徐庆平译:《西方艺术史》,海南出版社2000年版,第315页。

第三章

英国民族精神研究

在世界地图上，如果不是因为其伟大的民族精神造就了辉煌的文明，影响了世界的历史，也许人们并不会这么重视北海上的一个小岛国——英国。它的面积仅占世界的千分之二。然而正是这个“小岛国”在历史的某个时刻后来居上，领先走进新的文明，以至后来几乎所有国家都要跟在它的后面。在某种意义上，可以说，英国带动了世界前进的脚步。

提起英国文化，绝大多数英国人都有强烈的怀旧感和自豪感。单从语言来说，作为盎格鲁—撒克逊人的母语，英语从日耳曼语系的一个小语种成为了世界通用语言。今天，英语已经成了世界上大部分国家学校课程的必修课或选修课，而且世界各地都分布着以英语为母语的国家和民族。信息技术与英语的结合，更成就了今天世界发展的奇迹。英语不仅成为了国际政治、经济、外交等的通用语言，它还更普遍地成为了国际文化、科技甚至社会生活交往的最重要工具。

当然，我们对英国的印象绝不只是它的语言，还有其独特的民族精神，马克思主义经典作家通常称之为“民族性格”。任何一个民族的精神都不是凭空产生的，而是在一定的物质生活和历史文化基础上，由民族个体和群体的基本倾向所决定的，由民族文化传统的世代积淀所逐步形成的。英吉利民族也不例外，在其漫长的历史中，形成了自己的民族文化和民族精神。

一、英国民族精神的历史渊源

一个国家民族精神的形成,往往与这个国家民族意识的兴起有着不可割裂的联系。自古欧洲就有国家存在,但欧洲民族国家的出现远比东方要晚。从文化的源流看,欧洲文化有四个源头,即犹太—基督文化和希腊—拉丁文化。这四大文化源头如同四架发动机,推动了欧洲文化与社会演进。就这四大源头而言,希腊与拉丁之根源于欧洲边缘,而且早于欧洲概念形成之前;欧洲的犹太与基督教传统更要追溯至亚洲。自四大文化源流在欧洲交汇之后,欧洲犹如一个多源且相互冲突而产生的惊心动魄的文化旋涡:宗教与理性、信仰与怀疑、神话与批判、经验主义与理性主义、存在与观念、特殊与普适、问题与重建、哲学与科学、人道精神与科学文化、传统与演变、新与旧等相反相成的概念在这个旋涡中激荡更新,由此衍生出地域性、多样化的欧洲各国的民族精神。

在欧洲,“民族国家”是相对于基督教普世国家而言的,是以民族为核心、以新君主为代表的近代国家。在中古时代的欧洲,尽管社会统治阶级结构中存在着王权政治,但国王只是一个地域范围内较大或最大的封建主,他们事实上还处于影响范围更加广泛的教权即罗马教廷的管辖之下。当时欧洲的政治地图,被几千个公国、侯国、伯国、骑士领地、自由城市国家和主教领地国割据,国家并不是一个统一而完整的政治单位,国王的权力只限于自己的领地,臣民们不直接与国王打交道,民众只效忠于其直接依附的封建领主、庄园主、行会或城市等。因此,在当时,“国王”、“民族”、“国家”的概念十分淡薄,人们更加认同领主而不是国王,认同领地、庄园,而不是民族、国家。“英格兰”、“意大利”、“法兰西”、“德意志”等,不是作为政治实体的国家而存在的,只是一些地理名词而已。尽管分布在欧洲各地的法兰西人、意大利人、西班牙人、德意志人和英格兰人分别使用着基本相同的方言,居住的地域也相对稳定，但他们几乎没有什么民族感情和国家意识，也不会考虑民族和国家的事情。英格兰、法兰西、德意志等世俗国家不但在政治上处于分裂状态，文化上受制于基督教会，而且经济上也受到罗马教廷的控制。当然，法兰西人、意大利人、西班牙人、德意志人、英格兰人等欧洲人也具有某些共同的精神文化联系，都从属于一个宗教教会，都是基督教大世界的成员，受到罗马教皇的统治。

欧洲民族国家是中世纪后期出现并在资产阶级时代发展成熟的国家形式，是突破欧洲中世纪教权和王权秩序而形成的新型政治结构。中世纪欧洲的社会秩序是由两大权力体系支撑的：一是整个欧洲普遍存在的“大一统”的基督教教会体系（亦称教会帝国）；另一个是各国事实上支离破碎的封建体系。

在中世纪社会秩序下，教会统治了人们的思想，它不仅主宰了人们的精神生活，而且控制了人们的社会生活和世俗政权。因此，当时英国国王的世俗权力相对较弱，罗马教皇及其教廷控制着英国社会生活。教皇卜尼法斯八世曾颁布《教皇训令》（1302）：“我们要声明，要陈述，要解释，要正式宣告，服从罗马教皇的统治，是众生得救所完全必需的。”普通民众只知有其领主，不知有其国家，只知归顺其领主，还没有产生国家归属感，也没有“忠诚”于国家的思想；民众之间没有所谓的“民族情感”之类的特殊情感，民众之间的凝聚力取决于领主的号召力和影响力。吉登斯教授把民族国家形成之前的国家称为“传统国家”，认为这是一个阶级分化的社会，本质上具有裂变性的特征。传统国家政治中心的行政控制能力有限，以至政治机构中的成员并不进行现代意义上的“统治”，尤为显著的是传统国家只有边陲而无边界。本质上，中世纪国家没有形成民族国家所必备的要素——主权。

意大利、法兰西、英格兰等民族国家的兴起大都是欧洲中世纪后期的事情。百年战争和红白玫瑰战争是英格兰走向民族国家的重要时期，也是英格兰民族主义兴起的时代。在这一时期，英格兰的国王远比法兰西等大陆国家的国王享有更稳定的和广泛的统治权，英格兰也没有像法国那样在百年战争中长期处于分裂状态，所以英格兰君主的王冠本身就象征着英格兰的政治统一。

从战争角度看，百年战争[①]和玫瑰战争[②]都是悲剧性的。百年战争以英国的惨败而告终，英国因此丧失了它在欧洲大陆的所有地盘，英国向法国扩张的出路被堵死了；百年战争结束不过两年，英国又爆发了玫瑰战争。玫瑰战争在两大封建主之间进行，结果是两大势力都被消灭了。但是，从历史的角度来说，在某种意义上，这两次战争成就了现代英国：百年战争让英国退回到不列颠岛，自此，它就开始按民族和地域的原则行事了，从而为组建民族国家奠定了基础。玫瑰战争消灭了封建领地的军事贵族，这些人正是组建民族国家的最大障碍。所以说，尽管这两次战争都没有达到其本身的目的，但战争的结果为英国建立统一的民族国家开辟了道路。

早期的"英格兰"不是作为政治实体的国家而存在的，它不过只是一个地理名词，与法兰西、德意志等有着相似的意义。在15—16世纪，欧洲封建社会逐步瓦解，近代资本主义国家开始形成和发展。在这一历史的转折时期，中世纪"基督教大世界"的统一性和普世主义逐渐被近代民族意识和国家观念所取代，以新君主制为特征的欧洲民族国家相继出现了。

英国民族意识的产生对英国民族国家的发展起到了推动作用。在14世纪，英国民族意识开始觉醒。这在宗教改革家约翰·威克里夫[③]（1330—1384）身上得到了充分的体现。他主张用本民族语言做礼拜，抵制拉丁文的长期影响；他否认教皇的权力，主张没收教会财产，建立英格兰民族教会。在威克里夫看来，教皇或选自法国，或出自意大利，他们都是外国人，不应享有主宰英国的权威。由于"教皇权已成为民族主义怀疑的一个特别目标"，因此，威克里夫在否认教皇权威的基础上，提出了符合时代要求的民族教会

---

① 百年战争（1337—1453），英法两国间先为王位继承问题展开争权夺利，而后变成英国对法国的入侵，法国则被迫进行反入侵，从而进行了长达百年的战争，最后以英国的失败而告终。

② 玫瑰战争（1455—1485），英国约克家族和兰开斯特家族为争夺王位而展开长达30年的战争，兰开斯特家族以红玫瑰为纹章，约克家族以白玫瑰为纹章，因此，这场战争又成为红白玫瑰战争。

③ 约翰·威克利夫（1332—1384），英国的宗教改革家，他和弟子帕尔维等于1380年根据武尔加塔的《圣经》拉丁文版译出了英文版《圣经》。

理论，赢得了英国社会各阶层的广泛赞同。这是迈向民族国家的重要思想基础。

在16世纪，英国人政治思想中已经产生了一种清晰的主权国家（民族国家）的概念，即不但主权是一国之最高权力，而且主权国家在国际社会中享有独立、平等的权利。于是，在将近一个世纪的时间里，英格兰人为捍卫民族独立和国家主权而与强大的哈布斯堡王朝[①]和罗马教廷进行了持续不断的斗争。他们发出了"英格兰是一个独立的民族国家"的强烈呼声，对凌驾于英格兰民族之上的外国人所拥有的特权表示出强烈的不满。对英国人而言，他们把每一个反对西班牙和葡萄牙的举动，包括对外殖民探险、贸易、扩张等，都视为捍卫民族国家利益、巩固主权国家的正义行动。

文艺复兴和宗教改革不但推动了文学艺术和宗教教会的世俗化，而且促进了民族国家的成长。英国教权主义和封建主义的衰落使英国一步步走向民族国家。在社会上层，14—15世纪议会颁布了一系列反教皇的法令，国王亨利八世发动宗教改革，自己兼任英国教会首脑，出卖没收的修道院的土地，从而强化了英国国家主体地位；在社会中下层，威克里夫的宗教改革思想和罗拉德派运动点燃了16世纪欧洲宗教改革的星星之火，集中反映了当时英格兰民族的思维方式和价值观念。在新君主制的基础上，像西班牙、葡萄牙、法兰西一样，英国建立起了自己的民族国家。早期民族国家的发展与自由资本主义的兴起几乎是同步的，其时这些国家的民族意识和国家利益往往是无限制膨胀的。也就是说，民族国家发展到一定的时候，一方面它会对其他民族国家产生警惕性，另一方面为了维护其自身的独立主权和利益扩张，便谋求向外发展。因此，当时的民族国家往往把别的国家视为实际的或潜在的敌人，想方设法限制他国的发展。或许正是这种原因，当英格兰民族国家寻求对外发展机遇时，西班牙和葡萄牙便借助于罗马教皇之手，打击英国人的殖民扩张行为；罗马教廷则通过行使仲裁权来达到延续其不合

---

① 哈布斯堡王朝，即哈布斯堡家族（House of Habsburg），是欧洲历史上支系繁多的德意志封建统治家族。统治时期从1282年起一直延续到第一次世界大战结束，是欧洲历史上统治时间最长、统治地域最广的封建家族。

时宜的、正在走向衰落的普世主义权威的目的。1588年英国和西班牙为争夺海外扩张的霸权而爆发的战争以西班牙“无敌舰队”全军覆没而结束，战争的胜利树立了英国的海上霸权地位，使其民族国家地位更加巩固。

自从英国摆脱了罗马教皇的政治控制、实现民族国家主权的独立后，它就走出了民族国家形成的关键一步。为了反对教皇的权威，英王亨利八世推行的自上而下的宗教改革，打破了罗马教廷对世俗国家的控制，建立了国家的外部主权。同时，托马斯·克伦威尔实施政府改革，确立了国王对内的最高统治权，强化了国家的统一。亨利八世的改革，使英国恢复了世俗的社会秩序，并使之作为一个完整的民族主权国家出现于欧洲和世界历史舞台。

16世纪都铎时代是英国历史发展的重要转折阶段。正是在这一时期，英国社会发生了深刻而广泛的变化。英国作为一个主权国家在同罗马教廷势力和国内地方割据势力的斗争中逐渐得到确立并强固，民族意识日益膨胀。16世纪主权国家的强固及民族意识的发展，使英国获得了迈向近代社会的坚实的政治和社会基础。

二、英国民族精神的主要内容

一个国家的民族精神是在长期的社会生活和历史变革中逐步形成的，又是不断发展且没有止境的。民族精神的产生与一个国家重大历史事件及其结果的影响有着不可割裂的联系，重大历史事件、有重要影响的历史人物以及某些标志性的事物都可以体现或凝聚民族精神。而且，就一个时期一国之民族精神而言，往往表现为一个整体，任何单方面的描述都可能忽略或削弱其本质或效力。

然而，这里我们不得不对英国之民族精神来一个外科手术似的解剖，否则将难以展开我们的研究。所以，需要声明的是，英国的民族精神，当然也包括其他国家的民族精神，都不是如我们这样一条一条地摆在那里供人欣赏把玩的,它往往是整体地内隐在这个国家民众的精神世界中的。另外,“英国的民族精神”这一提法,本身也有以偏概全的问题。众所周知,英国并不是一个单一民族国家。英格兰人、苏格兰人、威尔士人和北爱尔兰人各有自己的传统和民族文化认同。从这个层面上讲,似乎根本就不存在同一的“英国精神”。不过,在整个英国范围内,不同民族的人群也表现出相当多的相似性。正是从这个意义上,我们展开有关英国的民族精神问题的探讨。

(一)热爱自由民主的精神

英国人喜欢宣称自己是“生而自由”的民族。但事实上,在英国历史上,英国人并非生而自由。英国人曾经经历了漫长的封建宗教社会时期,罗马教廷长期主宰英国的政治和社会生活,封建等级制度甚至令整个社会僵化到几乎窒息。

英国人对自由的理解是,自由即是权利。但是,在中世纪封建统治时期,向国王争取权利的不可能是自由民和农奴,只能是本身就有一定财富和社会地位的贵族阶层。这也就是说,英国人追求“自由”是从贵族向国王争取权利开始的。为了争取自由平等和民主权利,英国的各个阶层都曾前仆后继抵制专制王权,甚至不惜以暴力抗争。可以说,正是在这种抗争过程中,英国人逐渐培育出了酷爱自由和追求民主平等的民族精神。

在盎格鲁—撒克逊时期,王国之间的兼并和战争常常是因利益之争而起。王国内部,国王和贵族之间时常因权利和利益之争而爆发冲突。但此时,尚未形成明确的社会权利观念。关于权利和义务的明确观念是在诺曼征服后形成的。当时诺曼底贵族把大陆盛行的土地分封制度带进英国后,英国经历了完全的封建化。这个制度以分封土地为基础,主公向封臣收取分封义务。分封的条件是以契约的形式规定的,主公方面有什么权利,封臣方面有什么义务,都以文字记录在案。但这种权利和义务是相互的,主公方面不仅有权利,他也要履行一定的义务。任何一方若获取过多的权利,就和不执行应尽的义务一样,被看做是破坏了封建关系的准则,为此,另一方可以自认已摆脱了协约的束缚，而不必履行有关义务。因此，无论立约的哪一方，都有一些按照封建规范可以做的事，即“权利”，而这就是他独占的自由。此时，“自由”就是做某件事的特权。①

诺曼征服对英国民族精神有着重要的影响。1066 年诺曼底公爵威廉率诺曼贵族渡过海峡，在哈斯丁斯附近击败英王哈罗德的军队，登上英国王位，成为英国历史上的征服者威廉。威廉每征服一个地区，就把没收来的盎格鲁—撒克逊贵族的土地分成许多小块，分封给亲属、随从、教会人员及其他有功人员，同时委派他们接管行政和教会要职。由于国王直接领有的土地大于任何一个受封贵族的领地，所以，任何一个大贵族都没有大片的广阔领地，难以形成事实上独立的小王国，无法与国王相匹敌。1086 年威廉召集大小贵族在索尔兹伯里聚会，规定一切贵族首先要向国王宣誓效忠，无论是国王直接的附庸，还是其臣属的附庸，都必须向国王宣誓效忠，为国王服军役，向国王纳税。因此，国王掌握了强大的王权。在这种权力结构中，大贵族难以借封建从属关系动员下属进行反叛，改变了大陆上流行的“我的臣属的臣属不是我的臣属”的现象。由于这些原因，英国的贵族实力相对薄弱，不可能挑战国王的权力，僭越国王的王位。

不过，另一方面，贵族虽不可能征服王权，但每当国王超出封建关系许可的范围任意行事时，贵族们却可以加以阻挡。英王约翰利用王权实行暴政，激起了各阶层的反对，导致众叛亲离。1215 年约翰被迫在贵族拟定的《大宪章》上盖上印鉴。大宪章的主要内容是：国王承认教会选举自由；不得违反惯例向封建主征收额外捐税；不得任意逮捕、监禁或放逐自由人，或没收其财产；承认伦敦等城市已经享有的自由，统一度量衡等。② 这样就使王权开始受到一定的法律的约束，国王的恣意行事受到限制，贵族和自由民的权利得到了一定程度的保障。因此，可以说，“自由”的概念和“自由的传统”是在《大宪章》的通过及其后数十年不断确认的过程中逐步建立起

① 参见钱乘旦、陈晓律：《在传统与变革之间——英国文化模式溯源》，浙江人民出版社 1996 年版，第 33 页。

② 参见李纯武、寿纪瑜等：《简明世界通史》上册，人民教育出版社 1982 年版，第 204 页。

来的。

诺曼征服后，权利和义务成为调节封建关系的主要杠杆。国王在明确其所拥有的权利的同时，也承认了贵族所拥有的权利，并且以法令的形式加以公布，以使全体贵族一致承认。虽然《大宪章》规定了国王和贵族的权利，但国王并不甘心受到贵族的制约，因此国王与贵族之间的战争不可避免。1265 年反叛的贵族西门·德·孟福尔伯爵打败国王成为英国的统治者。他召集会议，除贵族出席者外，还从每个郡邀请两名骑士、从每个大城市邀请两名市民参加。这便是英国议会的开端，它还被逐渐定型为上下两院，上议院代表教会和贵族，下议院代表骑士和市民。作为现代民主的基本形式，议会政体就这样在英国社会政治生活中萌芽了。

不过，就当时欧洲各国的情况而言，贵族对国王的"权利"抗争实在不是什么新鲜事，几乎全欧洲处处可见，但为什么只有在英国才形成了英国人引以为自豪的自由和民主传统并演进为其民族精神呢？

在法国，这种冲突导致王权在起初极其弱小，后来逐渐强大，最终成为主宰一切的力量；在德国，这种冲突向另一个方向发展——王权一开始很强大，后来逐渐削弱，最后完全变成了虚幻的影子。只有在英国，国王和贵族始终不分上下，谁也难以彻底制服对方，结果形成长期的抗衡。因此，在法国和德国，冲突都以一方完全压倒另一方为结局；结果，抗争不能继续下去了，抗争也就终止了。而在英国，抗争在相对平衡的状态下不断持续，并形成了历史传统。

当王权经历着由野蛮到文明、由微弱到强盛的发展过程时，英国历史则在经历另一种发展，在形成另一种倾向。这就是抗拒王权、限制王权的努力。在英国，它被看做是"自由"的传统。由于贵族对国王的长期抗争，逐渐形成了王权应该受到限制的思想，并用律令的形式将这种思想固定下来，从而使法律成为了约束王权的武器。这样一来，法律不仅是针对臣民的，也是约束君主的，君主必须依法律行事，而法律就是权利与义务关系的体现。不遵守法律的君主是暴君，作为暴君他也就自动地解除了他对臣民所拥有的权利。限制王权，抵抗王权的越轨企图，在英国人看来，就是争取自由。

至少，在统治者的"王权系得自继承或征服"的时候，情况是这样的。由此可见，在英国人心目中，自"王"的记载出现之日始，对王权的限制就可看做是对"自由"的追求。

对于很多英国人来说，自由的含义是权利。它是建立在权利与义务的相互关系的基础上的。统治者有他的权利，但也有义务；他必须在享有权利的同时履行义务，才能维持其统治者的地位。而另一方面，臣民虽然有服从的义务，却以享有权利（即自由）为前提：如果这种权利受到侵犯，臣民就可以"个别地抗拒或一般地造反"。尤其是，为保障权利，必须建立某种"宪法的制约"。这就是英国人心目中的"自由"及"反抗暴政"的权利。英国历史上的每一次争取权利的斗争都是以"自由"为口号，从而把近乎谋取物质利益的权利之争，提升为追求理想、原则的神圣事业，而且"追求自由"的民族精神渗透到了社会各个阶层。

追求"自由"并不只是贵族阶层的专利。在中世纪的等级结构中，任何一个等级在其特定的社会阶层上都有其确定的权利和义务，而现在这种现实得到了承认。既然贵族可以为自己的权利争取"自由"，其他等级阶层为什么不可以呢？贵族的反抗树立了榜样，"自由"为这种反抗作出了合理性解释。后来，地位在贵族之下的社会各阶层，纷纷举起"自由"的旗帜，为自己的权利争取"自由"。

14 世纪中叶，"自由"的精神开始从贵族向平民传播。一个由平民组成的"平民院"（即下议院）出现了，其成员是乡村骑士和城镇市民。通过"平民院"，骑士和市民携起手来，找到了他们共同的"权利"。贵族不再是国家中唯一的政治力量了，"自由"的精神已经传给了平民。

这以后，《大宪章》成为了英国"自由"的护身符，各阶级都利用其维护自己的权利。"自由"不再是贵族独享的特权，而成为了民族的自由、人民的自由、各阶级的自由。

与"君权神授"相反，议会的权利来自于现世，来自于人民。这是对自由传统的突破，它意味着自由不仅要限制王权，而且还意味着人民主权。

自王权覆灭后，"自由"的精神继续流传，但其斗争的对象不再是王权。

1688 年,辉格党人和一部分托利党人联合发动政变,国王詹姆斯二世外逃,威廉三世和玛丽二世共同即位。这场被欧洲史学家所称的"光荣革命"实际上是新生的资产阶级和贵族相互妥协的产物,其结果在英国巩固地确立了立宪君主制的政体。1689 年,英国议会通过了《权利法案》规定,国王不经议会同意不得停止任何法律的效力,也不能决定任何人可以免于法律的制裁;不经议会同意不能征收任何税赋,也不能在和平时期招募军队;议会拥有言论自由的权利,全体人民都有请愿的权利等。[①] 英国的"光荣革命"建立起了一种新型的民主政治体制,奠定了资本主义民主的基石。自由民主的英国精神就是这样形成的。

(二)不屈不挠、勇于创新的精神

无论是现在还是过去,绝大多数英国人都对自己的民族有一种强烈的自豪感。人们不禁津津乐道最早诞生于那里的工业革命(钢铁工业、铁路交通、纺织工业),而且近代自然科学几乎所有领域获得的杰出成就,世界历史上第一个资产阶级民主政体的出现等近现代经济、政治、文化和科技等各个领域都能发现英国人为人类所作出的伟大创新。第一台蒸汽机在英国诞生,人类得以高效、大规模地使用动力,开始了真正意义的现代社会。不久,世界上第一辆火车便在英伦三岛运行。随之而来的一系列技术革新更加强了人们对现代物质文明生活的向往。可以毫不夸张地说,英国在迈向现代化社会的历程中一直扮演着领头羊的角色。英国文化也俨然成为现代西方社会的根基文化。

那么,究竟是什么因素使得偏于一隅的一个岛国一直走在世界近现代文明发展的前列呢? 就地理情况和人口资源看,英国充其量只能算一个中等国家。也许是其特殊的岛国人的心态赋予了英国文化无尽的意义:只有创新才能使自己立于世界民族之林,也只有创新才能使英国文化在最大程度上得到他国的认可。

---

① 参见李纯武、寿纪瑜等:《简明世界通史》上册,人民教育出版社 1982 年版,第 383 页。

正是创新使得英国从一个曾经饱受他国侵扰的岛国一步步走向强国，并最终称霸世界300多年。“对于英国来说，它在历史上的每一步都是英国文化中不可缺少的一部分。正是这些事件构成了英国文化中最独特的地方，也正是这些事件使得英国成为我们今天所看见的英国。”[①]对一个想真正了解英国文化的人来说，创新则是不能回避的因素。

勇于创新可以说是自盎格鲁—撒克逊人以来英国人民的传统。英格兰民族在不屈不挠的生存斗争中，铸就了勇于创新的民族精神。

1688年的“光荣革命”不但是英国政治体制的创新，而且在很大程度上开创了近现代世界各国政治体制的先河。“光荣革命”调整了英国社会政治权架构，议会、国王和内阁之间的关系有了新的变化。1689年“权力法案”的通过确立了英国社会君主立宪制的基本特征。从此，议会（上、下议院）便取代国王，成为国家最高权力机关。

同政治制度的革新一样，英国的法律体系也历经数百年的不断创新而成为民主自由的保障。以公民的选举权为例，从13世纪后期开始，英国就建立了议会制度，上议院议员由国王任命，下议院议员则由各郡和城市选举产生。每七年选举一次。在各郡，乡绅及每年收入达40先令的自由农享有选举权；在城市，则因地而异。有些城市从一开始就有选举权，有些城市则用金钱从国王那里买来选举权，也有的城市无权参加选举。此时，选举权主要掌握在乡绅、富商大家手中，社会下层民众及妇女是没有选举权的。直到20世纪初期，选举权问题才取得突破。1918年通过的《人民代表法案》（俗称普选权）规定，男子21岁以上、妇女30岁以上享有选举权，1928年法律规定男女享有同等的选举权，1969年又把选举权的年龄从21岁降到18岁。

英国人还第一次创建了真正意义上的两党制。英国历史上托利党和辉格党两党轮流执政始于18世纪初，后来经过长期的演变分别成为今天我们所熟悉的保守党和自由党。毋庸置疑，英国最早创立的两党制也为后来的美国、澳大利亚等国所效仿，对整个西方资本主义政体的发展有着决定性的

① 吴浩：《自由与传统——二十世纪英国文化》，东方出版社1999年版，第2页。

意义。英国政治制度的改革在很大程度上影响了其他资本主义国家制度的建立与完善。

可以说,现代政治制度起源于英国。现代政治制度的诸要素,如分权的原则,全民选举的原则,行政从属于立法、政府向选民负责的原则,法治而不是人治的原则等等,最早都是在英国形成的。民主化、法制化、制度化、效率化等对现代国家普遍适用的要求,也最早从英国起步;政党制、内阁制、文官制、地方自治等现代政治中常见的形式,也是最先在英国得到发展。英国政治制度是几乎所有现代西方国家政治制度的母体,其他西方国家多多少少都模仿了英国的政体,在此基础上建立起一套大同小异的政治制度。实际上,世界其他国家也不能否认在其政治体制中曾经模仿或借鉴英国所创造的政治体制模式。

英国人的创新精神使其在教育与科技领域创造了令人炫目的辉煌成就。当中世纪制约人性发展的阴影还笼罩在欧洲大陆上空的时候,英国便开始了教育的革新。而教育的改革与发展又给人们思想的解放提供了想象的空间。尽管世界上最早的大学并没有诞生在英国,但日后的事实证明,英国的教育自 1168 年牛津大学的创立至今任何时候都是世界一流水平的。换言之,英国的教育从小学到大学是英国人花费近千年时间精心打造的品牌。伊顿公学、哈罗德公学、牛津大学、剑桥大学等等,今天仍是莘莘学子求学的理想之地。教育的发展、技术的革新为英国日后的经济发展提供了不竭的智慧和精神动力。英国在自然科学上的无数发明无不与英国重视教育创新的传统有关。时至今日,英国学术大国的地位仍十分稳固。英国出版的《自然》(*Nature*)、《柳叶刀》(*The Lancet*)①仍然是全世界自然科学与医学领域最权威的杂志。牛津大学、剑桥大学、伦敦大学商学院仍是欧洲排名最优秀的高等学府。

英国人的创新精神与它追求自由、崇尚理性有着必然的联系。自由是人发展的一个根本目的;而创新则使人能够不断地、最大限度地追求新的自

① 《柳叶刀》是英国著名的综合性医学周刊。

由。美国一位荣获诺贝尔奖的物理学家曾经说过,他之所以终身献身于科学是因为探求未知世界的根本目的是人类有机会获取更大的自由。我们有理由再回过头来看看约翰·洛克的观点:“社会和人生的目的无他,就是一个非常简单的答案:保护个人的财产和自由。”①事实上,绝对意义的自由几乎是不存在的。相比较之下,英国人的理性就更显难能可贵。关于这一点,我们在后面将会论及。总之,自由、理性与创新三者是相互交融的,而当中最为重要的因素还是创新。

经历两次世界大战后,英国作为世界头号强国的历史已不复存在。尤其是从第二次世界大战期间至20世纪90年代初冷战结束,英国的经济一直难以摆脱长期低增长的局面。由于世界政治格局的演变,昔日政治军事和经济文化大国的头衔不得不让位于美国,英国仿佛一下子变成了一个二流的国家。就是在这么低迷的时期,英国文化仍然保持着自己的创新特点,而且不乏闪光的一面:20世纪60年代来自利物浦、风靡全球的甲壳虫(披头士)乐队;1978年7月世界上第一例“试管婴儿”布朗诞生在曼彻斯特;1999年欧元的正式启动,英国由于没有在《马斯特里赫条约》②上签字而仍然保留着曾经是世界第一货币的英镑;1996年7月世界上第一只克隆羊“多莉”诞生在苏格兰罗斯林研究所……这一系列现象仿佛在告诉世人:千万别忽略英国的存在,大英帝国远远没有衰落到可以让人不屑一顾的地步。英国人正在为恢复昔日的大国地位进行着各种可能的尝试。而作出这些尝试的动力源于何处?除了数百年来传统文化所积淀而成的创新精神外,我们似乎很难找到让人信服的其他答案。

这样一种不甘人后的愿望在20世纪90年代让英国人看到了国家复兴的希望。随着英国政府各项政策的调整和改革,英国的经济开始向良好的

---

① 吴浩:《自由与传统——二十世纪英国文化》,东方出版社1999年版,第204页。

② 1991年12月,在荷兰马斯特里赫,欧共体政府签订了旨在使欧洲一体化向纵深发展和成立政治及经济货币联盟的《马斯特里赫条约》。条约计划从1997年1月1日成立欧洲中央银行,并从1999年起实行统一的货币以及共同的对外防务政策。1993年11月1日,该条约获得所有成员国的批准并生效,标志着欧洲一体化进入了欧洲联盟时代。

方向发展。统计表明,英国 2002 年 GDP 位列世界第四(同期中国的 GDP 首次突破 1 万亿美元,居法国之后列第六)。“在文化领域和生活艺术最近 20 年的创造性表明英国有各种未开发的资源。在今天的世界,英国肯定不是一个昂首阔步于一等国家之列的大国,但英国人的责任是要继续作为一个伟大的民族。”①

正是源于英国文化中这种极富历史意义的创新精神,我们有理由相信,英国今天和未来都会在世界舞台上扮演一个重要的不可替代的角色。

(三)富于探索和冒险的精神

英国的历史源于冒险。盎格鲁—撒克逊人曾经驰骋于欧洲大陆,5 世纪中期,渡海来到不列颠,经过大约 150 年时间,征服了不列颠南部和中部的大部分地区,开英国历史的先河。或许是因为历史上曾饱受欧洲大陆国家的侵扰,或许是因为特殊的岛国地理特点,在英国历史上随处可见英国人敢于接受挑战、最终战胜困境并赢得胜利的例子。“五月花”横穿大西洋;司科特上尉领导的南极探险队;20 世纪初为征服世界最高峰而最早派出探险队并最终登顶成功(1953)……英国人这种不屈不挠的探索和冒险精神表现出他们身上具有一种内在精神信仰和品格力量。

英格兰民族感情的萌芽,最早可以追溯到 12 世纪后期。当时,英王与法王之间的争执,促使一些学者摆脱了巴黎大学的束缚在牛津创办了一所新的大学。

从 14 世纪 40 年代至 15 世纪 50 年代,英法两国爆发了旷日持久的战争,史称百年战争(1337—1453)。百年战争是由法国的王位的继承问题而引起的。英法两国除了王位继承纠纷外,还有使英法两国关系更加复杂的问题,比如土地纠纷、弗兰德尔问题②等等。这些矛盾交织在一起,终于在

---

① 吴浩:《自由与传统——二十世纪英国文化》,东方出版社 1999 年版,第 253 页。

② 弗兰德尔地区呢绒业发达,主要原料来自英国,而弗兰德尔伯爵政治上依附于法国国王,于是英王爱德华三世在经济上对弗兰德尔施加压力,下令禁止向该地区出口羊毛。弗兰德尔地区在现今的比利时、法国和荷兰境内。

1337 年,英法相互开战,拉开了百年战争的序幕。在百年战争中,英国人逐渐形成了敢于探索和冒险的民族精神。尽管百年战争以英国的失败而告终,但英国人的冒险精神在这里表露无遗。

为了寻找新航路,获得东方的物产,葡萄牙人和西班牙人跨出了传统的地中海区域,率先踏入浩瀚而神秘的大西洋水域。英国人在探索未知海洋方面本不该落后,事实上却落后了,其中原因之一就是他们那难以忘怀的大陆情结。11 世纪末,诺曼征服后,诺曼情结随着历史的变迁而融入英国人的精神。久而久之,英格兰人似乎已经失去对大海的记忆,重返欧洲、大陆,扩张成为他们的第一理想。英国人的野心就是要在欧洲战场上取得优势,征服法兰西的百年战争成为英国人大陆情结或理想的产物。不幸的是,他们在大陆的扩张活动几乎碾碎了民族精神,并使他们丧失了奋斗的信心。战争失利后,英国人陷入了一场持续几十年的内讧。

英吉利民族富于探索和冒险的精神与其国家地理位置有着密切的关系。对于英国人来说,15 世纪是一个内战、困惑与探索、希望同时存在的时代,以经济发达的伦敦为核心的东南部地区,经常成为封建贵族角逐的战场,加之大陆入侵的威胁,阻碍了英国人的海外扩张。但是,布里斯托尔在这个时期的海外冒险活动异常活跃,它位于英国西部,是英国西部最繁华的海港之一。这里充斥着外国商船,一星期中的任何一天,都可以在小酒馆里看到以航海为生的各国船员。许多人操着难懂的外国方言和浓重的英国西部口音,讲述着海外奇谈和神秘的海岛故事。他们说那些海岛上的每个沙粒都是金子,还有令人难以置信的怪物派人守卫,等等。

这个时期,葡萄牙船只已经到达布里斯托尔。布里斯托尔商人从葡萄牙人那里最初知道了关于“圣兰丹”(St. Brandon)的传说。英国人受到强烈的吸引,一个名叫约翰·杰伊的船主,1480 年 6 月自费装备了一艘 80 吨的船。这艘船只招募布里斯托尔船员,并在托马斯·劳埃德船长的率领下远航,去寻找传说中的圣兰丹岛和神秘的“西班牙七城”。同年 9 月 15 日,远航船一无所获,回到布里斯托尔。由于不甘心失败,布里斯托尔人又派出了由两艘船组成的远征队。1481 年 7 月 6 日,“乔治”号和“三一”号起航,这次探险的目的是“寻找与发现某个称之为布拉西尔(Brazil)的岛屿”。

布里斯托尔人从葡萄牙人和西班牙人那儿学到了许多海上经验。布里斯托尔商人思想活跃,视野开阔,他们试图了解格林兰和更遥远的美洲的情况。在哥伦布1492年西航前几年,就有几支布里斯托尔远征队到北方去探寻传闻中的岛屿,那时便与冰岛有了接触。

在地理大发现时代,英国人花了很长时间去认识现实世界的突然扩张,而这种扩张正是由葡萄牙、西班牙这样一些海上民族所主导的。位居海岛的英国人,此时尚未展示出一个海上民族的固有特征。因为直到此时,它还只是一个出口羊毛的农业国。然而,布里斯托尔人开始的向西探险活动,开辟了英国民族国家形成时期海外扩张事业的新时代。14世纪80年代以后,布里斯托尔人试图发现大西洋中那些不为人知的陆地和岛屿,他们的努力在90年代以后进一步加强了。他们扩大了同西班牙人、葡萄牙人之间的贸易,并将自己的航线与西班牙、葡萄牙的大西洋航线连接了起来。

1497年,英王亨利七世授权意大利航海家约翰·卡伯特(约1450—1498),以英国人的名义,到东方、北方或西方去探寻迄今为止尚未被基督教徒触及的任何土地,并享有所发现的任何新贸易的垄断权。航行归来后,卡伯特自信地报告他在探险中发现了中国东海岸,而英国人则认为他所发现的只是一块新大陆,这种发现却是他们对美洲的有效“发现”。亨利八世时期,英国水手又航行到纽芬兰①附近,开办了日益重要的鳕渔场。

卡伯特的航行没有立刻给英国带来任何物质利益,也没有为英国人建立海外殖民地,但对英国人的海上活动产生了深远影响。亨利七世对卡伯特横渡大西洋的支持,导致葡萄牙国王曼努埃尔一世的极度不满。1499年秋,葡王派出使者前往英国,劝阻英王不要向冒险航行者提供津贴补助。亨利七世断然拒绝承认葡萄牙和西班牙被赋予世界发现和贸易的垄断权,因为其根据只是1493年的教谕和它们之间的一个双边协定。这充分表明了

① 纽芬兰在地理位置上偏离加拿大其他省份,又跟欧洲大陆一海之隔,是世界上四大著名渔场之一。

亨利七世对英国人海外殖民贸易活动所持的积极态度。

亨利七世对那个时代的探险活动的政策是十分明确的,就是坚决反对罗马教皇对世界的划分,坚决反对西班牙、葡萄牙的殖民垄断权。为此,他大力推行重商主义政策,支持对外贸易和商船业,推动民族国家发展。1497年卡伯特的远征航行,实际上是都铎君主支持下的、英国人对北美大陆的首次探险发现。这种发现的优先权价值为伊丽莎白时代的英国人所认识,他们毫不犹豫地确立起对北方和北极水域的支配权。英国数学家、博物学家约翰·迪(1527—1608)认为,女王时代的英国已经对北美、格陵兰和未被俄罗斯人占有的其他北极地区拥有所有权。亨利八世也是一个热爱大海的人,他不但为现代英国正式创立了近代海军,而且他所推动的宗教改革具有重要意义,为伊丽莎白女王时期打破天主教会势力封锁,大力拓展殖民活动,进一步提高英格兰民族国家的国际地位,发挥了积极作用。

15—16世纪是英国近代海洋事业的拓荒期,它本身就具有尝试、探险和实验的性质。有些努力失败了,有些取得了暂时性成功。从表面上看,英国近代最初几十年海洋发展史是一部失望和失败的记录。起初,英国人并没有精通科学的航海技术和地理大发现所造就的新大陆知识,他们不得不付出代价去获得海外冒险事业的经验,这也是葡萄牙人在15世纪所做的事情。伊丽莎白统治时期,英国海外事业除了受到本国商业集团和贸易公司的积极推动外,针对外国人的海盗活动十分频繁,他们把民间的、非法的个人行为同国家利益结合了起来,从而表现出伊丽莎白时代英国海外殖民活动的典型特征。

由于西班牙和葡萄牙人依靠其强大的海上力量对大西洋南部和西部水域的航行发现,英国人在近代早期不得不把其活动的范围限制在东北方或西北方海域,但未取得实质性成就。随着民族意识的增强和民族国家的发展,他们相信自己拥有分享海上利益的权利。为了打破西班牙和葡萄牙的垄断权,挑战教皇权威,英国民间自发的海盗行为成为获取海外利益的重要补充手段。尽管西班牙利用其强大的海军和舰队控制着欧美航线,不允许其他国家涉足大西洋和中南美洲的西班牙人势力范围,但英国商人冒险家、海盗根本不把什么禁令放在眼里,他们除运输一般商品入境外,还把非洲黑人贩运到美洲出售。

海外掠夺与英国人的冒险精神可以说是互为因果互为动力的。世界新航路开辟成功后,英国利用它的经济力量,利用它所处的大西洋航路中心的优越地位,积极开展对外贸易和海外掠夺。伊丽莎白时代,英国全面加强海上力量,为进军世界海域作准备。都铎王朝前期,尽管英国人已经意识到海洋对英民族扩张的重要性,但是限于财力、物力,英国海上势力的发展十分有限。伊丽莎白时代开始后,国务大臣塞西尔在女王加冕典礼的备忘录中明确注明:"考虑海上事务"是新政府必须"立即实行"的要务之一。从此,海上政策在政府的决策中占据了突出的地位。1577—1580 年,冒险者德雷克向西作环球航行,途中截击西班牙船只,抢劫太平洋沿岸的西班牙占领地,来到旧金山海岸,宣布该地为英国所有。西班牙大使要求赔偿德雷克的抢劫给西班牙带来的损失,伊丽莎白不仅不予理会,反而去视察德雷克的船队,参加庆祝胜利的宴会,封德雷克为贵族。到 1588 年,英国皇家海军总吨位已达 12590 吨,1603 年为 17050 吨,包括 42 艘军舰,配备 8346 名水手和作战人员。而且舰只的质量、远航能力和武器性能等均比原来有较大提高。所以,塞西尔声称,英国海上实力"现在无论在数量上、实力上,还是在船长、水手的才干上,都比人们记忆所及的任何时候要强大"。强大的海上力量为以后英国海军称霸海洋奠定了基础。

近代史上,对英国来说有着决定性意义的历史事件是,1588 年最终击败西班牙"无敌舰队"(Armada)。1588 年,西班牙组成了一支由 130 艘各类战舰和约 3 万名水手士兵组成的庞大的"无敌舰队",直驶英吉利海峡,向英国宣战。结果,英国大获全胜,西班牙舰队惨败而归。击败"无敌舰队",标志着英国战胜了最强大的对手,开始树立海上霸权,而西班牙从此衰落下去。

对英国来说,战胜了"无敌舰队"是一个重要的转折点,英国由此摆脱了西班牙的控制,提高了国际声望,扫除了进行大规模殖民扩张、发展海外贸易的主要障碍。此战之后,英国国民情绪十分高涨,民众要求继续海外扩张。以伊丽莎白为偶像的民族狂热和帝国情绪迸发了。国人要求扩大海战，商人更加放肆地到海外从事冒险活动，文人墨客则对英国的民族精神大加颂扬。他们不但高呼"女王陛下万岁！"而且还振臂高呼："我们作战是为了保护神圣的上帝，尊贵的女王和天生的国家。为了保护我们的妻子、我们的子女、我们的自由、我们的土地、我们的生命和我们所拥有的一切。"莎士比亚在其剧本中更是充满自信地写道："尽管全世界都是我们的敌人，向我们三面进攻，我们也可以击退他们。只要英格兰对它自己尽忠，天大的灾祸都不能震撼我们的心胸。"显然，伊丽莎白后期，英吉利民族意识膨胀已达到了高潮。

伴随16世纪英国民族国家的强固和民族意识的发展，英国不仅获得了发展所需的坚强政治基础，而且形成了强大的民族合力和明晰的向外扩张战略。这一切汇集成排山倒海的巨浪，把英格兰的航船迅速向世界霸主的宝座推进。经历过英国由民族国家向海外帝国转变的英国著名航海史家哈克卢特曾经自豪地宣称：英吉利民族"在寻找世界彼岸大多数角落和地区方面，更明确地说，在不止一次地绕行地球大部分地区方面，已超过了世界所有的国家和民族"①。英国的殖民地遍布全球，这与其民族勇于冒险的精神是完全分不开的。这种精神不仅影响了其民族自身，而且影响了整个世界。

（四）崇尚理性的精神

恩格斯曾经说过："一个民族要想站在科学的最高峰，就一刻也不能没有理论思维。"显然，一个民族要挣脱传统社会的束缚，仅仅在政治、经济上变革是远远不够的，它同样需要在思维方式上进行深刻的变革——从全新的角度来看待自己所面对的世界，探索其中的奥秘，在对自己的物质生存条件进行改造的同时，完成人自身的改造，成为真正意义上的现代人。

又是英国人，成为第一个构筑起现代思维方式的民族。英国人的现代

---

① A. L. Rowse, *The England of Elizabeth*. London, 1951. p. 161.

思维方式是在传统与变革的冲突中形成的——那是一种对经验极为推崇的理性思维方式。英国人的理性思想有别于宗教的盲从与迷信，也不同于德国人那种过于抽象的、形而上的理性主义。对事实进行实事求是的科学的观察与分析，是英国人据以行事的依据，也是这个民族自己极为珍视、几乎带着一种对宗教般虔敬的心情来对待的精神财富。

英国大思想家罗素从一个新的角度把理性和宗教融合起来了。宗教在新的理性世界里获得地位并得到很高的评价，但它不能违背一项根本的原则，即它必须有益于人类创造性的生活而不扼杀人类的思想自由。受到制约的宗教成为人们精神生活的一个组成部分，并填补了那些由科学和理性所无法占据的空缺。如此一来，理性与宗教的合作有着新的前提，即理性已经非常强大。宗教成为了理性的仆人，理性可以让宗教服务于自己的目的。双方各以不同的方式共同参与人类的生活，满足人类的需要。罗素思想的出现体现了理性力量的强大，表明在宗教和迷信的战斗中，理性取得了决定性的胜利。但它同时也标志着宗教和理性在冲突中找到了一个契合点，标志着英国理性思维模式的成型，也标志着英国人形成了崇尚理性的民族精神。

理性思维之所以最终能够成为民族的共识，其主要的社会原因是对现实目标的追求。英国人是讲究实效的民族，现实的目标是靠自己的力量而非幻想、靠科学而非迷信、靠实干而非空谈去达到的。英国人在实现现实目标的过程中重新塑造了自己的主观世界，形成了认识世界的理性思维。进入现代以后，英国人塑造了民族品格的新要素。在面对大海的怒涛、远航的劳顿、恶劣的气候、贫瘠的土地、冒险的代价以及强敌的进攻时，英国人养成了勇敢、机智、耐心、坚忍不拔以及善于自我克制的美德。这种沉着、冷静的性格，使英国人能够对社会的各种变化秉持一种理性的态度。

传统和现代的冲突与融合也是民族精神滋生的土壤。在思想文化领域，理性主义和科学精神是它走向现代的主要标志。理性主义要求人们从现实出发，不以信仰作为判断事物的标准。培根是近代哲学中用理性对信仰进行冲击的开拓者。培根作为“近代实验科学的真正始祖”，他说，我们必须研究关于各种现象的博物学,搜集有关各种现象的一切观察资料,将它们列成表,注意哪些现象是以彼此不同的方式相联系的,然后通过机械的排除方法,发现某已知现象的原因。[①] 在其《学术的进步》一文中,他提出了一个划时代的命题,即"知识就是力量"。他说:"人的知识和人的力量结合为一。"这在长期受封建势力统治,人们只知道有宗教和神学的时代,不啻是一句伟大的启蒙口号,它推翻了长期存在于人们头脑中的宗教教条才是唯一真理的精神枷锁,确立了知识、理性的历史地位,解放了人的思想,从而使人类开始了自中世纪以来理性第一次真正对宗教信仰的反叛。

然而,培根作为刚从中世纪进入近代的经验科学的开山祖师,他的思想更多地带有旧社会的痕迹而不能彻底地摆脱宗教神学的影响,这使得他一方面高举理性主义大旗,另一方面又鼓吹宗教神学的权威。在培根那里,近代理性精神与宗教信仰进行了第一次对垒,他试图以"二重真理"论来解决这种冲突,表现出他对宗教信仰的妥协。

17 世纪,英国思想家洛克提出经验理性主义,否认先天观念的存在,实质上也否定了上帝的存在。洛克发展并系统化了培根的经验论原则。他认为,理性能从概念中获得知识,借助想象、综合和比较方法,理性可以从简单的观念演进到复杂的观念。彻底的怀疑主义论者大卫・休谟否认灵魂的存在,从而动摇了人们对上帝的信念。他认为:"在人生的各样事情上,我们还是应当一概保持怀疑主义的态度。"[②]

如果说休谟的理论动摇了人们对上帝的信念,那么达尔文的进化论则给了上帝致命的打击。休谟的理论并不能证明灵魂不存在,而达尔文的进化论认为,物种是生物界生存竞争的结果。1859 年,达尔文出版《物种起源:借助于自然选择即生存斗争中的适者生存》一书,以雄辩的事实证明物种是生物在自然界生存竞争的结果,上帝创造世界和塑造生命的神话至此

① 参见斯塔夫里阿诺斯著,吴象婴、梁赤民译:《全球通史:1500 年以后的世界》,上海社会科学院出版社 1996 年版,第 255 页。

② 钱乘旦、陈晓律:《在传统与变革之间——英国文化模式溯源》,浙江人民出版社 1996 年版,第 345 页。

破灭，理性主义取得了对宗教的决定性胜利。

另外两位思想家斯宾塞（1820—1903）和赫胥黎（1825—1895）把达尔文的生物进化理论引入人类社会。斯宾塞把关于社会的思想和自然科学的成就结合起来，创造了一种从理性出发、而非从上帝出发的新的社会科学：社会达尔文主义，将经验主义推上了实证阶段，将实证性的、科学的理性思维置于至高无上的地位。斯宾塞在 1857 年发表的《进步：其规律及原因》一书中写道："无论是在社会的发展中还是在政治、制造业、商业、语言、文学、科学及艺术的发展中，这种由简单经过连续的变异而进入复杂的同样的进化始终保持着。"①赫胥黎则强调人类进步应该是一种道德和伦理的进化。他使自然科学和社会科学的理性思维逐渐达到统一。总之，到了 19 世纪末，英国人已习惯于用理性和科学的方法来看待世界了。理性和科学不仅深深地影响了人们的生活方式，而且深刻地影响了人们的思想方式。

当理性主义取得了对宗教的决定性胜利后，它的主要任务不再是对老对手——宗教穷追猛打，而是如何引导英国社会科学和民族理性思维的发展。

（五）重视传统，喜爱渐进的精神

一切现代英国的特征，都可以到历史的长河中追根溯源。现代社会在英国的出现，似乎是水到渠成、自然而然的事情。因为它沿着历史的长河缓缓而来，并没有被切断被隔绝之感。传统与变革和谐的交织，恰似在同一长河中，既有传统，又有变革，当人们自以为是涉足在继承传统的源流中时，变革却如清新之水，已注入传统而融合于其中了。与其他很多国家不同，在传统和变革之间，英国人选择了第三条道路。

世界各民族中，英国是一个堪称典范的国家。自近代社会因素开始萌芽，它就逐步形成了一种令各阶层颇不满意但又为各阶层不得不接受的独

---

① 斯塔夫里阿诺斯著，吴象婴、梁赤民译：《全球通史：1500 年以后的世界》，上海社会科学院出版社 1996 年版，第 266 页。

特的发展方式——英国发展方式。这种方式以平稳、渐进为主要特色，将传统友好地延续到新的潮流中，有时甚至就是在传统中进行变革，令人弄不清楚的是：是传统在起作用，还是变革在起作用？

在英国的历史发展中，我们发现那些为我们所熟知的英国特色的东西，如工业革命、民主政治、理性思维、英国式道路和所谓的“英国绅士风度”，不管人们对其评价如何，也不管它们对英国的过去、现在和将来发生什么影响，它们都是在英国历史的长河中悄然生成，并在英国民众的社会生活中相互融合，共同成就了英国民族的文化与文明。

当然，在英国千百年的历史演进中，也不少你争我夺，王位竞争、土地纠纷、宗教纷争、阶级斗争、国际冲突等并不鲜见，但这些如同缓缓的长河中滚动的激流，并未阻挡民族传统的延续；相反，它们还不断为传统注入新时代的元素，使传统伴随时代的变迁焕发出新的生命力。

在传统和变革的冲突中，走相互融合的道路，这是英国文化模式的显著特色。在传统中进行变革，在变革中延续传统，英国人由此形成了自己“重视传统，喜爱渐进”的民族精神。

英国式发展道路的实质是对传统的尊重。尊重传统有着不同的方式，英国人的方式是在传统中寻找具有时代意义的内涵，并对之作出包含时代精神的理解，使之成为新时代的观念和原则。1215 年，英王签署的《大宪章》共 63 款，数千言，集封建权利与义务之大全，是一个地地道道的封建文件。但它对后世的影响大大超出了一份封建文件的效力，它成为了英国近现代自由民主的正式宣言书。它之所以能够发挥如此巨大的历史性影响，是因为后世人对它作出了新的解释。比如，《大宪章》规定，“不征得王国一致的同意不得征收兵役免除税或捐助”，后人将其解释为“不经过人民的同意不得征收一切税”。后来，这个原则又被引申为“代表机关（即议会）决定赋税”的原则，因为《大宪章》也规定，“确定捐助的额度”，应“召集大主教、主教、寺院长老、伯爵和大男爵”等开会。这样，经过后世人的重新解释和附会，《大宪章》不再是一个特殊时期的特殊文件，而成为任何时期都适用的一个一般性原则文件了。①

英国式发展道路的一大特色就是渐进改革。在世界近现代历史上，从来不乏疾风暴雨式的革命，在朝代更替、政体转换等社会制度变革上，许多国家都选择了你死我活的方式，走了一条改天换地的发展之路。但英国人却独辟蹊径，运用他们冷静的理性思维，找到了一条冲突各方都能接受的、各方利益都能得到保护的中间道路。1688 年到 1689 年，因议会与国王之间的矛盾而爆发的非暴力宫廷政变，使英国议会与国王近半个世纪的斗争以议会的胜利而告结束。因为这场革命未有流血，故史称“光荣革命”。“光荣革命”为英国找到了一条不经过流血冲突，而能带来重大的社会政治变化的方式。1832 年，在议会改革法案问题上，辉格党与托利党之间的矛盾与冲突暴露无遗，在暴动不断、内战一触即发之际，国王通过给新生的资产阶级加封爵位，使他们得以进入议会上议院，从而使得改革法案在议会党派斗争中得以通过。议会改革法案的实质是使工商业资产阶级在国家政权上取得了重要地位，并为以后英国的政治、社会改革提供了先例。自此以后，英国人便找到了一条将政治和社会变革对国家造成的震荡被减轻到最小的道路，它使得变革以比较平稳的方式进行。

“光荣革命”以后的 300 多年，英国极少有大起大落、波澜壮阔的历史场面。我们看到的只是逐步的变革、前进。这表明，渐进改革已不仅是英国民族取得变革与进步的一种方式，而且成了英国人头脑中根深蒂固的价值取向。它是英国文化模式的一个组成部分；无论外人对这种方式如何评价，它却是地地道道的英国特色。②

在一个既注重传统又不拒斥现代的国度，英国在不脱离社会变化的传统轨道中渐近地向现代转变。现代性因素在传统框架内确立，传统也审时度势地随社会的发展而不断调节与变革。正是这种传统和现代的长期冲突和融

① 参见钱乘旦、陈晓律：《在传统与变革之间——英国文化模式溯源》，浙江人民出版社 1996 年版，第 39 页。

② 参见钱乘旦、陈晓律：《在传统与变革之间——英国文化模式溯源》，浙江人民出版社 1996 年版，第 278 页。

合,共同推动了英国社会的发展和进步。重视传统,在传统中实现变革,在维多利亚时代的英国已经非常典型。不可忽视的是,一些保守的传统因素,对英国社会迈向现代也起了消极的作用。在维多利亚时代,在道德领域的对立和冲突中,现代特性最终未能赋予传统以新的意义,而是不得不让位于传统惯性,表现为“维多利亚主义”的人生观和价值取向。比如,在这一时代,禁欲主义发展到极端,但同时私下里,许多人生活很严肃、很正派的生活背后,还为自己留下了透气的小孔。他们虽有情妇,但从不因此破坏自己“幸福的”家庭。他们常常心口不一(这是禁欲主义盛行的时代人们的普遍特点),虚伪使他们能把满足个人的欲求和符合社会的要求巧妙地结合起来,维多利亚时代的人用绝对聪明的大脑把这种似乎不可调和的情况调和起来。

现在,英国式道路已经走稳,没有人还担心改革会彻底否定国家政体,人们已经习惯了在已有的形式和框架内变更内容,学会了在旧坛子里面装新酒。即使是在民主制度已经相对比较健全的20世纪,贵族院(上议院)已明显地表现出不符合时代的潮流,有碍民主制度的建设时,英国仍然采用了保留其形式而改换其内容的方法,将其改造为主要是执行最高司法权的专门机构;对其中的贵族则一概保留,不过,引进了新的原则,即在一般情况下,只册封终身贵族。这样就废除了贵族世袭的传统,使贵族制丧失了其古老的灵魂。

在这种变革中,谁也不能吃掉谁,没有绝对的输者,激进与保守各得其所,既相互冲突,又相互融合。激进主义总是拼命推动历史前进的脚步,每达到一个目标,它自己就又跑到历史的前面去了,而把已达到的目标留给保守主义,让保守主义在与自己的冲突和较量中去固守,去坚持。

这确实是一种奇妙的融合,是一种独特的变革方式。在这种方式中,变革似乎可以看做是传统自身的演进,传统并不以不变为原则,相反,它把自己看做是对新的历史条件的不断适应。

(六)绅士风度:英国民族精神的外化

“9·11”袭击以后,许多人(包括美国人自己)对世贸双塔里那些人在危急关头的表现赞赏有加。在楼梯上，逃生的人往下跑，消防队员向上冲，大家都只用一半楼梯，秩序井然，毫不冲突。但是，美国人看过英国伦敦地铁爆炸案的电视画面后，却不得不承认，要论处变不惊，在最糟糕的局面里保持风度，英国人还是胜出他们一筹。

从第一声爆炸（格林尼治时间 2005 年 7 月 7 日 8:51）过后，伦敦就像一部构造精密的机器开始有条不紊地运转起来。半小时之后，伦敦的紧急救援服务队伍迅速奔赴现场，受伤的人们躺在车厢中接受医护人员的救治，随即一百多名伤员被送到英国皇家伦敦医院进行抢救。

1 小时之后，伦敦警方通过电视直播告示公众："待在原地，不要走动！"同时关闭了市内全部地铁交通网。通往伦敦市区的各主要道路上出现了由政府部门竖立的警告标志："避开伦敦"、"本区域关闭"、"收听电台广播"。旋即，询问伤亡情况的热线电话开通，公众可以通过热线服务查询自己的亲朋好友是否在伤亡名单中。伦敦街头，不少志愿者帮助被袭击中的伤者离开现场，很多人纷纷把手机借给陌生人，让他们向亲友们报平安。

2 小时之后，英国内政大臣克拉克在唐宁街宣布"可怕的事件造成了严重的伤亡"。

3 小时之后，正在格伦伊尔斯出席八国峰会的英国首相托尼·布莱尔发表声明："伦敦发生了一系列恐怖袭击，这是精心设计的，而且特别选择在八国集团首脑会议开幕之际发动袭击。"他还说，自己将在数小时内返回伦敦，八国集团首脑会议将在他缺席的情况下继续举行。

与此同时，参加救治的各医院的发言人发布消息说，从各种伤情看，还没有发现过去没有见过的奇怪症状，从而排除了伦敦遭"脏弹"等非常规武器袭击的可能性，稳定了伦敦市民紧张不安的情绪。

4 小时之后，当首相布莱尔还在返回伦敦的途中时，英国议会下议院已经召开了特别会议，平时剑拔弩张的朝野两党此刻同仇敌忾，就伦敦爆炸事件形成一致看法，要求广大民众做好伦敦再次发生爆炸的心理准备，并告诉人民不必紧张，警方一定会查出凶手。

20 小时之后，伦敦地铁系统继续与以前一样开始运营，只是由于袭击事件导致伦敦地铁12条运行路线中的两条全线关闭，造成了一些列车晚点。在地面上，伦敦巴士线路也恢复了运营，但行车路线全部避开了遭袭的地区。

24小时之后，伦敦市民已经重新返回工作岗位，繁忙的股票交易市场也营业开盘。①

在发生恐怖爆炸案后的短短24小时之内，伦敦向全世界展现出这个城市的从容不迫，用自己的生活细节显示了在突发的危机面前，政府各部门有条不紊的反恐应急对策；救护人员训练有素的救助措施；社会公众沉着冷静的心理素质。伦敦人民也用自己的坚定与自信回击了恐怖袭击，表现了民族精神和不可战胜的气概。

英国人以绅士风度闻名，不是仅仅靠在party里的言行，而是在不能"装"的时候所体现出来的。英国的"绅士风度"是对英国男性行为举止、文明礼貌、尊重女性等一系列行为规范的总称。除了有"绅士风度"一说外，英国人还有"淑女风度"的说法，其含义与绅士风度大致相当。这里将其统称为绅士风度。

英国人的绅士风度以其彬彬有礼为典型形象。绅士风度是英吉利民族的精神产品，是英国民族精神的外化。英国人绅士风度的最大特征是：保守、礼貌和相互尊重。

"保守"的英文词是conservation，conservatism则是"保守主义"，它们都是由动词conserve变形而来的，意思是：使保持在安全、完好的状态。在英国，保守和保守主义"并不意味着开历史倒车，甚至也不意味着抗拒变革；它意味着尽可能长地保持某个事物，并且在不得不进行变革时把变革的幅度限制在尽可能小的范围内"②。可见，保守、保守主义这两个词在英国并无贬义，与汉语中"落后、反动"的意思有很大不同。

英国人的保守首先表现为对历史和传统的尊重。英国人以理性为行事

① 参见赵刚：《敦刻尔克精神下的英国国民》，《中国经济时报》2005年7月18日。

② 钱乘旦、陈晓律：《在传统与变革之间——英国文化模式溯源》，浙江人民出版社1991年版，第175页。

依据。过去的东西，或者说传统并不见得全是坏的。相反，贵族、宗教、国家、君主制都是自然的、历史的产物，是人类世世代代智慧的结晶。国家是人类的需要，体现了人类的社会功能；宗教是社会稳定的基础；贵族制和君主制历经几个世纪的风风雨雨，本身就证明了其自身存在的价值。英国人崇尚传统的观念及制度，对于新生事物的接受能力远远低于其他欧洲国家的民族。直到今天，在英国，一些有名望的人仍旧希望从女王那里得到诸如"公、侯、伯、子、男"之类的封爵。英国律师戴假发、穿长袍的习俗也一直延留至今。英国的国歌仍然是"神佑吾王/女王"（God save the King/Queen）。对于一个文明的现代的发达国家来说，这的确有点不可思议。

大部分英国人有守旧而不愿接受新事物的保守思想。英国人的保守为世人所知，英国人认为他们的做事方式是最好的、最合理的。有人说，英国人需要花 20 年到 40 年的时间才能接受美国目前的新生事物，虽然可能有些夸大其词，但也不无道理。英国人到现在还没有采用世界通用的米制，仍然使用英里；直到 1971 年英国才将货币单位改成十进制。现代社会，电力和天然气用于室内保暖和取热，在很长一段时间内已经完全代替了煤火的使用。但在一般英国人的居室内仍旧有虚设的壁炉。当美国人发明空调的时候，英国人以对身体有害为借口，继续使用壁炉和电炉。英国人为什么会形成这样一种民族性格？要找到这个问题的答案恐怕是不太容易的。但英国人的自傲可以为我们作出某些合理的解释。英国人创造了足以令整个世界为之感到骄傲的文明，如工业革命发生在英国，莎士比亚的戏剧对西方及世界文化产生了巨大的影响，英国议会是欧洲最古老的议会，英国是世界上第一个完成工业化的国家。卓尔不群的文明史使得英国人形成了独特的民族品格。

英国人讲究情感内敛，与人保持距离。与英国人接触，一般都会有深刻的感受——他们不易让人接近。大部分英国人具有与他人格格不入的孤傲性格。他们不愿意和别人多说话，从来不谈论自己，感情不外露，更不会喜形于色。外人很难了解英国人的内心世界。他们乘公共汽车旅行时，总是尽力找一个空座；乘火车时，也尽量找一个没有人的包厢。假如不得不与陌生人同时坐在一个包厢里,他们会旅行很长一段时间也不互相交谈。如果真的开始交谈,有关个人的情况,像“你多大了?”甚至“你叫什么名字?”这些问题也是不轻易问的。他们高兴的时候不会喜形于色,他们悲伤的时候也不会愁容满面。他们讨厌喋喋不休的“侃大山”,即使同他人聊天,话题也是很讲究的。家庭、身份、年龄、工作甚至事业都被认为是他们的私生活,别人无权干涉过问,否则,就违背了他们的礼貌原则。也许是由于缺乏空间的缘故,英国人喜欢独居和个人自由,特别讲究尊重每个人自己的“个人天地”。在英国,人们恪守着这样一句名言:My home is my castle。当英国人搬到了新家,他会在自己的房屋周围竖起篱笆,以便和邻居隔开。所以,西方有一种说法:“英国人的家就是他们的城堡。”天气是英国人永恒的话题。英国位于大西洋北岸,属于海洋性气候,受北大西洋暖湿气流的影响,四季变化不明显,但一日之内天气状况可能变化不定。英国人认为“在英国本土没有气候,只有天气”。所以说,英国的天气每时每刻都是个新鲜而有趣的话题。英国绅士还有一个特点,就是沉默。在上下班乘坐地铁时人们彼此不说话,只是看自己的报纸,车内鸦雀无声,偶尔能听到下车的人因为不小心踩到别人脚时说 sorry 的声音。下车后,人们各走各的路,彼此不会交谈。另外,即使在一起工作多年的同事也不知道对方的家庭住址、家庭成员、兴趣爱好等,因为他们从不谈论这些事情。外出旅行,一般人都喜欢带份报纸,拿本书,以慰闲余。“Silence is gold”(沉默是金)是英国人的金玉良言。

礼貌是英国人绅士风度的又一表现。大部分英国人具有讲究文明用语和礼貌的好习惯。英国人总是为别人着想,他们不会要求别人做不愿意做的事情。当不得不要求别人做什么事情的时候,他们常常说得非常客气。“请”和“谢谢”是经常挂在嘴边的用语。在公共场合,人们不会大声叫喊,他们认为那是不文明的行为。穿着整洁被看成是有涵养和有魅力的体现。英国男性平日一般都穿休闲装,无论穿什么,从头到脚都很注重整洁和颜色的搭配。英国男士上班或者约见重要朋友,都穿上得体的西服,鞋子擦得很亮,以示对别人的尊重。给人印象最深的是英国男性的衣服总是很干净,衬衣永远是雪白的,一尘不染。英国男性还很重视牙齿卫生,每年到医院定期药物洗牙两次。牙齿里有食垢,口腔有异味,是修养很差的表现。英国女性无论年纪多大都非常注意个人形象和服饰,以示对他人的尊重。英国女士注意修养,举止有仪,一直被看成是女性文明的典范。与男士一样,她们也非常重视个人卫生和仪表,无论穿什么衣服,总是非常整洁、干净、和谐。有些女士的经济条件并不优越,布衣素服,但目光自信、举止礼貌、服饰整洁,依然有特殊的魅力。

尊重女士也是英国绅士的一大特点。因为在英国人看来,“Showing respect to females”本身就是一种高尚的道德。如果两个陌生人见面,介绍人一般都是先向女士引见男士,向地位高的人引见地位低的人。在英国,男士为女士开门、让座、拿行李都是司空见惯的事。在公共场合,无论在商场、地铁、公共汽车上,还是在办公室,男士遇到女士进门的时候一定要请她先走。现在,英国男士已经不用说“女士优先”的客气话,而是用一个友好而优雅的手势,示意女士先行。开门时遇到后面有人,特别是女士即将走进来,一定要等到女士走过来把门接住才能离开。开车过十字路口等汽车交汇地点,可能的情况下男士一般都让女士先行,女士一般都向男士招手致谢。

英国人的绅士风度的形成与维多利亚女王有关。维多利亚女王在位60年,是英国历史上最著名的女王之一。她在位的时期正是英国逐渐走向鼎盛的时期,同时也是英国各种礼仪形成的重要时期。她在位时制定了一系列严厉的家规,对子女在修养方面的要求十分苛刻,稍有不慎便对他们进行无情的鞭打和杖责。她对自己严格要求,要求自己处处做到高雅、体面、端庄、节制。女王本人因其高雅的个人修养而享誉欧洲大陆。正是维多利亚女王使英国成为世界著名的“礼仪之邦”。

英国人的绅士风度也是在学校严格的品德教育和精神训练中养成的。曾经在滑铁卢战胜拿破仑的英国统帅威灵顿将军说过这样一句话:滑铁卢战场的胜利,是伊顿公学操场的胜利。也就是说,伊顿公学培育了英国军队的灵魂和精神。办学500多年来,这所学校培养了难以数计的优秀政治家和杰出的军事指挥家。伊顿公学除了教授学生文化知识外，特别重视教育学生的道德修养及礼仪。学生接受严格的寄宿式管理，每天要求自行整理内务、冷水盥洗和跑步操练。名曰贵族学校，可培养出来的学生毫无慵懒、怯弱、纨绔之气，在学业、品行、仪表、作风、气质和风度方面皆为上乘，在任何场合都能表现出“坚忍”和“内敛”的绅士风度。

1883 年，英国诗人霍普金斯曾自豪地说：“即便英格兰民族不能给世界留下别的什么东西，单凭‘绅士’这个概念，他们就足以造福人类了。”不过，客观地讲，绅士风度既有其所长，也有其所短。绅士风度所反映的英国民族心理一方面表现在追求高雅的生活境界，处处向上流社会看齐；另一方面又表现在消磨了奋发向上的竞争精神，对传统和习惯日益眷恋，从而使英国人的价值标准和行为准则发生矛盾，陷入了一个两难的窘境。“绅士风度”导致人们对“高雅”的追求，文学、艺术、诗歌等被看做是绅士风度必不可少的，使不少人附庸风雅。它还导致了人们厌恶竞争，致使偷闲懒散替代了中产阶级原先奋发图强的竞争精神。维多利亚后期英国工业开始走向相对衰落，不能说与这种“绅士风度”无关。

三、英国民族精神的基本特征

很难想象，一个民族精神贫乏、落后的国家，能够扮演引领和创造世界历史的角色。不论是从其国土面积还是从其国民人口数来看，英国在世界上都不能算是一个大国，但就是这样一个国家，经过近现代三四百年的发展，不但成为了世界上最大的经济体之一，而且成为了世界上最有影响力的文化体之一。究其成功的原因，很难说是某种单一因素发挥作用的结果，但不可否认的是，英国的民族精神发挥了不可替代的作用。从上文对英国民族精神及其形成的阐述可以看出，它具有这样几个主要特征。

(一)英国民族精神是在其国家历史演进中逐步形成的,同时也对其国家与民族的发展发挥了重要影响

英国形成统一的多民族国家经历了一个漫长的历史过程。在有文字记载的历史之前,不列颠岛上的居民已经创造了令人称羡的文明,如埃夫伯里巨石建筑遗址和圆形巨石阵等著名历史遗迹。此后,曾经先后有凯尔特人、罗马人、盎格鲁人、撒克逊人、朱特人、诺曼人和欧洲其他地区的居民侵入或移居不列颠群岛,在长期的纷争中相互融合,逐渐形成了统一的多民族的英国民族。在英国民族的形成过程中,其民族精神也随历史的演进逐步积淀并得到弘扬。

人类发展历史表明,民族的融合从来不是一帆风顺的,也不是一相情愿的,而是要经历战争、统治、分裂、联合等多种社会变迁,有时甚至还不免会爆发相互的杀戮。英国民族的形成也曾经历了征伐、侵占、颠覆、暴政、妥协与相互宽容,与之相伴随的是其民族精神的形成。英国是由不列颠群岛中大部分岛屿组成的, 这些岛屿与欧洲大陆隔海相望。大陆上向往独立、自由、占有的人们视这些群岛为最适当的居住地,因此,凡有能力者便通过各种道德的或不道德的手段,争取在这些岛屿上的居留权。很多人为此丧失了自己最宝贵的生命,但即便如此,仍然有欧洲不同地区的居民努力进入不列颠群岛。这种冒险和拓荒的行为一直是来自欧洲各地区的人们在不列颠群岛上的一种生活方式。其实,不单在不列颠群岛上,在世界其他岛国上,其民族的形成往往是其他地方居民实现其向往自由和占有的产物,一旦其在岛国上稳定生存下来,便开始了其向外拓荒的探险或冒险历程。

古代文明时期,国家的强大与否主要体现在统治者所拥有的财富的多少和所占有的土地的广狭。英国历代统治者的探索和冒险大都与财富和土地相关联,不管是英国本土的内战和动乱,还是与周边欧洲其他国家之间的战争与纷争,还是向世界各地的殖民与掠夺,大都是为了攫取财富和侵占土地。不列颠人的冒险精神使其在伊丽莎白女王统治时期实现了国内政局的相对比较长期的稳定,并开始了他们拓展海外发展空间的冒险与掠夺。英

国在亚洲、非洲和美洲所进行的殖民与掠夺暴露出不列颠民族对财富和土地巧取豪夺是多么的贪得无厌，因为英国在亚洲、非洲和美洲所占有的殖民地超出了不列颠群岛面积的数十倍乃至上百倍，人口数也是如此，但英国并未表现出丝毫的满足，如果不是各殖民地人民的反抗和起义，英国还会无休无止地向世界每一个角落扩张其势力。也许正是这种贪得无厌的冒险导致了英国在海外拓荒与发展的失控与失利，并最终回归不列颠本土，启动其理性发展之路。

（二）英国民族精神是一个内涵丰富且复杂多样的矛盾统一体

英国民族的形成以及英国国家的发展都经历了一个十分曲折的过程，在这个过程中，既有英国统一融合的时期，也有不列颠处于纷争割据的时期，还有频繁的外族侵入，且逐渐融入不列颠民族的时期。在这个过程中，既有文化发展的荒漠期，也出现了文艺复兴中成长起来的流芳百世的文学巨匠和思想大师；既有野心勃勃的海上霸主和海外殖民时期，也有不断退归不列颠群岛甚至遭受纳粹疯狂轰炸的时期；既有引领工业革命的潮流、创造科技和经济奇迹的辉煌时期，也有经济长期疲软、科技影响日渐衰微的时期。正是民族与国家的曲折发展导致英国民族精神呈现出复杂多样且充满矛盾的特点。

英国人不乏冒险精神，也富有想象力和创造力，尤其是进入近代以后，经过文艺复兴、启蒙运动和科技革命，英国国民的思维更充实了理性的内容。这种理性既表现为对曾经无所顾忌的冒险行为的约束，也表现为在思想、文化和科学领域的严谨、求实和执著。英国的古老大学历经800多年而不衰，至今仍然焕发出不懈的学术创造力，在世界一流大学群体中占有十分显著的位置，这不但与英国国民不屈不挠、勇于创新的民族精神有着密切的关系，而且与英国国民富于探索、崇尚理性的精神是分不开的。

英国民族精神的矛盾性看似难以理解，其实它有着必然的历史的合理性。不仅如此，它还使得英国在长期的历史发展中，能够适应各种国内国际形势及其变化，且在各种变化中保持其活力与生命力。事实上，不只是英国，在其他国家，由于国民演进与历史变迁的复杂性，其民族精神都表现出内容的丰富性与内涵的矛盾性。在国际交流日趋频繁、民族文化融合日益加强的今天，世界各国民族精神的学习与借鉴将以不同于以往任何时期的目的与手段全面展开，一个国家民族精神将由此表现出更多的矛盾性。

（三）英国民族精神与其他国家的民族精神有着同时代的烙印

人类的发展有着共同的时代特征，尽管不同地域、不同国家的发展由于各种原因表现出一定的超前性或滞后性，但其共同趋向是显而易见的。在古代国家的发展中，为了生存的需要，不同国家之间相互征伐，冒险随处可见。人类进入近代以后，西方国家在由宗教社会向世俗社会、封建社会向资本主义社会转型的过程中，不仅产生了自由民主的精神，而且这种精神成为了资本主义的核心价值。英国不仅是资产阶级自由民主思想的发祥地，而且也是自由民主思想的试验基地。与其他较早进入现代社会的国家一样，英国民族的自由民主精神的确立也不是一帆风顺的，不但出现了思想文化领域的激烈冲突，而且经历了较长时期的政治斗争与变革。而一旦自由民主精神成为一种民族精神，它就成为了捍卫新社会秩序的有力武器。

科学理性是现代社会的伟大创造，它建立在人的主体实践基础上，以实证主义为核心理念，不但保证了现代社会的理性发展，而且孕育了现代科学文明。现代社会高度发达的科学文明，不论是动力与能源科学的革命还是电子与信息科学的发达，都是科学理性的产物。包括英国在内的发达国家，开创了现代科学文明的先河，领导了现代科学的发展方向。在现代科学的发展中，英国是最主要的发源地之一。正是踏着时代的节奏，走在时代潮流前列的崇尚理性的精神使英国引领现代早期世界经济、科学和文化发展百余年，并在此后长期保持了较高的水准，维护了它作为世界经济、科学和文化大国的地位。

（四）英国民族精神的现实存在表现出某种保守的倾向

民族精神是一种令人捉摸不定的社会存在，尽管如此，我们仍然可以通过一个民族的某些行为方式来透视其特性。英国民族进入现代以后发展成为了一个伟大的民族，通过其发达的轨迹可以考察其民族精神的形成及其时代意义。正是其热爱自由民主、勇于创新、敢于冒险和崇尚理性的精神，保证了英国民族历经数百年而不衰，一直走在世界的前列。

然而，透过历史的纵向考察，可以发现，进入20世纪以后，英国的国际地位虽然还是比较高的，其国际影响仍然很大，但在不知不觉中，它已从国际上难分伯仲的最有影响力的国家退居次席，将头把交椅先后让与德国和美国。不仅如此，在20世纪后半期，其经济实力甚至为日本所超越。很多人都对英国的“衰落”感到不可思议，有人进行了各种各样的探讨，企图从英国的经历中为其他国家找到可资借鉴的“经验”，也希望为英国的再次“崛起”开出一剂良方。我们无意为英国的“病症”开出药方，但探讨其未能继续引领世界潮流的原因不无裨益。

英国人本来是具有极强的冒险精神的，甚至可以说是无所顾忌、不计后果的。有谁预计到英国的海上冒险、海外殖民会给英国带来巨额的“不义之财”，使其社会财富在短期内急剧膨胀，成为世界上最富有的国家？又有谁预计到文艺复兴和宗教改革会极大地调动英国人的创造潜能，使其在文化艺术、科学技术等方面取得无与伦比的伟大成就？但不可否认的是，进入现代社会，建立了相对稳定的资本主义社会制度，完成了工业革命和科学革命之后，英国人开始表现出一些与以往不同的性格，尽管仍然在追求变革，但愿意将这种变革的代价减小到最低程度；尽管仍然崇尚创新，但人们的思维已经受到了理性的约束。重视传统、喜爱渐进逐渐为英国各阶层民众接受后，英国人开始表现出某种保守的倾向。尽管我们不可能从一个国家的民众中找到保守的品格，但从其国民群体在经济、文化、科学、技术、教育等各方面所表现出的行为方式，以及所遵循的价值理念来看，英国民族的保守倾向则是比较明显的。

四、英国民族精神的意义与启示

一个民族如果没有其特有的民族精神，不可能自立于世界民族之林；若其民族精神不能随社会的发展而革新和进步，则只能成为历史的陈迹。弘扬自己的民族精神绝非因循守旧，不是要背负沉重的历史包袱，毫无批判地兼收并蓄，而是要抖落历史的尘埃，去其糟粕，取其精华，使传统和时代相嫁接，在继承中创新和发展。

21 世纪是一个变革的时代，变革的思想已深入人心。但如何才能达到最好的效果？英国的经验应该对我们有所启发。英国的发展方式提供了一种可能的模式，说明了在一定条件下渐进的道路是可行的。英国的科学精神和理性品格丰富了人类的精神宝库，其求实与理性的态度奠定了科学思维的基础。英国对现代世界的贡献与其稳重的行为方式一样令世人印象深刻，可以说，英国率先敲开了通向现代世界的大门，是现代世界的拓荒者。

任何一个民族的精神，都有其自身的精华和不足，都需要随着时代的进步实现自身的更新。斗争与和谐是社会前进的两个车轮，没有斗争，社会难以进步；失去和谐，社会难以维持。如何取得两轮的平衡，是每个前进中的民族所面临的问题。而如何解决这一难题，当然受制于各国各自的国情。

在第二次世界大战中，英国损失惨重。战争结束后，英国面临着深切的危机，原有的殖民地纷纷脱离英国而独立，“日不落帝国”的势力范围越来越小，到 20 世纪 80 年代，英国所属的殖民地只剩下一些小岛了。帝国版图的缩小导致英国的国际地位下降。丧失了大批殖民地，英国也就丧失了在殖民地的特权，低价购进原材料、高价销售工业品的不等价交换越来越受到限制。在各种内外因素的影响下，英国自 19 世纪晚期开始出现的相对落后的趋势在第二次世界大战后表现得越来越明显。

如何才能摆脱已经笼罩英国达半个世纪之久的衰落阴影？英国作为世

界上第一个创造了工业文明或是现代文明的民族，其兴起主要是依靠源于清教革命的资本主义精神，也即是一种创造性的工业精神。然而，可悲的是，这种工业精神在今天的英国已经难得一见。西方经济学家曾经有一个悲观的估计，即一个民族对外贸易顺差达到国民生产总值的4%时，这个民族就要盛极而衰。英国于1870年达到这个指标，此后，大量过剩的极为丰富的物质财富使整个英吉利民族过上了悠闲富足的生活，从而导致人们丧失了艰苦创业的工业精神。

英国著名的历史学家汤因比曾精辟地分析过这一现象。他认为，任何文明都有其生长和衰落的过程，能不能勇敢地接受各种挑战是决定这种文明的前途的关键。作为英国人的汤因比发出这种宏论不是没有原因的——他希望引起自己民族的反思。的确，如何永远驾驭住自己创造的成就而不被这些成就所征服，是每个处于顺境的民族都应该深思的问题，这既是汤因比先生，也是英国历史留给人们的最大启示。

第四章
俄罗斯民族精神研究

俄罗斯民族精神是在长期历史发展中形成的为俄罗斯民族所特有的心理状态，是俄罗斯民族社会经济、历史传统、生活方式以及地理环境的特点在民族精神面貌上的反映，并通过语言、文化艺术、社会风尚、生活习俗、宗教信仰以及对祖国、对人民的热爱和对乡土的眷恋等形式，表现出的民族爱好、兴趣、能力、气质、性格、情操。俄罗斯民族精神还具有"俄罗斯社会历史性"、"俄罗斯思想"、"俄罗斯精神"、"俄罗斯观念"和"俄罗斯民族性"等称谓。在俄罗斯的学术史上，俄罗斯民族精神最直接的表述是俄罗斯思想（Russian Idea）。俄罗斯1995年出版的《哲学（小百科词典）》对"俄罗斯思想"的解释是："俄罗斯思想是一个具有象征意义的概念。从该词的广义上说，它指的是俄罗斯文化和俄罗斯精神在全部历史过程中所固有的各种独特特点的总和；从较为狭义上说，它指的是在历史的每一特定时期，民族自我意识所达到的水平（由于该词只是到了19世纪才开始产生，因此当它用于较早历史时期时，它已是经过重新解释了的）；从更为狭义上（即从社会学意义上）说，它指的是俄国的社会、文化、政治等各种旧的和新的成分的存在方式。"①

① 转引自［俄］В.Л.索洛维耶夫等著，贾泽林、李树柏译：《俄罗斯思想》中译本前言，浙江人民出版社2000年版，第25页。

要确切而又简要地概括俄罗斯民族精神有其难度,因为俄罗斯文化具有相当复杂的综合性。这种复杂性包括:第一,俄罗斯民族精神概念的多元性。俄罗斯既是一个国家或者联邦国,也是一个民族的名称。作为一个国家,俄罗斯是一个多民族的国家;俄罗斯文化作为一种国家的文化,它包含着一百多个民族的一百多种文化;作为一个民族,俄罗斯族是俄罗斯联邦中最大的民族,俄语是公认的族际交流用语、是俄罗斯联邦的官方语言,其文化影响巨大。因此,当我们谈俄罗斯民族精神的时候,必须非常注意区别俄罗斯民族的精神和俄罗斯作为一个国家的精神。本文所指俄罗斯民族精神是以俄罗斯族所具有的精神为代表的俄罗斯作为一个国家甚至一个联邦所具有的共同意识。第二,俄罗斯民族精神本身就包含着相互矛盾的“二律背反”的内容,这就要分析许多同一事物中的相互矛盾的现象,从中寻找出本质的东西。第三,就俄罗斯民族精神本身来说,它又包括不同的层面,而每个层面所表现出来的又是不同的现象。因此要把矛盾的、表象极为复杂的俄罗斯民族精神进行浓缩处理,从中找出最本质的内容,我们认为应从以下四个方面入手对俄罗斯民族精神进行把握。

一、俄罗斯民族精神的历史渊源

民族性格具有极大的稳定性,但也绝不是一成不变的。俄罗斯民族的性格当然也不例外,同样是在社会经济、历史传统以及地理环境等因素的影响下形成并受其制约的。

(一)自然条件的影响

没有大自然和俄罗斯民族的神秘联系,就不可能解释谜一般的俄罗斯灵魂。自然因素,俄罗斯大地无边无际的广阔,它在地球上的位置,都影响了该民族的命运。20 世纪初以来,俄罗斯许多著名的思想家反复强调“俄罗斯空间”对俄罗斯人世界观形成的影响：“有一个事实，它凌驾在我们的历史运动之上，它像一根红线贯穿着我们全部的历史……它同时是我们政治伟大之重要的因素和我们精神软弱之真正的原因，这一事实，就是地理的事实。”①

俄罗斯的地理位置对民族精神的影响。长期以来，俄国思想家对俄国历史使命的思考都与地缘有关。地跨欧亚的俄罗斯置身于这世界的东方和西方的两个部分之间，这种地理位置的特殊性，造成俄罗斯归属的困难。俄罗斯似乎是西方国家，因为发源于欧洲，它的政治文化中心和领土重心都在欧洲；又似乎是亚洲国家，因为它的领土在西欧的东部，尤其是它的版图占亚洲 1/3 的陆地。不管如何看待俄罗斯的归属，客观地理位置已决定俄罗斯是连接东西方的一个桥梁。这使俄罗斯文化在东方和西方文明的结合部态势的制约下产生和发展，一方面将东方与西方这两个精神世界中最主要的特性在自己的身上结合起来，另一方面却又动摇于这两种文化之间，甚至于使两者相互排斥、相互对立，这种状态对俄罗斯民族精神产生了重要影响。

俄罗斯气候对民族精神直接的影响。我们反对孟德斯鸠在地理环境决定论中提出的“气候的权利强于一切的权利”的观点，但承认气候对民族性格产生一定的影响。一般说来，处于较高的温度下的人们比较好动，而在较低的温度下，人们比较沉静；住在高山地带的人们大多比较刚毅勇敢，而生活在江湖平原地带的人们大多性格温柔，感情丰富；多变的气候环境中宗教比较流行，温和的气候中人们可能缺乏信仰。从俄罗斯民族所处的地理环境出发，俄罗斯民族性格的形成得益于气候。俄罗斯著名的思想家、历史学家伊万·伊里曾抒情地写道：“谁哪怕有一次机会体会俄国的闷热，体会从东方吹来的灼热的风，谁要是经历过有时候连着刮几天的俄罗斯的暴风雪，谁要是赶上过俄罗斯风雪交加的寒冬，他就会清楚地知道俄罗斯人的坚忍

---

① ［俄］В. Л. 索洛维耶夫著，贾泽林、李树柏译：《俄罗斯思想》，浙江人民出版社 2000 年版，第 18 页。

不拔来自何方。”[1]在这样恶劣的气候下，只有顽强的植物和动物才能生存下来，也注定俄罗斯人要顽强和坚忍不拔，否则个人、家庭、种族、国家的生命将难以为继。

俄罗斯地形地貌对民族精神的影响。俄罗斯现代著名哲学家、历史学家别尔加耶夫说过：俄罗斯物理的地理与精神的地理是相适应，俄罗斯心灵的景观与俄罗斯大地上的景观是一致的，正是俄罗斯特有的地形地貌在某种程度上奠定了俄罗斯精神和民族性格的基础。[2] 对俄罗斯人的生活环境而言，俄罗斯平原遍地都是沼泽和森林，俄罗斯广袤的平原和浩瀚的森林，纵横交错的河流和四通八达的运河网络，决定了它主要经济活动的类型，决定了耕种的特点和国家组织的类型，形成了与相邻民族的关系，培养了东斯拉夫人特有的性格品质。无边无际的平原给了俄罗斯人重要的影响。平原有着辽阔的空间，人烟稀少，四周一片沉寂；一切东西都柔弱而渺小，轮廓不可捉摸，变动也感觉不到，这使得俄罗斯民族的精神也是广阔无垠、无边无际、趋向于无限的，趋向于多向性而很难集中于一个方向，具有不确定性。俄罗斯大部分国土是孤立无援的平原，因此特别容易受到来自四面各方的挤压、隔离和围攻，俄罗斯民族可以说是在长年的战斗中谋求生存的，长期的战争使他们好战尚武，又培养了他们勇敢的品质。同时，由于俄罗斯地理环境的封闭性使得俄罗斯民族产生了保守的心理状态。

（二）历史文化因素的影响

分析俄罗斯的历史文化传统是理解俄罗斯民族精神的一把钥匙。对于历史传统对俄罗斯民族的影响，俄罗斯民族主义者加尔鲁克林曾说过：“我们通往复兴的道路在哪里？一个民族如果没有它自己的氏族，没有部落，没有祖先，没有历史，没有历史经历，那么它将永远不能走向复兴之路。因此，我们必须记住我们是谁，我们的祖先是谁，我们土地的母亲是谁——俄罗

---

① 柴焰：《试论俄罗斯民族审美心理的形成》，《中州大学学报》2000 年第 4 期。

② 参见雷永生：《俄罗斯民族的良心》，《中国青年政治学院学报》1994 年第 2 期。

斯。”①俄罗斯民族在过去一千多年中，它经历了基辅罗斯时期、蒙古统治时期、莫斯科公国时期、帝国时期、苏维埃时期和后苏维埃时期，共6个时期。从文化史角度看，其文化的发展经历了一个向西、向东、又向西的三个曲折发展时期，其间经受了5次文化冲击，即9—10世纪对东正教的皈依、东方文化的冲击、西欧人文主义文化的冲击、马克思主义的影响、当代西方文化的再冲击。俄罗斯民族一部在东、西方之间探寻、徘徊以及东、西方文化在俄国斗争融会的历史对其民族精神的形成发展产生了重要影响。

第一个时期为9—13世纪向西接受东正教。公元9世纪东斯拉夫人在第聂伯河中游建立了早期的国家基辅罗斯，开始了俄国的基辅公国时期。公元988年，沙皇选择基督教作为国教，经历了一次著名的“罗斯洗礼”，为基督教在罗斯的发展提供了便利。1054年基督教分裂为天主教和东正教后，东正教在罗斯地区得到迅速发展，罗斯地区成为东正教的中心地区。政教合一的格局促进了俄罗斯民族的迅速发展。这时期代表欧洲思想文化的拜占庭帝国源源不断地给俄罗斯输入神学思想、宗教文学、法律观念，缩短了俄国与西欧的距离，这时的俄罗斯文化成为欧洲统一文化的有机组成部分。经历几百年的基督教化的过程，以东正教为标志的西方文化沉淀下来，与俄罗斯的民族传统相交汇，构成俄罗斯厚重的文化底蕴，对俄罗斯人的精神世界产生了深远的影响。

第二个时期是13—15世纪向东被迫接受东方文化。12—13世纪之间，罗斯由专指基辅罗斯扩展到古罗斯各领地和公国，形成了包括白俄罗斯、小俄罗斯等在内的古代罗斯国家。1242年蒙古人征服罗斯各公国，建立了金帐汗国，统治罗斯达240年之久，这对俄罗斯民族及其文明进程的影响是巨大的。如果说基督教为俄罗斯的西方化提供了精神要素，那么13世纪蒙古征服者则为俄罗斯的东方化奠定了政治基础。蒙古的统治不仅使俄罗斯阻隔于此时正在欧洲兴起的文艺复兴运动，而且给俄罗斯的政治制度和文化传统打上了蒙古专制和家长制统治的烙印。蒙古的统治不仅以东方

---

① 姚掌宏、陈红蕾:《当代俄罗斯民族主义探源》,《俄罗斯研究》1996年第1期。

的习俗影响整个俄罗斯人的生活，而且促成了俄罗斯中央集权制的形成，14世纪莫斯科大公带头把土地变成私有财产更加强了东方化的趋势，东方专制和农奴制这一时期逐渐形成。与此相适应的是，教会依附于王权，绝对服从沙皇、服务于国家和忠实于东正教的信仰成为一种社会意识，日益深入人心。蒙古的统治使俄罗斯文明一直难以摆脱掉东方制度和文化传统的重要原因。许多俄罗斯学者和思想家都深刻地指出过这一点，别林斯基在一部叫《小俄罗斯史》的著作中，就用不少篇幅谈到鞑靼蒙古统治给俄罗斯人打上的深刻精神烙印。这位深邃的民主主义思想家，主要是从鞑靼蒙古统治对俄罗斯人风俗习惯、心理性格有过影响的角度来讲的。他认为，俄罗斯人较为内向隐忍的性格和家长制传统就同蒙古二百多年的统治密切相关。在他看来，一些较少受蒙古统治的民族，比俄罗斯人更开朗、更豁达一些，也更少一些宗法家长制的传统，这同受蒙古统治时间较短，较少受其影响有关。①

第三个时期是15—20世纪又向西接受多元文化影响。15世纪末至16世纪，罗斯彻底摆脱了蒙古人的桎梏后，逐渐成为一个统一的俄罗斯国家。在16世纪，伊凡三世(1462—1505)及其儿子瓦西里完成了对于罗斯各公国的兼并，建立了以莫斯科为中心的高度中央集权的统一的俄罗斯国家，这对俄罗斯文化进程至关重要。此时，俄罗斯民族自我意识的基本特征已经具备：(1)把东方持有的精神(集中体现在东正教表述的存在的至高无上的意义里)与西方持有的对自由、民主的追求结合在一起；(2)集体主义中已有模糊的个人意识；(3)对具有特殊世界观的东正教的价值的认同；(4)以国家原则、国家利益为上。②

在摆脱蒙古人的统治后，俄罗斯与西方的距离越来越远，因此自觉与不自觉地开始追赶西方民族，掀起了三次学习西方的浪潮。

17—19世纪接受西欧人文主义的影响。这一时期，彼得大帝顺应历史

① 参见王文：《俄罗斯民族的"地缘情结"》，《中国青年政治学院学报》2005年第5期。

② 参见吴克礼主编：《当代俄罗斯社会与文化》，上海外语教育出版社2001年版，第237页。

潮流,以一个“寻师问道”的学生姿态,在西欧考察,又在俄国实行全方位改革,俄国马克思主义者普列汉诺夫评价彼得大帝改革时这样说:“俄国真正的西化,只是从彼得大帝才开始。”[①]彼得大帝改革以后,俄罗斯开始走向西方,向西方学习的成效是巨大的,没有这一点,就没有俄罗斯日后的快速发展和进步;没有这一点,就没有普希金和托尔斯泰,就没有俄罗斯 19 世纪文学艺术的发展和繁荣。正是这个缘故,在俄罗斯文明中被注入了一股强劲的欧洲思想文化的潮流。然而,19 世纪 60 年代的革命民主主义运动和 70 年代的民粹派运动的失败表明,西欧文化与俄罗斯现实之间还没有找到真正的结合点。

20 世纪马克思主义的冲击。就在西欧人文主义文化与俄国现实的撞击一次次遭到失败的时候,又有一种充满生机的思想文化即马克思主义从西欧传播进俄国。马克思主义付诸“十月革命”的实践,给俄国不仅带来了全新的文化语汇,出现了一种革命性的全新的“社会主义现实主义”文化形态。马克思主义有力地促进了俄国文化的现代化进程。马克思主义对 20 世纪的俄国有如此深远的影响,以至于苏维埃俄国成了“无产阶级革命的摇篮”、“共产主义的家园”。马克思主义文化要素纳入俄国文化的洞天中,与俄国传统集体主义的村社精神恰当对应,促进激发了“俄罗斯精神”的更新,其结果就是延续近百年(70 年)的苏联文化秩序的建构。当然,俄罗斯民族对马克思主义的接受、吸纳及融合同样经过了痛苦的磨难。普列汉诺夫是俄国第一个马克思主义传播者,在俄国传播马克思主义过程中作出了不可磨灭的贡献。但是,普列汉诺夫没有找准马克思主义与俄国现实之间的结合点,在科学社会主义与俄国革命实践的结合上陷入了教条主义,他本人最后成为孟什维克的领袖。列宁在曲折漫长的过程中才逐步抛弃了一般理论家照搬照抄的传统做法,在吸收马克思主义理论精髓的同时进行创新,在完成了马克思主义与俄国革命具体实践相结合之后,领导了十月革命取得了革命胜利。斯大林接替列宁领导苏联社会主义建设后,在工作实践中,

---

① 转引自马瑞映、李作言:《俄罗斯文化与俄罗斯变革》,《今日东欧中亚》2000 年第 4 期。

他有一些理论的建树,但随着时间的推移,这种体制就不能满足广大人民群众的物质文化生活需要,严重束缚生产者的积极性,逐渐走向僵化。到19世纪70年代勃列日涅夫时期,苏联出现了严重的经济停滞,并由此带来了政治、思想、文化的一系列危机。

20世纪末以来当代西方文化的再冲击。1985年3月戈尔巴乔夫当选为苏共中央总书记,结束了苏联“老人政治”时代。戈尔巴乔夫上台时,苏联已陷入内外交困之中,戈尔巴乔夫用西方民主的刀,为苏联的社会主义体制做手术。[①] 戈氏在政治、经济、思想、文化各领域提出了一系列改革的方案,但戈氏改革的终级结果就是苏联的解体。俄罗斯联邦独立后,叶利钦干脆宣布放弃共产主义,向传统西化历程回归,即所谓“叶利钦革命”,要把俄罗斯“触入”欧洲,在经济上按照美国和国际货币基金组织设计的“蓝图”,推行“休克疗法”,而这次改革完全以西方制度和价值理念为参照,照搬西方政治制度和经济模式,试图以激进式改革来减少与西方国家的距离。

古老的俄罗斯平原在历史上曾经受过5次巨大的文化冲击,俄罗斯民族每次都以其特殊的方式吸纳外来文化,经过消化,最后融合成独特的俄罗斯民族精神。这其中不同时期不同文化产生的影响是不一样的。一个民族的成长,正像一个人的成长一样,其早年有许多方面还没有定型,是可塑性最大、最容易接受外来影响的时期。这样,外来民族文化的东西就会对它产生显而易见的深刻的影响。公元9—12世纪和13—15世纪正属俄罗斯民族成长的早期,其可塑性大。正是这个缘故,俄罗斯民族受融会东西方文明的拜占庭文化的影响,受鞑靼蒙古在其统治时期带来的东方政治制度和风俗习惯的影响,是特别明显的。

(三)社会经济结构的影响

俄罗斯经济制度以村社制度为核心。在俄罗斯民族精神形成的过程中,村社起了重要的作用。正如有论者所言:“村社:俄国文化和俄国革命

---

① 参见刘晓春:《俄罗斯民族经济与改革》,远方出版社1999年版,第9页。

的秘密。”村社制度是指大约在16世纪前后,俄罗斯实行的一种产权制度、社会组织形式和农奴制度,在经济上是土地公有、集体劳动,在政治上是“村社民主”、集体至上、“畜群式管理”。它是在东斯拉夫人原始氏族公社逐渐瓦解的基础上形成的地域性社会经济组织。最初村社强调农民进行自我管理,它的组成单位是家庭,若干家庭组成一个农村公社。村社的主要权力机构为村民大会,它一般每一年或几年召开一次,大会实行充分民主,每个人均可发表自己的意见,一切重要决定都通过大会表决,少数服从多数,一经决定,即诸实施。大会的主要工作有:选举公职人员,接纳新成员或清除旧成员;重新分配村社的土地;分派赋税、得投和税捐,追收欠缴的税款;兵役事务;确定用于村社集体开支的款项;审核赋税征收入和储备粮看管人的报告;规定公有森林、草地、渔场等的使用;主持分家;确定幼年孤儿的监护人;审查各种补助申请;提供公共事务方面的委托书等。到18世纪及其以后,俄国村社虽然始终保留了某些民主并一直作为农民的自治形式而存在,但它已逐渐沦为社会上层借以剥削和压迫农民的工具。①

作为俄国绝大多数人口世世代代生活于其中的一种社会组织形式,村社对俄罗斯民族精神产生了重大影响。它千百年来将俄罗斯的农民束缚在这块封闭狭隘的小天地中,生老病死,繁衍生长,使他们的意识深深地打上村社生活的烙印。可以说,正是村社生活培育了俄罗斯民族诸多民族意识,造就了俄罗斯民族性格的基石。村社生活的封闭性养成了农民因循守旧、不思变革的保守心理。对不符合传统的新生事物他们总是持怀疑和否定态度,而对自己贫困、毫无权利的生活却习以为常。村社生活也培养了集体主义和平等的精神。既然个人微不足道,只有村社集体才有意义,那么,集体主义的互助观念和习惯的形成也是自然而然的事。村社还是宗教活动和宗教节日庆典的组织者,潜移默化地培养着人们虔诚的宗教意识。在沉重的农奴制压迫和封闭的村社环境中,个人无法支配自己的命运,又使得农民在

① 参见安启念:《东方国家的社会跳跃与文化滞后——俄罗斯文化与列宁主义问题》,中国人民大学出版社1994年版,第125页。

心理上永远感到自己是可怜卑微的被压迫者,而农民基本上是文盲,对上帝和其他神明的顶礼膜拜可以求得自我精神解脱。此外,俄罗斯的农村公社实际上是家庭和家族的自然延伸和扩大,它与专制主义的国家政权相结合,成为俄国宗法制传统文化产生和发展的温床。这种完全不同于欧洲中世纪封建制的村社制度,无法培植出西方式的个人主义,而只能成为东方专制主义的土壤。马克思对此曾有一段精辟的论述:俄国公社情况非常特殊,在历史上没有先例。在整个欧洲,只有它是一个巨大的帝国内农村生活中占统治地位的组织形式。各个公社相互间这种完全隔绝的状态,在全国造成虽然相同但绝非共同的利益,这就是东方专制制度的自然基础。当代俄罗斯问题专家、美国著名评论家帕佩斯也认为,正是俄罗斯的这种土地制度形塑了俄罗斯专制主义。① 自 1861 年废除农奴制后,尽管俄国资本主义已经不可阻挡地发展起来,但村社精神仍然是俄罗斯人的重要精神支柱。正如 20 世纪初沙俄内阁大臣谢・维特所说:"公社是俄国人民的特点,侵犯公社就是侵犯特殊的俄罗斯精神。"②苏联时期,社会主义集体农庄制度在某种程度上延续了村社的影响。应该说,独特的产权制度是俄罗斯民族精神形成的土壤。

传统影响性格,存在决定意识,虽然当今的俄罗斯文化是以往历史传统的延续,但两者又有明显的区别,俄罗斯民族的性格与特征无疑是历史与现实的融合物。在多种因素影响下,俄罗斯民族精神("俄罗斯思想")经历了以下几个大的发展阶段:(1)伊拉里昂大主教于 1037—1050 年写成的《法与神赐说》,对神惠所作的哲学解释体现了俄罗斯民族自我意识的萌生,他认为俄罗斯作为一个基督教国家应在世界历史范围内占有一席之地,展现了一种历史乐观主义和对俄罗斯伟大未来的期待,被认为是"俄罗斯思想"的最早起源;(2)14—15 世纪民族自我意识因 1380 年库里科夫战役的胜利而高涨;(3)俄罗斯中世纪文化在 16 世纪的复兴——俄罗斯宗教救世主降

① 参见郑桂芬:《俄罗斯文化中的普世主义和专制主义》,《今日东欧中亚》2000 年第 4 期。
② [俄]维特著,张开译:《俄国末代沙皇尼古拉二世》,新华出版社 1985 年版,第 396 页。

临观念形成，俄罗斯国家统一观念确立；（4）彼得大帝倡导的现代化和改革的推行——俄罗斯自觉时代由此而开始，欧洲主义观念在俄国的启蒙运动中达到鼎盛，尝试把俄国变成欧洲类型的国家；（5）19 世纪三四十年代以恰达耶夫、别林斯基、赫尔岑、斯拉夫主义者、索洛维约夫等为代表的一代俄罗斯精神领袖的活动，使民族精神（民族思想）得到飞跃发展；（6）20 世纪 20 年代前宗教唯心主义思想家、哲学家们对俄罗斯思想的探讨和阐发；（7）十月革命和布尔什维克对“俄罗斯思想”所作的独特发展，侨外俄罗斯思想家和哲学家在俄国以外对“俄罗斯思想”的发掘；（8）1991 年 12 月以来，俄罗斯对“俄罗斯思想”的新一轮的探讨。①

二、俄罗斯民族精神的主要内容

俄罗斯民族精神和“俄罗斯思想”的具体表述和说明凝结在俄罗斯思想家们的著述之中。从访谈和读到的材料来看，“俄罗斯思想”这一概念最先由陀思妥耶夫斯基提出。他在 19 世纪 80 年代写《作家的忌日》里，第一次用了“俄罗斯思想”（Russian Idea）这个词。后来，B. Л. 索洛维约夫于 1888 年在巴黎做了以“俄罗斯思想”为题的学术报告，使“俄罗斯思想”成为人们所关注的一个问题。该文在他去世后于 1909 年发表在《哲学和心理学问题》上，在社会上产生了更大的影响。1946 年，别尔嘉耶夫移民到法国，写了一本书，叫《俄罗斯思想》（*Russian Idea*），比较系统地论证了俄罗斯思想。在国际上也有关于俄罗斯思想的研究，例如 30 年代，德国的弗兰和写了一本书叫《俄罗斯民族精神思想》。1992 年莫斯科共和出版社出版了由莫斯科大学著名学者 M. A. 马斯林教授主编的《俄罗斯思想》一书。该

① 参见［俄］B. Л. 索洛维约夫等著，贾泽林、李树柏译：《俄罗斯思想》中译本前言，浙江人民出版社 2000 年版，第 3 页。

书是一本文集,除了马斯林教授所著的前言外,收入了俄罗斯历史上27位重要思想家有关俄罗斯民族精神的作品。借鉴了马斯林的作品,以索洛维约夫为主要作者,我国苏联问题研究专家贾泽林、李树柏选译编辑了《俄罗斯思想》中译本,由浙江人民出版社于2000年出版。该书除了中译本前言外,汇辑了18位代表性作者的20篇代表性作品。它们是:П. Я. 恰达耶夫《一个疯子的辩护》;A. C. 霍米雅科夫:《论新与旧》;H. B. 基列耶夫斯基:《答A. C. 霍米雅科夫》;B. Г. 别林斯基:《彼得大帝以前的俄罗斯》;Ф. И. 丘特切夫:《俄国与德国》;H. B. 果戈理:《需要周游俄罗斯》;K. C. 阿克萨科夫:《试论俄罗斯观点》、《再论俄罗斯观点》;A. И. 赫尔岑:《Prolegomena》;O. M. 陀思妥耶夫斯基:《就下面发表的有关普希金的演说所作的说明》、《普希金(概论)》;K. H. 列昂捷夫:《论普世之爱》;H. H. 卡列耶夫:《论俄国科学的精神》;B. Л. 索洛维约夫:《俄罗斯思想》;П. Л. 拉甫罗夫:《历史和俄国革命者》;B. И. 伊万诺夫:《论俄罗斯思想》;E. H. 特鲁别茨科伊:《新的和旧的民族救世主说》;H. A. 别尔嘉耶夫:《俄国魂》;C. Л. 弗兰克:《俄国革命的宗教历史意义》;C. H. 布尔加科夫:《我的祖国》。从这些作品中可以看出俄罗斯学者对俄罗斯思想的探索与反思,也可以看出俄罗斯思想的丰富内容。由于俄罗斯民族在民族文化和心理积淀上的这些充满了矛盾的特征,通读整个文献以后,我们依然很难就“俄罗斯理念”获得一个清晰的认识。我们看到是更多思想家在探索“俄罗斯理念”时的激情,他们对祖国的爱,他们在进行理论探索时那种圣徒般的执著。我们只能归结他们的观点并结合俄罗斯民族历史发展状况,才可形成对俄罗斯民族精神基本内容的认识。

(一)爱国主义精神

在民族国家里,爱国主义是民族成员爱祖国观念的凝结和理性升华,是爱祖国观念的最高体现。爱故土、爱人民和爱国家是爱祖国的基本内容。形象的说法即列宁所说的那句话:“爱国主义就是千百年来固定下来的对自己的祖国的一种最深厚的感情。”在俄罗斯,广大民众对自己的祖国具有一种神圣的崇高而美好的感情，这种感情蕴藏于民族成员的精神世界之中。强烈的爱国主义精神构成俄罗斯民族与欧洲和亚洲其他各民族的重要区别所在。爱国主义精神是俄罗斯公民的思想情感中最强烈的情感，它贯穿于俄罗斯民族发展的全过程，成为俄罗斯民族自身运动的动力之一，这在多方面都有充分表现。

俄罗斯民族热爱自己的祖国，具有强烈的民族自豪感。在俄罗斯民族情感的深处，对祖国母亲的眷恋，对大地母亲的崇敬，对俄罗斯的热爱，始终是俄罗斯人的民族自我意识的稳定主体。俄罗斯人民十分珍惜自己优秀的传统文化和美丽的大好河山，并引以为豪。休闲时，常常投入大自然的怀抱，享受自然赋予的山水秀色；或者沿着祖先留下的人文景观，去探寻历史的足迹。俄罗斯人的自尊心很强，认为自己是世界上最优秀的民族。索尔仁尼琴在一篇文章中写道：在俄罗斯没有任何一件事情能够比民族自豪感更重要。源自几个世纪军事胜利的民族自豪感对俄罗斯人民影响至深。俄罗斯的民族自豪感也植根和体现于它的文化精英、它的作曲家、作家和画家中。苏联时代的宇航探索、体育、科学在世界上的显著成就也使俄罗斯人感到自豪。俄罗斯人也以苏联在世界上扮演无与伦比的角色感到自豪。但1991 年 12 月苏联的瓦解无异于给俄罗斯的自豪感一个巨大打击。苏联的瓦解使俄罗斯丧失了对邻近的共和国、拉美、非洲以及远东的影响力。经济的崩溃削弱了原本引以为豪的军事和空间技术。在太空翱翔了 15 年的“和平”号空间站寿终正寝，令俄罗斯人扼腕。俄罗斯运动员参加巴塞罗那奥运会，却没有听到胜利的国歌，而且在寻找经济施舍和人道主义的帮助中使俄罗斯人感到低人一等，加之美国及西方的地缘战略使俄国人感到空前的压力，俄罗斯人感到民族自尊心受到了伤害。这引发了俄罗斯人民的强烈反弹，表现出强烈的民族主义情绪。当前民族主义在俄国的不断攀升的一个重要原因就是源于对民族自豪感的追思。

俄罗斯民族热爱自己的祖国，具有强烈的忧患意识。忧患意识，这是出于一个人对民族、人民的神圣使命感，构成了一个民族强大的凝聚力。这种忧患源于一种爱国主义的情怀，国家兴亡，匹夫有责；天下忧乐，系于一心。

在世界历史上，俄罗斯知识分子可以说是最富于爱国主义热忱的群体之一。俄罗斯传统知识分子“位卑未敢忘忧国”，忧国忧民忧君，具有一种强烈的救世意识。果戈理在致友人的书信中这样谈道：“还是在老早以前，从我几乎还不懂事的岁月开始，我就充满了炽烈的热忱，为了国家的利益，使自己的一生变成有用的一生。纵然只能效绵薄之力，我也会热血沸腾。”①祖国一词，在他心中永远是最亲切的字眼，他可以为此付出自己的一切。事实上它也道出了俄罗斯许多知识分子的共同心声。俄罗斯知识分子的忧患意识的内涵是共同的，首先表现为对人民苦难的关注。当俄罗斯知识分子为他们的民族感到骄傲与自豪，为他们拯救世界的神圣使命而热血沸腾的时候，在专制主义、农奴制度下的俄罗斯人民的苦难又使他们忧心满怀。同时，俄罗斯知识分子的忧患还饱含着对处在西方文明冲击下的民族命运的焦灼，对人的道德的沦丧的忧虑。无论是西欧派还是斯拉夫派，无论是贵族自由主义知识分子还是革命民主主义者，他们都在不倦地探索着俄罗斯民族的发展道路。他们的爱国主义是一种痛心疾首的爱国主义，在他们面向俄国历史和现状时，他们批判现实忧心忡忡；但当他们面向俄国的未来时，他们却能充满信心，相信俄国将有美好的未来。

俄罗斯民族热爱自己的祖国，在国家处于危亡之际或奋发图强或为保家卫国舍生忘死。爱国主义源于民族成员的社会实践，又体现在俄罗斯社会的生产、生活实践之中，通过理性指导社会实践，体现出它鲜活的生命力来，成为推动国家、民族、社会历史发展的巨大动力。在俄罗斯民族危亡时期，爱国主义在其反侵略、反瓜分、反殖民的斗争中，发挥出巨大的振奋和激励作用，激励人民救国保种。俄罗斯在过去几个世纪为捍卫民族独立与自尊成功地抗击外来侵略，特别是在第二次世界大战中，在爱国主义思想的鼓舞下打败了德国法西斯。俄国由于其特殊的地理位置，只有在与四面八方的敌对力量的斗争中才能生存，爱国主义尤其具有重要意义，爱国主义在凝聚民心和民力共同对敌中发挥了重要作用。战争使俄罗斯民族总是处于生

① 何云波：《陀思妥耶夫斯基与俄罗斯文化精神》，湖南教育出版社1997年版，第247页。

与死的门槛上，认识到自己是为民族价值而战这样的事实为俄罗斯人不断思索生命的意义提供了养料，也不断升华着爱国主义情怀。此外，在民族危亡时期，俄罗斯民族热爱自己的祖国，发奋图强通过大规模的社会改革，以拯救国家。

俄国百姓具有强烈的爱国意识、效忠祖国及民族自尊等观念，主要原因是俄罗斯人有着强烈的国家观念，它构成了俄罗斯民族爱国主义的思想根源。有如别尔嘉耶夫所言："建立、支持和保卫一个巨大的国家在俄罗斯历史上具有特殊的、压倒一切的地位。俄罗斯人民几乎没有什么多余的力量用于自由的创造性生活，所有的血都是为巩固和捍卫国家而流。"普列汉诺夫也说过："莫斯科时代的俄国社会制度的根本原则是个人完全服从国家的利益，它为生存而同东西方邻邦的坚决斗争，需要人民力量的极度紧张。关于每一位臣民的首要义务是竭尽全力为国家服务，牺牲自己以捍卫俄国国土和维护东正教的基督信仰，这种意识在社会上业已发展。"①

提倡爱国主义本无可厚非，但从实践来看，爱国主义一旦被极端化就会使这个民族走向它的反面，成为大国沙文主义的代表，俄罗斯正是如此。浓烈的民族自豪感产生了俄罗斯民族中心意识和民族优越论，并走向大国沙文主义。19 世纪末，随着泛斯拉夫主义在西部斯拉夫人中的兴起，"俄罗斯民族与文化优秀论"开始盛行。陀思妥耶夫斯基作为一个具有浓厚的斯拉夫主义倾向的作家，他的思想意识中的许多方面都可以说典型地体现了这种民族中心意识。他曾在 1856 年给迈科夫的信中这样谈到爱国主义、俄罗斯的思想、责任感和民族荣誉感："我一贯赞同的正是这样一些感情和信仰。俄罗斯、责任、荣誉。正是这样，我永远是一个地道的俄罗斯人……我完全同意您的斯拉夫人要在道德上解放的爱国主义感情。这便是俄罗斯——高贵的、伟大的俄罗斯，我们神圣的母亲的使命……是的，我同意您的思想……欧洲及其使命将由俄罗斯代替并完成……"陀思妥耶夫斯基把

① 安启念：《东方国家的社会跳跃与文化滞后——俄罗斯文化与列宁主义问题》，中国人民大学出版社 1994 年版，第 141 页。

俄罗斯民族当做唯一体现了“上帝的旨意”的民族。俄罗斯民族肩负着神圣的东正教使命,给处在迷途昏暗中的西方带去神圣的“东方之光”,引它们走向光明之路。[①] 这种民族中心意识导致了种族中心主义、道德优越感、历史光荣感的产生,成为一种民族聚合力,一种抵御外来影响的强大的力量。陀思妥耶夫斯基的心声,也是俄罗斯民族精神的一种体现。民族中心论和俄罗斯民族与文化优秀论延续至苏联时期,勃列日涅夫在苏共二十四大上曾经指出:“伟大的俄罗斯民族具有伟大的人类性格,头脑清醒,大方慷慨,是伟大的天才,应该当之无愧地博得非俄罗斯各民族真诚的尊敬。”苏联当局在谈到国内民族关系时,总是把俄罗斯民族称做是“伟大的母亲”,而把非俄罗斯民族称为“伟大俄罗斯民族的忠实儿子”[②]。俄罗斯民族中心论和俄罗斯民族优秀论是大俄罗斯民族主义和大国沙文主义一个不可缺少的理论基础。俄国的俄罗斯民族主义者(以斯拉夫派为代表)从沙文主义和种族主义立场出发,“宣布俄国民族是‘上帝选拔的民族’”,力图把俄罗斯民族和所有其他的民族对立起来,以便论证俄国的大国侵略计划,煽动沙文主义的思想,推行霸权主义,对世界和平构成了威胁。

苏联的解体,俄罗斯社会发生的急剧变化,对广大群众的思想产生很大的影响,尤其是青年人,他们对社会发生的变化无法理解,对现实生活中面临的种种矛盾和困难缺乏足够的心理准备,因此,虚无主义和个人主义在青年一代中迅速蔓延滋长。青年人不再像老一辈人那样,关心国家的前途、民族的命运,他们孜孜以求的只是个人的利益和幸福。俄罗斯青年一代的思想、道德状况引起俄罗斯当局的高度重视。俄罗斯前总统普京要求各级政府大力加强对青年一代的爱国主义教育,提出各项措施,大力改变爱国主义教育的现状,把爱国主义教育推向更高的水平,使爱国主义精神深入人心,克服俄罗斯青年一代自暴自弃的心理,提高青年人的思想道德水平,把青年人培养成爱国主义者。近年来普京提出的俄罗斯思想,就包括非常充分的

---

① 参见何云波:《陀思妥耶夫斯基与俄罗斯文化精神》,湖南教育出版社 1997 年版,第 243 页。
② 刘晓春:《俄罗斯民族经济与改革》,远方出版社 1999 年版,第 20 页。

爱国主义教育的内容,俄罗斯思想包括爱国主义、强国意识、国家作用和社会团结四个要点。这四个因素是相辅相成的:爱国是最基本的,只有爱国才能努力强国,而有效的国家权力和社会的团结也是国家强盛的必要条件,其中强有力的国家、国家主义、爱国主义和强国意识是新政府认定的全民族的意识形态,是团结俄罗斯社会、复兴俄罗斯的精神良方。当前,俄罗斯以语言、东正教、友谊、精神与道德等为教育主题的"千年俄罗斯"运动也值得我们关注,他们提出了一种"祖国学"教育并编成了教材,强化教育的目的,重视培养爱国主义,强调俄罗斯既承认其他的国家也要爱自己的国家。①

(二)好战尚武精神

俄罗斯民族具有好战尚武精神,这种英雄主义的气质表现非常突出。在俄罗斯,民众比较认同甚至崇拜军人。只要是他们打过胜仗的地方都有纪念碑,只要是为俄国打过仗的人都有纪念碑,就是说,为国家作出贡献的人他们是牢记不忘的。孩子们从小就非常崇尚军人。民众也喜欢对孩子尤其是男孩子进行一种斯巴达式的教育,非常注重培养孩子这种坚强的军人精神。

军事强国主义是俄罗斯长期的国策,俄罗斯(包括后来的苏联)历来把军事力量的发展放在优先地位,从而建立一支强大的武装力量。俄罗斯张扬好战尚武精神,推行军事强国主义,四处征战,曾创造过辉煌,当然也饱尝过灾难,军事强国主义直接累积成俄罗斯霸权主义毒素并塑造着俄国民族精神。俄罗斯在东西方各民族之间,征服兼并战争连绵不断。俄罗斯的整个历史就是一部战争史。俄罗斯城市古称"格勒",就是防御工事的意思,可见防御游牧民族的入侵,成了古罗斯人社会政治生活的一件头等大事。而从史料记载来看,古俄罗斯人不仅受到来自西方、西北方民族的侵袭,更多的是来自东方、东南方的突厥游牧民族的袭击。早在四五世纪时,匈奴人就曾大规模西侵,后来作为突厥民族一部的哈扎尔人、沃洛伏齐人也曾同俄

---

① 参见欧阳康:《俄罗斯民族精神的探索与思考》,《华中科技大学学报》(社会科学版)2005年第5期。

罗斯人发生过冲突。而古俄罗斯国家为适应封建主扩大统治领地，扩大政治势力和贸易关系的需要，为寻找出海口，为占领伏尔加水路和加强顿河口的防御，也曾多次对外征讨，几百年间这些防御性的或征服性的战争不断。在12世纪之前，基辅公国主要是和南方的游牧民族战斗。12世纪到15世纪俄罗斯被蒙古人打败，成吉思汗和他的子孙们一直打到匈牙利，横扫半个欧洲。千年来和草原上凶恶的亚洲人敌对的邻居关系，与草原上的游牧民族、波洛夫齐人以及凶恶的鞑靼人的斗争从8世纪几乎一直延续到17世纪末叶，这是俄罗斯人民最痛苦的历史回忆，这段历史记忆非常深刻地印在他们的脑海里，并且异常鲜明地影响着他们的民族性格。战争唤醒了俄罗斯人的民族觉悟，激起了俄罗斯人的爱国热情，促进了俄罗斯民族意识的产生。蒙古人的统治结束之后，俄罗斯的战争历史没有随之结束，战争仍然是这个国家生活中最主要的内容。伊凡四世加冕沙皇后，他野心勃勃地要建立称霸世界的“第三罗马帝国”，开始对外推行侵略扩张政策。在他之后的沙皇，也都无一例外地继承了他对外扩张的衣钵，使俄罗斯逐渐成为一个地跨欧亚并由众多民族组成的军事封建大帝国。彼得改革的核心是军事现代化，引进了西方的常备军制度，提高了俄国的军事思想和技术水平，北方战争中打败了瑞典，在很短时间内就使俄国成为欧洲的强国。亚历山大一世率领俄军击败几近称强欧洲的拿破仑之后，极大地刺激了俄罗斯帝国不但想当斯拉夫民族国家的“头”，而且还要充当欧洲宪兵，进而称霸欧洲。在1735—1878年，俄罗斯共与土耳其发生6次大规模的战争，小的战争就不计其数了，最后，俄罗斯通过战争得到了高加索和中亚的部分地区，向南在黑海找到一个出海口。彼得一世在位36年，总共进行了53次战争，平均半年多就要打一次仗。俄国有名的女皇叶卡捷琳娜在位34年，也是连年征战不断。她曾经非常骄傲地说：“我两手空空来到俄罗斯，现在终于通过我的努力为俄罗斯送上了我的嫁妆，这就是克里米亚和波兰。”她还说，如果上帝让她活上两百年的话，她就会占领整个欧洲。① 在俄罗斯历史上，几乎每

① 参见文池主编：《在北大听讲座：俄罗斯文化之旅》，新世界出版社2002年版，第12页。

一年都发生过战争,俄罗斯的邻邦几乎无一例外地都遭受过沙皇蚕食。一直到第一次世界大战爆发后,才使俄罗斯的军事强国主义遭到致命性的打击。但是,这种好战的精神仍然以各种不同的形式贯穿在俄罗斯的现当代史中。对西方威胁的恐惧感和不可遏制的争夺军事强国野心使苏联拥有庞大的常备军,军事强国主义与民粹主义相结合的产物就是与美国军务竞赛,在全球推行霸权主义,到20世纪六七十年代达到顶峰。当前,俄罗斯总理普京念念不忘地以强化核战略为手段重温强国梦也彰显了俄罗斯民族好战尚武的精神。

俄罗斯(包括后来的苏联)的历史,是一个侵略与反侵略、扩张与收缩、兴盛与衰落相互交替的历史。俄罗斯民族好战尚武锲而不舍地对外征服与扩张的冲动来自大俄罗斯主义。用一位著名学者的话概括:"大俄罗斯主义就是在泛斯拉夫主义的伪装下,补充了这个国家的对外扩张政策。"[①]主要从彼得大帝时代起,大俄罗斯主义在历史演进中逐渐地发展成为一套思想体系,而且它所要提供的不是地域性蚕食思想体系,而是世界性征服思想体系,它鼓吹俄罗斯民族救世主义,声称基于地缘安全和意识形态对抗进行的地理扩张具有防御性和正义性,谋求国家思想的一元化及其在此基础上的民族一致性,以期最终实现帝国的俄罗斯化。[②] 好战尚武的大俄罗斯主义成为俄罗斯统治者难以割舍的"帝国情结"的本质。俄罗斯帝国的对内对外政策已完全为大俄罗斯主义所支配。对内实行高压统治,血腥镇压人民的反抗和斗争;对外实行强权政策,干涉别国内政甚至军事占领,进而争夺地区和世界霸权。在一定的历史时期和条件下,俄罗斯会表现得极度繁荣和强盛,然而这种繁荣与强盛的表象背后,人们总会感觉到促使它走向萧条与衰弱的潜伏着的危机的存在。俄罗斯帝国不断向四面八方扩张和征战,不仅引发俄国周边国家的敌对,也使欧洲各国深感一个崛起的俄国对整

---

① 转引自亨利·赫坦巴哈等著,吉林师范大学历史系翻译组译:《俄罗斯帝国主义:从伊凡大帝到革命前》,三联书店1978年版,第131页。

② 参见宋德星、许智琴:《大俄罗斯主义思想体系及其当代政治表现》,《太平洋学报》2003年第4期。

个欧洲的威胁。第一次世界大战后西方大国武装干涉苏俄及随后对苏孤立政策、第二次世界大战后美国和西欧对苏遏制政策都使得俄国外部环境十分险恶。俄罗斯在确保国家安全的命题面前，陷入一种困境，即只有防御不足以保证国家安全，而侵略则招致反制或遏制，在此情势下，国家资源投入于与外界对抗并在一系列军事冲突中被消耗殆尽，结果其政治与社会结构却日趋脆弱，引发国家内部的动荡。苏联在冷战中走向解体正是如此。所以，对俄国而言，“领土延伸代表弱点延伸”这就是乔治·凯南主张用实力对抗来遏制苏联的扩张、从而在苏联内部催生演变的种子的理论依据。①

（三）集体主义至上的价值取向

西方观念中对个性的强调、尊崇个性被认为是西方资产阶级文明最重要的特征。相反，俄罗斯人对个人的价值认识不足，个性自由未得到普遍承认，具有很强的集体主义精神，进而倒向专制主义。集体主义至上的价值取向要求个人利益服从国家和民族利益，提倡人人为大家，大家为国家，反对分裂主义和宗派主义以及任何不利于民族团结的社会敌对活动。托尔斯泰把共同性特征（俄罗斯学者对集体主义精神的另称）在俄罗斯人性格上的表现称之为“群因素”：俄罗斯人有一种像蜂群一样紧贴在一起的需求。在俄罗斯没有外人，每个人互相都是“兄弟”。他们对故土、乡音和同胞永远满怀眷恋，在交往中有着无可遏止的与人亲近的愿望、敞开心扉的愿望。俄罗斯人认为，俄罗斯人之间的这种亲切的人际关系是形式严格的欧洲生活模式、所谓“骑士风度”所无法比拟的。对体验祖国和家庭温暖氛围的看重，重视集体主义，成为忘我精神、军人奋不顾身精神的起源。与此相连的还有俄罗斯民族的爱国主义，在抗击外族入侵时表现出的强大的凝聚力，这永远是一个民族存在和发展的基本前提。作为民族的理想，集体主义在俄罗斯的政治、经济和文化生活等方面表现得尤为突出，特别在苏联社会时期更是众所周知。但俄罗斯已今非昔比，面对多元化的意识形态，在经济和政

① 参见[美]亨利·基辛格著，顾淑馨、林添贵译：《大外交》，海南出版社1998年版，第155页。

治上形成统一已经很困难了。

在俄罗斯,集体精神影响巨大,不仅广大农民生活在集体精神的支配之下,在20世纪以前就是社会上层——贵族、官僚,同样没有个性自由可言,他们也为集体所吞没,这个集体就是国家。普列汉诺夫说:"16世纪中叶,官宦阶层已完全成为国家的奴隶,而且它的这种奴隶地位,——也许更甚于农奴。"[①]之所以如此,原因在于与自然斗,要求俄罗斯人"协同作战"、齐心协力。因此,"大伙儿一起上"、"众志成城"是俄罗斯人生活的要诀。形成集体精神还在于俄国村社这一制度,如前所述,俄国绝大多数人自古以来就生活在村社之中,村社的各项制度在一代又一代的农民身上培育着集体主义精神,集体中让他们感到某种温暖或安全。对于普通农民,个性自由并没有多大的吸引力。1861年农奴制改革赋予农民以自由之后,许多农民仍不愿离开村社这个集体。俄罗斯民族的集体主义也与宗教密切相关。一些学者指出:东正教就是俄国文化,而东正教的实质在于"共同性"和"世界性"这两个概念。"共同性"是指具有共同信仰的俄罗斯人东正教生活的同一性:在教堂里,所有的人一起举行共同的宗教仪式,但每个人保留独立的自我,对上帝进行个人的祈祷,以自己的行为面对上帝,最后达到同一。这是在每个人对于基督自由之爱基础上的全体的统一。在俄罗斯的宗教信仰中,个人的宗教因素发展不充分,它惧怕离开集体的温暖而落入个人宗教信仰的寒冷和烈火之中。

当然,对集体、国家特别认同,导致对自己的价值和尊严认识不足。在集体主义的氛围中,东正教的教条主义、禁欲主义影响使这种情况得到进一步发展,以至甚至有人认为,俄国人喜欢压迫。1571年问世的一部翔实报道莫斯科公国情况的著作这样说:"这个民族喜欢农奴制,而不喜欢自由,因为一些快要死的贵族解放了自己的某些农奴,但这些农奴很快又把自己卖给别的贵族。"为了说明俄国农民自己要求国家以专制手段实现秩序,俄

① 安启念:《东方国家的社会跳跃与文化滞后——俄罗斯文化与列宁主义问题》,中国人民大学出版社1994年版,第139页。

罗斯一个学者讲了一个故事：春天，彼得堡的涅瓦河开冻，冰上行走有危险，城市长官派警察在岸上看守，不让人们踏冰过河。一个农民不顾警察的喊叫，从冰上走，结果掉入河中，开始下沉，被警察救上来。可农民不仅不感激警察，反而责怪他："你是干什么吃的！"警察说："我喊过你。""喊？不行，应当打我嘴巴才可以。"①共同性特征又是俄罗斯人平均主义、不思进取和反资产阶级性的基础。陀思妥耶夫斯基更在共同性特征的善良因素背后，深刻地预感到了不幸，他在其"宗教大法官"之说（《卡拉玛佐夫兄弟》）中，论述俄罗斯人内心深处具有拒绝个性自由和责任，把这些权利推给某个人，然后信任他、服从他的需要。②

强调共同性，对集体、国家推崇又是俄罗斯人走向专制的基础。专制主义是俄罗斯传统政治文化的重要特征。专制主义作为一种思想、信念和价值观，是与自由主义相对的。如果说，西方文化的主旨是自由主义的话，说专制主义是俄罗斯文化的一个重要特性是恰如其分的。从14世纪起，随着俄罗斯中央国家的逐步形成、统一的司法制度的制定以及俄罗斯统一国家在反抗强权入侵中巨大作用的显现，俄罗斯人民的国家观念和集权意识也在逐步形成，以沙皇为代表的君主专制思想成为俄罗斯民族思想的重要组成部分，由于俄罗斯人对国家的理解是神秘和非理性的，他们与西方人完全不同，从不认为国家是服务于人民与社会的机构，反而在他们的理念中，国家、民族和沙皇是三位一体的东西，对国家不但绝对服从，而且更有某种精神依赖。对沙皇的盲目崇拜，对皇权的敬畏依赖，成了俄罗斯思想的重要组成部分。为了民族就是为了国家，为了国家就是为了沙皇。后来的西化历程未能改变俄国专制传统。中央王权传统上是俄国变革的主要推动力，中央政府甚至是国家发展的主导者。从彼得大帝到叶利钦变革，俄罗斯的变革一直无法摆脱自上而下的传统。面对强大的阻力，变革不得不使用国家机器来强制执行。彼得大帝等皇帝尽管接受了许多启蒙思想，但在制度上

① 安启念：《东方国家的社会跳跃与文化滞后——俄罗斯文化与列宁主义问题》，中国人民大学出版社1994年版，第142页。

② 参见吴克礼主编：《当代俄罗斯社会与文化》，上海外语教育出版社2001年版，第237页。

实行的仍是东方的集权专制制度，后来的尼古拉一世看准了国家、民族和沙皇三件治国“法宝”，把它们糅合在一起，进而提出东正教、专制制度和民族性“三位一体”的治国理想，强调教权与皇权的统一，进一步强化集权专制制度，结果是“国家强大了，人民衰弱了”。在200年期间，俄罗斯向西方学习的主要是军事、教育、科学和文学艺术，而且从事这一活动的人物，范围主要限于社会的上层，即贵族上流社会及其知识文化界，其西化的过程并没能完全深入到广大民众之中，也没有深入到制度的层面。即使在选择社会主义制度作为社会发展方向的苏联，这种传统的惯性不但没有消失，反而得到加强，在赶超西方的口号下，集权与集中就成了苏联的社会主义特色，尽管这种体制在短时间内确实创造了许多奇迹，但对社会发展来说也同时孕育着更大的危机与危险。权威主义面对既要变革社会、又要在先进的社会里保持整体性统一性的双重压力，不可避免地陷入了两难之中，因此，只有不断地推翻已有的体系，俄罗斯才能解救自己。俄罗斯历史上几百年已经发生的和正在发生的社会政治经济事件，历史上十二月党人的被残酷镇压，斯大林的“个人崇拜”独裁统治及苏联解体以及在苏联解体后的政权不得不转向权威主义这一系列铁的事实，都在说明这点。1991年以后，俄罗斯的政治经历了从狂热的民主化到总统重新集权的过程。当前在俄罗斯建立的并不是西方式的民主制度，而是总统集权下的三权分立。俄罗斯从狂热的政治浪漫主义到重新实行新的集权，其原因只能从俄罗斯的民族心理中分析来寻找。

（四）顽强不屈、坚忍不拔的精神

顽强不屈、坚忍不拔、富有忍耐力是俄罗斯民族个性的一个重要特征，是支撑俄罗斯人在苦难的沼泽地忍辱负重地活着的精髓。俄罗斯民族在艰苦的环境中能够坚定不移，不可动摇，他们相信人类正是在跨越一个个苦难之途中，一步步逼近理想的“幸福天国”。有俄罗斯学者曾经说：“这种忍耐、自我限制的品质不仅仅是赢得精神自由的方法，而且是生存的原则，是在世界上保持和谐和平衡的方法。”[①]在俄罗斯民间信仰中，忍耐被视为一种美德，一种自救的方式。俄罗斯人用这种美德激励逆境中的人相信一切艰辛困苦终将过去，认为坚持和忍耐必然得到丰厚的回报，他们对经历种种苦难而能忍辱负重的人特别尊敬和同情。

俄罗斯人顽强不屈、坚忍不拔的精神，对国家和制度的忍耐精神，不论在历史和现实中都是非常突出的。俄罗斯的历史是一部既向外扩张侵略、又被外来侵略扩张者奴役的历史，在这过程中给俄罗斯人民带来了灾难与屈辱，但俄罗斯人民以鲜血和汗水、坚忍精神一次次地战胜了外来入侵者，驱除了灾难，洗刷了耻辱，在废墟和荒芜中重建家园，重现大国的风采。俄罗斯人民依靠自己的坚忍精神取得了自卫反击战的胜利，而自卫反击战的腥风血雨又更加锤炼了俄罗斯人民坚忍不屈的精神。苏联时期个人崇拜给苏联的社会主义事业造成了巨大的损失，也让苏联人民付出了血的代价，不少屈死的冤魂死不瞑目。然而，更多的人们是为了国家和民族的利益，无奈地或者盲目地认可了这种牺牲。战后，苏联人民还远未完全从残酷的第二次世界大战的阴影中走出来，就不得不忍受新的创伤和悲痛，以坚忍不拔的精神去迎接新的挑战——冷战。在冷战的对抗中，为了保住军事强国的地位，苏联一直在苦苦挣扎。尽管苏联的经济已难以支撑同美国的争夺，但苏联始终未放弃“世界上最军事化经济”的模式，这就意味着只有靠牺牲广大人民生活水平的提高来维持军事强国的门面。国家可以让原子弹、氢弹、卫星、宇宙飞船上天，但人民要忍受食品短缺、生活日用品的不足；但这又是苏联人民所认同的。综观俄罗斯 300 年的军事强国之路，可以清楚地看到，一方面它是军事上的超级大国；而另一方面，它的经济却处于比军事低一等的地位，并一直依附于军事的需要，这也意味着人民将付出极大的牺牲和代价。[②] 1998 年金融危机的狂涛骇浪使俄罗斯经济陷入新的困境，但在经济危机最严重的时候也未发生一起重大暴动，俄罗斯人民继续忍耐着。

---

① 转引自杨可：《俄罗斯民间童话与俄罗斯民族个性》，《中国俄语教学》2002 年第 11 期。

② 参见宋瑞芝：《俄罗斯精神》，长江文艺出版社 2000 年版，第 103 页。

俄罗斯民族顽强不屈、坚忍不拔、富有忍耐力有其深刻的社会历史和文化根源。首先是地理环境的影响。俄罗斯平原虽然一望无际，但它充满了暴风雪的灾难；俄罗斯森林虽然辽阔宽广，却是泥潭遍布，沼泽横生。这片平原使长期生活在此的俄罗斯人失去了把它制服的希望。由大自然的任性和不可预测性产生的恐惧感和严酷的生活经验，使他们屈从于残酷的现实。他们对自然的崇敬转化为对自然的美与和谐的惊叹、赞赏和等待。这一切使世代在东欧平原上生活的俄罗斯人养成顽强不屈、坚忍不拔的个性。其次是宗教因素的影响。俄罗斯文化的神性意向是以受难意识为基础的。在俄罗斯人的眼中，基督是受难的象征。通向上帝的道路，是一个受苦受难的过程。这是唯一的道路，除此之外别无选择。通过自觉地忍受苦难而接近上帝，以获得痛苦的满足与自我肯定，这种深切的受难意识，使得对宗教崇敬感有了独特的含义。再次是强大的专制政体的影响。专制制度是俄国社会生活的基本特征和俄罗斯文明的政治核心。顺从专制统治，崇尚权威，成为俄罗斯民族的一种性格。恰达耶夫说："俄罗所人民不想成为男性的建设者，它的天性是女性化的、被动的，在家事务中是驯服的，它永远期待着新郎、丈夫和统治者"，"俄国人民从来都只将政权视为严厉程度不同的家庭权威……任何一个君主，无论他是怎样的，对于人民来说都是一位父亲"。[①] 在这里，恰达耶夫有两点是讲得很明确的：政权等同于家庭，君主与人民即是家庭中的父子关系。因此，人民对于君主就要像子女对于父亲那样顺从。这种思想贯穿于俄罗斯的整个历史，或弱或强地以各种形式表现出来。在历史上，农奴们对国家的反抗，只有俄罗斯史学家津津称道的拉辛和普加乔夫，而这样的起义与中国农民起义相比（如李自成、太平天国等），只不过是两次农民骚动而已，称不上大的起义。很多农奴忍无可忍时，只是逃亡，成为俄国历史上著名的哥萨克。即使有农民起义，农民也只反对封建领主而不反对封建专制统治的最高统治者——沙皇。在俄罗斯农民以至整个民族的思想意识中，他们认为使自己受苦难的罪恶根源是直接压迫和剥削他们

---

① ［俄］恰达耶夫著，刘文飞译：《箴言集》，云南人民出版社 1999 年版，第 45 页。

的大大小小的封建贵族，至多包括沙皇政府的官吏，而绝非沙皇。

顽强不屈、坚忍不拔精神的极端是惰性、消极、静观、宿命。俄罗斯民族顽强不屈、坚忍不拔的民族个性与该民族个性中的弱点——惰性相联系。在俄罗斯文学作品中，俄罗斯民族个性中的惰性以独特的形式表现出来。俄罗斯民族在大量的文学作品中创造出众多的在神奇力量帮助下成功的英雄，他们不是靠劳动，而是借助于奇迹而存在。这类人物形象的产生绝非偶然。一方面，普通大众通过这种形式寄托他们的希望和期盼；另一方面，我们从中可以看到整个俄罗斯民族性格的一种根深蒂固的惰性。弗拉基米尔·普京在其就任代总统前夕在那篇表述其施政纲领的文章中，也对俄罗斯传统意识之中的惰性作了深刻的表述，他说："在俄罗斯，集体活动向来重于个人活动，这是事实；而家长式作风深深扎根于俄罗斯社会，这也是事实。大多数俄罗斯人不习惯于通过自己个人的努力和奋斗改善自己的状况，而习惯于借助国家和社会的帮助和支持做到这一点。要改变这种习惯是很缓慢的。"①惰性引导俄罗斯人安于低水平的物质生活，安穷不思变，形成了他们保守思维定势。

（五）直觉主义的思维方式

直觉主义的思维方式就是非理性主义的思维方式，它与理性思维方式相对应。理性是人区别于动物的显著特征，是人类文化的重要内容，理性表现为人类超越自我有限生命，追求必然性、普遍性及永恒无限的能力，是生命的灵性之光辉，其内容是客观的，理性思维方式一般表现为概念、逻辑形式，并蕴涵社会伦理价值观念趋向。在西方世界，资本主义的繁荣是科学的胜利，是科学的基础——理性的胜利，整个社会就是按照理性所指出的最有利于财富增长的方式组织起来的。然而理性的张扬，却是以非理性的压抑和道德的沦丧为代价。在理性得到了持续的张扬和认可之时，非理性和道德意识却受到了排挤。

① 转引自马龙闪：《试论俄罗斯文明的特性》，《史学理论研究》2000 年第 3 期。

同西方相反，在俄罗斯人的意识里占上风的不是理性主义，而是直觉主义。在他们的身上东方的（拜占庭的）非理性成分多于西方的理性成分，因此在他们的思想中感情往往超过理智，欲望超过利益，他们是跟着“心声”走，而不是跟着理智走，思维内容带有强烈的主观性，更多体现着生命的自然欲望和冲动，具体体现为重视非逻辑的直觉、顿悟、灵感等。与此相联系，俄罗斯民族历来具有强烈的道德意识以及善恶观与是非观，追求正义和公平的意识强烈。总而言之，在俄罗斯人看来，在西方是精神、灵魂、科学、艺术、国家、阶级、法律和义务的分裂，在俄国则是“趋于内在生活和外在生活的完整的统一”。逻辑推理的不足渗透于西方社会生活的各个方面，它导致西方社会的危机，要走出危机，他们认为只有借助于具有特殊性的俄罗斯的帮助。

直觉主义的思维方式在俄国文化的各个方面都有体现。在哲学领域，西方哲学自文艺复兴之后一直由理性精神所主宰，到黑格尔那里，形成一个按理性原则建立的包括一切的巨大体系。黑格尔之后，西方哲学渐渐分裂为科学主义和非理性主义两个不同的方向。在俄国，作为主流的争学派别正是后者而不是前者。整个俄国从 19 世纪 70 年代才出现了自己的哲学理论。但这些哲学家从俄国的文化传统出发，很快在流行于西方的存在主义、人格主义等非理性思潮中开始扮演重要角色。[①] 俄国哲学家认为直观的理解力优于一切逻辑分析形式。西方的神学、哲学对于世界的认识建立在抽象的唯理主义基础上，依赖于概念的逻辑推理得出结论；古代俄国则是力图通过外在和内在、整体和部分、思辨和常理、艺术和道德的同一来达到真理性认识。西方存在着形式逻辑的法律，而俄罗斯的法律直接来自生活本身。

在俄国文学之中直觉主义的思维方式也有体现。关于人的问题、关于人类的命运和道路的问题、关于整体历史的思想，一直是俄罗斯作家关注的对象，由此引出俄罗斯无所不在的道德观点、道德优先原则。从普希金、果

① 参见安启念：《东方国家的社会跳跃与文化滞后——俄罗斯文化与列宁主义问题》，中国人民大学出版社 1994 年版，第 143 页。

戈理和陀思妥耶夫斯基的道德同情、托尔斯泰的道德完善到契诃夫的道德寻求可以看到近两个世纪以来的俄罗斯文学和苏联文学都在为俄罗斯民族的道德进行探索。在几乎所有俄国作家的作品中,都深藏着一种冷漠公正的、西方所没有的、动人心弦的内在精神力量,这就是对人类的痛苦、对下层人民苦难的深切同情。托尔斯泰的"泛道德主义"("我不知道除了善良以外人类还有什么优点")具有特别的力量。这种道德取向在俄国知识界无所不在,有时甚至不用作品,从外表就直接看出一个人道德化的风貌。赫尔岑形容基列耶夫斯基的面孔"如同一片能够吞没船只的忧伤的海洋"①。道德优先思想则直接导致俄罗斯人对法律的轻视。良心高于法,把内在意志、良心和外在规律、法律调节对立起来,其恶果是无法无天、对人性真正的践踏。

缺乏理性精神直觉主义的思维方式也表现在俄罗斯人的日常生活之中。例如,俄罗斯人办事的不守时、少信誉,不喜欢按合同办事为人所熟悉。与以上特点相联系的,是俄国人情绪易激动、喜欢走极端。阿·托尔斯泰的一首短诗惟妙惟肖地刻画了俄罗斯人的这种性格特征。"爱则昏天黑地,/胁则声色俱厉,/澎则狗血喷头,/斥则怒目圆睁,/争则面红耳赤,/罚则心狠手辣,/恕则真心诚意,/吃则酒菜满席。"②这种好走极端的情绪经常陷入病态的献身狂热之中,表现出英勇、豪迈或者说残酷的一面。历代沙皇的侵略扩张无不利用这一点。有人说:"巨大的意志力量属于俄罗斯人民最基本的特征","俄罗斯人民是火山,或者熄灭、或者平静、或者喷发。在最平静、最愚钝的表面现象之下,也隐藏着能够显示人的精神的内在热情以及神秘的、为整个种族所具有的毅力"③。

俄罗斯观念的非理性倾向与东正教共同性特征紧密相连。东正教思想最基本的原则就是强调精神的共同性,对于智能同一性、共同性的努力是发展东正教哲学的根本。非理性和反资产阶级性直接来源于共同性。共同性

① 刘晓春:《俄罗斯民族经济与改革》,远方出版社1999年版,第15页。

② 吴克礼主编:《当代俄罗斯社会与文化》,上海外语教育出版社2001年版,第234页。

③ 安启念:《东方国家的社会跳跃与文化滞后——俄罗斯文化与列宁主义问题》,中国人民大学出版社1994年版,第146页。

应用于哲学思辨领域，即集聚起个人所有的能力，包括逻辑思维、直观感觉、心灵感觉、美感、良心和爱为一个整体，只有在这个意义上的完整的人才能接近真理。俄罗斯人在这里已经把非理性因素（直感和心灵体验）与理性因素相提并论了。西方基督教在同希腊哲学和近代思想的长期互动中，已习惯于给神人交通之路赋予知识形式。东正教则不重视这种知识的中介，而倾心于东方的直觉之路。东正教的教义神学和宗教实践的多方面都与这种直觉精神相关。事实上，康德和谢林都指出过形式逻辑方法的不足，认为纯粹理性的力量不能理解有机的整体，现代哲学也认同"理性逻辑"之外还存在着"心灵逻辑"。只是俄罗斯观念中的非理性因素过于夸大了，俄罗斯思想中的唯意志论倾向、法律虚无主义、道德优先原则等都与其有直接的联系。

在论及直觉主义的思维方式时人们也总是不免要产生这样的疑惑，即这个本来野蛮、落后、没有文化的、以直觉主义思维方式为主的民族，何以在短短一两个世纪中就获得了这样高度的精神发展。在十月革命胜利之前，俄国的一批著名的科学家，如数学家切贝舍夫、奥斯特罗格拉斯基，物理学家和化学家罗蒙诺索夫、门捷列夫、别克托夫，生理学家巴甫洛夫等，大多云集于皇家科学院和高等院校，从事经典的基础理论研究，并以杰出的成就蜚声于世，为俄罗斯的基础科学研究工作作出了很大的贡献。十月革命胜利之后，面对着国际和国内的严峻形势，苏俄和苏联在科学技术和经济建设方面取得了伟大成就。苏联在数学、物理学、核动力学、天文学等重要基础理论科学方面取得的卓越成就，以及在航天航空技术、可控热核聚变技术等方面的先进水平是世界公认的。苏联科学家以其杰出的水平和卓越的贡献赢得了国际科学界的推崇和敬仰。所有这些现代俄罗斯科学成就都很难从它的古典传统中得到解释。有论者认为这是得益于彼得大帝之后的统治者大多都保持了对西方科学较为开放的传统，大力引进西方先进的科学技术的政策和俄国科学家的那种不畏艰难、勇于突破、求实创新的探索精神与努力奋斗、振兴祖国的爱国激情。①

---

① 参见宋瑞芝：《俄罗斯精神》，长江文艺出版社2000年版，第236页。

（六）唯美主义的艺术气质

俄罗斯民族性格中的唯美主义的艺术气质，或者说是一种审美的理想主义精神令人印象深刻。俄罗斯民族性格中的唯美主义的艺术气质主要体现在俄罗斯文化艺术的辉煌成就上，整个俄罗斯文化就是晶莹灿烂的群星座，堪称绝对的文化超级大国。在世界文明史上，俄罗斯在文学、舞蹈艺术、影视艺术、话剧艺术和音乐领域显示出高水准。高尔基曾写道："在任何地方不到100年光景，都不曾像在俄国这样人才辈出，群星灿烂……"在文学领域各种文体中大师辈出；俄罗斯芭蕾艺术作为世界性的艺术水准是不言而喻的；斯坦尼斯拉夫体系是世界三大话剧体系之一，这种追求表演的艺术性与生活的本真性一体化的演出体系，支撑了20世纪俄国话剧传统，并产生了世界性的影响……即便是20世纪一元化限制、冷战对峙、10年来的市场经济浪潮、全俄性社会动荡和大众传媒冲击等，也没能削弱艺术的魅力；更令人称奇的是，巨大的文化成就都是在极端恶劣的社会环境或自然环境中创造出来的。可见俄罗斯人民有着多么大的创造力。埃德加·斯诺说过："曾在苏联住过的美国人，不论他们对苏联的政见如何，无不称赞苏联人是天才。"①

俄罗斯民族性格中的唯美主义的艺术气质也体现在他们艺术生活化和生活艺术化的倾向中。对于俄国人来说，现实是一个世界，艺术也是一个世界，甚至是比现实还要合理的一个世界，要通过艺术把两个世界合二为一。

俄国作家和艺术家们善于把艺术生活化。俄罗斯的文学和艺术，一直是非常入世的，和西欧的文学相比，尤其是这样。古代文学就不用说了，属于教会阶层，是典型的"工具"。到18世纪时，叶卡捷琳娜倡导文学，当时她就说：文学是一种时尚，如果我们俄国人不懂文学，怎么去和欧洲的其他民族平起平坐呢？强调了文学的功利性。19世纪的革命民主主义批评家的理论更是介入生活的，最出名的就是车尔尼雪夫斯基提出的命题："美就

---

① 孙成本：《俄罗斯文化1000年》，东方出版社1995年版，第2页。

是生活。”艺术就是面对现实的一种审美关系。到了后来，诗人别雷提出了“创造生活”这样一个概念，认为文学和艺术的终极使命，就是再造一个更合理、更美的生活。到了托尔斯泰，认为小说应该直接向人们指明生活的方向。到了高尔基，他提出了“人学”的主张。到了苏维埃时期，社会主义现实主义更加强调文学的教育功能和社会功能，流传很广的关于文学的两句话就是：“作家是人类灵魂的工程师”，“文学是生活的教科书”。[①] 俄罗斯的文学和艺术非常入世的另一表现是非常重视艺术教育。俄罗斯人非常注重培养孩子的艺术感受力和鉴赏力。虽然近年来俄罗斯人的生活水平已经下降了，但是其注重艺术修养的传统没有改变，尤其是在对孩子的培养上。在这里人们把去剧院、博物馆看做是高雅的休闲活动。周末，如果哪家剧院或是哪家音乐厅有精彩的演出，家长通常会带孩子去欣赏。总体而言，俄罗斯的艺术教育有其优秀的文化历史传统，不仅在世界教育发展史中占有重要的一席之地，而且在今天，经历了重大社会变革后的俄罗斯艺术教育仍以其时代面貌给人新的启示。20 世纪 90 年代以来提出的艺术教育理念是教育的个性化、人道化和人性化，这一精神集中而突出地体现在了艺术课程体系之中。

俄罗斯人也善于把生活艺术化，追求生活过程的行为美，讲求举止优雅。俄罗斯人讲文明、重礼仪、讲礼貌，见面时都要相互问好，外出时都要衣冠楚楚。他们认为，穿着不整洁是不文明的表现。在公共场合，如在影剧院中，俄罗斯人不大声喧哗，也不随地吐痰，乱扔垃圾。观众一般都准时入场，安静地观看节目，只是当电影或话剧出现喜剧情节时，才会听到人们的笑声或掌声。如有人迟到，要面对同排的观众悄悄入座，并向对方致歉，背对着同排的观众挤进去是不礼貌的。在公共场合不能挖鼻孔、伸懒腰、抓痒、大声咳嗽，如要咳嗽，须用手帕捂住嘴，小声咳。交谈时不用食指指点对方和他人。不当着其他人与某人用别人听不懂的语言说话。俄罗斯人具有尊重妇女的美德，上下公共汽车、上下楼梯、进出房门时都要让女士先行，并为其

---

① 文池主编：《在北大听讲座：俄罗斯文化之旅》，新世界出版社 2002 年版，第 12 页。

开门,即使对不认识的女士亦如此。俄罗斯的农村,街道像城市一样干净,每个村庄都是一片田园风光,农村的居民穿着打扮,也很漂亮。俄罗斯人能歌善舞,喜欢集会。当然,90 年代以来在俄罗斯社会剧烈转型过程中,由于贫困、社会不公、价值观的变化、高失业率和面临崩溃的社会医疗体系这些问题所带来的直接影响,社会风气逐渐败坏,家庭暴力不断增长,刑事犯罪不断增长,酗酒和毒品泛滥。所有这些问题又在无政府主义和排外情绪的氛围中愈演愈烈,特别是在年轻人中间蔓延。尽快扭转社会风气、控制并减少有组织犯罪是俄罗斯面临的迫切问题之一。当前,俄罗斯要保持生活艺术化传统面临着很多困难。

俄罗斯民族性格中的唯美主义的艺术气质一方面与俄罗斯民族直觉主义的思维方式有关。文学与艺术是作家与艺术家由生活所激而萌生的情感的宣泄。俄国虽然落后,但俄国人的生活感受异常的丰富、热烈。俄国文化本身就一贯注重人的情感世界,其特点不在于对物的研究,而在于对人生的感受。米兰·昆德拉评论陀思妥耶夫斯基时说,在他的小说中,"一切都变成了感觉的世界。换句话说,在这儿情感被提到了价值和真理的地位"①。另一方面是出于俄国社会因东西两种文化的冲突而处于激烈的动荡之中,俄国人的灵魂受到极大的触动;此外,浓厚的宗教氛围也促成了唯美主义的艺术气质的形成。宗教填充人们的灵魂,使其坚强,唤起人们追求完美的意志,因此,俄罗斯民族文化中处处弥漫着浓厚的宗教意识和悲天悯人的情怀。比如说,俄罗斯最杰出的绘画作品大部分是教堂里的宗教壁画,很多出色的画家也是凭借高超的宗教绘画作品而闻名遐迩的;最富有俄罗斯特色的建筑物是教会建筑(包括各式的教堂,主教的宫殿等);在文学创作方面,更有数不清的大师的作品中蕴涵着深厚的宗教审美意识。

俄罗斯民族精神是一个内涵非常丰富的概念,要确切而全面解释谜一般的俄罗斯民族精神要经过长久的过程。在此所论仅仅是俄罗斯精神的主

① 安启念:《东方国家的社会跳跃与文化滞后——俄罗斯文化与列宁主义问题》,中国人民大学出版社 1994 年版,第 143 页。

要内容,而俄罗斯民族精神这样一个博大的课题,还有待于更多的学者共同进行探讨。

三、俄罗斯民族精神的特点

在了解了俄罗斯民族精神的基本内容之后,我们可以以其他国家的民族精神为参照,将俄罗斯民族精神的主要特征加以总结。

(一)非欧非亚的独特性

从宏观上看,由于俄罗斯文化既不是纯粹的西方文化,也不是纯粹的东方文化,它是处于两者之间的、又兼有两者文化特征的一种独立的文化体系。在此背景下形成的俄罗斯民族精神有着非常鲜明的俄罗斯欧亚民族特性混合型的特征。不能简单地把俄罗斯文化视做欧洲文化的一部分,而应视为独立的文化。20 世纪英国的历史学家汤因比在《历史研究》和《人类与大地母亲》这两部皇皇巨著中,都认定俄罗斯文明的综合属性。从起源上讲,俄罗斯认为自己既是一个欧洲国家,也是一个亚洲国家,既是东方,也是西方,有时它也为此而感到很骄傲。俄罗斯人非常强调自己的西方特征,但是西欧从来没有把他们当成是真正的欧洲人。面对西方,俄罗斯是东方;而面对东方,俄罗斯又成了西方。俄罗斯学者对俄罗斯文化的这一特征有着深刻的阐述:"俄罗斯就其历史地位和民族特征而言,它既不是纯亚洲式的,也不是纯欧洲式的。东西方两种世界之流在这里碰撞,使俄罗斯成为'世界的一个完整部分'。"①这一论断不仅指出了俄罗斯文化的兼容性,更重要的是指出了俄罗斯文化是世界文化中的一个独立的、世界性的文化区。值得注意的是,俄罗斯在这种东西方文明的撞击和结合中,其民族个性并未

① 雷丽平:《东北亚文化圈中的俄罗斯文化》,《东北亚论坛》2000 年第 3 期。

泯灭,而是愈加深刻,用一些学者们的话说:俄国更“像”俄国了。在世界背景下,处于文明结合部的民族,并非只有俄罗斯一个,但只有俄罗斯才表现出典型的两重性。之所以产生此东方化与西方化的兼容性“二性”,是世界历史两种不同方向的潮流在俄罗斯地缘政治和精神空间中碰撞的结果,不仅仅是因为这个国家地处欧亚两洲,在地理上有东西方特征;更重要的是,俄罗斯文化在其发展过程中,不断受到东方和西方的影响,并把这种影响融合到自己的文化之中。

俄罗斯民族精神的既非东方又非西方的特征,使其从传统文明向自由主义的文明过渡往往表现出大起大落的悲剧性的命运。因为处于东西方交汇处的这种地理状况构成的俄罗斯民族个性具有不确定性,不是牢牢地固定在东方或西方的一个点上,习惯于像钟摆那样向两极晃动,而很少会居中停留,往往在转折或危急时刻,它或左移或右移,始终在现代与传统之间摇摆,在两个吸力中心摇摆,始终不能固定自己的方位。这决定了俄罗斯既没有完全接受东方文化的影响,又没有完全西化,其西化也是不完整的西化。俄国在现代化的道路上经受了西方文化一波又一波的冲击。而在每一次冲击之后,又引起自身东方文化因素的强烈反抗,形成激烈的思想斗争和发展道路的左右摇摆。俄罗斯社会永远面对“向东还是向西”的困惑。俄罗斯联邦国徽上那只左顾右盼、东张西望的双头鹰,正是这种历史宿命的形象化体现。综观俄罗斯历史上的西欧派和斯拉夫派之争,就是这种民族意识的集中体现。

(二)鲜明的二律背反性

俄罗斯民族精神具有鲜明的二律背反性。俄罗斯民族具有爱国主义精神,但有其极端的形式——民族中心论和民族优越论,具有集体主义至上的价值取向又走向专制主义,具有顽强不屈、坚忍不拔的精神又走向惰性、消极、静观、宿命。这个民族,可能使人神魂颠倒,也可能使人大失所望;它最能激起对其热烈的爱,也极易引起对其强烈的恨。俄罗斯民族在精神上的这种“极化性”、“矛盾性”,强调对立面的融合,使得俄罗斯总是难以捉摸。

对于俄罗斯民族精神内在的矛盾性、断裂性和悖论性特征，俄罗斯学者阐述得更为具体生动。别尔嘉耶夫在《俄罗斯的命运》一书中说道："在俄罗斯人身上，各种矛盾的特点奇妙地结合在一起：专制主义、国家至上与无政府主义；自由放纵、残忍、倾向暴力与善良、人道、柔顺；保守的宗教仪式与追求真理；个人主义、强烈的个人意识与无个性的集体主义；民族主义、自吹自擂与普济主义、全人类性；追随上帝与战斗的无神论……等等。"①二律背反现象在俄罗斯政治与社会生活的各个方面随处可见，可以建立无数有关俄罗斯民族心理的特征的命题与反命题。"在其他国家可以找到一切对立的东西，但惟有在俄罗斯，命题会转为反命题，官僚主义的国家机器诞生于无政府主义，奴性诞生于自由，极端民族主义出自超民族主义。"②俄罗斯民族心理的这些特点，决定了它在追求一种理想时，天生就缺乏中庸之道，极容易走向极端，似乎总是没有任何中间环节，中间阶段，没有任何间接的表示，没有任何的过渡，而一旦对某个理想的追求遭到挫败，会马上又转向另一个极端。彼此之间不善于相互妥协、让步。别林斯基指出，早在彼得大帝出现以前，俄罗斯人民在精神结构和民族特征上便表现出不可思议的双重性："有力量却很软弱，有巨大的财富却很贫穷，有头脑却无思想，有灵气却很蠢笨。"③俄罗斯民族盘根错节的性格之谜，令人难以理解。

俄罗斯民族精神具有的"两极性"，一方面来自东西方两种文化在俄罗斯的碰撞和斗争。别尔嘉耶夫明确地指出："即东方与西方两股世界历史潮流在俄罗斯发生碰撞，俄罗斯处在两者相互作用之中。""它将两个世界结合在一起。在俄罗斯精神中，东方与西方两种因素永远相互角力。"④正是在这种历史传统的影响下，人们更多地倾向于无限性，倾向于用多种因素的相互作用来说明事物，对分类、划层次不感兴趣，所以俄罗斯民族在精神上能够包容不同的甚至对立的东西。俄罗斯民族精神具有"两极性"，另一

① ［俄］别尔嘉耶夫著，汪剑钊译：《俄罗斯的命运》，云南人民出版社1999年版，序言页第3页。
② ［俄］别尔嘉耶夫著，汪剑钊译：《俄罗斯的命运》，云南人民出版社1999年版，第15页。
③ 汪剑钊：《俄罗斯理念：飘转在钟摆之间》，《中国图书商报》2000年12月26日。
④ 宋瑞芝：《俄罗斯精神》，长江文艺出版社2000年版，第3页。

方面来自俄罗斯社会中上、下层文化之间深深的分裂。俄罗斯社会上下层之间经济的、文化的断裂是世界大国中最深的。这种上下之间难于逾越的鸿沟甚至到现在仍难消除。城乡之间、贫富之间、贵贱之间，经济地位和文化层次上的巨大差距，成为这个国家现代化道路上的巨大障碍。在历史上，彼得一世的近代化过程不仅没能弥补上下之间文化上的断裂，相反却加大了彼此间的鸿沟。在彼得大帝改革时期经历了两个平行的但方向相反的过程，一方面是上层社会的欧洲化，另一方面是国家的东方独裁的加强和亚细亚方式的深入。贵族阶层的社会地位朝着西方方向变化，而同时下层人民的社会地位却朝着东方方向变化。正是西方消灭农奴的时候，俄国的农奴制达到鼎盛时期。上层贵族“欧化”的结果，更加深了与广大的文盲农民（帝俄时期文盲占人口的80%以上）之间的差距。这样的历史压抑了俄罗斯人的创造力，但也使这个民族成为具有巨大潜力的民族。一方面，俄罗斯人屈从于政权，承认宗教的神圣性，他们是害怕上帝的朝圣者；另一方面，俄罗斯人又渴望改变生活，他们的心底里埋藏着对统治者的强烈仇恨和不满。一方面，他们奉公守法，忍受苦难；另一方面，他们又厌恶管制，偏爱无政府主义，等等。俄罗斯民族社会结构上的矛盾、文化上的断裂导致俄罗斯人性格、习惯、伦理和价值观等一系列的分裂，严重制约了俄国社会整体性的发展，造成文化的两极。

（三）浓厚的宗教性

上文所述俄罗斯民族精神的诸多内容都与东正教传统相关，浓厚的宗教性是俄罗斯民族精神的一个重要特点。俄罗斯民族具有强烈的宗教意识显而易见。带有金色圆顶的东正教风格的教堂到处都是，与宗教有关的物品随处可见。

俄罗斯民族精神的宗教性，究其根源，最直接的自然是宗教在俄国文化生活中的占有极为重要的地位。古代俄罗斯信奉多神教，相信万物有灵。俄罗斯作家陀思妥耶夫斯基有言：俄国文化的根基乃是“土壤村社精神”。在西方—东方和北方—南方的对峙中，为求得最有利的国际地位，通过公元

988年的“罗斯受洗”，在伊斯兰教、犹太教、罗马基督教和拜占庭基督教中，俄罗斯民族选择了拜占庭的东方基督教。这一选择决定了几百年乃至上千年俄罗斯历史文化发展的方向和文明的特点。拜占庭——罗斯基督教构成古罗斯文化的核心，是俄罗斯文明的精神支柱，不同于西欧基督教的文明类型。宗教信仰渗透到俄罗斯人精神生活的各个方面，并在俄罗斯民族精神、心理、价值观念、生活方式各个方面打下深深的烙印。俄罗斯人还继承了拜占庭文化的保守主义，对专制皇权的依附和宗教的救世主义、神秘主义和集体主义等思想。正如某些西方学者所说的：俄罗斯民族的统一体，是由早期出现的宗教统一体发展而来，是东正教使俄罗斯保持着统一思想，俄罗斯的民族意识也是东正教思想发展的结果。① 接受基督教的俄罗斯，已经经历了1000年的历史。十月革命之后，在整个苏维埃时期，宗教都被视为麻醉人民的招神鸦片，宗教活动是被取缔的，宗教活动基本上停止了。但宗教信仰仍在影响着苏维埃人。到90年代苏联解体，俄罗斯社会生活中宗教大复兴，浓烈的宗教的嚣风，吹遍俄罗斯大地，上帝重新成为许多俄罗斯人的精神信仰，反过来也说明了宗教传统在俄罗斯人的心目中还是根深蒂固的。

东正教对俄罗斯民族精神的影响集中体现在两个方面。

源自基督教的对人类的终极关怀推动了俄罗斯民族非理性、坚忍不拔、富有耐心等民族特性的产生。别尔嘉耶夫曾说过，人性论是俄罗斯文化的主要特征之一，它是俄罗斯思想的最高显现。俄罗斯优秀知识分子从宗教的高度进行探索时，往往关注的是人类的命运，希图借助宗教的力量来开辟人的精神出路，把人对基督的皈依看做是人的自我价值的追求，人的自我超越和自我实现。在日常生活中，俄国人对现世生活往往掉以轻心，但对未来，对理想格外关注。他们是现实中人，但富于幻想，向往、追求现实以外的某种存在。英国人格拉哈姆这样描述俄罗斯人的这种特点：“和英国人的谈话结束于谈论体育，和法国人的谈话结束于谈论妇女，和俄国知识分子的谈话结束于谈论俄罗斯，而和俄国农民的谈话结束于谈论上市和宗教。”俄

① 参见雷丽平：《东北亚文化圈中的俄罗斯文化》，《东北亚论坛》2001年第2期。

国作家契诃夫也说:“俄罗斯人喜欢回忆,但不喜欢生活”,也即他不是在过当下的生活,而实际是生活在过去和未来之中。[①] 俄罗斯人的这种特点在社会转折时期表现得尤为明显。东正教蔑视尘世的幸福,认为这种幸福是微不足道的,是转瞬即逝的。

强烈的救世主义是俄罗斯民族中心论、大俄罗斯主义、集体主义、专制主义的思想源泉。宗教是对人类的终极关怀,它在俄国人身上产生了一种特殊的使命感,认为拯救人类是自己的义务,按照俄国人自己的话说,这是一种救世主义。它宣扬人类利益至上,俄罗斯是神赋的、具有世界性任务的、超民族主义的思想。这种思想以“关怀天下、拯救人类为己任”,是一种超越欧化和传统斯拉夫主义的世界主义倾向,在不同的时期都有不同的表现形式,学者们又常常用“弥赛亚说”、“民粹主义”等用语来表述俄罗斯民族中的这种人类关怀和普世情怀。(弥赛亚一词原为古犹太语,有“膏油”的意思。后来就指“受膏者”,一个人的头上被涂上了“膏油”,这个人就成了校选中的人,成为负有某种使命的人。俄国人就是这样一种负有某种责任感、某种使命感的民族。)别尔嘉耶夫说:“俄罗斯人是继以色列人之后最具救世思想的人民,因为拜占庭帝国灭亡之后俄国成为唯一的东正教中心,宗教上的这种特点抬高了俄国沙皇的地位,使之成为王中之王,也赋予俄罗斯人以优越地位,使之萌生普救众生的救世主义。”[②]

强烈的救世主义由莫斯科是第三罗马的古老思想而来。在15世纪莫斯科公国的伊凡二世时期,1453年,拜占庭的首都君士坦丁堡为奥斯曼帝国军队占领,1461年原拜占庭帝国全部领土都落入土耳其人之手,拜占庭帝国最终灭亡。在基督教的历史上,罗马曾长期被认为是基督教的中心,公元475年,西罗马帝国灭亡,东罗马帝国首都君士坦丁堡意欲取而代之,以第二个罗马自居。随着拜占庭帝国的灭亡,圣索菲亚大教堂改为清真寺,基督教徒蒙受了巨大的耻辱。在16世纪,普斯科夫城的一个修道院院长给沙

---

① 参见安启念:《东方国家的社会跳跃与文化滞后——俄罗斯文化与列宁主义问题》,中国人民大学出版社1994年版,第135页。

② [俄]别尔嘉耶夫著,汪剑钊译:《俄罗斯的命运》,云南人民出版社1999年版,第7—8页。

皇上了一个奏折，提出莫斯科就是第三罗马，自 1054 年欧洲东西教会分裂后，东方基督教称为东正教，意为唯一正统、唯一正确的基督教，它能以最好的方式为上帝增光。这个学说提出以后使俄国的宗教甚至整个俄国的思想意识形态跟西欧对立了起来，在宗教文化上与西欧一直没有真正地融合在一起。长期以来，在基督教世界中，后来的俄罗斯人，却又觉得自己是真传，是基督教的希望所在，在不失自卑感、失落感的同时，又有一种救世主责任感和使命感。也正因为如此，俄罗斯是一个与众不同的民族，是上帝的选民，俄国则是"唯一被赋予某种使命并正在把整个欧洲作为某种腐朽物、面目狰狞的恶魔和注定要灭亡的东西而加以推翻的国家"①。有人甚至提出，一切圣徒都讲俄语。强烈的救世主义在其后的历史中得以传承，俄国人认为弘扬东正教的理想是拯救世界的唯一良方。强烈的救世主义对俄国的社会思想产生了广泛的影响。在不同的历史时期，民族救世主义虽然表现形态不尽相同，但救世主义理论深深融入了俄罗斯政治文化之中。"第三罗马演变成莫斯科王国，以后变成帝国，最后则成为第三国际。"在现当代政治中，列宁、斯大林的世界革命思想、勃列日涅夫"社会主义大家庭"理论和戈尔巴乔夫"全人类利益高于一切"的"新思维"，都有救世主义的意味。而普京上台以后，新俄罗斯已提出欧亚主义。这种地缘政治和哲学的概念旨在突出俄罗斯的"独创性"以取代西方主导模式，同时恢复俄罗斯历史的延续性。这种俄罗斯弥赛亚之说对俄罗斯的影响是多方面而又极其深远的，它一方面提高了俄罗斯民族的历史使命感，另一方面也给俄罗斯民族和其他国家带来灾难。

（四）一定的前现代性

所谓前现代性，指西方古代和中世纪文化的基本特征。"现代"这一概念来自拉丁文 medernus，出现于公元 5 世纪末基督教取得支配地位之时，当

---

① 安启念：《东方国家的社会跳跃与文化滞后——俄罗斯文化与列宁主义问题》，中国人民大学出版社 1994 年版，第 139 页。

时的基督徒使用这一术语宣告基督教时代的新纪元。在经历了“千年王国”之后，当人们重新使用“现代”这一概念时，却赋予它批判甚至摒弃基督教的含义。世俗文化和神圣文化的对立是区别现代性和前现代性的基本标准。① 具体而言，现代性是在启蒙运动过程中形成的。文艺复兴以来科学观念的传播以及人文主义思潮的发展，使科学、自由和追求世间的幸福成了推动启蒙的主要因素。与科学革命和启蒙运动的开展相伴随的，是对宗教的猛烈批判，这使社会表现为一个世俗化的过程，或者用韦伯的话来说，是一个“世界的祛魅”过程，宗教图景瓦解以及制度设计的结果，使现代性表现为三个分离：一是政治与宗教的分离，二是经济领域与政治领域的分离，三是经济与（非功利主义）道德的分离。它改变了人们的思维方式与世界观，形成了人们的理性意识，推动了反宗教蒙昧迷信运动，催生了主体性意识，产生了现代的自由、平等、博爱等价值观念，所有这些为现代资本主义社会的产生提供了思想基础，它们也因此构成了哲学意义上的现代性的基本特征。对现代性形象性的说明是市场经济、民主政治、个人主义文化。现代性观念的核心是理性及主体性。理性是启蒙运动用以替代上帝，作为价值之源与对现存事物批判的标准，是人们判定一切存在的合理性的法庭。“自由”构成现代性的根本价值。现代性对人的自由本质的认同，主要是与抽象的“个体”乃至个人主义相联系的。②

俄罗斯思想具有的共同性、非理性（直观感觉）、关注内在精神的完整、反资产阶级性、道德优先原则等特征，区别于西方观念讲求个性、理性（逻辑思维）、外在形式、资产阶级性、法治观念等。可以看出俄罗斯文化具有一定的前现代性。俄罗斯民族精神的前现代性，源自俄国社会的封建性。俄国思想家索罗金曾经说：“在基本特点方面，俄罗斯的意识、文化以及价

① 参见赵敦华：《超越的循环——前现代性和后现代性的循环关系》，《马克思主义与现实》1994年第4期。

② 参见陈嘉明等：《现代性与后现代性》，人民出版社2001年版，第8页。

值，与 6—12 世纪欧洲中世纪占统治地位的体系相类似。”①这一概括是有一定的道理的。

形成俄罗斯民族精神具有前现代性的原因主要是由于构成俄罗斯文化底蕴的东正教来源于东西文化的交汇处——拜占庭，由此，俄罗斯东正教不可避免地具有东方色彩，其中，中央集权和国家对社会生活各个领域的强烈干预等对俄罗斯历史影响深远，以至于欧化固然是俄罗斯的重要传统，但俄罗斯并不具有西欧民族国家那种民主与自由思想政治的实践和经验。由于俄国历次变革都是突发式的，没有相应的经济结构和经济基础作为其支撑点，总体上是在非市场化的情况下进行的。俄罗斯的资本主义生产方式在经济结构中则始终不居主导地位，二元经济结构现象明显，俄罗斯始终没有完全走出传统的社会经济状态。历次变革也主要是引进西方的技术和设备，并没有引进西方发达国家在制度上的优势，而且通过欧化成果装饰了集权模式，使俄罗斯更具有统治力。对现代性吸收不足使俄罗斯民族个性具有前现代性成为必然。亨廷顿强调，俄罗斯没有或很少经历过那些界定西方文明的历史现象，“西方文明八个特征之中的七个——宗教、语言、政教分离、法治、社会多元化、代议制机构、个人主义——几乎完全与俄罗斯的经历无缘”，“俄罗斯文明是基辅和莫斯科的本土根源、拜占庭的强大影响和蒙古长期统治的产物，这些影响造成一种社会和文化，它们与西欧社会和文化几乎没有共同之处”②。

显然，具有多种复杂特性的俄罗斯民族精神的进步性与反动性、先进性与落后性并存，这决定了俄罗斯民族精神的多元影响。俄罗斯民族精神一方面有利于国家政治稳定和民族团结，唤起了民族意识和人民意志以及全社会振兴民族的热情，另一方面也影响了国家的发展，给世界的其他国家和民族带来了苦难。

---

① 安启念：《东方国家的社会跳跃与文化滞后——俄罗斯文化与列宁主义问题》，中国人民大学出版社 1994 年版，第 142 页。

② 冯玉军：《谈“俄罗斯融入西方”的历史与文化难题》，《环球时报》2002 年 9 月 3 日。

四、历史的启示

我们通过对俄罗斯民族精神探讨得到的启示在于:任何国家在现代化进程中都需要不断地进行文化反思和民族精神的再造,民族精神中精华与糟粕并存,靠传统文化和民族精神自身不可以自我再生,而西方文化和其民族精神也并非完美无缺,它也不可能直接促成其他民族的现代化。因此,既要引进西方现代文化,吸收西方国家民族精神的精华,变革民族国家传统文化,改造国民性,又要凭借本国传统文化所内涵的精神来完成社会变迁,这是民族国家社会发展的首要选择。国家要实现现代化,既不能以文化保守主义拒斥工业文明,也不能全盘西化地移植西方现代文化,而应该以融合东西文化的精神去构造一种全新的民族精神,推进民族国家的发展。

保持自己民族意识的优秀成分,扬弃劣根性的部分,吸收外来文化的积极因素,这大概是所有民族经常要面对的课题。当人类历史的脚步迈入资本主义社会,以工业革命为标志的资本主义文明在全世界凯歌行进,工业革命的发源地——欧洲(西方)成为进步的代名词的时候,几乎所有落后国家都出现了民族性与西方性的问题(例如日本的脱亚入欧、中国的体用之争)。俄国作为一个具有东西方综合色彩的国家,“俄国与西方”的问题尤为突出,面对国家的发展方向进行着痛苦的选择。纵观300年的俄罗斯现代化进程,俄罗斯作为摇摆于现代化河渡上的摆渡者,其选择引发了俄罗斯政治文化的社会分裂,使社会发展失去其既定方向,影响了民族的整体发展。历史上西欧派与斯拉夫派的思想论战就是这种摇摆的体现。19世纪三四十年代,俄罗斯西欧派与斯拉夫派的思想论战,以阿·霍米亚科夫、基列耶夫斯基兄弟和尤·马萨林等人为代表的斯拉夫派坚信俄罗斯民族精英将决定俄罗斯的前途,而以吉格拉诺夫斯基、束·卡维林和巴安年初夫等人为代表的西欧派则认为应该从西欧发展的经验中寻找出路。斯拉夫派与西欧派在传统文化与西方文化两边各执一端，表现出他们对俄国现代化道路文化方向的自觉认识，也反映了他们俄罗斯观念思想的狭隘和偏执。

事实上，俄罗斯的发展证明不能完全固守俄罗斯思想。很显然，在封建小农经济、宗法血缘、专制政治土壤中孕育、成熟起来的俄罗斯思想，在整体结构上与现代化所要求的民主、科学、法治大相径庭。其核心内容和基本价值指向，是为旧的社会生产方式、政治体制服务的，在传统的土壤里，不可能自动生长出民主和科学的花朵，更不可能产生出市场经济。它自然地会对现实产生种种限制。独特的俄罗斯思想是人类思想发展长河中的一道独具魅力的风景线，而俄罗斯思想的一些负面因素已经阻碍了国家现代化的进程，影响了俄国走上世界文明发展的大道。因而，在当代意义上，俄国不可能超越人类文明共同的发展进程，俄国历史发展的例外性是不存在的，对外来文明精华的吸收永远是必要的。历史上俄罗斯对外来文化的吸纳有力地促进了民族文化的兼容并蓄和共同繁荣。外来客体文化不仅不会消解主体文化，反而给处于弱势的主体文化输出了新鲜的血液，植入了发达的文化因子，从而最终催生出盛极一时的主体文化。

俄罗斯的发展也证明不能全盘西化地移植西方现代文化。在俄罗斯的社会发展进程中，“西化”成为历史长河的主流。有人认为，从历史上看，在过去的300年内，俄罗斯曾多次试图打开通往西方世界的大门。可以说，“西化”是俄罗斯社会发展的一条主线，俄罗斯一直在追求与西欧的融合，但与俄罗斯“融入西方”的迫切心情形成鲜明对照的是，西方并未把俄罗斯视为自己的同宗兄弟。从古至今，西方人始终对俄罗斯抱有一种深深的歧视。在蔑视俄罗斯文明的同时，西方又对俄罗斯“坐大”怀有强烈的恐惧。这种复杂的情感导致了西方对俄罗斯政策的摇摆不定，西方在某些特定的历史时刻想把俄罗斯作为“小兄弟”纳入自己的体系，但更多的则是对俄罗斯的排斥与遏制。冷战结束以来，西方并没有放弃遏制俄罗斯的政策。无论如何粉饰，北约东扩的重要目标就是防范俄罗斯的崛起。这表明一个国家的现代化，需要吸收外来文化，需要使本民族文化实现现代化。但是，利用异域文化的价值观来取代或置换本民族文化，这种选择是不可取的。俄罗斯与西方交往过程中遭遇的挫折,令人深思。其实世界各种文明是不分优劣高下的,东西方文明各有自己独特的优势和特征。俄罗斯不可鄙视自身包含的东方文明的传统,而正可以以其独具东西方文明的优势而博采众长,并利用自己在世界民族大家庭中的优越地位,而发挥自己独特的作用。

当前,后俄罗斯面临的文化选择有四种可能性:(1)彻底西方化;(2)彻底民族化(斯拉夫化);(3)恢复苏联模式东方专制化;(4)兼容并收东方和西方的长处,创造出符合本国国情的社会模式。显然固守传统和完全追随西方都是不可取的,恢复苏联模式东方专制化不可能。普京于2000年3月执政后吸取了苏联解体和叶利钦统治时期的经验教训,否定走极端的做法,凸显兼容性,把全人类的普遍价值观和俄罗斯经过考验的传统价值观有机地结合一起,奉行温和、渐进和均衡的路线,提出实现东西方文化融合的欧亚主义,在自由主义、民族主义和社会主义的混合理念中探索一条俄罗斯发展道路,重塑俄罗斯的强国美梦。欧亚主义的最大特点在于他们意识到俄罗斯文化的独特性,它既不是纯斯拉夫的,也不是纯亚洲的,所以它既反对民族和文化的孤立主义、保守主义,也反对盲目地照搬西方经验和道路,他们要确定一种实现东西方文化融合的“欧亚文明”。他们认为俄国现今所做的一切,目的不应是使俄国成为“第二个西方”或成为西方的一部分,而应发挥自己特有的历史创造力去丰富世界文明本身。这正如俄罗斯共产党领导人久加诺夫所言,俄罗斯走出今天困境的出路的未来在于:“把俄罗斯千年传统与苏联时期的优秀成就和对现代外国经验的掌握结合起来”。在此基础上重塑俄罗斯民族精神和民族思想,因为“只有民族思想才能成为进行必要改革和改造的基础”。

我们应该看到,融合东西文化的精神去构造一种全新的文化和民族精神是一个艰难的过程,但是我们相信俄罗斯通过克服传统文化的消极因素,继承和发扬“俄罗斯思想”中的积极因素和合理内核,并将其成功地融入到现代化建设中,使其成为现代化的动力,就会一天天从困境中走出,一天天走向繁荣,我们期待着这一天的早日到来。

第五章
美利坚民族精神研究

美利坚民族精神的生成本质上就是美利坚民族的形成过程，而美利坚民族精神作为一种凝聚力、向心力和激励精神又推动了美利坚民族的不断发展和繁荣。“不是意识决定生活，而是生活决定意识”，对美利坚民族精神的历史溯源，应该从地理环境、生产方式、文化传承、民族交往等方面展开。

一、美利坚民族精神的历史渊源

从地理环境上而言，美国的国土条件与自然资源是得天独厚的。美利坚合众国的国土位于北美洲中部地区，最初只有大西洋沿岸的13个州，后来通过兼并、购买甚至直接占领等方式扩张到太平洋沿岸，国土面积达到九百多万平方公里。辽阔的国土蕴藏了丰富的矿藏资源，这些都为美利坚民族的发展提供了极其雄厚的自然基础，为美国人的民族习性与价值观念的形成提供了丰富的物质条件。同时，地理环境的多样性、气候条件的多样化与民族构成的多元化综合作用，促进了美国社会多元文化的形成和美国人价值观中对自由精神的崇奉。地理环境对民族精神的形塑与构成作用不在于预先提供了一个富饶或恶劣的生存境遇，而在于身处该环境其中的人们如何认识和应对这种客观的生存境遇。就此而言，无论地理环境优劣与否，只要人们以一种合理的态度来认识自然并积极地进入自然，在与自然的物质交换中实现对人自身的本质占有和实现，则民族精神就以内化与外化的方式在互生互动中不断生成。一方面，富饶的自然环境可以培育美国人积极向上、乐观进取的民族性格；另一方面，贫瘠的地理环境也孕育着吃苦耐劳、勤奋勇敢的国民精神。一部西部运动的拓荒史就是美利坚民族精神的拓展过程。尚未开发的西部地区自然环境恶劣、缺少必要的基础设施，又面临着与异族文化上的认同障碍，但也正是在西部地区，提供了相对平等的机遇与较为公平的竞争机会，使得人人都可能实现自己的梦想。在此意义上，西进运动的意义不仅在于解决随人口增长而来的生存资料的需要，更重要的在于培育了美国人的竞争意识、冒险精神与积极进取的态度。即便进入后工业社会，西部精神一直都被视为推动美利坚民族发展的核心要素与动力根源。

从生产方式而言，美利坚民族自形成以来就受资本主义生产方式影响并内化于其国民性格之中。欧洲移民尚未到达的北美大陆，封建制生产关系并未得到充分发展，长期生活于此的印第安部落施行的是原始的狩猎和采集经济，而欧洲移民不仅带来了新的生产工具与技术，也几乎未受多大阻碍地就移植了欧洲大陆的资本主义生产方式与经济体制。尽管在南北战争以前，南方的奴隶主种植园经济较为普遍，但从其生产流通环节而言基本上都是资本主义生产方式的，而南北战争之后则是彻底地将全国经济整合为资本主义生产方式。需要指出的，美国资本主义生产方式的形成既不是内生的，也不是外部压力所致的转型，而是原本一个较为自由的社会空间与先进的外来思潮的相互切合和互相促进的过程。尽管早期美国资本主义生产方式的确立带有一定的殖民地色彩，但它培育了美国精神中最为核心的要素——资产阶级民主精神。在政治上不存在封建制度的禁锢，在南部地区废除了奴隶制，给予多数人以普选权，实施了比英国更为激进和发达的民主议会制。在经济生活中保护私有财产的合法性，倡导平等竞争与自由贸易。

在宗教文化上则深化和拓展了资本主义的"清教精神",使勤奋、廉洁、节约和自省精神成长为国民精神的重要内容。

从文化传承而言,美利坚民族精神的形成是多元文化长期积淀和交融的结果。康马杰在《美国精神》中指出:"美国性格是继承和环境交互作用的结果,而两者都是错综复杂的。以继承而论,美国不仅继承了英国的传统,也继承了17、18世纪的传统,也继承了两千年来的传统。美国是英国的产物,这一点谁都承认。美国的文化和制度的渊源可以追溯到希腊、罗马和巴勒斯坦,这一点却被遗忘了;美国人所保持的国家、教会和家庭的基本制度以及他们所珍惜的基本价值观念都表明了这种悠久的来源和关联。"①从文化溯源的层面分析,美利坚民族的自由与独立精神实质上源出于英法的文化传统。《独立宣言》中"人人生下来就是平等和独立的"起源于洛克的自然权利说,而三权分立思想则直接来源于孟德斯鸠,边沁和穆勒的功利主义伦理学则对美国人的实用精神和务实态度产生了深刻影响。德国文化中的严谨态度与理性精神也在很大程度上塑造着美国人的国民性格。美利坚民族性格既不乏基于经验之上的生活激情,也具备基于理性之上的缜密与严谨。除此之外,美国文化也从"两希文明"中吸收了思想养料并转化为美国国民精神的一部分。

从民族交往的层面而言,美利坚民族的形成是一个多民族不断融合的过程,也是一个民族气质与特性不断交融的过程。本质上而言,美利坚民族是一个彻底的移民国家。当地的土著部落是数万年前从亚洲绕白令海峡而到达美洲大陆的最早移民,而后到17世纪才有英国人、荷兰人、法国人、德国人等成规模地进入,18世纪则有大批的亚洲人为生存缘故也踏上美洲大陆,以至于有人惊叹:"美国人血管里的每一滴血,都混合着全世界各民族的血液。"在这其中,以英语为主体的共同的语言体系、共存的地理环境、统一的经济模式和基本相似的民族心理素质这四重要素日益融合,最终导致

① [美]康马杰著,南木等译:《美国精神》,光明日报出版社1988年版,第4页。

在18世纪中叶美利坚民族的正式形成。[①] 统一的美利坚民族是在各民族思维方式、文化传统、价值观念和宗教信仰的对立和冲撞中不断生成的，也正是在开放性地吸取外来移民的先进思想中，美利坚民族精神才保持其丰富的活力，得以不断开拓与创新，例如印第安人的热情乐观、非洲移民的勇敢冒险、华人移民的勤劳务实等精神都先后融入美利坚民族之中，并成为其重要的内容。

二、美利坚民族精神的主要内容

作为共同的观念凝结、行为准则和性格气质，美利坚民族精神尽管复杂而多样化，但从一般性概括而言，主要表现为如下内涵：

第一，自由精神构成了美利坚民族的核心价值观。美利坚合众国作为一个民族国家的建立是在反抗外来压迫的过程中得以确立的，“不自由，毋宁死”，独立战争胜利之后矗立在曼哈顿的自由女神像是美利坚自由精神的象征。美利坚自由精神除了表达为追求独立的爱国主义精神之外，还表现为一种个体主义精神。在美国人看来，这种个体的自由不仅不会损害群体和国家的利益，相反是维护群体利益和国家自由与独立的基础。个体的自由不仅包括个人肉体上的免受限制，获得人身自由，还包括宪法自由，即有选举和言论的自由。美国人的自由并非不受任何限制的无拘无束、放任自流，而是基于契约原则和责任精神的自由。自由首先是与国家法律、社群利益和个体道德良知订立契约，在遵循共有准则的前提下鼓励发挥个体的自主性和创新性。自由不仅是一种思想和行动上的权利，同时也意味着承担起对国家、社群、他人和自我的责任。正如克林顿在就职演说中指出的：“没有责任感，任何自由社会都不会繁荣，……我们的创建者教导我们，要

① 参见李其荣：《美国精神》，长江文艺出版社1998年版，第58—61页。

维护我们的自由与联盟，必须依靠富有责任心的公民。我们最大的责任心，就是要心怀一种面向新世纪的新的社区精神。因为我们中间任何人如果要获得成功，我们就必须作为一个美国人而一起成功。"①可以说，自由精神作为一种总体化的力量，已深入到美国社会的方方面面，对美国人的思想理念、民族性格与行动方式发挥着重要的塑形作用。

第二，平等原则与竞争意识相辅相成，共同构筑了美利坚民族基本的社会准则。"平等是美国人的主要特征，是理解美国国民性层面的关键，平等思想似乎是产生所有其他事实的基础。"②美利坚民族性格中平等原则的生成，不仅与它未经历漫长的封建社会之禁锢、缺乏等级制的历史渊源有关，而且还与美国人对自然权利的深刻认知密不可分。在杰菲逊起草的《独立宣言》中将人人生而平等看做为基本的自然权利，而且这种自然权利既不可剥夺也不可让渡。尽管美国历史上始终存在着种族歧视、性别歧视等不平等现象，但总的而言，"平等观念已渗透到美国人的生活和思想领域，他们的行为、工作、娱乐、语言和文学、宗教和政治，无不体现平等观念，现实生活中的各种关系，无不受这种观念的制约"③。但在美利坚民族中，平等精神并不是空乏的、抽象的，而是与竞争意识相辅相成，即是说，平等并不是绝对的平等，而是在公平竞争的前提下机会均等，主张每个人无论出身贵贱、种族血统，都有机会站在同一起跑线上相互竞争，至于竞争的结果，则与个人的勤奋程度、智慧水平和客观环境相关。作为自由市场体系最为发达的现代经济体系，美国人在国内经济生活中坚决反对运用不合理的竞争手段垄断资源与市场，因而早在1890年就颁布了反垄断法——《反托拉斯法》。在美国人看来，对平等原则最有力的维护就是坚决而彻底地施行基于机会公平的自由竞争。但是，竞争意识的过度膨胀也必然走向尔虞我诈、人际冷漠、拜金主义等，这也是需要加以反思之处。

第三，实用主义精神是美利坚民族精神的重要内容。实用主义作为近

① 李剑鸣、章彤：《美利坚合众国总统就职演说全集》，天津人民出版社1997年版，第487页。

② 转引自李其荣：《美国精神》，长江文艺出版社1998年版，第25页。

③ [美]康马杰著，南木等译：《美国精神》，光明日报出版社1988年版，第16页。

代以来对美国影响最大的文化思潮,已经深入到美利坚民族精神的内核之中,形成为美利坚民族精神的特质与属性——实用主义精神。实用主义精神起源于皮尔斯所开创的实用主义思想,詹姆斯将其确立为实用主义哲学,路易斯和杜威则对其深化与扩展,并应用于社会生活与教育实践中,实用主义的影响逐渐扩展开来并渗透于社会生活的全部领域,凝聚成美利坚民族精神的重要内容。实用主义哲学基于四个基本的理论原则:真理即是效用、思想是人应付环境的工具、彻底的经验主义、以渐进地改造世界为己任。当实用主义哲学的思维方式与美国人的生活实践相结合并互生互动而凝聚成一种基础性的民族性格与民族心理时,就形成了以求真务实、讲究实际效用的实用主义精神。政治生活中,在坚持原则与宪法的前提下美国人也奉行灵活和变通法则,不仅讲求程序公平,同时也注重实质公平。在经济生活中,以追求具体的经济效益为根本目的,反对空泛的计划与决策。即便是工人罢工,也较少提出激进的政治要求,而走改良主义路线,多以改善工作条件、增加薪金待遇和福利为目标。在法律生活中,美国是一个习惯法传统的国家,认为只要能解决问题的方法,无论是基于何种目的、由谁提出,都可能被采纳。正如美国法学先驱霍姆斯所深刻指出的:“法律的生命不在逻辑,而在经验。”美国的教育具有鲜明的实用主义特色,反对死记硬背、重理论轻实践的倾向,而注重培养学生的动手能力、实践能力和创新精神。

第四,勇于冒险和开拓进取的西部精神。美利坚民族精神不仅是在血与火的反抗外来殖民的独立战争中锻造形成的,也是在开拓边疆、拓展生存空间的西部运动中不断发展和丰富的。房龙指出,美利坚的民族精神“是边疆的产物”,或者说边疆精神“实际上成为了美国精神”①。西部地区面积辽阔、资源富饶,而又没有任何等级制的禁锢,成为了美国式民主的演示场,是美国民主得以扩展和深化的疆域基础。西进运动所遵循的“先入为主,先到先占”的自然法则培育了比东部地区更为激进的平等理念和民主思想,催生了美国人的独立意识、竞争意识和冒险精神。梭罗在《西行求自

① 参见[美]房龙著,姜鸿舒等译:《美国史事》,北京出版社2001年版,第291页。

由》中写道:“朝东走我不自在,西行则感到自由。我们走进西部便走向未来,每当夕阳西下,总是激起我西行的欲望。”①西部运动也造就了美国人勇于冒险、不畏险阻的进取精神。尽管西部运动在很大程度上是一种群众性的冒险运动,它是“冒险者的天堂,怯懦者的坟墓”,其间无数人死于疾病瘟疫、饥饿酷暑、外来袭击,但怀着对“幸福之乡”的向往,怀着白手起家的“淘金梦”,无数美国人源源不断地奔赴西部。向西行进的拓荒运动展现了美国人勇于冒险的精神,同时也锻造了美国人吃苦耐劳、开拓进取和乐观向上的生命精神。时至今日,西部精神依然是大多数美国人心目中最富特色、最受尊敬和激励人心的精神理念。

第五,个人主义是美利坚民族精神的主体。美国的个人主义绝非是对集体主义和民族利益的简单对抗与拒斥,相反,美国人的爱国主义、社群精神正是建基于个人自由之上并通过个体的责任意识、契约原则与道德良知而得以表达和实现的。美国个人主义的思想基础是基于自由意愿和自由选择的人本主义,认为人性的展现就是让每个人都在肉体上自由生存、思想上自由表达、政治上具有独立选择的能力和经济上的自力更生。具体而言,美利坚的个人主义经历了四个发展阶段:(1)早期殖民地阶段个人主义表现为反抗压迫、束缚与控制,追求自由与独立,这主要体现在北美独立战争期间。(2)西部运动中强调个人奋斗的重要性,将政府的干预作用限制在最小范围内,倡导依靠个人的勤奋、智慧和运气实现财富创造与价值展现。(3)工业化时期的个人主义则明显地具有二重性,不仅强调在机会均等的前提下个人的勤奋、才智和进取精神,同时缺乏合理规导的个人主义容易失控,造成弱肉强食、两极分化的现象。(4)后工业化社会中个人主义向社群主义逐渐回归,强调对他人和群体的责任意识。但这种向社群主义和集体意识的回归不是用集体主义来取代个人主义,而是改变以往单凭一己之力自我奋斗的局面,而通过与他人和群体的合作与互动,来实现自我价值。贯穿美利坚民族的发展史来看,个人主义作为其主体性的民族精神对于维护

① 转引自姜德琪:《西进运动对美国民族精神的影响》,《山东社会科学》2003 年第 3 期。

个人自由、保持社会活力和鼓励创新精神具有重要意义，但随着社会交往的普遍化和深入化，特别是在全球化时代利益与风险逐步趋向一致，个人主义面临着自身的限度与困境，在个体生活中容易走向以自恋、孤寂为特征的自我中心主义，在国际交往中则有走向单边主义和霸权主义的危险，这些都是值得反思和检讨的。

此外，宽以待人、节俭勤奋、求真务实、开拓创新等也是美利坚民族精神中的重要内容，它们以不同形式塑造着美国人的民族习性与气质，对美国的政治生活、经济发展、社会状况以及国际交往发挥着重要的精神激励与导向作用。

三、美利坚民族精神的特征

民族精神是普遍性与特殊性的内在统一，既具有为世界上大多数民族所共有的普遍特征，也是该民族的民族性格与民族特质的集中映现，都是对民族生存与发展历史的观念凝结。就此而言，美利坚民族精神具有其内在的基本特征：

美利坚民族精神是实用精神与理想主义的结合。如果说有一种最能刻画美国人性格的特征，那无疑就是实用精神。实用精神的核心是真理即效用，而随着美利坚民族精神的不断生成与发展，它逐渐生成为一种基础性的思想理念与价值立场并内化为美国人的民族习性与特质。从其影响而言，它几乎穿透于美国人生活的全部领域，沉积为美国人所特有的一种思维范式、生活方式和行事作风。无论是对作为整体的美国社会，还是普通民众，都发生着构成和形塑作用。这不仅反映在日常生活中美国人崇尚实际、注重结果，也表现在科学研究中反对空谈，秉持求真务实的态度与作风。即便在外交事务上，也以维护美利坚民族自身的实际利益为根本，无论是在国际反恐行动、全球能源争夺战，还是处理贸易摩擦、国际争端等问题，都以美利坚民族自身的利益为出发点。但美国人的实用主义绝非丧失宗教理想与道德信念而走向流俗的效用主义，甚至拜金主义。相反，美利坚民族精神中具有深厚的理想主义特质。美利坚民族精神中的理想主义具有多层意涵：从宗教信仰上而言，以基督教为主，包括犹太教、天主教、佛教在内的多种宗教信仰并存，为美国精神立下了深厚的宗教根基。无论身处何种境遇，都始终相信美好世界的存在。反映在经济生活中，资本主义在北美大陆的开拓与"清教精神"有机结合，塑造了美国精神中清俭克己、勤奋进取的一面。此外，美国人所表现出来的追求无止境、创新无极限的进取态度也是对美国精神中理想主义特质的有力诠释。实质上，美利坚民族精神之所以能长存常新，重要原因就在于它不是任何一种精神特质的极端化发展和无限膨胀，而是在经验与超验、有限与无限、世俗与宗教、经世致用与理想人格的紧张互动中保持合理张力而不断生成和实现的。

内在性生成与外在性扩张构成了美利坚民族精神二元式的生成进路，使其既具原生性特征，又在输出性冲动下面临走向霸权主义的危险。本质来讲，美利坚民族精神是在美利坚自己的民族生成史、经济发展史和社会进步史中不断凝结而成的，具有深刻的原生性特征。如果说早期美国人民族习性与特质发源于欧洲，那么自 19 世纪的新科技革命以来，美国人事实上已将精神基底、生活信念与价值取向建立在美国本土之上。从宗教信仰、伦理道德，到民主法制、市场经济、科技创新，无不具有鲜明的美国特色，或者说美国式的。综观 19 世纪新科技革命以来的美国发展史可以发现一个特征，即它从物质生产到精神创造都摆脱了对欧洲的传统依赖；相反，还逐渐向包括欧洲在内的其他民族国家进行输出，并尝试着用经济援助、政治模式、美国式的民主观与价值观来影响与支配其他的民族国家。这种向外输出与扩张的冲动最早反映在 1823 年的"门罗宣言"中，即美洲是美国人的美洲，反对欧洲对美洲的干预。随着综合实力的不断上升，美利坚民族精神中这种对外输出和不断扩张的冲动与野心也愈加强烈，使其在世界主义的外表下带有浓厚的民族主义色彩。而在冷战结束之后，美国采取了"新经济"、"新政治"和"新军事"政策，在"人道主义"旗号下不断向外输出美式民主，在国际事务上以确保美国"安全、经济、民主"三位一体的国家利益，继续维护自身的霸权地位并逐步走向单边主义。

积极的个体主义与强烈的社群精神是美利坚民族精神中的“一头两面”，两者间的紧张对立与互相生成共同彰显了美利坚民族精神是在同质性中保持开放性，单一化中实现多样性的特征。积极的个体主义是美利坚民族精神的核心与基底，这从理念、制度与实践层面都得到充分确证。但个体在强大国家面前的有限性和脆弱性使其不得不寻求一种群体性的现实庇护或精神归属。“美国的经验告诉我们，在个人和国家之间，还有社群。社群有各种各样的，有按照利益结合起来的，有一些共同的价值观作为纽带的，有地域性的、社区性的、行业性的，也有价值性的、兴趣性的。”①社会精神从萌发之始，就与美利坚民族的发展史具有一致性，内化其中并沉淀为该民族的民族心理素质与思维范式。到达北美大陆的早期先民囿于生存环境之艰苦而必须进行群体劳作与共同协商，随着人口数量的增加和生存领域的拓展，生活群落也从村落、市镇、州郡直到民族国家，形成自下而上的群体性网络，贯穿其中的红线或出于血缘种族关系，或出于地缘居住关联，或出于行业共同性，或出于宗教信仰与价值需要，等等。总之，美利坚社会中任何社群的形成都有其背后的利益目的与价值需求，希望通过结社来扩大自身的影响力取得更多的话语权，以更好地维护本群体的利益。由于不同群体间在利益目标与价值导向上必然会存在一定的裂隙甚至冲突，为了保证普遍利益和共同目标的达成，社群之间也会互相妥协寻求合作。在此意义上，美利坚民族精神也是个体主义与社群主义的矛盾结合，这既是对个体主义的纠偏和修正，也是对美利坚民族精神本身的丰富和发展。

四、美利坚民族精神的启示

中美两个民族都是世界上伟大而优秀的民族，都是人口众多、国土辽

① 许纪霖等：《当前学界的回顾与展望——许记霖、黄万盛、杜维明三人谈》，《开放时代》2003年第1期。

阔，具有国际影响力的大国，都经历了长期反抗外来压迫的斗争才实现民族独立，都具有勤劳勇敢、吃苦耐劳和开拓创新的精神，在一些重要的国际问题上具有共同的战略利益和要求，因此，中美两国不仅应在国际事务上相互合作，而且在民族精神、民族文化上可以互相学习，取长补短。就此而言，美利坚民族精神对于弘扬与培育中华民族精神具有重要的借鉴作用和启发意义。

美利坚民族历来崇尚平等原则，认为所有人生来都是自由而平等的，平等地享有一切自然权利。相比较而言，五千年的中华文明史中大部分时间都是处于阶级社会之中，等级制度长期存在，等级观念根深蒂固，特别是自封建社会以来的三纲五常观念严重地束缚着人们的思想世界与现实行为。即便进入改革开放的今天，等级思想和不平等现象依然存在，为了实现社会和谐与稳定，维护社会平等与公正，必须积极借鉴其他优秀民族的思想精华，发展立足于中国实际之上的平等原则与自由精神。

尽管西部运动是美利坚民族特有的疆域拓展与生存拓荒运动，具有一定的历史特殊性，但西部运动中所培育和展示的进取意识、乐观态度和冒险精神，不仅有助于丰富中华民族精神的内涵，而且对中国当今的西部开发具有启示意义。中华传统文化秉持“慎独”、“中庸”理念，许多人认为“祖宗之法不可变”，缺乏“敢为天下先”的勇气，对于超越边界、有悖常规和违反惯例的行为均视之为过。辩证而言，以此种精神理念行事一般都在规则之内，有助于保持社会稳定与平衡，但如果长期墨守成规，保守僵化，则可能导致个体缺乏创新精神，社会发展缺乏活力。正因为如此，在中国改革开放之初，面临既无国际经验可资借鉴，又无前人实践的前提下，大胆地提出了“摸着石头过河”的政策。当改革事业经受国内外考验之时，又果断提出“胆子再大一些，步子再快一些”，抓住有利时机推进改革开放进程。当前我国提出了西部大开发的战略，尽管从经济基础、文化背景和开发方式上与当初美国的西进运动有根本性差异，但美国西部运动中所涌现的艰苦奋斗、积极进取和勇于冒险的精神都值得学习和借鉴。西部地区的发展繁荣从根本上而言需要西部地区人民的艰苦奋斗、自力更生，需要确立勇于变革、敢于创新的精神。新时期中国西部精神的塑造,本质上而言就是对中华民族精神的发展和丰富。

美利坚民族锐意进取和不断创新的精神,特别是进入知识经济时代以来,对科技教育的投入,对人才的重视,具有非常重要的借鉴意义。创新精神是美国经济的灵魂,在创新中发展是美国经济的本质特征。正是在创新精神的激励之下,美利坚民族用了不到一个世纪的时间,在19世纪中叶就超越了英德法等老牌资本主义强国。从爱迪生发明第一盏电灯开始,到1999年美国公司已经取得了600万个专利;美国企业用于研发的资金每年都以两位数的速度增长。美国人对科技创新的重视还反映在对教育的高投入、对人才的重视、对创新思维的鼓励上。总之,从20世纪至今,美国的综合实力长期居于世界前列,这与其锐意进取、勇于创新的精神密不可分,与其重视教育、尊重知识和鼓励创新密切相关。中华传统文化也一直强调创新:"苟日新,日日新,日又新。"四大发明就是中华民族创新精神的结晶,中华文明长期处于世界前列,依靠的就是全民族的创新意识与进取精神。但近代中国由于闭关锁国而滋生了保守僵化夜郎自大的情结,导致落后挨打的被动局面。进入新世纪的中国社会,面临着知识经济的挑战,必须培育与弘扬中华民族的创新精神。这不仅需要从思想观念、文化教育、社会体制等方面加强创新精神的培育,也需要实践创新,具体而言,一是加强科教兴国战略,把培育创新型人才当做高等教育的根本目标;二是积极发展创新型产业,构建以技术密集型为主导的知识经济产业体系;三是推动社会制度创新、体制创新和结构创新,形成全民族全社会的创新体系。

但是,美国人的民族习性之中也存在着某些危险因素,如若缺乏合理的限制与规范,不仅可能演变为阻碍美国社会稳定与发展的力量,也可能对全球稳定与和谐造成负面影响。其中,个人主义如果无限膨胀,可能导致社会分层、两极分化,甚至在国际事务上走向霸权主义与单边主义;美国式的民主精神与平等原则即便在美国社会内部,也存在着自身的限度与困境,程序正义与实质正义之间的矛盾无处不在,而且,美国式民主并不一定适合其他国家;美国精神所崇尚的民主、自由、人权具有鲜明的美国背景,而对于广大发展中国家而言,生存权与发展权才是首要的和基本的人权与自由。在这个意义上而言,对美利坚民族精神的学习与借鉴既必须坚持开放和包容的态度,同时又要在批判和反思的立场上进行。

第六章

古巴民族精神研究

古巴，这是个离我们遥远而又亲切、神秘而又熟悉的国度。说她遥远，因为古巴是位于加勒比海上的一个岛屿国家，离中国远隔千山万水，中间隔着浩瀚的太平洋、美洲大陆；说她亲切，因为从历史上古巴人民就同中国人民友好往来，在争取民族独立和社会主义现代化建设的过程中互相支持、互相帮助，结下了深厚的国际友谊。但印象中的古巴又是一个神秘的国度，它离美国本土只有90海里，处在当今世界上唯一的超级大国美国的“鼻子底下”，又长期遭受美国的经济封锁、贸易制裁、和平演变。但古巴何以能够顽强地存在并且成功地突破重围呢？古巴何以能够在较低的经济增长基础之上仍然实现了被国际社会称赞为“古巴奇迹”的高效率、普遍化的全民医疗与免费义务教育呢？在苏联解体、东欧剧变之后，古巴的经济遭受重创，再加上百年不遇的飓风席卷了一半的国土，国际上美国对古巴实施了严厉的制裁与贸易禁运，并且加大和平演变力度，古巴又是如何生存下来并逐步摆脱困境的呢？在全球化、市场经济、多元文化已经成为时代主题与历史潮流的情况下，古巴如何进行自身调整适应历史发展的新环境呢？

古巴之所以能够走出困境，究其原因，从经济方面而言，是古巴1959年革命成功之后，长期不懈地坚持发展经济，积累了较为雄厚的基础，再加上古巴得天独厚的旅游资源优势，使得能够在苏联解体之后，经过经济结构调整，重新实现经济增长；从政治方面而言，古巴共产党将原则性与灵活性有机统一起来，既能够在世界社会主义事业遭受挫折之时矢志不渝地坚持共产党的领导地位，坚持社会主义道路，从未放弃对共产主义事业的崇高信念，又能不断创新、开拓进取，根据历史发展的趋势，不断调整国内外政策，始终将提高广大人民群众的生活水平、维护社会正义作为首要目标；从文化教育方面而言，古巴始终将提高广大人民的教育水平作为革命的首要目标，造就了大批高素质的社会主义建设人才。但是，在古巴的社会发展、民族振兴事业之中，一个重要而关键的因素就是古巴这个民族所蕴涵的独特的民族精神、民族气质。古巴的民族精神是古巴人的灵魂，是古巴历尽千辛万苦依然屹立不倒的精神支柱，也是古巴实现民族振兴的内在动力与精神源泉。

古巴虽然与中国相距遥远，也没有中华民族五千年的历史文化传统。但是，古巴民族和中华民族一样，在近代都曾经受过西方列强的殖民统治与压迫，为了民族的独立与解放也进行着不屈不挠的斗争，都是以马克思主义为指导思想的社会主义国家，社会主义建设都是在一穷二白的基础上进行的，也都面临过苏联解体、东欧剧变之后社会主义应该向何处走、怎么走的问题。特别是到了经济全球化、政治多元化、文化多样化的今天，如何在保持国家稳定、社会和谐的基础上实现人民的生活水平提高、经济增长、政治民主、文化繁荣，这些都是中国和古巴所面临的共同的时代问题。“他山之石，可以攻玉”。我们有必要认真研究古巴的民族精神，探求在古巴的民族解放、社会主义事业建设与古巴的民族精神之间的内在关联，并与中华民族精神进行比较研究，以此为弘扬与培育中华民族精神，实现中华民族的伟大复兴予以重要的借鉴与启发意义。

一、古巴民族精神的历史渊源

民族精神，从根本上而言，是一个民族生命力、创造力和凝聚力的集中体现,是一个民族生存与发展的灵魂所在。很难想象,一个丧失了民族精神的民族,是如何能够站立起来并如何能够屹立于世界民族之林的。

如何理解一个民族的民族精神,深刻把握其内在的、本质的特征呢?这要求我们必定要面对历史性与时代性的关联。一方面,民族精神是在一定历史发展进程中孕育、形成和演进而成的,与特定历史传统紧密相关,是特定民族文化传统的精神支柱与守护神,具有深厚的历史根基。而另一方面,民族精神又必然随着时代的发展和民族的进步而丰富其内容,改变其表现形态,并展示出其时代性特征。每个时代的民族精神各有其时代特点和内容,表明当时的时代精神状况。如果没有一定的时代意识,就不能把握民族精神的历史性变迁及其内在逻辑轨迹。只有在历史传统的积淀与时代的超越的统一中才能深刻领会与准确把握民族精神。[①] 理解世界上任何一种民族精神,都必须从时代性与历史性、传统性与超越性的相互关联出发,才可能获得较为准确与合理的把握。古巴民族精神也是在传统与现代、历史与超越的互动中得以生成与实现的。理解古巴的民族精神,必须回顾性地考察古巴民族精神的历史渊源,然后将其纳入到全球化、市场化、多元化的现代视野中,通过前后的关联性研究,挖掘出最能代表古巴的民族气质的精神内涵与文化内核,只有这样,我们才可能较为准确地把握住古巴这个独特而又重要的民族的精神内涵。

一般而言,对于古巴民族精神的理解往往是顽强不屈、勤劳勇敢,积极追求民族自由、独立与解放。这些可贵的精神气质尽管是世界上许多民族都具有的,但是倘若我们联系到古巴的地理位置、历史发展、民族斗争史、国内外形势等,我们就能够深刻感受到古巴这个民族能够发展到今天,是多么的来之不易;古巴人民身上所体现出的民族精神、民族气节,是何等的伟大。

古巴民族精神的形成,与古巴独特的地理位置密不可分。从地理位置

① 参见欧阳康、吴兰丽:《民族精神的概念界说与研究思路》,《华中科技大学学报》2004 年第 2 期。

上而言，古巴是一个不折不扣的岛国。她位于加勒比海西北部，东与海地相望，南距牙买加 140 公里，北离美国佛罗里达半岛南端 217 公里（约 90 海里），由古巴岛、青年岛等 1600 多个岛屿组成，面积约 11.45 万平方公里，是西印度群岛中最大的岛屿国家。作为一个岛屿国家，古巴的自然资源较为单一，以烟草、甘蔗、镍等为主要商品，岛上能源非常短缺，淡水资源较少，经济结构较为单一。古巴人的民族习性、精神气质与古巴独特的地理位置具有一定程度的关联。孟德斯鸠在《论法的精神》中曾就地理位置与民族习性之间的关联做过详细考察，他认为如果身处一个土地肥沃、物产丰富的土地上，则自然会养成一种依赖型的民族习性，由此往往导致建立贵族政权，也容易向强者屈服。一旦向统治者屈服，则就失去了自由的精神。但如果处在一个贫瘠的山区，没有多少财产可以保全，则自由就是人们所热烈向往的，这往往导致人民的统治。相比较这两种地区而言，孟德斯鸠特别赞赏海岛民族。他说："海岛民族比大陆民族更重视自由。海岛通常幅员甚狭；很难雇佣一部分居民去压迫另一部分居民。"①因此，尽管孟德斯鸠的观点是"环境决定论"的，具有一定的缺陷，但是我们将古巴的地理位置、古美关系、古巴民族精神之间联系起来考察，还是能够发现其中的关联。

首先，古巴民族精神的形成，与古巴所面临的国际环境有密切关联。从地理位置上看，古巴地处南北美洲之间，与美国本土隔海相望，具有重要的战略地位。特别是在冷战期间，由于以美国为首的资本主义阵营和以苏联为首的社会主义阵营之间的紧张对立，地处美国"鼻子底下"而又走上社会主义道路的古巴在全球就显得特别引人注目。1962 年爆发的"古巴导弹危机"②更是把古巴这个加勒比海小国推上了世界历史的前台。美国极为看

① 参见［法］孟德斯鸠：《论法的精神》，转引自北京大学哲学系编译《西方哲学原著选读》，商务印书馆 1982 年版，第 46—48 页。

② "古巴导弹危机"是指：1962 年 8 月底美国 U2 侦察机在古巴上空侦察到苏联正在古巴修建导弹发射场。10 月底时任美国总统肯尼迪宣布对古巴实施全面的海上封锁，并以战争为威胁要求苏联拆除在古巴的导弹设施。赫鲁晓夫迫于国内外压力放弃在古巴的导弹计划，"古巴导弹危机"宣告结束。究其实质而言，"古巴导弹危机"是美苏两个大国在冷战期间的一场核赌博。参见吴于廑主编：《世界史·现代史编》，高等教育出版社 1994 年版。

重古巴的战略位置，想方设法对古巴进行各种形式的演变。在武装的“猪湾登陆”以彻底失败告终之后，又频频鼓动与资助流亡到美的古巴反革命分子，策划对古巴的和平演变。美国将古巴视为自己的“眼中钉”、“肉中刺”，时时刻刻都希望能够将其除掉。1989 年苏联解体、东欧剧变之后，古巴经济陷入前所未有的困境之中，失去了苏联的政治依托、军事保护和经济援助，又遇到一系列的严重自然灾害，对外贸易锐减、能源供给匮乏、食品和生活用品严重不足，资金极为紧张，建设项目中断，人民生活极为困难，敌对势力空前活跃，社会内部矛盾空前尖锐，社会主义事业面临夭折。在这种背景下，美国立即通过《托里切利法案》，宣布加强对古巴的贸易制裁，企图“将社会主义的古巴”“从地图上抹去”。时任美国总统布什甚至洋洋自得地宣称他将是踏上“自由古巴”领土的第一位美国总统。在美国的这一如意算盘落空之后，美国国会于 1995 年又通过了进一步加大制裁力度的《赫尔姆斯—伯顿法案》，试图通过阻止外国公司在古巴投资，强化美国对古巴的经济封锁，以最终实现颠覆古巴政府的目的。从作为超级大国的美国对古巴的不遗余力的颠覆活动来看，古巴具有重要而独特的战略地位。但是，也正是由于位于战略要地，相对而言自身又是小国，就越容易受到大国的压迫与控制。然而，如同孟德斯鸠所指出的，海岛民族更加珍视独立与自由。古巴不畏强权政治，追求独立自由的斗争从未停止过，从来没有在强权政治面前屈服。正如古巴的民族英雄切·格瓦拉所说的：“英雄从来都不是被打败的，而是被摧毁的。”数百年来，正是因为古巴独特的战略位置，使它成为国际斗争的旋涡，使得这个民族要经受着一次次的压迫与反压迫、殖民与反殖民、封锁与反封锁的斗争。然而，古巴人民从来都不屈服于任何外在的压力，从来不向强权政治低头；也正是在这数百年的追求自由独立的斗争中，不断培育与塑造了古巴人顽强不屈、向往自由的民族精神。

其次，古巴民族精神的形成，与古巴独特的经济结构是分不开的。由于古巴独特的地理位置，使得古巴的自然资源较为单一，从而导致经济结构也较为单一，没有形成一个完整的国民经济体系，工业基础较差，能源产业非常薄弱，轻工业发展也较为缓慢，石油、机械、粮食、肉类等都需要进口才能满足国内需求。而古巴国内的出口产品则以蔗糖、朗姆酒、雪茄、镍等为主,其中,制糖业是古巴主要的经济支柱,也是出口创汇的主要来源。古巴的制糖业发达,一个重要的原因是古巴独特的热带气候与土壤非常适合甘蔗的生长。自西班牙、美国先后对古巴实行殖民统治以来,就一直试图将古巴变成种植园经济。从 1961 年古美断交到 1989 年苏联解体之前,古巴的经济结构基本上是以向苏联经互会①成员国出口蔗糖、雪茄换取外汇,然后又以较为优惠的价格从经互会成员国进口石油、机械、食品、日常用品等产品。但在苏联解体、东欧剧变之后,古巴的进出口贸易额直线下降,国内能源供应严重不足,食品短缺现象严重,国际上美国又对古巴实行经济封锁、贸易禁运,古巴经济遭受到严重打击。在此困难形势下,古巴人民不仅没有被吓倒,相反,重新振作起来,根据发展了的新形势,调整国内外政策。首先,大力开发古巴的旅游资源,为国民经济的振兴创造急需的外汇资金。古巴有着漫长蜿蜒、白如银沙的海滩,有着四季常青的热带植物,有着享誉全球的朗姆酒、哈瓦那雪茄,这一切都使得古巴成为著名的旅游胜地。旅游资源的开发为振兴古巴经济起到了重要的作用。其次,开展增产节约运动。提倡骑自行车上班,小轿车必须坐满才能上路,积极回收与利用可再生资源。再次,大力发展高科技、生物医药技术产业。通过这些低能耗、高附加值的产业,弥补古巴经济能源缺乏的软肋,实现经济的持续增长。此外,积极走出国门,向世界其他国家宣传古巴。尽管美国对古巴实行了经济封锁,但还是有许多国家与古巴开展了经济往来。而且,古巴也逐步纠正以前激进的左派外交倾向,采取灵活的外交战略。从古巴的经济结构转型来看,古巴逐渐从以前的依赖型、单一化经济模式走向灵活的、多元化的经济模式,反映了古巴人的不断进取、勇于创新的民族精神。

再次,古巴民族精神的形成,与古巴长期的、良好的文化教育传统有密

① 经互会是 1949 年 1 月由苏联、保加利亚、匈牙利、波兰、罗马尼亚、捷克斯洛伐克六国发起成立的经济互助合作组织,以对抗美英等西方国家对社会主义国家的经济遏制。后来,蒙古、古巴、越南相继加入该组织。“经互会”对于推动社会主义国家经济发展起了一定的经济作用。但其中苏联占据绝对的主导地位,以原料和燃料供应对其他成员国实行经济控制。

切的关系。尽管古巴是个只有1000多万人口、资源较为稀缺、经济相对落后的国家,而且长期遭受西方列强的殖民入侵、经济封锁、贸易禁运、武装颠覆、和平演变等各种形式的奴役与压迫。但正是在长期的捍卫民族独立的斗争中古巴人民深刻地认识到教育文化水平的提高对于古巴的民族独立与解放事业的重要性。古巴著名的革命先驱何塞·马蒂曾经说过:"有教养的人永远是强大的和自由的。"①卡斯特罗在其著名的辩护词《历史将宣判我无罪》中就将教育列为将来革命胜利后必须解决的六大主要问题。作为古巴著名的民族英雄,切·格瓦拉也非常重视科学技术在国民经济建设中的作用。他将日本与古巴作为对比,认为日本尽管土地贫瘠、资源匮乏、人口众多,但是日本长期坚持提高国民的教育水平,以发展低能耗、高附加值的高新技术产业为重点,终于在第二次世界大战之后经济重新得到了腾飞。因此,古巴不应该仅仅只是成为向其他国家提供原材料的种植园,而应该拥有属于自己的高新技术产业。在冷战期间,由苏联主导的经互会组织要求古巴专门从事于蔗糖、烟草、镍矿石的种植与开采,古巴则坚决要求发展计算机、生物医药、医药设备等产业,紧跟世界科技发展潮流,并且取得了骄人的成就。古巴民族精神的形成与发展,与古巴完善的、全面的教育体系是分不开的。古巴政府充分发挥社会主义制度的优越性,动员全社会的力量大力兴办教育事业,着力加强国民的教育素质,为古巴的经济发展、民族振兴提供了大量的宝贵人才资源。古巴以相对落后的经济实力,实现了非常先进的教育水平,为国际社会所赞誉,称之为"古巴奇迹"。据统计:"古巴的文盲率在自60年代初以后就一直保持在3%—4%以内,在拉美国家中是最低的。在1990年至1996年期间,小学生的毛入学率为100%。1996年,每1000人中教育工作者的人数为18.1人;每10万人中在校的大学生人数为1013人;全国的教育支出占国内生产总值的10%。"②良好的教育传统促使古巴人民更加认识到民族独立和自由的重要

① 毛相麟:《古巴教育为何始终保持先进水平》,《瞭望新闻周刊》2000年第34期。

② 毛相麟:《古巴教育为何始终保持先进水平》,《瞭望新闻周刊》2000年第34期。

性。只有在一个独立、自主的国度里才有可能实现满足人的物质与精神需求,实现人的真正自由。因此,为了捍卫古巴的民族尊严,为了实现民族独立与解放的梦想,古巴人不畏任何艰难险阻、不惧怕任何外在压迫,靠着自己的勤劳与智慧,逐步走上了民族振兴之路。

最后,古巴民族精神的形成,是在古巴人民为了追求民族独立、自由解放的历程中塑造而成的。古巴的民族精神,最为突出的就是古巴人民誓死捍卫民族独立与自尊的英雄气概。古巴的民族精神的发展史,就是古巴人争取民族独立、自由与解放的斗争史,是古巴人民反抗外敌入侵、外来压迫的斗争史。这可以说是古巴全部历史经验的总结和提升,也是古巴人民能够在极为恶劣的国际环境下保存和发展自己的精神动力与力量源泉,是古巴民族精神中最为宝贵和重要的因素。迄今为止的古巴历史,就是一部抵抗各种敌对势力的压迫和入侵,不断地争取和保持国家主权和民族独立的历史。①

从这样的角度来看,古巴的历史大体可以分为三个阶段。第一阶段是从哥伦布发现古巴到 1902 年,古巴人民从西班牙殖民者的统治下争取民族独立、建立古巴共和国为止。自哥伦布于 1492 年 10 月 27 日发现古巴岛后,古巴在 1510 年沦为西班牙的殖民地。其后,一方面是长期生活在古巴岛的原住民,如瓜纳哈达贝伊人、西博内人、泰伊诺人和土著印第安人等失去了自己的家园,与殖民者的矛盾日益尖锐;另一方面是后来引入的非洲黑奴等逐步起来争取自身的解放。古巴先后于 1868 年和 1895 年爆发两次大规模的独立战争,涌现了何塞·安东尼奥·阿朋德、卡洛斯·马努埃尔·塞斯配德斯、安东尼奥·马塞奥、何塞·马蒂等一大批民族英雄。1899 年美国利用古巴的第二次独立战争所取得的胜利,发动美西战争,打败西班牙,攻占古巴,对古巴实行了 4 年的军事占领和军事管制,直到古巴共和国于 1902 年成立。在将近 400 年的漫长时期里,从总体上看是多种因素在造就

① 关于古巴历史的三阶段的划分及其相关论述,引自欧阳康:《走近古巴人的精神家园——古巴哲学与社会主义理念初探》,《哲学研究》2002 年第 4 期。

与影响古巴社会:主要是西班牙殖民者以入侵的方式给古巴输入了西方的思想与文明,促进了古巴社会的近代发展,也带给了古巴人以极度的奴役、剥削和屈辱;其间英国人曾经在1762年有短暂的入侵并留下了自由思想的长期影响;美国人一直插手古巴事务并帮助古巴摆脱殖民统治,而古巴人民则在与殖民者的斗争中培养出了自己的反叛和独立意识,形成不畏强暴的民族性格,民族独立成为古巴人民全力追寻的最高目标。这一时期所形成的何塞·马蒂等民族英雄成为古巴人民的精神领袖和民族偶像。

第二段从1902年到1958年,古巴人民努力地从美国政府的间接控制下解放出来。1902年建立的古巴共和国实际上是一个美国的附庸国。当时的古巴政府实际上是受美国扶持和控制的亲美傀儡政府。美国一直通过所谓的《普拉特修正案》①以间接的方式干涉古巴内政,把古巴变成了单一的食糖生产和单一的对美国出口国,从而在经济、政治、外交和军事上控制着古巴。而受到美国支持的古巴政府则对外卖国,对内高压独裁,引发了不断的武装起义。菲德尔·卡斯特罗等领导了以反美和反亲美独裁统治为目标的民族民主革命,经过5年多的努力,终于联合各派力量在1959年1月1日推翻亲美独裁政权,建立了真正独立的革命政权。这一时期古巴人民深切感受到了名义上独立而实质上不独立的痛苦,提出了要求真正的国家主权和民族独立的要求,涌现和塑造了以卡斯特罗为代表的新一代民族英雄。

第三阶段在某种意义上更为艰难,这就是要作为社会主义国家而在美国的封锁与扼杀中保全和发展起来。1959年卡斯特罗领导的新生革命政权积极实行土地改革,没收外国尤其是美国垄断资本,大力实行国有化的运动,并在苏联、中国和其他社会主义国家的支持和援助下,毅然与美国决裂,

---

① 《普拉特修正案》是美国与古巴之间的一个条约,其主要内容是:没有美国的同意,古巴不得与任何外国签订有损古巴独立的条约;禁止古巴承受为本国财政所不堪负荷的债务;美国对古巴有干涉的权利;将关塔那摩岛割让或租借给美国作为海军基地等。该条约为美国对古巴实行军事占领时期制定,以古巴接受它们作为同意古巴独立的条件。后来的古巴政府被迫将其作为附件纳入古巴宪法而在1902年换得古巴独立,美国由此而获得了对于古巴的长期的实际控制权。参见周新城主编:《越南、古巴社会主义现状与前景》,安徽人民出版社2000年版,第127页。

于1961年1月与美国断交,继而在4月16日公开宣布古巴为社会主义国家,走上了社会主义道路。

古巴人民争取独立和自由的历史,就是一部塑造古巴民族精神的历史。长期的民族奴役造就了古巴人高度的民族自尊。古巴人追求独立、向往自由、不屈不挠的民族精神给予世界人民以巨大的震撼和鼓舞,赢得了世界人民的尊敬。

二、古巴民族精神的基本内容

古巴民族精神是在古巴历史发展的长河中逐步形成的,凝聚着古巴人民为了古巴的民族独立与解放事业,一代又一代地前赴后继的奋斗历程的经验总结。古巴的民族精神也是古巴人民在建设社会主义事业的征程中,围绕着如何建设一个公正、合理、富强的社会主义国家而进行的不懈努力的历史凝结。古巴的民族精神是内在于古巴人民的革命与建设历程之中,也正是在古巴人民的革命与建设实践中培育与发展了古巴人民的不屈不挠、顽强奋斗、勤劳勇敢、勇于创新的民族精神。

古巴民族精神是逐渐生成、不断发展创新的。任何一种民族精神都不是与生俱来的,都是在本民族的历史发展中逐步形成与确立起来的。每个民族从诞生之初起就面临着生存与发展的问题。人类历史如大浪淘沙,已经湮没了不少民族,然而又有许多民族顽强地生存下来,并且得到发展与繁荣。一个民族所赖以生存与发展的精神支柱就是其内在的民族精神。

古巴的民族精神是多方面,多维度的,从不同的方面体现着古巴的民族气节、民族智慧。具体而言,古巴的民族精神包含着如下基本内容:

(一)对自由的热切向往与不懈追求是古巴民族精神的核心本质

自由是人之为人的本质所在,也是一切民族的根本特性,从来没有任何一个民族心甘情愿被奴役。但是,对自由的渴望并不等于就能够实现自由,就能获得民族的解放。古巴的自由精神并不只是一个单一的、抽象的概念,而是一个具体的、丰富的概念。

首先,古巴的自由精神,是整个古巴民族为了寻求民族独立与解放、社会的发展与繁荣而同仇敌忾、前赴后继的爱国主义精神。纵观古巴的民族独立史,就是一部为了争取自由而奋斗不息、斗争不止的历史。人类历史上曾出现过无数民族,能够生存并发展至今天的,多数是有着强烈的民族自信心与民族自豪感,并且为了捍卫民族独立而不惜前仆后继地牺牲和斗争;否则,早已被外来民族所奴役和同化,丧失了本民族的特质。古巴由于自身独特的战略位置,历史上屡次遭受外敌的入侵与压迫。但古巴人民从来没有低头,从来没有甘愿做奴隶,"哪里有压迫,哪里就有反抗"。古巴人民一次又一次地举起民族独立的旗帜,为自由与解放而战斗。在苏联解体之后,再加上美国的经济封锁,古巴的经济水平急剧下降。据统计:"在1989—1993年期间,古巴的国民生产总值下降了35%,人均产值下降了38%,进口总额下降了79%。"①即便在如此困难期间,古巴人民也没有放弃过实现民族自由的信念,没有向以美国为主导的经济体系一边倒,而是在独立自主、自力更生的基础上,加上相应的政策调整,实行稳妥的开放政策,使国民经济逐渐恢复起来。

其次,古巴的自由精神,是古巴人民对坚持社会主义道路、共产主义理想的坚定信念与不懈追求的精神。古巴自从1959年取得革命胜利之后,以卡斯特罗为核心的古巴共产党就明确宣布古巴革命是社会主义性质的革命,古巴坚持走社会主义道路。即便是在1989年苏联解体、东欧剧变之后,西方国家普遍认为在社会主义阵营已经基本解体的背景下,古巴无疑会如同原东欧国家一样,转向资本主义。但正是在这一关键时刻,古巴人民依然坚持自己选择社会道路的自由与权利,正如卡斯特罗所指出的:"古巴决

① [古]何塞·阿·格拉:《在中国拉美学会纪念古巴革命四十周年大会上的演讲》,《拉丁美洲研究》1993年第3期。

不放弃由古巴人民自己选择社会、经济和政治制度的权利，没有苏联和社会主义阵营的存在，古巴革命将继续下去。”[①]在1991年的古共四大上，郑重重申古巴将一如既往地坚持走社会主义道路。在西方资本主义的层层包围与严厉打压之下，古巴不仅建立了社会主义国家，而且在极端困难的情况下坚持并建设社会主义，这是社会主义在西方世界取得的重大胜利，也是古巴人民向往自由、追求民族自决精神的胜利。

再次，古巴的自由精神还体现为古巴人民独立自主、自己选择适合本国国情的社会制度与发展模式。对于本民族的社会道路、政治体制、经济模式等问题，古巴人民不盲目照搬照抄，而是逐渐探索和摸索出一条“有古巴特色的社会主义道路”。古巴的国情与苏联和东欧国家不同，有着自己本民族的独特性，特别是与世界上最强大的超级大国美国隔海相望，这一切使得古巴在选择自己的经济模式上必须从实际出发，不能盲目抄袭苏联的经验。冷战期间，古巴没有像其他东欧国家一样，只是单纯地作为苏联的原材料供应国，而是努力发展了一大批高新技术产业，特别是生物制药、医疗器械、计算机等。实践已经证明这符合世界经济的发展趋势。在20世纪90年代初古巴遭受严重的经济考验时，古巴决定大力发展旅游业，然而一部分人依然固守陈旧的教条，认为开发旅游业会带来一系列严重的社会问题，是在造就资本主义的享乐天堂，“古巴的海滩是只属于古巴人的海滩”。今天的实践已经证明，古巴的旅游业不仅仅为振兴古巴国民经济提供了大量的外汇资源，而且已经成为古巴打破美国的经济封锁，向外宣传古巴的一个重要窗口。

（二）坚强不屈、英勇顽强是古巴民族精神的生动写照

古巴作为一个优秀而伟大的民族，为世界人民所尊敬和赞誉，其中一个重要的因素就是古巴人民身上所体现的那种坚强不屈、英勇顽强的民族精神。历史上古巴民族是一个饱受侵略与压迫、多灾多难的民族，然而又正

---

① 汪云亭：《古巴如何走出困境的几点启示》，《学术探索》2001年第2期。

是长期的外来压迫激发了古巴人民的民族自觉,唤醒了古巴人的民族信念。在长期的压迫与反压迫、殖民与反殖民、封锁与反封锁的斗争中,古巴人民展现出了坚忍不拔的意志,体现出了蓬勃的民族生命力。古巴人民身上所涌动着的这股旺盛的生命力是古巴人民前进的动力源泉,推动着古巴人民在任何困难面前从不屈服,永远扬起高昂的民族头颅,用自己的勇敢与智慧同所面临的困难险阻作斗争。古巴人民的坚强不屈、英勇顽强的民族精神具体体现在:

首先,为了古巴的民族独立与解放事业,不为任何外在的压力所屈服,不向任何形式的殖民与侵略势力低头。古巴于1790年为了反抗西班牙殖民者的统治开始了大规模的奴隶起义。尽管由于力量悬殊,起义最后失败了,但古巴人民从未向西班牙殖民者屈服,从未甘愿被奴役。相反,整个古巴的革命热情被点燃了,在安东尼奥·马塞奥、何塞·马蒂等民族英雄的带领下,经过浴血奋战,已经基本上战胜了西班牙殖民者,即将取得民族革命的胜利。但是,外在的侵略与压迫却始终伸向古巴这个多灾多难的民族。1899年美国发动美西战争,打败西班牙之后攻占了古巴将其作为自己的殖民地,古巴又落入美国的殖民统治之下。然而,沉重的民族灾难从来没有熄灭古巴人民对自由与解放的渴求,强大的美国殖民者并没能压垮古巴人民。古巴人民开始了风起云涌的民族起义,在卡斯特罗的带领下,经过一次次的浴血奋斗,先后推翻了国内的亲美傀儡政权,顶住了美国的武装恐吓,于1959年1月实现了民族独立,并且随后逐步走上了社会主义道路。

其次,古巴人民坚强不屈、英勇顽强的民族精神不仅是在长期的争取民族独立的斗争中形成的,而且也在古巴社会主义建设事业的过程中得到进一步的锻炼与提升。在古巴走上社会主义道路之后,美国一直力图通过政治孤立、军事封锁、经济制裁、外交围困等一切可能的手段封锁和颠覆古巴。1960年开始了严厉经济制裁和全面贸易禁运,1961年美国雇佣军入侵猪湾吉隆滩失败,1962年借美洲国家外长会议将古巴排除在美洲国家的“泛美”体系之外,后借助于美苏导弹危机而对古巴实行军事恐吓与封锁,鼓动古巴流亡分子从事颠覆甚至暗杀活动,在佛罗里达设立电台和电视台展开意识形态攻势，在联合国和各种国际场合打压封锁古巴。尤其是在苏联和东欧剧变后，古巴失去了苏联的政治依托、军事保护和经济援助，又遇到一系列的严重自然灾害，对外贸易锐减、能源供给匮乏、食品和生活用品严重不足，资金极为紧张，建设项目中断，人民生活极为困难，敌对势力空前活跃，社会内部矛盾空前尖锐，社会主义事业面临夭折。在这种背景下，美国又于1992年和1995年还先后通过《托里切利法案》和《赫尔姆斯—伯顿法案》，通过制裁与古巴有经济贸易合作的国家、公司和个人来进一步加大对古巴经济封锁的，企图通过经济手段置古巴于死地。① 古巴人民在这种严峻的困境中也没有向美国低头，而是在独立自主、自力更生的基础上，通过逐步的改革开放和一系列的政策调整，经过一段时间的阵痛之后，逐步走出了困境。古巴人民为了自己的民族尊严，宁可经受严峻的经济困难，作出巨大的牺牲，不屈不挠，英勇顽强，直到最后的胜利。这也是古巴民族能够历经数百年风雨却依然屹立不倒，坚实地站立在世界民族之林的一个重要原因。

再次，坚忍不拔、意志顽强、奋力拼搏是古巴民族精神的集中体现。古巴人民的坚忍意志、拼搏精神具有悠久的历史文化传统。诺贝尔文学奖得主海明威在《老人与海》中所塑造的主人公桑提亚哥的形象来源于一个海明威非常熟悉的渔夫，他实际上是古巴人民身处逆境却能坦然面对并且奋力拼搏、永不放弃的坚忍意志与顽强精神的代表。海明威在古巴的哈瓦那海滩附近居住了近20年直到老去，他创作生涯后期几乎所有的重要著作都是在古巴完成的，都是对古巴人民的坚忍不拔、顽强拼搏精神的刻画。古巴坚忍不拔、顽强拼搏的民族精神为世界人民所赞誉。古巴女排从1991年起，在世界杯、世锦赛和奥运会这三大赛事中，实现了八连冠，成为有史以来最成功的女子排球队。古巴女排成功的一个关键性因素就在于继承并发扬了古巴的坚忍不拔、意志顽强、奋力拼搏的民族精神，遇到再大

① 参见欧阳康：《走近古巴人的精神家园——古巴哲学与社会主义理念初探》，《哲学研究》2002年第4期。

的困难也不放弃。今天,在古巴的前进道路上可能还有这样那样的困难,还会遇到形形色色的艰难险阻,只有继承与发扬古巴的顽强拼搏精神,才能继续前进。

(三)爱好和平、维护正义、中道直行是古巴民族精神的重要内涵

尽管古巴历史上多次遭受殖民统治与武装入侵,并且经受了长达五十多年的经济封锁,但是古巴人民一直以来都是一个爱好和平、维护正义的民族。近年来,古巴在几乎所有的国际重大问题上都坚持公平公正的立场,慷慨正气,维护正义,中道直行,绝不为一己之私利而损害其他国家与民族的正当利益。

一方面,古巴人民坚持走和平与发展的道路。冷战的结束,标志着世界上两大对立阵营的解体,国际战略形势发生了重大转变。古巴认识到一个和平与稳定的国际环境有利于古巴的社会发展、经济增长,特别是古巴正在进行社会主义的经济改革,需要一个安定和平的环境。因此,古巴对内积极进行政策调整,将精力主要投放到社会主义经济建设中来。在国内进行了多项政治改革措施,逐步完善与发展社会主义民主法治建设,完善和加强了古巴共产党的执政领导地位,使古巴人民能够全民一心,同心协力,投身到古巴的社会主义经济建设中来。与此同时,古巴也积极缓和以往的左倾激进的外交战略,奉行全方位、多元化的外交战略,与世界其他民族加强友好往来,为古巴的社会改革与民族振兴创造良好的国际环境。但是,古巴人民的爱好和平、维护正义的民族精神是与爱国主义密切结合在一起的,对于任何侵犯古巴主权、伤害古巴民族利益的敌对行径,古巴人民毫不犹豫地进行抵抗。

另一方面,古巴爱好和平、维护正义、中道直行的民族精神表现在古巴人民崇高的国际主义精神上。古巴与世界上诸多国家都建立了友好联系,进行着友好往来。尽管古巴自身遭受着美国的政治颠覆、经济封锁、外交孤立,但是古巴人民在以卡斯特罗为核心的古巴共产党的领导下,团结一心,充分发挥革命英勇精神与古巴人民的智慧,抵挡住一切敌对势力的干

涉与破坏,从不向任何形式的侵略与干涉低头,坚定不移地捍卫着古巴的民族利益。同时,古巴反对任何形式的强权政治与霸权主义,在几乎一切重大的国际政治问题上都始终如一地坚持正义原则,从来不向强权政治低头。古巴人民对世界上所有民族的正义斗争都表示支持,而且长期以来,立场坚定,态度鲜明,展现了古巴人民高尚的民族气节和宽广友爱的民族胸怀。

(四)开拓进取、勇于创新是古巴民族精神的灵魂所在

独立自主,自力更生,是一个民族生存的根基;一个缺乏民族意识、丧失了民族自信心的民族将是一个没有尊严的民族。坚强不屈,英勇顽强,是一个民族战胜困难、走出困境的精神支柱;在外来的侵略与压迫面前,在各种形式的艰难险阻面前,只有具备坚强的精神,坚忍不拔的意志,顽强不屈的态度,才有可能战胜敌人,维护本民族的独立。但是,人类历史的长河之中产生出了无数的民族,存在过各种各样的文明,到了今天,只有一部分民族保存并繁荣下来,其中重要原因就是,开拓创新才是一个民族兴旺发达的灵魂所在。试想,一个缺乏进取意识和创新精神的民族,整天因循守旧,固守陈词旧制,怎么能够跟得上时代进步的潮流呢?这样的民族又怎么能够焕发出生机和活力呢?这样的民族终将被湮没在人类历史的长河之中。古巴人民向来是一个开拓进取、勇于创新的民族。在政治、经济、文化、外交上突破既定思维模式的限制,根据发展变化了的时代形势,不断摸索与创新,创造出"有古巴特色的社会主义"。古巴人民的开拓创新精神有着多重的内涵,具体体现在:

首先,古巴根据社会发展的新形势,适时调整国内政策,进行适合古巴国情的经济改革。古巴人民的开拓创新精神推动了古巴的经济改革,古巴经济改革的实践活动又丰富和提升了古巴人民的创造性。在苏联解体、东欧剧变之后,再加上美国的经济封锁、外交孤立,古巴当时面临着严峻的考验。古巴的社会主义面临着何去何从的历史抉择。古巴是否需要改革?古巴应该怎样改革?这是考验古巴共产党、考验古巴人民的历史性关键时刻。在这样的历史关口,古巴人民充分发挥开拓进取、勇于创新的民族精神,正

确地作出了自己的选择。对于古巴是否需要改革这一问题，当时许多人还受苏联模式的束缚，认为改革就是走资本主义道路。而在古共的领导下，古巴人民逐渐认识到，社会主义不是一成不变的，社会主义必须通过改革来发展和完善，只有这样，社会主义才能保持活力，古巴才能有希望。对于古巴应该怎样改革这一问题，当时面临着两条现成的道路：一条是像原来的东欧国家一样，转向资本主义的经济制度与经济模式，采用“休克疗法”；另外一条是仿效中国和越南的模式。对此，古巴人民没有盲目照搬照抄，而是根据自己的国情，具体问题具体分析。对于原东欧国家的模式，古巴政府认识到，只有坚持社会主义道路和共产党的领导，才能保持安定团结的政治局面，才能集中全国的力量进行改革，而且，由于古巴的国民经济基础较为薄弱，社会承受力有限，激进式的改革只会让古巴重新沦为西方国家的原料供应地，使普通民众生活陷入贫困境地。同时，由于古巴独特的地理位置，离世界上最强大的资本主义国家美国近在咫尺，随时都有可能受到美国的制裁与包围，因此，改革必须谨慎、有序地逐步推行。但是，尽管同为社会主义国家，改革走的也是社会主义道路，古巴也没有照搬中国与越南的模式，而是根据古巴的国情，走适合古巴发展模式的改革之路。古巴的经济改革一方面承认市场经济的资源优化配置的作用，但另一方面又强调计划经济的主导作用，到目前为止，古巴的经济改革是以计划经济为主导模式的稳步改革。这是适合古巴的基本国情的。同时，古巴在政治、文化等领域也进行了相应的改革，取得了很大成效。实践证明，正是在古巴人民开拓创新精神的引导下，古巴进行了正确而有成效的改革，走出了历史的困境，丰富和发展了社会主义理论。

其次，古巴的开拓创新精神表现在古巴紧跟世界经济发展潮流，调整国内经济产业结构，开拓新的产业领域，创新经济发展思维。当今经济发展的趋势是“知识经济”，以科技产业、信息产业为主导的服务业在国民经济体系中占有越来越重要的地位。古巴人民及时洞见到这一世界经济发展趋势，积极调整国内偏重于蔗糖、烟草等单一的经济结构，大力发展适合古巴本国国情而又代表未来发展趋向的高新产业。当今世界又是一个全球化的世界,任何一个国家都被纳入到全球经济体系之中。任何一种经济模式要想在21世纪站稳脚跟,把握住发展的机遇,都必须适时自我调整,以顺应全球化的浪潮。古巴人民清醒地认识到,仅仅与原有的经互会成员国进行经济往来已经过时了,必须面向全球经济体系,古巴必须融入到全球化的经济体系中来。卡斯特罗就指出:"世界在快速全球化——这就是说,金融、资本转换、投资和贸易迅速地扩及全世界,是人类生活发展、生产力发展以及技术、邮电和运输发展的无情的法则。"①在这种意义上,"全球化不是某个人的异想天开,也不是某个人的创造发明。全球化是历史规律,是生产力发展的结果,……是科学技术发展的结果,……是一个不可逆转的过程"②。与此同时,古巴人民也不是向全球化"一边倒",卡斯特罗对全球化的负面作用也有清醒的认识,认为它可能会为富国所利用,成为加深不平等的工具。

再次,在对外关系问题上,古巴根据变化发展了的国际局势形势,调整自己的外交战略,实行多元化、全方位的外交政策。美国从1962年开始就对古巴采取敌视政策,进行全面的封锁与压制。而任何外交政策都必须以国家主权、民族利益为中心。古巴在资本主义阵营的层层包夹与打压之下,走向以苏联为主导的社会主义阵营,是当时所能作出的最明智的历史选择。但是,苏联解体之后,美国加大对古巴的制裁力度,并且分别于1992年和1995年通过了制裁古巴的《托里切利法案》和《赫尔姆斯—伯顿法案》,这两个法案给古巴的国民经济带来了巨大的损失。因此,古巴此时有必要对原来激进的左倾外交政策进行"纠偏",开展全方位、多元化的外交战略,以此突破美国的封锁。古巴先后加入多种国际性公约,签署了一系列国际性条约,积极参与国际事务,在几乎所有重大的国际政治事件上秉持公正立场,赢得了世界其他国家的尊重。古巴与欧盟的经济往来频繁,与包括中

---

① [古]菲德尔·卡斯特罗著,王玫等译:《全球化与现代资本主义》,社会科学文献出版社2000年版,第328页。

② 参见菲德尔·卡斯特罗著,王玫等译:《全球化与现代资本主义》,社会科学文献出版社2000年版,第30—57页。

国在内的广大发展中国家建立良好的双边关系，联合国大会连续12年以压倒性票数要求美国放弃对古巴的封锁与制裁，就是在美国国内，也有越来越多的呼声要求美国取消对古巴不合理的制裁。这些都反映出古巴人民积极创新、开拓新的外交战略，以此突破美国的封锁与打压，为民族振兴创造良好的国际环境。

正是在长期的革命斗争与社会主义建设的实践活动中，古巴人民形成了以自由精神为核心的、以爱国主义为主要目标的民族精神。古巴的民族精神就是坚强不屈、勇敢顽强、爱好和平、维护正义、勇于进取、开拓创新的民族精神，它激励着古巴人民战胜困难险阻，取得一个又一个的胜利，也必将在历史发展的进程中不断丰富与完善，引导着古巴人民继续前进。

三、古巴民族精神的主要特征

古巴民族精神是古巴人民长期历史斗争与社会建设的实践活动的经验总结与历史提升，是古巴人民前进的精神支柱和动力源泉。它有着多重内涵，作用于古巴人民的政治、经济、文化、社会等多个领域之中，具有一定程度的抽象性和复杂性。具体分析开来，古巴的民族精神具有如下的主要特征：

（一）古巴民族精神是马克思主义与古巴民族思想精华有机结合

马克思主义是时代精神的灵魂，也是古巴民族精神的重要内核。古巴人民把马克思列宁主义与本民族的思想精华内在地结合起来，建构起了自己的思想理论体系，这就是马克思列宁主义、马蒂主义和卡斯特罗思想。①

① 关于马克思主义与古巴民族精神的内在结合，参见欧阳康：《走近古巴人的精神家园——古巴哲学与社会主义理念初探》，《哲学研究》2002年第4期。

卡斯特罗的思想是对于马克思列宁主义和马蒂主义的继承与发展。从历史的角度看,古巴共产党对于马克思主义的认同与选择经历了比较漫长的过程。古巴共产党创建于1925年,有着悠久的历史。后来它曾经改名为"人民社会党",经历了与其他革命组织的几次合并与重组,其重新正式组建则是在夺取政权以后,由人民社会党、"七・二六运动"和"三・一七革命指导委员会"等在1961年合建而成。古巴共产党在国家政治体制和社会生活中的领导地位是在革命胜利后才得以确立的。古巴共产党以马克思列宁主义作为自己的指导思想,同时把古巴民族英雄何塞・马蒂的思想也作为党的指导思想之一,宣布自己是"马蒂思想和马克思列宁主义性质的党",古巴共产党以这种方式,把马克思列宁主义与古巴的民族思想内在地结合起来。

哲学作为时代精神的精华,最集中最深刻地体现了古巴民族的历史和其内在的民族精神。古巴民族精神的丰富与发展,在一定意义上就是古巴人民接受马克思主义思想,将其与古巴本民族的传统思想互相结合起来的过程。[①] 早在古巴作为西班牙殖民地期间,深受西方殖民者所引入的经院哲学、启蒙思想和法国唯物主义哲学尤其是经验主义与实用主义以及后来的实证主义的影响。这一时期古巴人民也开始接受马克思主义思想的影响,站在无神论的立场上,把宗教看做科学发展、社会进步和人民自由解放的障碍。随后,由于工人阶级与资产阶级、种植园主之间矛盾激化,马克思主义开始在古巴传播开来。1925年,古巴的第一个共产党诞生。巴里诺(Carlos Balino)是古巴共产党的创始人之一,他在对于推进马克思列宁主义在古巴的传播和古巴革命的进程方面发挥了很大的作用。总的来看,从西班牙殖民入侵到1959年古巴革命胜利的这一阶段之中,古巴形成了以马蒂主义为核心的民族独立思想,马克思主义传播开来并且得到了较大发展,逐步与马蒂主义相结合起来。

马蒂主义是古巴民族思想与马克思主义有机结合的开创者和光辉典

---

① 关于古巴哲学的发展史以及与马克思主义相结合的过程,参见[美]迪安格洛(Edward D'Angelo):《当代古巴的马克思主义》,第二届北美与古巴哲学与社会科学家大会论文。本文经作者同意引用。

范。马蒂(1853—1895)是18世纪后半叶涌现的古巴民族英雄,优秀的诗人,民族独立运动的积极参加者和组织者,古巴革命党的创始人之一。他曾参加争取古巴独立的10年战争,并被捕入狱6年。出狱后积极联合各方力量,争取古巴的完全独立,成立了古巴革命党并成为革命的精神领袖和有力组织者,使独立运动走上了有理论、有组织、有领导的发展道路。作为古巴革命的精神领袖,马蒂提出了一系列的先进思想和革命理论,主要有:主张宇宙和谐,反对种族歧视;强调要关心他人利益,以是否关心全人类利益作为区分"好人"与"坏人"的标准;提出"责任观",强调古巴人的责任,这就是爱他人,爱人民,爱祖国,舍得为公众的利益牺牲自己的一切;批判美帝国主义的美洲,主张建设一个自由独立的拉丁美洲。为此,马蒂高瞻远瞩,预见性地提出在将古巴从西班牙殖民者中解放出来之后,要防止美国的新殖民与新统治。① 马蒂的警示在1902年古巴独立后不幸言中。古巴被美国以直接和间接的方式所控制,古巴人民不得不为了民族的完全独立而再次举起刀枪。② 这就更展示出马蒂在思想上的超越性和预见性。马蒂主义由此而成为卡斯特罗等新一代革命家争取古巴独立的思想指导和理论基础。这样马蒂思想成为古巴革命历史经验的时代性总结,古巴民族文化的重要内容,古巴民族精神的内核,也成为古巴人民争取民族独立的重要旗帜。在这种背景下,马克思主义要想在古巴生根、发芽、开花、结果,就不能离开与马蒂主义的结合。它们一方面在古巴人民的爱国主义和民族独立革命中找到了共同点,另一方面又能把古巴革命引向和提升到国际主义和社会主义的高度。

马克思主义与古巴民族思想真正的、全面的结合并取得主导地位,是从1959年1月1日古巴革命胜利工人阶级夺取政权开始,直到现在。它反映了古巴工人阶级争取经济、政治和社会自由的斗争。从此以后,马克思主义与古巴民族思想有机地结合在一起,成为古巴社会主导的思想形态,指引

---

① 参见郝名玮:《评马蒂的爱国主义思想与实践》,《世界历史》1995年第2期。

② 参见刘成军:《何塞·马蒂的爱国反帝思想的历史地位及其现实意义》,《拉丁美洲研究》1995年第2期。

着古巴人民前进的方向。因此，古巴民族精神的丰富与发展，实质上就是古巴本民族的思想精华与马克思列宁主义的有机结合，不断丰富与完善。

（二）古巴民族精神是历史性与时代性、民族性与世界性的内在统一

民族精神绝不单单只是对本民族传统思想的总结与提升，也绝不仅仅只是局限于单个民族体系的文化特质。民族精神是一个深度的、多维的概念，民族精神是历史性与时代性、民族性与世界性的内在统一。

民族精神一方面作为传统文化的精华，是经过长期的历史积淀而成的，具有厚重的传统根基。传统的力量已经深深地刻画进了一个民族的精神气质、生活习性和民族心态之中，对该民族的生产生活方式发挥着巨大的影响作用。另一方面，“传统的也就是现代的”。传统的力量要发挥作用，得到展现，必须面对新的历史境遇，关注新的时代问题，吸收和利用一切积极的、有用的新观念、新思想，充实和完善传统思想。传统与现代之间形成一个双向的良性互动。这样，民族精神既能保持传统本色，又能吸收新的有益的养分，增添活力，获得生机。任何一种民族思想都不是永恒不变的，而是一个逐渐生成的过程；不是一个静止的、单一状态，而是一个动态的、综合的过程。古巴的民族精神之所以能够激励一代又一代的古巴人民，为了民族和国家的自由与解放、繁荣与富强而不惜前赴后继、舍生忘死、奋勇前进，就在于古巴的民族精神是古巴传统思想文化与时代精神的内在结合。古巴民族精神是在古巴人民为了争取民族独立与自由，反抗殖民侵略与外来压迫的斗争历程中形成的，是历史实践活动的经验总结，是对古巴人民数百年来的奋斗历程的概括与提升，是在古巴人民长期的、悠久的民族奋斗史中积淀下来特定的优秀品质与民族习性，并且经受住历史实践的考验。但是，古巴民族精神又是一个不断生成的范畴。古巴民族精神之所以具有旺盛的生命力，长盛不衰，一个重要的原因就在于它能够积极而勇敢地面对新的历史境遇，面对新的时代问题，吸收与借鉴时代精神中积极的、有益的思想观念，融入到古巴传统的民族思想中来。古巴历史上是一个英勇善战

的民族,但是,随着历史的进步,和平与发展已经成为当今时代的主题,大力发展国民经济是摆在古巴人民面前的当务之急,因此,古巴人民积极转变观念,将古巴的民族智慧投入到维护世界和平、促进经济发展的事业中来。古巴积极面对全球化、市场经济的挑战,主动吸收当今时代精神的有益成分,补充与丰富了古巴本民族的民族思想文化传统。

民族精神既是本民族的思想精华,也是人类共同的精神财富。人类的存在和发展是直接地以一定的民族共同体形式共同存在、共同生产、共同进步的。民族精神既是特定民族共同体的生产方式、生活方式的观念性表达,也是其思维方式、价值观念和评价方式的集中性体现,具有鲜明的地域性、种族性和民族性特色,是民族内在凝聚的思想基础,也是一定民族与其他民族相区别的本质所在。但另一方面,不同民族之间不管有多大差异,又都是生活在同一个地球上,作为同一个人类共同体而存在和发展的,在生理、心理和社会文化、价值取向等方面有很多相通之处,这又使得不同民族精神都具有某种世界性和共通性,这就使得民族之间的沟通、交往与融合成为可能。① "民族的也是世界的。"任何一种民族精神,都是人类精神宝库的一个组成部分。单纯地宣扬民族性容易走上民族沙文主义。古巴的民族精神就是民族性与世界性的内在结合。古巴民族最先是土著印第安人,随着西班牙人对古巴的殖民统治,大批的非洲黑人被运送到古巴充当黑奴,再加上一些英国人、美国人、西班牙人的到来,古巴民族实际上是一个融合了多民族思想传统与文化特质的民族共同体。在古巴长期的民族独立史中,既形成了以土著人、非洲裔为主导的民族主体意识,也逐步吸收了西方国家的启蒙思想、自由民主意识。古巴走上社会主义道路,思想来源就是西方的马克思主义和东方的列宁主义的影响。古巴的民族精神在坚持和继承本民族的传统特质的基础上,积极吸收和借鉴其他民族的积极的、有益

① 民族精神的"世界性"实质上是民族精神的"人类性",指民族精神是人类共同的精神形态的一部分。本文在这里使用"世界性"代替"人类性",其实两者的基本内涵是相通的。关于民族精神的民族性与世界性的相互关联,请参见欧阳康、吴兰丽:《民族精神的概念界说与研究思路》,《华中科技大学学报》2004 年第 2 期。

的成分，进一步丰富和完善了古巴民族精神的内涵，扩展了民族生存与发展的空间。总的来看，古巴人民是在坚持和继承本民族的优秀传统的基础之上，借鉴和吸纳了其他民族精神中的有益成分，融会贯通，形成了既立足传统又面向未来、既有古巴特色又兼容并蓄的民族精神。

（三）古巴民族精神是以自由精神为核心，以爱国主义为主要目标，以民族认同为基本连接纽带，在长期的困难险阻中塑造而成的，并且涌现出了以何塞·马蒂、切·格瓦拉、菲德尔·卡斯特罗为主要代表的民族英雄

相比较世界其他民族而言，古巴并没有悠久灿烂的古代文明，也没有宽广辽阔的疆土，古巴仅仅只是有着1000余万人口的加勒比海小国。然而，古巴人民所涌现出的民族精神却不比任何其他民族逊色，他们对自由的热切渴望与不懈追求促使着他们几百年来为了民族的独立与解放，人民的自由与幸福浴血奋战，死而后已；他们不畏强权，勇于抗争，无论是反抗殖民者的压迫，打击敌对势力的入侵，还是咬紧牙关，自力更生，都表现了一个伟大民族的民族尊严和崇高气节；他们爱好和平、维护正义、中道直行，不欺负弱小者，不惧怕强大者，坚持正义原则，发扬国际主义精神；他们开拓进取、勇于创新，顺应世界历史发展的潮流，学习与借鉴其他民族的优秀文化，丰富和发展自己的民族精神。古巴人民的民族精神是在血与火的战争中锻造出来的，是在和平与发展已成为时代主题的国际形势中逐步丰富与完善的。

在古巴民族精神的形成与发展过程中，以何塞·马蒂、切·格瓦拉①、菲德尔·卡斯特罗等为代表的古巴民族英雄带领着古巴人民英勇奋

① 切·格瓦拉，1928年6月14日出生于阿根廷，早年以行医为业并参加过危地马拉革命。1955年与卡斯特罗相遇，从此开始了他一生的革命传奇生涯。切·格瓦拉与卡斯特罗并肩战斗，为解放古巴作出了重要贡献，1959年2月切·格瓦拉被宣布为古巴公民。切·格瓦拉在古巴革命胜利后担任古巴多项重要国家职务，但他决心将一生献给拉丁美洲的民族解放事业，1966年辞去在古巴的公职参加玻利维亚游击队，1967年10月8日在尤罗山峡谷之中受伤被俘，同年10月9日被害。切·格瓦拉一生都是献给了拉丁美洲的民族解放事业。1960年和1965年切·格瓦拉曾率代表团访华，受到毛主席、周恩来、邓小平等党和国家领导人的接见。

斗,顽强不屈,并且领导着古巴人民走上了社会主义道路。尽管在社会主义建设时期遇到了美国的政治压制、经济封锁、外交孤立等一系列的困难,但以卡斯特罗为代表的古巴共产党人以身作则,清正廉洁,不畏强权政治,不向霸权主义低头,始终战斗在第一线。切·格瓦拉在古巴革命胜利之后先后担任古巴工业部长、国家银行行长、中央委员等职务,但他始终平易近人,保持与普通群众的密切联系。他亲自倡导并身体力行开展了古巴的"星期天义务劳动",号召古巴人民为了古巴的经济建设奉献自己的业余时间。现任古巴领导人菲德尔·卡斯特罗出身于富裕的庄园主家庭,但他为了古巴革命放弃舒适生活,为革命作出了巨大奉献和牺牲。1959 年古巴土改时,卡斯特罗带头把自己家族的 13000 公顷土地无偿分配给无地或者少地的农民。卡斯特罗除了出席国际会议和出访国外时身着西装,平时都是一身标志性的绿色军装。几十年来,哪里最困难,哪里最危险,卡斯特罗就出现在哪里,亲临现场解决问题,在关键时刻发挥关键作用,展现出了巨大的人格魅力和道义力量。① 实际上,何塞·马蒂、切·格瓦拉、菲德尔·卡斯特罗等人是古巴民族精神的具体凝结和集中展现,在他们身上体现出古巴人民崇高的民族气节和高昂的民族精神。

四、古巴民族精神的启示

民族精神是一个民族的灵魂,是一个民族共同体在长期的社会生产和社会生活中形成的共同的思维方式、价值观念、民族气质和情感特质的集中体现。从本质上而言,民族精神是一个民族独特的文化特征,是一个民族与其他民族相区别的重要标志。但是,任何一种民族精神都是属于人类共

① 参见肖枫:《关于古巴社会主义革命与建设若干问题的思考》,《当代世界与社会主义》2005 年第 1 期。

同的精神财富,不同的民族精神在心理方式、价值观念、道德取向、伦理准则等方面存在着一些相通之处,这些又使得民族精神的互相比较、融合与沟通成为可能。

古巴的民族精神是历史性与时代性、民族性与世界性的内在统一。它吸收和借鉴了世界其他民族的优秀思想与有益成分,丰富和发展了古巴的民族精神。同样,中华民族精神的形成与发展也是一个开放的、动态的过程,积极学习和借鉴其他优秀的民族精神,“博采众长,为我所用”,是中华民族精神不断丰富与发展的重要原因。“海纳百川,有容乃大”,本身就是中华民族的精神气质所在。古巴尽管没有中华民族悠久灿烂的五千年文明史,尽管没有中华民族的幅员辽阔、物产丰富,尽管没有四大文明、万里长城,但是,古巴人民在近代以来可歌可泣的奋斗历程,为了民族独立与自由所表现出来的英勇精神,开拓进取的创新精神,同样值得我们认真学习和借鉴。特别是古巴和中国同样都是走的社会主义道路,都在进行社会主义的经济改革,都面临着全球化的挑战,都要应对纷繁复杂、瞬息万变的世界局势,在共同的时代问题面前,我们有必要认真学习和借鉴古巴民族精神中积极的、适合中国国情的成分,融入到中华民族的思想宝库中进行消化和吸收,丰富和发展中华民族精神。

学习和借鉴古巴民族精神,必须要遵循三个方面的原则:第一,要扎根于中华民族的传统文化之中,以中华民族精神作为主导和基础。学习和借鉴古巴民族精神,并不是要我们抛弃自己本民族的民族精神,不加鉴别、不予分辨是否适合中国的国情,全盘接受,这样学习其他民族精神只是“拿来主义”的做法,最终会走上“民族虚无主义”。第二,要坚持辩证地学习和借鉴古巴的民族精神。古巴的传统文化尽管是古巴人民长期历史斗争的经验总结,但任何理论都是在特定的历史条件下出现的,都有一定的应用范围。随着世界形势的变化,在新的历史条件下古巴的传统文化中也有与现时代不相符的地方。特别是对于中华民族而言,由于历史渊源、地理位置、民族习性、语言文化等诸多方面的差异,适合古巴人民的精神理念不一定就适合中华民族。对此,我们要以辩证的态度来学习古巴民族精神,选择与分辨出哪些是适合我们国情的,哪些是不适合的;哪些是现在适合的,哪些是将来适合的。只有这样,才能是有目的地、科学地学习和借鉴古巴的民族精神。第三,要坚持消化吸收的原则。学习和借鉴古巴的民族精神,不能简单地拼凑,不是加减法,而要认真理解,逐步消化与吸收,将其与中华民族精神有机地结合在一起,真正做到“为我所用”。

学习和借鉴古巴的民族精神,首先必须对本民族的民族精神有较为深刻的理解和把握。中华民族精神具有深厚的根基,是五千年来中华民族传统文化的历史积淀;中华民族精神具有广泛的群众基础,是无数中华儿女为了民族的振兴而前仆后继、流血牺牲凝聚而成的;中华民族精神具有强烈的时代性,是随着历史的车轮而不断发展和更新的。民族精神是我们生存和发展的精神支柱与动力源泉。江泽民同志指出:一个民族,一个国家,如果没有自己的精神支柱,就等于没有灵魂,就会失去凝聚力和生命力。有没有高昂的民族精神,是衡量一个国家综合国力强弱的一个重要尺度。综合国力,主要是经济实力、技术实力,这种物质力量是基础,但也离不开民族精神、民族凝聚力,精神力量也是综合国力的重要组成部分。[①] 几千年来,中华民族精神贯穿着整个民族发展的历史,是中华民族的灵魂与血脉。春去秋来,兴衰荣辱,中华儿女一直都在民族精神的激励与引导下,战胜了一个又一个的困难险阻,取得了一次又一次的胜利,弘扬与培育着中华民族精神。特别是20世纪以来,中华民族精神得到了全面的、深刻的反映。在新民主主义革命时期,形成了井冈山精神、长征精神、延安精神、西柏坡精神等;新中国成立后,中国人民在共产党的领导下涌现出了抗美援朝精神、大庆铁人精神、雷锋精神、焦裕禄精神、孔繁森精神、抗洪精神以及在抗击“非典”时的同舟共济、万众一心的精神,勇于开拓、不断创新的宇航精神。这些都使得我们的民族精神不断丰富,生机勃勃。党的十六大把中华民族精神概括为以爱国主义为核心的团结统一、爱好和平、勤劳勇敢、自强不息四个方面。

---

① 参见江泽民:《在全国抗洪抢险表彰大会上的讲话》,人民出版社1998年版。

具体而言,爱国主义是中华民族精神的核心。“天下兴亡,匹夫有责”,“先天下之忧而忧,后天下之乐而乐”。中华民族从来不乏仁人志士,为了民族的独立与解放事业而抛头颅、洒热血,舍生取义。鲁迅说过:“我们从古以来,就有埋头苦干的人,有拼命硬干的人,有为民请命的人,有舍身求法的人,……虽是等于为帝王将相作家谱的所谓‘正史’,也往往掩不住他们的光耀,这就是中国的脊梁。”中国的脊梁,就是以爱国主义为核心的中华民族精神,激励着中华儿女奋进。爱国主义的基础是个人对国家与民族强烈的认同感,对国家无比忠诚,准备随时报效国家,为了国家和民族的利益而牺牲个人的利益。爱国主义强调崇高的集体主义价值观。团结统一是中华民族精神的根本前提。民族精神是一个民族向心力和凝聚力的集中体现。如果一个民族一盘散沙,离心离德,是不可能形成一种同呼吸、共命运的精神理念的。一旦遇到外敌侵略,很快就会不战而败。团结统一在中华民族精神中有特别的内涵。中华民族是一个多元的民族,一部中华民族的历史,就是各族人民团结、统一、奋进的历史。① 团结统一是在中华民族的范围内实现各民族的和睦相处,共同繁荣。爱好和平是中华民族精神的重要体现。“中道直行,和而不流”。中华民族素来是礼仪之邦,历来爱好和平、维护正义。尽管历史上我们曾经遭受过多次外来入侵,但中国人民在坚决捍卫自己国家主权和民族利益的基础上,从来不称霸,从来不欺负弱小者,奉行独立自主的外交政策。在国际舞台上以国家民族利益为基础,维护正义,发扬崇高的国际主义精神,为世界的和平与发展作出了巨大贡献。勤劳勇敢是中华民族精神的重要内容。中华民族历来是一个热爱劳动、勤奋努力的民族。“克勤于邦,克俭于家”②,“民生在勤,勤则不匮”③。世界各国人民对中华民族最深刻的印象之一就是中国人的吃苦耐劳精神,这也是中华五千年文明得以传承延续并且发扬光大的重要原因。中华民族不仅仅吃苦耐劳,而且也是一个勇敢顽强的民族。五千年的民族史得以发展延

① 参见孙凤才:《中华民族精神内涵试析》,《盐城工业学院学报》2005 年第 1 期。

②《尚书·虞书·大禹谟》。

③《左传·宣公十二年》。

续至今,其间经历了无数次的捍卫民族自由与解放的斗争,锻造了中华民族的英勇顽强的精神传统。自强不息是中华民族精神的根本要求。“天行健,君子以自强不息。”中华民族一直以来奋发向上,不断进取,开拓创新,这是推动中华民族不断前进的灵魂所在。尽管有着五千年的悠久文明,有着四大发明的辉煌成就,但中华民族绝不僵化保守,固步自封,“苟日新,日日新,日又新”。革故鼎新、自强不息、与时俱进,只有这样,中华民族才能一脉相承,代代相传,不断创新。

中华民族精神的丰富与发展离不开吸收和借鉴世界上其他优秀民族精神中的有益成分。学习和借鉴古巴民族精神,对于弘扬和培育中华民族精神,具有重要的启示作用:

首先,坚持和加强共产党的领导作用,坚持走社会主义道路,是实现中华民族振兴的根本条件。古巴尽管是一个加勒比海小国,历史上屡次遭受殖民统治与外来侵略,特别是美国的经济封锁,但古巴之所以能够顶住外界压力,克服困难,走出困境,一个重要的原因就是古巴始终坚持社会主义道路不动摇,坚持共产党的领导地位不动摇。与此同时,古巴共产党不断改革完善政治体制,通过一系列的改革措施来扩大民主范围,提高人民的生活水平,提供广泛的免费医疗保障体系和义务教育制度,这一切都为古巴共产党的执政地位奠定了深厚的群众基础。无论历史风云、国际形势如何变幻,古巴都坚定不移地坚持社会主义道路与共产党的领导地位。

从古巴的历史经验中我们可以看到,坚持共产党的领导地位不动摇,坚持社会主义道路不变,这是在社会主义国家保持民族团结、政治稳定、社会和谐的首要前提与根本保障。从近代以来的中华民族的历史经验来看,在先后经历了军阀混战、抗日战争、解放战争之后,实践证明,只有共产党的领导才能凝聚人心,才能最大限度地团结全国各族人民,充分发挥英勇顽强、自强不息的民族精神,实现新民主主义革命的胜利。中华民族精神的核心就是爱国主义,爱国主义在当前的历史时期集中体现在维护国家的和平稳定、团结统一的大好政治局面上,体现在为改革开放提供一个良好的社会环境上。中华民族目前正处于社会主义改革的关键时期,而社会主义改革又是一项前无古人的事业，没有现成的模式可以套用，也不能照搬照抄其他国家的经验，只能是逐步摸索与总结经验教训。与此同时，中国国内还面临着诸如贫富差距过大、地区经济发展不平衡、“三农”问题比较突出、能源危机、失业等一系列的社会问题，国际上又面临着纷繁复杂的国际形势，这就更加要求坚定不移地走社会主义道路，坚持和完善共产党的领导地位。只有这样，才能充分发挥出中华民族精神的凝聚力，才能团结一心，集中力量，有计划、有步骤地稳步推进社会主义改革，实现民族振兴。

其次，充分发挥中华民族的“革故鼎新”精神，坚持改革开放，不断发展和完善社会主义经济、政治与文化体制。古巴之所以能够走出困境，仅凭英勇顽强、意志坚忍是远远不够的，还需要积极面对历史发展的新形势，顺应世界发展的潮流，进行改革创新。在苏联解体之后，古巴共产党一方面继续坚持社会主义道路和共产党的领导地位不动摇，但另一方面也开始积极反思苏联社会主义的经验与教训，认识到不改革是没有出路的，对古巴原有的经济与政治体制进行逐步改革和完善。在经济体制改革方面，逐步改革供需制，实行按劳取酬的分配体制，这有利于减轻国民经济的沉重负担，激发劳动者的积极性和创造性；放弃个人不得持有美元的货币体制，实现个人持有美元合法化政策，有利于缓解因为美国的经济封锁而导致的外汇枯竭；逐步调整以蔗糖、烟草为主的单一的经济结构，走向多元化的经济体系，一定程度上有效地避免了因为贸易制裁而导致的出口下降和由此带来的失业风险；积极瞄准高新技术产业，走“知识经济”之路。① 在政治体制改革方面，积极发扬社会主义民主，实行差额选举和无记名投票；加强党风廉政建设，加大反腐败力度；裁撤冗余的政府机构，努力建立节约高效的责任型政府。面对全球化的挑战，尽管古巴人民持谨慎和批判的态度，认为全球化有可能演变成为资本主义进行全球压迫的新工具，但是古巴人民又积极应对全球化所带来的机遇，主动融入到全球化的经济贸易体系中去。古巴人民

① 李锦华：《苏东剧变后古巴共产党的理论、方针政策与实践》，《马克思主义研究》2000 年第 6 期。

正是发挥了本民族的创造性精神与民族智慧,顺应历史发展潮流,才能重新走上民族振兴之路。

中华民族自古以来就是一个革故鼎新、锐意进取的民族。尽管中华民族是一个历史悠久的伟大民族,但一直展现出巨大的革新勇气与进取精神。“周虽旧邦,其命维新”。“废井田,开阡陌”,完成了中国历史上的第一次土地制度改革;秦始皇统一文字与货币,实现了中华民族的第一次历史融合;科举取士,开创了中国历史上第一个真正的人才选拔机制;“王安石变法”、张居正改革、百日维新等都展现出中华民族不是一个僵化保守、抱残守缺的民族,而是奋发进取、积极适应历史发展潮流的民族。历史已经证明,改革是一个民族保持活力、获得生机的必要条件。特别是在经历了十年文化大革命之后,国民经济、社会局势处于严峻考验之中,不改革就没有出路。因此,在共产党的领导下,中国人民再一次地表现出巨大的民族勇气与创造精神,实行改革开放,进行了一系列卓有成效的经济、政治、文化体制改革,逐步走上了民族复兴之路。

再次,发扬中华民族自强不息的民族精神,与时俱进,开拓创新。古巴民族精神是古巴人民的灵魂与支柱,是古巴民族情感、思维方式、价值观念的高度凝结,无论古巴历史如何变化,社会如何发展,始终贯穿于整个古巴的发展史之中。在一定意义上可以说,一部古巴的历史,就是一部古巴民族精神的历史。但是,古巴民族精神之所以长盛不衰,激励着一代又一代的古巴人民奋勇向前,一个重要的原因就在于古巴民族精神中饱含着勇于进取、开拓创新的精神理念。在古巴走上社会主义道路不久,就面临着如何对待和学习苏联经验的问题。对此,尽管古巴在很大程度上是仿效了苏联的社会主义模式,但是古巴在最大可能的程度上也发展出了适合自己民族特色的经济体制。例如,与苏联偏重重工业和军事工业不同,古巴长期以来都将提高人民群众的生活水平放在首位,将大量的人力、物力和财力投入到全民免费医疗和义务教育体系的建设上来,创造了被国际社会赞誉为“古巴奇迹”的医疗与教育水平。在苏联解体后,古巴积极调整战略思维,在国内改变过去单一的经济结构,实行多元化的经济体系;逐步稳妥地实行经济改革，尝试市场经济模式，摸索适合古巴国情的现代化的经济发展道路；积极学习与吸收世界先进科学技术，创建了古巴自己的科学技术产业；在对外关系上突破冷战思维的束缚，纠正左倾外交政策，开展全方位、多元化的外交活动。

正因为古巴人民充分发挥了勇于创新、开拓进取的精神，积极转变思想观念，吸收和借鉴世界先进的文明，才使古巴人民在严峻的历史考验面前得以冲破重围，走出困境。

中华民族在历史上也是一个不断开拓创新、奋发进取的民族。正是这种创新进取精神激励着中华民族一直走在世界的前列，涌现出了四大发明等影响深远的科学技术，造就了五千年的中华文明。但是，近代以来，在清政府的昏庸无能之下，不少国人夜郎自大，还沉浸于“天朝大国”的梦幻之中，对于外来的先进文化与技术抱着蔑视与抵制的态度，结果逐渐导致中华文明与世界其他优秀文明的差距越拉越大。五四运动以来的科学精神曾经催促着无数国人奋发图强，但战争的浩劫使得中华民族又一次失去了学习与赶超世界先进科技的时机。只是在共产党领导中华民族取得了新民主主义革命胜利，走上了社会主义道路之后，中华民族才重新爆发出了开拓创新的热情，先后研制出了“两弹一星”，开发了大庆油田，造就了多个世界第一。但是，在当今时代，我们又面临着新的历史发展潮流，诸如和平与发展已经成为当今世界的主题；“信息社会”是我们正在步入的历史境遇，“知识经济”是未来经济发展的必由之路；能源危机、生态环境等是影响人类社会发展的关键议题，在这些新的时代背景下，我们要充分调动一切民族智慧与创造热情，发挥中华民族的自强不息、与时俱进的民族精神，积极应对新的历史挑战。

最后，积极顺应历史发展潮流，在全球化、现代化的浪潮中弘扬和培育中华民族精神。全球化、现代化是我们必然的生存境遇，是任何民族都无法回避的历史潮流。只有积极主动地应对全球化与现代化带来的机遇和挑战，通过与其他文明的激荡、交融、沟通，补充和完善本民族的民族精神内涵，才能丰富和提升民族精神的凝聚力、感召力和创造力，弘扬和培育中华民族精神。现代化是现代民族国家实现从农业社会向工业社会转型的必经之路,主要体现为理性化、工业化、市场化、都市化、民主化和法制化六个方面的内涵。而全球化实质上是现代性的全球扩张,主要表现为从空间上借助于先进的交通科技和信息技术实现地域上的全球关联;从时间上,资本主义的现代文明特别是科学技术和政治制度的全面扩张;从内容上,具体包含着全球政治、经济、文化的普遍联系与密切关联。[①] 现代化与全球化是现代民族国家必然要面对的时代挑战。古巴作为一个民族国家,对于全球化与现代化的浪潮也经历了一个从抵制、批判、接受到认同的过程。最初,怀着对殖民统治的痛恨之情,古巴人民几乎拒斥一切资本主义文明。随着革命斗争的胜利,逐渐认识到有必要利用西方先进的科学技术为古巴的社会主义建设服务。特别是近年以来,古巴以积极的态度参与全球贸易体系,主动建立了多项双边协议,在全球政治与经济体系,特别是加勒比海地区,发挥着不可忽视的作用。现代化与全球化进程尽管对于古巴的民族精神形成了一定的挑战,造成了与其他文明的冲突与激荡,但是就历史发展的趋势而言,带给古巴人民的更多的是机遇。

弘扬与培育中华民族精神,现代化与全球化是其客观的生存境遇与历史内涵。一方面,现代化与全球化是民族国家的必经之路。从人类社会发展的规律来看,中华民族要实现从农业文明向工业文明的转型,必然要经历现代性之路,而民族国家要实现经济增长与社会发展,跟上时代步伐,也必须参与到全球化的体系中来。另一方面,现代化与全球化也赋予中华民族精神以新的内涵与意义。民族精神本身是一个不断生成、逐渐发展的动态范畴。中华民族精神之所以能保持生机和活力,就在于能积极面对新的时代状况,顺应历史发展潮流。中华民族的现代性之路漫长而坎坷,其间涌动着中华民族精神的血脉与风骨。从鸦片战争开始,现代化带给中国人的不仅仅是“天朝大国”梦幻的破灭,更多的是洋枪洋炮造成的民族屈辱意识;

---

① 参见欧阳康:《全球化与民族精神——中华民族的反思与超越》,《华中科技大学学报》2005年第1期。

随着辛亥革命、五四运动的进行,中华民族开始喊出了“德先生”(民主精神)与“赛先生”(科学精神)的口号,第一次真正认同现代性,开展了思想上的启蒙运动,形成了强烈的民族批判意识;随着抗日战争与解放战争的进行,救亡图存成为中华民族的首要任务,整个中华民族表现出了同仇敌忾、万众一心的民族气节;社会主义建立之后我们有一段时间的“左”进冒倾,特别是十年文化大革命让我们远离了现代化。但是改革开放以来,中华民族又重新开始了现代化之路,展现出了一种崇高的民族复兴精神。特别是在中国加入 WTO,融入全球化进程之后,全世界都能感受到中华民族的“和平崛起”,感受到中华民族精神的震撼力与创造力。弘扬和培育中华民族精神,必须要顺应历史发展潮流,积极面对现代化与全球化带来的机遇和挑战,以丰富和提升中华民族的民族精神。

第七章

日本民族精神研究

一、日本民族精神的历史渊源

精神方面的文化内涵是在历史发展的过程中不断积累而形成的。在人类历史的长河中,不同的民族由于受到不同的地理环境、风土人情的影响,会形成各自不同的人文精神、国民性格以及相应的文明形态。日本民族作为世界众多民族中的一员,其民族精神、民族性格的形成,同样离不开特有的地理、历史环境等诸多因素的影响。

首先,日本列岛为日本民族提供了一个很有特点的生活基地,他们既享受四季分明、绿化率高、雨量充沛之大自然的恩赐,又饱受资源匮乏、自然灾害肆虐之苦恼。北海道、本州、四国和九州这 4 个大岛以及约 7000 个小岛构成了日本列岛。这些岛屿以库页岛为顶点,一直伸展到朝鲜半岛之南,呈弧状排列,由北纬 45°北海道的北端延伸到北纬 31°九州的南端,南北延伸约 3000 多公里,海岸线约 30000 公里。日本与中国、朝鲜、俄罗斯隔着东海、日本海、鄂霍次克海相毗连。其中,与朝鲜半岛之间的对马海峡宽度不到150米,属地质时代形成的大陆架。[①] 自古以来,日本人利用此通道吸收了大陆文化。

日本的国土面积有370773平方公里,人口约为12650万人(1999年统计)。1平方公里的人口密度为321人。日本岛内资源十分有限,山地占73%,洼地占16%,台地占11%,是一个以山地为主体的国家。山地多平原少,3/4的国土被森林覆盖,可耕地面积非常有限。人口集中于狭窄的临海平原上,在不到30%的平原上居住着80%的人口,密度之高为世界所罕见。

每年的夏末至深秋,频繁登陆日本西南沿海的台风伴随着飓风和暴雨,给日本带来很大的灾难。面对周围变化无常的大海,日本人如同身处一叶孤舟之上,从恐惧感中激发出一种对自然的神秘感和敬畏感。尽管日本的国土仅占地球陆地的1/400,但是在这块细长狭窄的国土上聚集着世界上1/10的火山。因为日本处于太平洋板块和亚欧大陆板块的交界处,地质活动十分活跃,因火山爆发而造成的灾难使地震、海啸频繁发生。1873年的火山爆发使本州中部方圆几百里变为灰烬;1923年的"关东大地震",使以东京为中心的关东地区成为一片废墟。大自然的反复无常并没有摧毁日本人的民族心理,相反,肆虐的台风和频繁的地震使得日本人习惯于接受大自然的灾难,并且养成了一种坚毅的忍耐力和集团凝聚力,这就是日本人特有的"台风、地震心理"。由于具备了这种心理,日本人在任何情形下,对于不管是来自天灾还是人祸都能听天由命般地接受,从不怨天尤人。这使得日本人每次在巨大的灾难过后都能从容面对,并迅速走出灾难的阴影。

受季节风的影响,日本气候四季变化分明。台风、梅雨、大雪一方面带来灾害的同时,另一方面也给人们的生活带来充足的水资源。日本约有19000个可利用的温泉资源,温泉与火山有着密切的关系,温泉所在地往往有秀丽的山川和宜人的景色。日本自古以来就有"汤治"(温泉疗法)的说法,"汤治"对古人来说也是为数不多的一种享受。身体浸泡在温泉里,眼

① 参见[美]约翰·惠特尼·霍尔著,邓懿、周一良译:《日本——从史前到现代》,商务印书馆1997年版,第7页。

望青山，耳听流水，日本人把这当做无上的享乐。世界上称日本人是特别爱洗澡的民族。即使说温泉造就了日本人爱洗澡的习俗，恐怕也不会言过其实吧！由于火山山脉纵贯，占国土3/4的山势呈现出峻美的形态，丰富的降雨量，滋润着众多的动植物，占日本面积70%的森林覆盖率起着净化空气的作用，湍急的河流形成大大小小的瀑布，使狭长多山的岛国成为天然的大氧吧。多变的气候把日本的一年四季点缀得色彩缤纷，使崇尚自然美成为日本人审美意识的原点，与大自然和谐相处成为日本人文化生活意识的基点。

日本四面环海，在远东的终极，在远古交通不发达的条件下，地理上处于孤立的位置。从外流入的人群很少向外回流，基本上全部在这里定居下来，他们与后来者融合，与原住者和睦相处，一起生活在这个岛国里。① 因此，日本人种的定型和民族的统一是用和平的方式进行的，没有发生过大规模的种族、民族冲突。日本民族大约在8世纪定型，经过一千多年的融合，已经形成密不可分的整体。除了人种的单一，日本自古以来一直保持相对统一的政治形态，日本天皇作为国家与民族统一的象征，“万世一系”，相传至今，一直保持了政治的延续性。另外，日本文化发展过程中没有中国皇帝焚书坑儒式的文化毁灭现象，也没有欧洲中世纪长达千年的文明断层，因而保持了文化的延续性。单一的大和民族、统一的文字语言、稳定的政治形态，使得日本人的民族认同感、文化归属感比较强。这是日本人产生强烈的民族主义情绪的重要原因和基础。

由于地理环境的制约，日本人有着强烈忧患意识和危机意识，有一种“不待扬鞭自奋蹄”的精神。众所周知，日本是一个地道的资源贫乏的国家，能源的90%依赖进口，羊毛、棉花和天然橡胶的100%需要进口，日本粮食也不例外，其自给率只有50%左右。这种地理特点并没有使日本人失去自信，反而从中获得了强烈的民族使命感和负载前行的动力。他们比世界上任何一个民族都更能深刻感受“不努力就无法生存”的道理，更乐意接受

① 参见席佳蓓：《评析日本的民族精神及其成因》，《南京晓庄学院学报》2001年6月。

弱肉强食、强者生存、落后就要挨打的“丛林法则”。历史的平稳发展时期如此,历史的转折关键时期亦如此。不放弃任何一次关键性的发展机会,才使日本民族总是在濒临灭亡之际又奇迹般地获得新生或再生。居安思危,积极进取的生活态度始终制约着日本人的思想和行为。当然,无限的自信精神和使命意识也酿成了日本民族的帝国意识和法西斯心理。

一方水土养育一方人,一方水土孕育一方文化。美国著名人类学者本尼迪克特归纳出日本民族极其矛盾的性格:“日本人生性极其好斗而又非常温和;黩武而又爱美;倨傲自尊而又彬彬有礼;顽固不化而又柔弱善变;驯服而又不愿受人摆布;忠贞而又易于叛变;勇敢而又怯懦;保守而又十分欢迎新的生活方式。”①这样的性格从日本独特的自然环境和日本人对待自然的态度中或许能找到一些答案。

其次,古代日本很早就有了推崇群体与和谐的强烈的意识。人类自产生之日起,为与大自然作斗争以求生存就已自动形成了群体,群体乃意味着众多,使分散的力量得以组合壮大,以达到生存及发展的目的。人类社会其本质皆是群体社会,被喻之为“东方群体主义社会”的中国和日本,在文化上由于日本受中国的影响比较大,传统意识、社会结构以及国民性格等的确有较多共同或相似之处,不少学者把日本算做“儒教国家”而忽略了其文化上的特殊性。日本古代的确从中国吸收了包括儒家思想在内的许多文化要素,但这种输入经过了日本文化风土的过滤。虽然同属于亚洲国家,但社会的基本结构和人际关系是根本不同的。日本受到儒家文化的巨大影响,也接受了大量的佛教文化,它与两者有很强的联系,但它是一个独特的体系。虽然它从中国文化中吸收了许多要素,但把这些要素结合在一起的规则和意识是完全不同的,正如日语虽然从汉语中吸收了大量词汇,但日语和汉语仍是两种不同的语言是一样的道理。

每个民族行为方式的背后都隐藏着某种规律性的东西。它如同一只看

① [美]露丝·本尼迪克特著,吕万和、熊达云、王智新译:《菊与刀——日本文化的类型》,商务印书馆1990年版,第2页。

不见的手控制着我们的言行，也塑造着一个民族的基本性格。

在日本最古老的历史书《日本书记》中，记载有在日本推古天皇十二年(604)圣德太子制定的十七条宪法一事。十七条宪法并非今天国家宪法的含义，它是要求官僚和贵族应该遵守的道德规范，同时也是希望普通人遵从的道德基准。

很多人利用十七条宪法研究圣德太子的思想，同时亦是研究日本这个国家的关键点。

十七条宪法第一条是："以和为贵。无忤为宗。人皆有党。亦少达者。是以或不顺君父。乍违于邻里。然上和下睦。谐于论事。则事理自通。何事不成。"①大意是："和"是最重要的，上下和谐相处的话，则可以成就任何事情。将"和"置于道德规范之首。

在圣德太子之前的日本，是一个类似于印度种姓制的国家，圣德太子为了打破这个种姓制度，强化天皇的权利，让人们臣服天皇，想通过法治的形式来管制国家，他的治国理想就集中体现在这个十七条宪法里。圣德太子的理想在当时的社会里显得高不可及，响应的人很少。他的理想是由后来完成了大化改新的天智天皇和藤原镰足在某种程度上实现的。十七条宪法与在此之前颁布的十二阶冠位制有着直接的关系，十二阶冠位依次是：大德、小德、大仁、小仁、大礼、小礼、大信、小信、大义、小义、大智、小智。这些都是以中国的儒家理论为基础而制定出来，也反映了当时的日本统治者如饥似渴学习中国文化，从中寻找治理国家的方法。

十七条宪法的第一、二、三条含有"和"，第四条至第八条含有"礼"，第九条至第十一条含有"信"，第十二条至第十四条含有"义"，第十五条至第十七条含有"智"。② 这些虽然都是儒家的思想，但是仔细看来，和儒家的主张是有所不同的。首先，它用"和"替代了"仁"。论语中也提到了"和"，如"礼之用，和为贵"，"君子和而不同"，但是，"和"字并未被纳入"仁"、"义"、

① 《日本书记》卷第二十二(推古天皇)。

② 参见梅原猛：《十七条憲法と和の精神》，原文载《日本の心—文化、伝統と現代》，丸善株式会社1987年版，第17—22页。

“礼”、“智”、“信”的体系中去，它在中国古代社会，并未得到足够的重视。另外，在排序上有所区别，“和”、“礼”、“信”、“义”、“智”，显然，在接受中国文化的大前提下，根据日本统治阶级自身的利益和考虑，作出了不同于中国的选择，这是饶有兴趣的。如第四条：“群卿百寮，以礼为本。其治民之本，要在乎礼。上不礼而下非齐，下无礼以必有罪。是以，群臣有礼，位次不乱；百姓有礼，国家自治。”①古代日本重视礼节，在这里得到了某种程度的反映。

再次，积极吸收中国文化，在漫长的历史演进中，形成了日本自己的精神文化特色。日本海离中国大陆不远，即使在古代，它也不成为交流的障碍。日本民族还在使用石器的时候，中国就已经具有了高度的文化。日本早在未形成统一国家之前，就已经开始学习中国文化，从公元3世纪至6世纪，经朝鲜半岛传入日本的秦汉魏晋南北朝文化，日本是弥生时代和大和时代前期，很多中国移民赴日本传播先进文化。但是，学习中国文化的高潮是在大化改新前后对中国隋唐文化的摄取，即公元6世纪至9世纪，日本是大和时代后期、奈良时代和平安时代前期。公元593年圣德太子摄政后，大力提倡和发展由中国传来的佛教，修建了许多寺院。公元607年，派遣小野妹子为遣隋使，谋求与中国隋朝建立平等外交关系。公元618年唐朝建立后，政治、经济、文化空前发达，成为东亚最强大的帝国，声名远扬，对日本和亚洲各国有着巨大的吸引力。从公元630年至894年，日本共往中国派遣十多次遣唐使，大量学习中国唐朝的先进文化，这对于日后日本建立律令体制和文化的发展起到了巨大的历史作用。遣唐使团的规模初期时仅一二百人，一二艘船，到了中后期，规模增大，一般一次派遣五六百人，最多的一次是公元838年第18次，达到651人。② 派遣来的人都是经过严格选拔的优秀人才。来到唐朝的有名人物，如阿倍仲麻吕、吉备真备、山下亿良、空海等人，在日本家喻户晓。2004年10月13日《人民日报》报道：中国陕西历史

---

①《日本书記》卷第二十二(推古天皇)。

② 参见王晓秋：《中日文化交流史话》，商务印书馆1996年版，第36页。

博物馆10月10日宣布首次发现日本留学生墓志,这一消息在日本引起轰动。对于这一重要发现,日本各大媒体均作了广泛报道。《朝日新闻》在头版头条位置,以“发现遣唐使墓志、侍奉过玄宗皇帝、与阿倍仲麻吕是同期留学”为题做了突出报道。[①] 日本专家称,这次首次发现遣唐使时代的史料,为世人提供了“神驰日中古代文化交流史的一级史料”。对于唐代日本留学生的墓志被发现,日本媒体重视、学者惊喜,是因为除了它的新闻价值之外,还有历史价值。墓志为日本古代史增添了新的史料,为日本对外文化交流史增添了新的内容。

除了派遣人员到中国来,他们还从中国请去了唐朝高僧鉴真和尚,鉴真和尚6次东渡,5次失败,历经艰辛,百折不挠,以至双目失明,也没有动摇他东渡的坚强意志,最终东渡成功。他不仅带去了佛教文化,同时也带去了中国的建筑方法、雕刻、中医、书法等,日本学习唐代文化达到了一个高潮,鉴真亲自设计的奈良唐招提寺被列为日本的国宝,它是移植到日本去的中国盛唐时期的建筑艺术和雕塑艺术的精华,代表了当时日本的最高艺术成就。鉴真至今受到日本人民的高度热爱和尊敬。

日本人学习中国的统一的政治制度,接受中国的关于君主具有至高无上的政体观点,全面摄取中国的法典,并建立了复杂的中国式的宫廷等级制度,为他们实行中央集权的政治制度奠定了坚实的基础。

最后,16世纪西方文化开始传入日本。1542年葡萄牙人最先到达日本,之后西方各国商人和传教士纷纷来到日本,传播西方宗教和文明。公元1600年,一艘荷兰贸易公司的船舶“慈爱”号漂流到日本西部海岸,从而开启了日本与荷兰交流的新纪元。由于在江户幕府(1603—1867)的锁国时代荷兰垄断了日本对欧贸易,日本是通过荷兰作为经济文化交流的桥梁来向欧洲学习的,江户时代中期兴起兰学,它是通过荷兰语来学习、研究西方的学问,即经由荷兰传入日本的近代西方学术的总称。兰学的兴起,逐渐形成西学东渐的繁荣景象。在日本文明的转型及其走向近代化的历史进程

① 参见日本《朝日新闻》2005年3月13日。

中，兰学的学习和研究占据着十分重要的位置。通过翻译、介绍荷兰的书籍，日本成功开辟了一条学习、研究西方科学技术的道路。因此，兰学的兴起与发展，使得当时与世界隔绝的日本得以在明治维新时顺利完成转型，走上了资本主义近代化的道路。

19 世纪以后世界的政治形势发生了巨变。荷兰丧失了海上霸主的地位，取而代之的是新兴的资本主义国家美国和英国的后来居上。传统的兰学已经不能满足日本的社会发展和对外部世界了解、交往的需要了，他们必须寻求一条更好的向西方学习的途径。

19 世纪下半叶日本发生了明治维新，其目的旨在推翻江户幕藩体制，建立中央集权的统一国家，发展新经济，倡导文明开化，建立新军队，在日本实行资本主义，这是一个政治、社会变革的过程。1868 年明治政府成立后，把今后的施政方针归纳为五条誓文："广兴会议，万机决于公论"；"上下一心，盛行经纶"；"文武以至庶民各遂其志，俾人心不怠"；"破旧习，基于天地公道"；"求知识于世界，大力振兴皇基。"①第一条是集人民大众之智慧，政治要遵从众人的意见。第二条是上下一心发展资本主义，建设富强的国家。第三条是废除等级身份制度，让百姓各遂其志各安其业。第四条是放弃旧的攘夷政策，与外国友好往来。第五条是学习西方科技文化，发展日本。这最后一条"求知于世界"，充分反映了当时的日本非常渴望向外国学习的迫切心情。"五条誓文"是明治维新的基本纲领，反映了当时的统治阶级以及新兴的资产阶级的政治、经济、文化要求。

明治政府将"殖产兴业"、"文明开化"和"富国强兵"三大政策作为建国的指导方针。"殖产兴业"，就是大力发展资本主义经济。经过十余年发展，至 19 世纪 80 年代中期，工业革命几乎涉及日本的大部分工业部门。"文明开化"的目的是学习西方国家的科学、教育以及生活方式等。政府取消了以儒学为中心的封建教育，向西方学习，建立起包括小学、中学和高等学校在内的教育体系。"富国强兵"政策，就是发展经济，增强军事力量。

---

① ［日］坂本太郎著，汪向荣、武寅、韩铁英译：《日本史概说》，商务印书馆 1992 年版，第 379 页。

值得指出的是，这个富国强兵的政策与后来日本发展军国主义走上侵略的道路有着十分密切的关系。

"综观明治维新(1867—1868)以前的历史，日本一直在中国文化的影响之下，刺激和推进文化的因素全部来自中国，直接传入或间接经由朝鲜传入。日本能够走出独特的发展道路，是由于坚持使外来文化适应于本国固有的文化遗产和国情。由于中日两国之间在文化上存在很大的差距，日本不得不一再引进、消化中国文化并加以修正，以提高自己的文化和文明水准。"①关联东西方文化，又有别于东西方文化，这是明治维新以前的日本文化与思想为近现代日本的主要的文化渊源之故。明治维新以前的思想文化构成了一个完整的、坚固的思想文化体系，在这个独特的观念体系中，其结构层面包括神道、佛教、儒学、道教、基督教、兰学等，众多的文化形态，除了神道是日本的民族文化和民族宗教外，其他皆属于外来思想与文化，日本受益于东西方思想文化的世界观和方法论，得益于东西方思想文化的概念界定和体系建构，它总是在优秀的发达的思想文化的影响下迅速地成长，而且没有重复其他民族创造文化的漫长过程，没有付出在文化创造过程中的时间和人财物等成本，它总是不断地利用其他民族所创造的思想文化的前沿成果，这一切经历和努力的结果就是日本社会近代成功的取之不尽的文化渊源。

第二次世界大战后的日本受美国军队的管制，处于一个百废待兴的历史关头。在美军占领日本的初期，实行了五项民主化的政策：解放妇女、奖励组织工会、教育民主化、废除限制人权的制度、经济民主化。这实际上是美国民主主义思想的大移植，意义非常重大。消除了封建主义的天皇制，完成了资产阶级民主革命，对日本社会、政治和经济的发展产生了巨大的影响。1947 年 5 月 3 日生效的《日本国宪法》是在盟军总司令麦克·阿瑟的指令下起草完成的，实际上是由美国制定的民主主义宪法。新宪法有两个重要特征：一是天皇仅作为日本的象征，没有实际的大权(第一条)；二是永

① [日]森岛通夫著，天津编译中心译：《透视日本——兴与衰的怪圈》，中国财政经济出版社 2000 年版，第 23 页。

远放弃战争(第九条),所谓的“和平宪法”的别称,依据的就是这个第九条。此外在“国民的权利及义务”、“国会”、“内阁”、“司法”、“财政”、“地方自治”等方面①,全面移植西方的民主主义政治制度。新宪法的诞生,为日本日后的重建和崛起奠定了政治制度上的保证。

正如范景武所指出:“日本人的精神和文化历史,实际上就是以一种先期被输入、被消化和被吸收的外来的异质的思想文化形态对抗其后即将被输入的思想文化形态的历史。”“在社会的转型时期,日本人再次显示出惊人的创造能力和创新活力。”“日本人的思维方式和行为方式善于和精于以变应变,应该是日本社会近代成功发展的深层文化动因之一。”②

二、日本民族精神的基本内容

日本的民族精神是在漫长的历史进程中逐步发展起来的,其历史的渊源与现代一脉相传,在继承历史传承的同时,也多了许多现时代的新的含义。众所周知,日本民族具有很强的岛国民族特性,它的生存危机意识、集团主义精神、“和”的精神、虚心学习的精神和一丝不苟、勤勉向上的工作伦理,构成了日本民族精神的主旋律。

第一,生存危机意识与勤奋、进取精神。许多国家或民族的生存危机意识都表现在战争年代,当面临外敌入侵或是内乱频起之时,人们往往怀着生死存亡的危机意识投入到保卫民族、国家的战斗中。而在和平时期,这样的意识却很少出现。在外界看来,日本是世界上的一个超强经济体,科学技术发达,人们受教育程度高,生活富裕,并且潜在的军事力量也很强大。但是,即便是在战败后60多年的和平时期,日本民族也仍然表现出强烈的生存危

① 参见《日本国憲法》,童話屋2001年版,第56页。
② 范景武:《点描“日本人独特的思维方式”》,《内蒙古工业大学学报》2004年第1期。

机意识。

众所周知,日本四面环海,资源匮乏,离开了外部世界提供的资源,离开了与他国的贸易来往,他们就很难生存下去。并且岛国自然灾害严重,每年都有台风、地震、水灾、火山爆发等自然灾害发生。1994 年至 2002 年,日本发生 6.0 级以上的地震 160 次,占全世界的 20.5%;日本有 108 座活火山,占全世界的活火山总数的 7.1%;1972 年至 2001 年因灾害损失 1489 亿美元,占全世界的 16%;1972 年至 2001 年因灾害死亡人数为 9000 人,占全世界的 0.5%。[①] 生存环境越恶劣,相应生存危机意识也就越强烈。资源匮乏和自然灾害的频发,铸就了岛国日本的强烈生存危机意识,使他们在成为了发达国家的今天,这个意识仍然没有被削弱。

日本的中央和地方政府都设有防灾部门,政府、学校、社会各部门以及媒体,对防灾、避难的宣传工作非常细致,也有完善的地震、火山、台风、水灾对策。预防各种灾害的教育活动频繁开展,日本人从小就养成了对各种灾害的警惕性,并经常接受灾害到来时避难、救助等训练和演习,灾害危机意识深入民心。

日本人意识到,他们赖以生存的这个岛国,随时都可能发生危机,他们长期处于危机之中,他们担忧危机随时发生,要想在危机来到时不被击垮,必须要有坚强的意志、用勤劳的双手打造出能够应付危机的强大国家。为了不使自己的生存受到威胁,必须加倍努力工作,创造大量的物质财富并积累、储存起来,以增强抵御灾害和灾难的能力。

日本的国民意识调查显示,绝大部分人都认为自己属于中产阶级,他们是富裕的一代。尽管如此,日本人的勤劳意识、一丝不苟的工作态度却丝毫没有减退。日语里有几个形容日本人工作狂的词语,它们分别是:企业战士(为了企业的利益像战士那样冲锋陷阵的员工)、猛烈社员(工作具有拼命三郎般精神的员工)、工作中毒(神经被工作所麻痹,只知道工作,不会其他的)、过度工作、过劳死等,这些看来可怕的字眼在日本人的生活中已经习

① 参见日本内阁府地震火山担当部门网站 http://www.bousai.go.jp/jishin/。

以为常，有人说这是“日本病”。但是，正是这个所谓的“日本病”，支撑起了日本强大的经济。人们常说：日本人走路时的脚步很快，甚至在办公室内部移动也是如此，一路小跑的姿态也时常会有。这匆匆的脚步映现出繁忙、勤劳的景象，对于他们中的很多人来说，工作就是人生的全部价值。日本很多知名企业的创办人，如松下幸之助（松下）、本田宗一郎（本田）、井深大（索尼）等无一不是勤奋努力、不怕挫折、具有坚忍意志力的人。正是生存危机意识的作用，使得日本人远离懈怠，勇于接受各种挑战。不难想象，一个懒惰的民族是不可能创造经济奇迹的。

第二，集团模式与集团意识。日本的集团主义起源于古代家族的群体意识，进入农耕社会以后，发展成以村落为中心的集团主义，最后演变成为带有政治因素的国家集团主义。日本著名的社会人类学家中根千枝在她的“纵向结构社会”理论中，主要是从社会集团的角度界定日本人的。她研究的重点是人与人、人与集团、集团与集团的关系。她用大量的事实阐述了“个人与个人、个人与集团以及由个人组成的集团与集团之间的关系，是形成社会人类学基本原理的基础”。《纵式社会的人际关系》、《适应的条件》和《纵式社会的力学》是中根千枝“纵向结构社会”理论的“三部曲”，也是中根千枝的代表作。中根千枝理论的两个核心概念是“场”和“资格”与“纵式”和“横式”关系。① “场”是指人们生活的空间，而“资格”则是指个人的“社会属性”（先天和后天获得的），如出身、性别、职务、职业等。“资格”是明确的，“场”是不明确的。人处在各种关系之中. 这种关系大体可分为两类，即纵的关系和横的关系，前者是上下关系，如亲子关系、上下级关系、师徒关系、领导与被领导关系等；后者是平行的关系，如兄弟姐妹关系、朋友关系等。但并非每一个社会对这些关系的强调都是相同的。日本社会强调“纵向”关系甚于“横向”关系，这同日本人缔结集团时强调“场”而不是资格的特点相一致。由于同一个“场”内的人有不同的资格，就需要一种“力”来把这些人凝聚到一起。纵式关系强调的是一种“力”，凝聚着集团内各种

① 参见［日］中根千枝著：《タテ社会の人間関係》，講談社現代新書 1967 年版，第 26—27 页。

资格的人的“力”。在中根千枝看来，这是理解日本人和日本社会的关键。日本的社会集团、日本的人际关系以及日本人国民性的特点，均可从强调“纵向结构社会”的关系上得到解释，日本集团社会和日本人的优点、缺点也均出于此。“场所型集团”表明的是日本式集团的构成方式。“纵向社会”和“序列”两个概念，前者说明日本社会集团的等级特点，重点在集团；后者说明个人在这一集团中的具体位置，重点在个人。强调“纵式关系”，排列出序列（等级）。“资格型”集团的成员是靠遵守明确的规则凝聚在一起的，而“场所型”集团成员则是通过强调“纵式”关系、明确排列每个成员的上下位置凝聚在一起的。所以日本式的集团是一种等级式的集团，集团内具有明显的序列划分。“亲分”、“子分”是“纵式社会”中最典型的形式。所谓“亲分”和“子分”，本意是父母与子女的关系，可以说是“纵向结构”关系的典型。但实际生活中这两个词具有更广泛的含义，例如：具有父母地位的人，如部门领导、老板等皆可称“亲分”；处于孩子地位的人如职员、部下等可称为“子分”①。日本所有集团都具有这种“亲分”与“子分”的特点，这就是人们通常所说的日本式集团带有家族制特点的原因。下图是中根千枝描述的日本的“亲—子”关系网络。② 该图呈现纵向结构，像是没有底边的三角形状，其实质是一个稳定的权力框架，也有人喻为富士山结构。

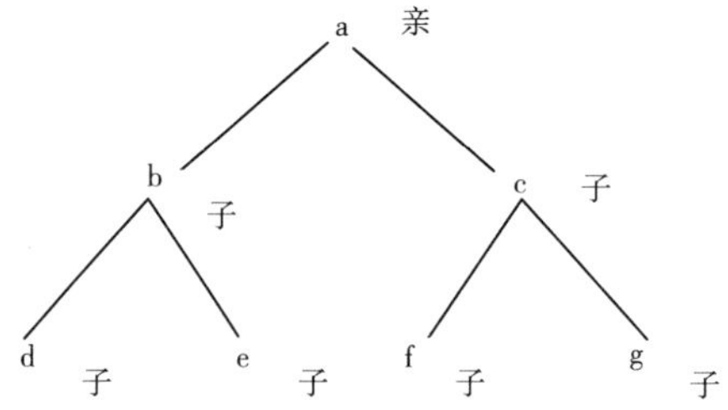

上图说明了日本纵式结构社会的以下特点：

（1）在一个完整的“亲—子”系统中，主要领导人只能是一个，即 a。领

① 参见盛邦和著：《透视日本人》，文汇出版社 1997 年版，第 174 页。

② 参见［日］中根千枝著：《タテ社会の人間関係》，講談社現代新書 1967 年版，第 70—71 页。

导权集中于一个人,不允许第二个人占据此地位或平权此位。这样便造成在一个集团中领导人的绝对权威性,他凌驾于“子分”之上,指挥一切,而不受“干扰”与监督。

(2)“场”(集团)内的成员之间体现森严的序列(等级)制,a 同 d、e、f、g 的联系只有经过 b 或 c 才能得以实现,相对于 d、e、f、g 而言,b 或 c 又是他们的直接“亲分”,越权行使职能的行为一般不易被人接受。

“亲分”和“子分”的关系分两个方面。其一,“亲分”可以支配“子分”,这种支配可以说是统治,而且是天经地义的、垂直性的、严厉的、不容置疑或者是不允许讨价还价的。第二次世界大战以后这种情况略有变化,但在战前、战时是绝对如此。所以,服从、忍让被喻为是做人的美德,备受推崇。明治维新时期,日本有名的思想家福泽谕吉呼吁“天不生人上之人,也不生人下之人”,就是针对这种垂直性的“亲一子”结构社会提出的。其二,“亲分”对自己所属的“子分”负有义不容辞的责任和义务,关心他们的物质生活、精神生活,对他们的日常经济状况乃至婚丧嫁娶等生活问题也应关怀备至。

日本由于有高度协调的、要求个人献身的小集团的存在,培育了日本人的“团队精神”和“他人”意识。在这样的集团中保持“和”的精神是至关重要的。因为,在一个由不同资格者构成的小集团中,个人必须学会与那些资格不同、自己未必喜欢的人相处。为此,他要尽量磨掉自己的“棱角”,牺牲个性,采取与同伴一致的行为。个人经常考虑的是,与其说是“应尽哪些义务,应享受哪些权利”之类的出于公民意识的问题,不如说是“我所属的集团怎样,我是否损害了所属集团的名誉”之类的出于团队意识的问题;与其说是“我的需要是否得到满足和得到多大程度的满足”之类的出于“自我”意识的问题,不如说是“我的行为是否得体,是否给他人带来了麻烦”之类的出于“他人”意识的问题。这样做的结果,使他所处的小集团的结合更加密切,内部关系更趋和谐。① 在这样的集团内,始终坚持无原则的原则,提倡无价值的价值,人与人之间不完全是平等的关系而是某种依附与庇护的

① 参见[日]土居健郎著:《甘えの構造》,弘文堂1981年版,第85页。

关系;不完全是契约关系而是一种半契约、半亲属的关系,这就是通常所说的日本式集团的家族性质。

日本的大学毕业生进入公司5—10年后,就会被磨炼成如同一个模子出来的人。要想在集体内获得成功,工作心情舒畅,必须与周围同化,人与人之间是施恩报德的关系。强调内部评价比外部评价重要,强调个人对集团的忠诚,对权威的服从。人人都在努力将自己与周围同化、协调,有很大的趋同心理。

集团意识本来是属于东方传统文化,然而在今天的日本社会它所发挥的积极作用是发人深思的。日本社会的集团意识之所以能够被保存、延续和发展起来,渗透于日本社会的集团文化意识才是最值得我们研究和探讨的。日本社会的集团主义意识主要体现在日本人对集团的归属意识与和谐的氛围。

(1)归属意识。依照日本文化的规范,群体是现实的存在,具有高于个体的至高无上的意义。从历史根源来分析,日本民族长期以来有氏神信仰和祖先崇拜的习俗。日本人信仰的氏神不仅能保佑自己的生活,而且还能够守护一方土地的平安。这一方土地就不仅仅是个人,而且是群体(包括地域、血缘、非血缘)。随着历史的发展,氏神成为整个血缘群体的化身和象征,受到地域和血缘群体的尊崇,带有群体整体的神圣意义。群体整体的神圣化导致了个体心理上对于群体明显的归属感。特别是对于在稻耕文化基础上发展起来的日本人,更能感受到群体是其生息和生活的根基,如果脱离群体或者失去群体,个体将无法得到氏神的保护和群体的庇护,将会一事无成。① 日语中把人写成"人間"就是说明人天生就不是独立的个体,离开人与人的相互联系是无法生存的,人与人在长期的相处过程中从而产生一种依赖的感情。后来,当这种神圣化原则和现实的近代宗法制度相结合时,个人对于家庭、武士对于武士集团、职员对于企业的依赖就成为一种世俗的道德而制约着人们的行为。按照这一原则,个体行为必须对群体整体负责,

① 参见[日]浜口恵俊著:《日本研究原論》,有斐閣1998年版,第23页。

必须维护群体利益。反过来，群体有责任和义务为所属个体提供归属感和安全感，在工作包括日常生活的方方面面都要给予热情帮助和扶持。一些职员之所以忍受参加工作初期的较低待遇而仍然能勤勤恳恳地工作，原因之一就是"终身雇佣制"、"年功序列制"的日本集团制度保障了他们的归宿。尽管受全球经济一体化的影响，传统的日本集团制度受到了冲击，但是，它仍然是今天日本企业管理制度的主流。"终身雇佣制"、"年功序列制"的做法，用今天我们中国人的观点来看也许不利于调动个人的积极性，但是，在日本的管理者看来，每个人只要做好自己分内的工作，就是对集体的贡献，只要公司职员对公司能始终如一地忠诚，那就是公司取之不尽、用之不竭的财富。所以，日本人把就业契约书视同结婚证，换工作如同换妻子，随便"跳槽"的行为在日本人眼里不是有能力和有本事的表现，而是"不仁不义"的表现，不被社会认可。他们一旦选定了工作，就会把自己的一生无私地奉献给自己的工作和事业，任劳任怨，无怨无悔。

(2)和谐的氛围。日本文化在引进中国儒家学说时，特别青睐儒家思想中的"名分"。"名分"在汉语词典里的解释是指旧时人的名义、身份和地位，是中国封建主义等级制社会的产物。① 日本今天的"纵向结构社会"就是以个体在群体中结成的序列关系作为基础而得以存续。传统的群体内的序列关系的整合具有明显的家族宗法的特色，家有一家之长，国有一国之君，"为臣尽忠"、"为子尽孝"作为日本社会的行为准则，不仅适应于"国"和"家"，也适应于日本的企事业单位。日语词典里关于"名分"的解释，引用的是庄子的道德经，即安分守己，强调"为臣尽忠"、"为子尽孝"的道德伦理。② 如果说严格的等级制是日本集团社会生存的基础，那么，日语词典里"名分"的解释含义才是理解日本国民性格的关键。

集团内的相互依存心理给集团提供了赖以生存的土壤，集团内的服从与忍让精神使集团生活和睦、融洽，"奉公"即奉献精神，使集团得以发展，

---

① 参见中国科学院语言研究所词典编辑室编：《现代汉语词典》，商务印书馆1981年版，第787页。

② 参见［日］新村出編：《広辞苑》，岩波書店1998年版，第2615页。

对集团的荣誉感，增强了集团人的责任心，激发了集团人的工作热情。[①] 人本来就是一个感情复杂的个体，不同年龄、不同职务、不同性格、不同区域的人能够长期愉快地生活在一起的确不是件容易的事。但是，日本人相信“缘分”，很多的日本社会学家把人际关系分为血缘、地缘、社缘（以公司、学校等组织为契机而形成的人际关系）三种。认为大家走到一起，绝不是偶然的，是命运的安排，也是前世的“缘分”，只能珍惜，不可亵渎。这种带有浓厚宗教色彩的“缘分”观念，在某种程度上起到了增强集团社会凝聚力的作用，集团内不少的感情纠葛和人事纠纷化解在“缘分”的情感之中，以集团为家的观念得到了进一步的巩固。

无论是日本人的集团意识还是中国人的家族主义都不是在短期内形成的，可以说是历史的沉淀。尽管存在着弊端，但对推动社会的发展的确发挥了举足轻重的作用，集团主义精神给日本人带来了繁荣，也将促使中国人在提高综合国力的同时，反思如何提高民族“集团”素质和民族整体的竞争力。

传统节日中的团结与和谐　陈俊森 摄

第三，“和”的精神。日本的气候温暖湿润，四季分明，非常适宜居住、

① 参见［日］土居健郎著：《甘之構造》，弘文堂1981年版，第30页。

生活,这样的气候环境孕育了人们温和的性格。四面环海的日本,受海洋的影响自然不少,长期以来,人们形成了一种海洋型的明朗、富有朝气的平和性格。大自然影响了日本人的性格,孕育出了他们独自所有的民族精神与气质。古代的日本人崇尚人与人、人与自然的和谐,日本国又称“大和”,也与“和”有密切关系。

日本人特别重视将“和”谐贯穿于生命和社会之中,他们从各种自然的现象中发现和谐,与大自然和谐共存,这正是日本人的生存法则。他们重视和谐,是基于生命的宇宙法则,扎根于生命和宇宙的“和”的精神。“和”的精神是融合日本国民、形成日本民族的原动力。

日本古代的十七条宪法中的“和”,并非是一个妥协的概念,更多的应该是一个积极的理念:人们只要和谐相处,就能够成就任何事情。古代日本以“和”为首的十七条宪法为日本的传统文化奠定了重要的基础。

日本“和”的精神追求的是人际之间的和睦,是与自然共生存的精神,这种精神是自然法则的体现。基于这种精神的家庭观,是亲子、夫妇和谐,家庭共命运。人际关系上追求共同进步和发展,“和”还是感谢自然的恩惠,是人和自然协调的道路。

日本人特别重视“义理”(giri),这个词是日文原文,中文的翻译有好几种,如“情义”、“情分”、“人情”等,都难以贴切反映原意。《菊与刀》的中译本将“义理”译做“情义”①,《大辞林》第二版对“义理”的解释为:事物正确之道,是人际关系及社会关系中应该遵守的道理,又是社交上不得已而必须做的事情。② “义理”原本的意思是,事物的意义和道理、正义的道理,其中的“义”字来源于儒家经典的“义”,与传统文化中的“义”是相关的。在封建时代形成的“义理”概念,是所有的人际关系中如主从、亲子、夫妇、朋友等关系中最重要的一种道德规范。重视“义理”就需要顾及他人,帮助他

---

① 参见[美]露丝·本尼迪克特著,吕万和、熊达云、王智新译:《菊与刀》,商务印书馆1990年版,第93页。

② 参见[日]三省堂:《大辞林》第二版,1995年。网络版:http://www.excite.co.jp/dictionary/japanese。

人,有时候甚至需要作出自我牺牲。上级要求下级努力工作,爱岗敬业,同时对下级要有关爱之情,事事要为下级着想,这是上级的义理。对于日本人来说,义理是必须遵守的社会道义,受人之恩必须回报,如果不遵从这个道义,就是缺乏义理。在现代生活中,认为那些重视社会道义的人是严守社会交往礼节的人,这样的人会受到好的评价。例如,每逢中元节、岁暮、红白喜事等赠送礼品等,都可以说是义理在日本人的生活中深深扎根的例子。

义理的含义中还有一项是"不得已而必须做的事情",由于社会习俗需要这样做,虽不情愿,却不得不为之,这也是为了符合社会交往的规范。在日本,每到情人节,女性都要向自己的恋人赠送巧克力,后来逐渐演变成了女性向自己集团内的男性赠送巧克力,明明不是自己所喜欢的人,却不得不遵从这个新的社会交际规约,这种巧克力又被称为"义理巧克力"。当然,收到巧克力的男人 1 个月后的 3 月 14 日那天会回赠糖果等返还这份人情。当代的日本人仍然受义理的制约,主要是维系人际关系的"和",重视人际关系的和谐,只有与大家和睦相处,才能真正成为他们当中的一员,也才能得到别人的信任。本尼迪克特认为"义理"是日本独特的范畴,"不了解义理就不可能了解日本人的行为方式"①。

重视义理的人际关系,在公司、学校等工作环境里,就是一种相互扶持、相互帮助的一种关系。研究者们指出,对义理的态度因年龄和性别的不同而有差异。男青年认为义理是自私的、实用主义的而且是陈旧的关系,女青年则认为这是一种美德、是利他主义,而且是现代的关系。日本的老一辈人认为义理是最高的道德范畴,它反映了人类个性的完美无缺。② 中年人则对义理持一定的保留态度。然而义理终究是约束日本社会关系的社会规范。

日本人还常使用一对词语,那就是真心话和场面话(honne/tatemae)。

---

① [美]露丝·本尼迪克特著,吕万和、熊达云、王智新译:《菊与刀》,商务印书馆 1990 年版,第 93 页。

② 参见[苏]弗普罗宁可夫、伊·拉达罗夫著,赵永穆、朱文佩译:《日本人》,中国广播电视出版社 1991 年版,第 113—114 页。

日本人在交际时往往要顾及周围人的看法和意见,他们的发言有的时候不一定是发自内心的,因为在一个集体意识很强的文化下,过于直接地表达自己的看法有时候不被伙伴接受,可能要得罪他人、惹他人生气,为了避免这样的事情发生,就说一些场面话,以保持集团内部的和气。在我们看来,这可能有不诚实之嫌。但是这一对概念的运用反映了日本人表面所说和内心意图、动机相矛盾的一面。日本这个社会干什么都要求全场一致,人际关系方面尊重和谐和集体的连带感。人们往往要观察周围的情形,注意和他人保持一致,不要发生摩擦,这样,在自己的言行上就要有所节制,不可随心所欲。有西方学者批评说这反映了日本人的二重性格。日本学者却反驳说,如果光是说场面话的社会,社会就会僵硬死板一块;如果完全依照真心话的原则,社会就会成为一盘散沙。要使社会正常、和谐运转,就需要这两者的平衡。①

日本人在开会做决议之前,往往会进行事前沟通(nemawashi),这也是为了避免混乱,取得大家的一致。"nemawashi"原本的意思是,在移植一棵大树之前,提前1—2年先把树的周围挖开,进行修根和整根,以方便树木移植成活。把具有不同意见的人召集到一起开会,事先若没有做任何工作,那很难取得一致的意见。如果事先征求意见,在参与者之间做一些沟通和协商的话,则会议将会顺利进行,也会比较容易达成一致,取得会议的成果。但是有人批判说,这种日本式的沟通方法,有暗箱操作之嫌,少数人的意志决定大局,是一种不民主的做法。其实这与日本社会重视"和"有着直接的关联。人们在工作中,比较注意自己的言行不要引起他人的不快,要注意和他人协调一致,尽量避免发生当面的意见对立和冲撞。日本人在单位内提出意见、发表见解时,不能光考虑自己的立场,即便你发现工作中存在着需要改进的地方,自己的设想、意见都是正确的,如果不能取得大家的理解和支持,没有人配合,则难以实现目的。即使你所做的准备非常周全,也很在

① 参见[日]古田晓　監修:《異文化コミュニケーションキーワード》,有斐閣1990年版,第134—135页。

理，但是如果未经在下面事前沟通，而突然直接摆到会议的桌面上，则是对参加会议的人非常失礼的一件事情。[①] 日本的组织内部当然也看中个人的能力，但是他们更重视集体的智慧，当一个建议、方案经过大家的共同商讨、研究决定后再付诸实施时，一切都会顺利进行。

用“和”的精神来与人沟通，不仅能明事理，还可以成就百事。在工作场所，日本人非常重视“和”，同事们齐心协力为了一个目标努力工作，一个人想不到的事情，众人团结一致，就可以不断地产生新的思想。注重和谐的人际关系，相互之间依赖度很强，依靠集体的力量往往能够实现原本看来不可能实现的目标。正是由于和谐一致，他们总能够超越个体，形成良好的创造能力。

“和”是日本企业文化的核心，主要指和谐与一致、团结与合作。美国的企业，一般是先定组织，继而划分各自的工作范围，然后才开始招聘从事这些工作的人员。经过考试审核，不能胜任规定工作内容的人一律不予录用。但是，日本则是先录用新职员，然后经过培训、见习，从中发现每个人的特长，再安排合适的岗位。经营者们对新职员要进行长时间的观察，用最佳方法将他们巧妙地组合在一起，这体现了日本企业里“以人为本”的管理理念以及职员之间和谐融洽的人际关系。

劳资关系的相对和谐是日本企业的一大特征。上下级关系密切，所有职工团结互助，企业内部具有很强的凝聚力与合作精神。一方面，管理者对员工的关心会对团队精神的发扬起很大作用。日本企业中的管理人员除了关心员工们的工作情况以外，还关心他们的个人生活，包括婚丧嫁娶，这使得员工感受温暖如家，因而愿意全身心地为公司服务。公司也并不仅仅是生产、经营的部门，他们经常开展一些集体活动，以使员工能感受到集体生活的轻松和谐。这使得日本企业在“和”的团队精神基础上形成了很大的向心力，职工“跳槽”的现象很少见，并且广大员工用努力工作来提高生产率和产品质量以回报上级、公司的关心。这也反映了日本人重视情感的交

---

① 参见[日]山田雄一：《稟議と根回し》，講談社1985年版，第9—12页。

流和一种报恩的心理。

一些学校、公司将“和”作为自己单位的校训、社训，即使没有明确规定的单位，也是作为一种默契的共识。甚至可以说是整个日本的一种共识，搅乱“和”是人们最不愿意看到的。例如，圣德大学幼儿教育专门学校就是“和”字当头，他们的建校精神将人与人的和谐相处看成是构建和谐社会的最重要条件。① 兵库大学将全人教育作为教育的最高理念，他们重视德育胜于智育，好的德育离不开“和”的理念，知、情、意的均衡教育需要借助于“和”的精神。② 出水学园的建校精神是：人类幸福的前提是世界和平，而人与人之间的和睦即“和”的精神是使得人类获得幸福的基本教育理念。“和的精神”具体体现在“协调”、“纪律”、“勤奋”这六个字里。③ 甲子园大学的建校精神是：“黾勉努力、和衷协同、至诚一贯。”④足利工业大学的建校精神是“以和为贵”。这是直接引用的十七条宪法。⑤ 秀峰株式会社的理念是：“和”的精神、“诚”的精神和“开拓”精神。具体说来就是：全社上下一心，以和谐之心来实现目的、分享感动；以诚实之心贡献于社会，培育服务的精神；以开拓之心研究开发未知的领域，追求无限的可能性。⑥ 从这些学校、公司的建校精神和公司理念可以看出，在培养人才、凝聚人心方面，着意将“和”的精神贯穿其中，用“和”的精神指导学校、公司的工作，在许多地方已经成了一种自觉的行为。

第四，虚心学习、勇于创新的精神。大约在公元5世纪，汉字传入日本，在此之前，日本原本没有文字。汉字的传入为日本吸收古代中国文化起到了巨大的作用，并且使得他们能够记录自己的文化和历史。日本最早的诗歌集《万叶集》是用汉字书写的，但是由于当时日本人对汉字的意义并没有完全理解与掌握，仅只借用了汉字的读音，这就是所谓的“万叶假名”，把汉

---

① 参见圣德大学幼儿教育专门学校主页：http://www.seitoku.jp/kttcsu/annai_kengaku.html。

② 参见兵库大学主页：http://www.hyogo-dai.ac.jp/generalinfo/cha1103.html。

③ 参见出水学园网页：http://www.izumi.ac.jp/kengaku.htm。

④ 参见甲子园大学主页：http://www.koshien.ac.jp/campus_guide/spirit.html。

⑤ 参见足利工业大学主页：http://www.ashitech.ac.jp/jhome/a/a04.html。

⑥ 参见秀峰株式会社的主页：http://www.shu-hou.co.jp/profile/profile1.html。

字当做了表音文字。古代日本运用拿来主义的手法学习了中国的文字,在后来漫长的岁月中,大约在平安时代(794—1192),在汉字草书的基础上,创造出了平假名,而片假名则取汉字的偏旁部首或某一部分而形成。从文字的形成和使用可以看出日本人从“拿来”到“吸收、消化”,再到“创造”的学习过程。这对于日本社会后来进一步学习中国文化以及世界文化起到了决定性的作用。自从假名诞生后,以往盛行的汉文学逐渐被和歌、物语所代替,这催生了日本自身的文化。现在日本的文字形式是汉字和假名混合书写,反映出他们模仿、学习的精神和创造性的智慧,有机地将中国古代的东西和自身的东西结合到了一起,这也正是文化具有强大生命力的重要条件。

中国的汉字在帮助日本学习中国文化中起到了巨大的作用。例如,儒学是通过文字而传入日本的,儒学传入以后,日本在政治思想、道德风俗上都受到很大的影响。从古代十七条宪法的内涵和十二阶冠位(大德、小德、大仁、小仁、大礼、小礼、大信、小信、大义、小义、大智、小智)的名称来看,这些影响也可见一斑。

由汉字而创造出的假名,是一种表音文字,假名在近代对于日本学习西方先进的东西、吸收西方文化,立下了很大的功劳。使用音译的方法引进西方的外来词汇,不需要使用汉字,效率高、传播快,这对于如饥似渴学习西方文化的日本来说,真是一个绝妙的工具。五四运动后,中国也学习、翻译了大量的西方文献,引进了不少西方新的思想、观念,但是,中国的汉字文化难以像日本的假名那样,直接使用音译的形式,音译的词汇不能说没有,相对于日语来说就要少得多了。这是因为中国的汉字是表意文字,人们更倾向于接受文字多少表示一些意义。例如,“迷你裙”、“可口可乐”、“雪碧”、“视窗”等。当年“激光”这个概念刚传入的时候按照音译为“莱塞”或“雷塞”,最后还是以意译取胜。这不是由哪一个翻译者的意志所决定,而是汉语文化的选择。日语在这方面既享有汉字构词便利的好处,又有自己独特的表音假名,可以说好处都占了。

在东亚,日本是最先了解马克思主义的,他们将大量的马克思主义著作翻译成日语,不仅在日本传播了马克思主义和共产主义的思想,也为在东亚传播马克思主义起到了巨大的作用。在翻译的过程中,他们利用汉语的构词法将马克思主义中的许多概念翻译成日语,这些用汉字写成的概念反过来又传到中国,成为汉语词汇的逆输入,这也是日本学习西方社会对中国一个很大的影响和贡献。例如,下列词汇都是日语在先,中国是从日语中借鉴过来的:社会、社会主义、共产主义、革命、资本、资本家、资本主义、帝国主义、封建制度、阶级、阶级斗争、生产、生产资料、生产率、劳动、劳动力、政治经济学、私有财产、农民、贫农、中农、富农、地主、人民、权利、解放、反动、思想、理论、唯物论、唯物主义、形而上学、辩证法、价值、修正主义、改造、意识、意识形态、经济基础、上层建筑、无产者、无产阶级、知识分子等。① 日本在学习西方先进科技、文化的时候利用汉字创造了许多新的词汇,后来又给予中国以影响。例如,电话、电报、电流、电池、电子、民主、经济、立场、手续、手工业、农作物、资料、自由、法律、动态、动议、动员、议会、议院、议院、艺术、医学、演出、演绎、演习、演说、归纳、规范、规则、血栓、解放、解剖、介入、结核、教科书、脚本、教授、讲师、讲坛、讲习、建筑等。②

这些词许多原本是汉语里面有的,但是日本人将之赋予了新的意义反过来传回中国,例如,民主,古代汉语意思为"民之主",即"君主"、"皇上"的意思,或是"为民做主",《尚书》曾引用西周政治家周公的话说:"天惟时求民主"(《尚书·多方》),意思是说上苍根据时势的变化,为老百姓求得贤明的君主。作为现代政治制度的"民主"的含义,是日本人先学习西方,从英语 Democracy 翻译过来的。中国 80 多年前的新文化运动时,使用的还是"德先生",后来"民主"的现代含义才从日本传到中国。

16 世纪日本开始接触西方文化,始于和葡萄牙的交往,后经过荷兰开始大规模地学习西方文化。因为是通过荷兰语学习西方的科学技术,这被称为兰学。兰学的学习和研究有诸多方面,其内容包括哥白尼、伽利略、开

---

① 参见[德]李博著,赵倩、王草、葛平竹译:《汉语中的马克思主义术语的起源与作用》,中国社会科学出版社 2003 年版,第 105—331 页。

② 参见刘正埮、高名凯、麦水乾、史有为编:《汉语外来词词典》,上海辞书出版社 1984 年版,第 82—382 页。

普勒、牛顿等科学家所创立的近代欧洲科学技术知识的学说，概括起来有：荷兰语的学习和研究；医学、天文学、物理学、化学等自然科学的学习和研究；测量术、炮术、制铁等技术的学习和研究；西洋史、世界地理、外国概况等人文科学的学习和研究。

兰学对日本传统的华夷思想和锁国制度有了很大的冲击。兰学学者在十分艰苦的条件下，冲破中世纪的思想藩篱，开始打破民族的片面性与局限性，把目光转向先进的西方近代文明。

兰学繁荣局面的形成，不仅是“西学东渐”的结果，而且也是日本社会内部发展的产物。一些学者提出人类平等的观念以及重商主义的主张，反映了日本早期资本主义萌芽求生存求发展的要求。不少兰学学者在研究的道路上逐渐从传统的以道德实践为主的儒学者转变为近代知识分子和科技人才。

日本在明治维新后，派遣了参访团多次访问欧美，其中十三大藩海外视察团赴欧美考察，学习西方的先进科技和文化。视察团的路线从旧金山经纽约、华盛顿到英国，然后到法国、普鲁士、荷兰、俄国，参观了工厂、学校、报社、兵营、武器库等，看到了美国人民的开拓精神，深深地感到英国作为资本主义的霸者气概，对欧美诸国在科技、工业、教育方面的发展，民主社会的形成大为赞叹。1871 年 11 月至 1873 年 9 月，派出日本有史以来最大规模的西方文化考察团，称岩仓使节团。派遣使节团的目的是修改旧幕府与西方各国签订的不平等条约和考察欧美先进的资本主义制度及文化，供日本近代化建设参考。使节团访问了欧美 12 国，会见了各国首脑，考察了政府机关、议会、企业、港口、农场、学校、报社以及社会福利设施，还参观了名胜古迹，进一步认识了西方的文明，发现了日本和西方的差距。他们体会到，要想富国必先建立法制，向德国学习，在日本实行专制主义统治。富国要向英国学习，强兵要向德国学习。① 使节团深刻地认识到，教育是资产阶级近代化必要的手段之一，日本立即追赶还来得及。使节团副使木户孝允在给友

① 参见郑彭年：《日本西方文化摄取史》，杭州大学出版社 1996 年版，第 261 页。

人的信中说："日本人与西方人并无优劣之分，差距唯在学与不学之间而已。"他指出，文明必须先造就人才，兴办国民教育，如果不从这一点出发学习西洋，那么就谈不上文明开化。[①] 次年，明治政府便发布"学制令"，建立了日本的近代学校制度，推行全国性的不分地位、出身和性别的强制教育。这一举措在日本近代化过程中起到了决定性的作用。

明治时期一大批学者饱学西方文化，承担了西方文化传播者的重任。当时他们所做的工作主要是西洋学的启蒙，让人民群众了解西方社会，了解日本和他们的差距所在。正如福泽谕吉所说："我们洋学者的目的只有一个，就是介绍西洋的实际情况，促使日本国民有所变通，早日进入文明开化的大门。"[②]福泽谕吉在他的自传里记载了学习洋学的艰难以及随使节团周游英、荷、普、俄、葡等国的感受，他感到"文明的文物无不使耳目为之一新"，逗留国外期间，看到、听到很多新奇的东西，如蒸汽机、电信、政党、法律、律师、人寿保险、海上保险、邮政、医院、贫民院、盲哑院、精神病院、博物馆、博览会等，他对这些西方的事物赞美不已，"一方面感到吃惊，同时又加以羡慕，想在我们日本国也把这些实行起来。这种雄心当然禁也禁不住"[③]。在欧洲逗留 1 年回到日本后，根据自己的所见所闻，并且参考了西方的一些著作，写出了介绍西方社会和文化的著作《西洋事情》。这本书基本上是当时西方社会各种现象的描述和介绍。对于当时处于开国之际的日本，上下不知何所适从，这本书的出版，无疑给了当时的日本人一个刺激和惊喜，认为这是建立文明社会的一个好的参考材料。所以《西洋事情》出版后一下子风靡日本，得到了上下一致的好评，在学习西方文化、介绍西洋文化上起到了重要的作用。

明治维新以后，日本认识到西方文明不仅拥有强大的军事实力，还拥有较强的生产力，当时的欧洲正是通过发展科学技术来提高生产力的。日本在欧洲强有力的军事力量面前，感到自己无力与之匹敌，他们非常钦佩欧洲

① 参见陈晖：《教育·社会·人——日本的近代化与教育》，东方出版社 1989 年版，第 54 页。
② ［日］福泽谕吉著，马斌译：《福泽谕吉自传》，商务印书馆 1980 年版，第 288 页。
③ ［日］福泽谕吉著，马斌译：《福泽谕吉自传》，商务印书馆 1980 年版，第 292 页。

的科技文明所催生出来的生产力。学习欧洲文明,建立强盛的国家,就成了明治维新日本举国上下的宏伟目标,但是日本在引进欧洲文明时主要瞄准的是欧洲的科学技术,目标是为了实现现代化,忽视了科技文明与精神文明的协调发展。他们当时不了解欧洲科技文明的发展是和传统的精神文明尤其是基督教文明处于一种协调之中的。

在这样的时代思潮的背景下,明治以来日本的三个价值取向占据了日本价值的主流,它们是勤劳、繁荣和进步。① 生产力落后的日本要学习、追赶先进的欧洲,这三个价值取向发挥了重要的作用。

日本在明治维新后,在自己的传统文化和近代化的结合上寻找到了一个结合点,那就是把传统的伦理道德观念与资本主义的精神结合起来,把西方的理性主义原则与传统文化中的行为感情因素融为一体,走出了一条适合日本社会的资本主义道路。

第二次世界大战后日本在教育上全面清除学校内的法西斯教育,打破旧的教育体制,实行美国式的新的教育体制,即6、3、3、4学制,各级学校男女同校,增加大学的数量,这为战后人才培养奠定了很好的基础。

如果说民主化建设、政治体制、教育体制的改革是被迫学习美国和西方的结果,那么现代科学技术的学习却是日本完全自觉的行为。战前日本的科技主要是向德国学习,第二次世界大战后美国科学技术在日本占据了压倒性的影响,日本人自身认识到科学技术落后于欧美,必须奋发努力追赶,这是他们主动学习、引进美国和欧洲先进的科学技术的根本动力。

在钢铁、化学工业、发酵工业、电器通信、计算机、家用电器、机械工业、原子能发电、航天等领域,全面地大规模学习美国和欧洲的科技,到了20世纪80年代日本已经确立了科技大国的地位。

不但学习、引进自然科学技术,日本还大量学习和引进人文、社会科学。日本人认识到自然科学和人文、社会科学日益密切相关,只有这两者均衡发展,才能促使社会健康发展。因此在诸如科学哲学、心理学、教育心理学、人

① 参见[日]梅原猛:《余暇》,《日常の思想》,集英社文库1986年版,第225页。

文地理学、社会学、文化人类学、教育学和语言学等领域，也是全方位地学习和借鉴。①

生活上的学习、模仿和借鉴就更多了，从衣着打扮到居住环境，从饮食到娱乐，到交通设施等，日本战后几十年发生了天翻地覆的变化。衣着方面，在正式场合，西装革履居多，而在家中，则以宽松的和式服装为主；食物虽然以和式的餐饮为主，但是早餐时的牛奶、咖啡加面包已经相当普及，中餐馆和西餐馆到处可见；居住一改传统的和式方式，而采用和式房间和洋式房间结合的生活方式。访问普通日本人的居所就会发现，房子内一般既有传统的榻榻米房间，又有床、椅子的洋式房间，日本人把这叫做“和洋折中”。生活中的变化，既是向西方学习的结果，同时也在保持传统生活方式上下了很大的工夫。

三、日本民族精神的主要特征

综观日本民族精神，具有如下特征：

(一)忠心耿耿为集团的利益而拼命工作

强烈的生存危机意识是自身的生存需要和先天不足的地理、自然环境相互作用下产生的。长期以来形成的这种意识具有相对的稳定性，经过历史的积累和沉淀，在内涵上逐渐成长为日本民族奋发图强的一种精神。这种精神鼓舞着一代又一代的日本人，他们努力进取、拼命工作，希望通过自己的辛勤劳动，战胜恶劣的环境，取得社会的繁荣和进步，同时获得个人的幸福。

日本人勤奋工作有三个特点：第一，他们非常认真对待交给自己的工作，毫不含糊，这从日本生产出的产品的质量得到世人的认可来证明；第二，

① 参见郑彭年：《日本西方文化摄取史》，杭州大学出版社1996年版，第383—391页。

他们的缺勤率很低，除了生病不能上班以外，很少缺勤，很多人连规定的假期也不休息，或者是不全休完；第三，对于加班、休息日上班没有什么抵触情绪，他们将此视为理所当然的事情。[①] 甚至60岁退休后继续工作，这既有经济上的原因，同时，工作也是一种寄托，退休回到家里往往无所适从，被称为“粗大垃圾”，生活很不自在。传统日本企业的终身雇佣制和年功序列制这种雇佣关系在促使日本人拼命工作方面起到了很大的作用。企业就像一个大家庭，大家都是一家人，以社为家，以公司的利益为重，自己的前途和命运与企业联系在一起，从而产生出命运共同体，每个人都是这个命运共同体中的一员，大家要为企业而努力拼搏。

美国社会问题研究学者普遍认为，日本企业成功的秘诀，就是创造调动人的积极性的气氛和环境。他们还认为，日本人拼命干活的动机，是故意给人看的，给人一种迫于无奈的感觉，因为大家都在工作，自己不干就是偷懒行为，担心会被他人议论。另外，干活的人看到有人不干活，或者偷懒，或者不认真，心里就特别不平衡。尽管他们厌恶给上级打小报告的人，但是并不谴责当面不说、背后乱说的人。集团生活特别是以人际关系为基础的集体组织，每个人都特别在意自己的面子。这种相互监督的人文因素，使日本人的工作效率比许多国家都高。日本公司中许多普通工人都具有献身公司工作的精神，媒体也没有什么“以社为家”、献身工作之类的模范人物的事迹宣传。相反，传播媒体经常告诫人们要多留些时间同家人相处，不要拼命工作，要防止“过劳死”等，但实际上日本人都是在为公司拼命干，他们每年都有不少人因过度劳累而死亡，而且有逐年上升的趋势。日本人献身工作是他们献身所属小集团的一种表现，是他们民族性格的一部分。[②]

精明的日本企业家巧妙地利用了人们争强好胜的心态，营造出了高效率的工作环境。献身于所属小集团的日本人并不是缺乏“自我”的机器人，

---

① 参见[日]三喜男：《日本人の労働倫理》，原载新日本製鉄株式会社広報企画室編《日本の心——文化・伝統と現代》，丸善株式会社1987年版，第119页。

② 参见[美]露丝・本尼迪克特著，吕万和、熊达云、王智新译：《菊与刀》，商务印书馆1990年版，第135页。

他们也迫切需要被人理解，被社会承认。日本很多企业把工资称为“谢金”，把奖金称为“寸金”，这种“谢金”、“寸金”表现了领导对员工的关心，也使员工在“谢金”和“寸金”中看到了自己辛苦工作的收获。这种工资的代名词“谢金”、“寸金”应该说是员工的劳动所得，而日本企业却用它来满足人们的心理需要，刺激人们的积极性。在现实生活中，人总是自觉不自觉地从他人那里寻找自身存在的价值，其内心深处却又有被重视、被肯定、被尊敬的渴望。这种渴望一旦实现，人的许多潜能和真、善、美的情感便会奇迹般地被激发出来。日本的集团社会就是有效地利用了人们的这一本能。

曾在日本学习过的一个中国留学生回国后讲述过这样一件事。他因住在郊外，经常需要乘坐一个半小时的电车去学校。为了避开上班高峰期的拥挤，他把听课时间都调在了上午的10点以后，所以，一般乘车都有座位。一天，他像往常一样乘车去学校，上车不久，他就倚在舒服的座椅上看起了书。不一会儿，车停靠下一站，有几个穿着工作服、提着工具箱的人上了车。当时，车上人不多，空座位也不少，但是这几个人将工具箱整齐地放在车厢的旁边，一直站着。列车行至拐弯处，广播里传来列车广播员提醒大家注意安全的声音，这位留学生指着身边的座位，示意他们坐下，但他们没有坐，只是点点头，说了声“谢谢”。其中一位年龄稍大点的解释说：“座位是留给乘客坐的，我们是铁路上的工作人员。”该留学生每每提起此事，都会把它与日本人的死板性格联系在一起。表面看来，日本人似乎是过于机械、太傻了，实际上，对于日本人来说是很容易理解的，因为他们从小就接受了一个非常重要的观念，即“名分”的观念，他们当时是在工作，工作就应该有工作的样子。类似这样的事情，在日本其他行业也是屡见不鲜。

“安分守己”就是守本分，尽应该尽的责任。日本人对人的评价，不习惯用好与不好给一个人下结论，往往是看他某种行为是否越轨，是否合适自己的身份。① 他们比较容易接受基于地位、年龄、性别、经历、实力形成的人

---

① 参见［美］露丝·本尼迪克特著，吕万和、熊云达、王智新译：《菊与刀》，商务印书馆1990年版，第31页。

与人之间的差别，对权威抱有较大的敬畏和服从，能安分守己，把自己视为一项事业的一部分，兢兢业业做好分内工作。遵守规则，具有较强的忠诚心。在与人的交往中他们一般较注重双方的地位排列以及与之相应的礼仪。语言的措辞要根据对方的立场、身份、性别而随机应变。日语中复杂的敬语用法就是日本集团社会的等级制在语言中的表现。不符合身份的言行，就是不体面，就会被人耻笑。为了与集团保持一致，与其他成员之间的交往也尽量追求和谐。日本人在自己的集团里，事事小心谨慎，处处注意"分寸"，"安分守己"，干一行爱一行，干什么像什么。可以说，守本分的传统文化意识培养了日本人良好的职业素质，为日本社会集团的和谐统一提供了"人和"的保证。

（二）具有归宿感和人情味的集团主义

这一特点表现为：对内讲和谐，对外搞竞争。日本社会学学者会田雄次在他撰写的《日本人意识结构》一书中强调说："富有人情味的人际关系，才是日本社会纵式关系的真正优势，才是集团凝聚力不容忽视的原因之一。"①日本曾在几个大型企业中对理想的上司形象做过一次民意调查：有两位科长，其工作能力不分上下，A 科长工作中不随便给人出难题，不乱发脾气，对人的考查也公平；但是，除了工作外，对部下的生活等方面关心很少。B 科长工作中有时给部下出难题，有时还会发脾气，对人的考查基本上也比较公平；但是，除了工作外，对部下的生活等方面的个人问题比较关心。调查结果显示，80% 的人选择 B 科长，A 科长只有 10% 左右的投票率。即使是在知识分子中间测试，其结果的比例也是 75% 比 15% 左右。建立在家族式的"亲—子"关系网中的纵向集团社会，人与人之间不仅仅是单纯的上下级关系，还有一种亲情般的感情纽带把大家紧紧地联系在一起，那就是互相体谅，互相理解。作为日本集团社会内的领导者资格，能力并不重要，重要的是，他必须处于组织的顶端，即在序列中的最高地位，所以日本的领导

① ［日］会田雄次著：《日本人意识结构》，講談社現代新書 1997 年版，第 50 页。

者多是老人;要有个人魅力,他必须善于体恤人情,像父母一样关心下属,善于协调整个集团。日本有威信的领导,会经常创造机会如忘年会、游园会、运动会、旅游以及五花八门的聚会等和下属"同乐",倾听他们的酒后"戏言",哪怕是责骂自己的言论。此时,大家对"圈子"里看不顺眼的人或事可以直言不讳,有什么委屈,尽情宣泄也无可非议。然而,背后"打小报告"之类的行为,在日本是遭人唾弃的行为,被认为是可耻之举,是破坏人际关系的大敌。这种具有人情味的集体意识和亲情般的复杂的上下级关系,是日本社会得以发展的土壤条件。正是它,使每个人的性格在集团中得以发挥和展示,使日本人以集团为"家",使个人对集团的"忠"、"义"精神成为唯一的价值取向。中根千枝在归纳日本式集团组织的特点时是告诉人们:"只要严守序列,捋顺人际关系,有能力者尽可以一展才华,而懒惰者也不妨自得其乐。总之,能工巧匠和懒汉懦夫都能适得其所。"[①]日本纵向集团社会中的人际关系不像一张网而更像一个长链条。每个人是这个链条上的一个环节,从一个环节出发只有两个点与其他环节相连接,一个是他上面的一环,一个是下面的一环。个人的安全感主要是靠加强这两头的连接取得的。同上司的关系一旦出了问题,对个人来说可能是致命的。"纵向结构社会"并不是没有横的关系,而是说与其他社会比较,日本式的集团中纵的关系处于优势地位,有时为了纵的关系可牺牲横的关系。

与此相对照,根据中根千枝的看法,日本强调纵向的关系,而中国强调横向关系,故可称"人脉社会"。《中国人与日本人》一书的作者尚会鹏把中国社会中的人际关系比做一张网,形象地描绘出了这一网络社会的特点。[②]每个人都是网上的一个"结",从一个"结"出发可有许多条线与其他"结"相连,其中一个"结"是我的父母,一个"结"是我的大姑,一个"结"是我的老乡,一个"结"是我的同学,一个"结"是我要好的朋友。同上司的关系只是这诸多"结"中的一个。即便其中一个"结"出了问题也不会给个人带来

① [日]中根千枝著:《タテ社会の人間関係》,講談社現代新書1967年版,第159页。

② 参见尚会鹏著:《中国人与日本人》,北京大学出版社1998年版,第274—275页。

太大的问题。每个人都能感到这张网的存在,但并不感觉有个关系密切的小集团的存在,因为网上的人一般并不生活在同一个“场”内。这张网是跨越集团的,因而常常会削弱个人所属非亲属集团的功能。甚至人们相信这个人际关系网络更能保护自己的利益。在血缘、地缘网络中相互帮助、相互依赖是中国社会的一大特点。这一特点甚至影响着今日的社会。提起“走后门”、托关系、拉人情等不正之风,人们深恶痛绝,但当我们遇到什么事时,至少是在潜意识中想到通过“关系”活动一下。谁的网大谁就有更大的安全感,本事也就越大。所谓“三个公章,不如一个老乡”的不正之风就是其表现之一。中国人生活在一个牢固的关系网络之中。他们相信“事在人为”的信条,总是积极地通过人情、关系去影响周围的人和事。他们办事有不拘一格、不墨守成规的特点,相信“人定胜天”。人际关系中有一种朴素的平等意识,他们趋于同情弱者,而对于来自上位者的压力趋于抵抗或逃避。但他们的性格中同时也有另外一面,不大容易接受由于性别、年龄、能力带来的差别;“平均主义”意识较强,缺乏严格遵守规则的习惯,较散漫、随便、不拘小节。做事情有一种试图通过讲人情、拉关系达到成功的倾向。

无论是日本的“纵向结构社会”,还是中国的“横向结构社会”,都是将人际关系赋予价值而加以保护,以“场”集团为依托,并作为赖以生存的土壤。

美国社会学者斯曼研究日本经济时指出:第二次世界大战后日本经济迅速成功源于日本的集团主义文化。那么日本的集团主义文化有什么独特之处?与中国式的群体意识又有什么异同点?日本学者在研究和解释日本集团主义时,有人提出“集团一体”的看法,即个人与集团的关系是非对立的,是融为一体的。滨口惠俊在《日本式集团主义》一书中给日本集团主义下的定义是:“所谓日本集团主义是指各成员在工作上超出分内的工作,相互协力,并以此求得组织目标的达成,同时得到个人欲求满足,获得集团福利。因此,个人和集团是相利共生,重视成员间的协调性。从这个意义上,又可以说,日本集团主义是通过福利组织的确立,求得自我满足和发展的协同集团主义。"[①]如果说欧美企业的力量主要在于"最大限度地发挥个人的能力"的话,那么日本式企业的力量则主要来自人与人之间的协调配合以及个人对集团的献身精神。从个人与集团关系的角度看,日本模式的集团社会在于:第一,日本人被融合在集团之内;第二,强调集团意识而弱化个人意识;第三,通行的原则是"集体高于个人"[②]。

为了维护集团内的和谐关系,他们一般较谨慎谦和、委婉含蓄,与人打交道时较注意考虑对方的立场,尽量不使对方尴尬。他们一般喜欢使用含糊、暧昧的语言,不直接说"不"或"不行",以免伤害对方。不盛气凌人,不爱出风头,言谈举止温文尔雅,礼仪周全。在人际交往中,个人一旦礼仪上出错总是道歉不止。同时由于个人所属小集团的单一性,他们在文化心理上缺乏中国人那样的稳定特点,个人有被所属集团排斥的担心。又由于日本人加入小集团通常以牺牲自我为代价,所以,他们一般比较缺乏独创精神,不爱争论,不太明确表示自己的看法,喜欢随大流。与人交往缺乏坦白、直率和鲜明的个性,个人过于局限于自己所属的小集团,专注自己的事情,在同自己小圈子的世界打交道时一般显得拘谨。日本男人为了在社会上获得较高的评价,把自己生活重心的70%放在所属小集团的活动中。上班不迟到,下班后常常与同事去小酒馆喝酒,星期天外出陪上司打高尔夫球,假期还要与同事相邀去山间温泉度假等,难怪日本街头人人都是步履匆匆。"忙"的意思本来是事情多,不得空闲,而日本人常用"匆忙"来说明自己是一个有用的人,用"忙碌"来表示自己的成就感。

另外,日本的学校、公司、机关、街道、村镇等都有名目繁多的社团,如各类俱乐部、协会、同窗会、朋友会等,这些社团的缔结或以职业为媒介,或出于共同的爱好和兴趣,或是因为出生地相同等。大都自发组织,自由结合,成员之间的联系比较密切,组织对个人有一定的规范能力。各类小集团成员经常聚会,饮酒唱歌和集体郊游。每逢年末年初或樱花盛开的时候,各公

---

① [日]滨口惠俊著:《日本式集团主义》,有斐閣1994年版,第17页。

② 参见尚会鹏著:《中国人与日本人》,北京大学出版社1998年版,第128页。

司、团体都要举行形式多样的活动。在日本国内,到处都可以看到热心搞各类集团活动的人,他们穿着同一公司的服装,胸佩同一公司的像章,唱着公司的社歌,共同参加公司组织的旅游活动。在世界各地都可以看到打着小旗、穿着一致服装的日本旅游团。个人融化在自己所属的小集团之中,在这样的集体活动中获得高度的满足。那些不能与大家保持一致的人就会遭到孤立。在传统的村落社会,对于这样的人有严厉的制裁,受到处罚的人,大家都不理他,等于置其于死地。日本的集团主义虽然非常讲求和谐、重视情义,但是那主要是指集团内部的和谐,他们认为,集团内应该团结一致、和谐共融,而对外则要竞争,要争而不让,争而胜之。社会是一个集团和另外一个集团竞争的地方,而不应该是个人竞争的场所。在集团内部增强凝聚力,和衷共济,就是为了提高对外部的竞争力,一致对外,以便使自己的集团在竞争中始终处于优势地位。

中根千枝认为,在中国,个人对集团的归属是多重的,即个人同时属于两个或两个以上的集团,而日本人的集团归属是单一的。① 无论哪一种文明社会都由许多集团构成,这些集团大体可分为两大类:一类是自然形成的集团,如由血缘共同者组成的亲属集团(家庭、家族),由居住地共同者组成的地域集团(村落、城镇),由语言、疆域和文化共同组成的民族集团;另一类是为了某种目的而人为缔结的非亲属、非地域集团,如政党、企业、学校、宗教团体以及当代社会的各类社团。由于社会的性质不同,这两类集团对人们生活的重要性并不都是一样的。其实,无论是中国人或日本人对集团的归属都不可能是单一的,而且这些集团对个人来说都不可能具有同等重要的意义。中国人与日本人在集团归属上的差异不在于多重或单一。就中国人而言,亲属集团具有不可取代的、头等重要的意义。② 由于中国人背后有一个明确的亲属集团,他在任何时候、任何情况下都能得到族人的帮助。当他在亲属以外的集团中遭遇失败也可以回到亲属集团中寻求保护,他可

① 参见[日]中根千枝著:《タテ社会の人間関係》,講談社現代新書 1967 年版,第 85 页。

② 参见尚会鹏著:《中国人与日本人》,北京大学出版社 1998 年版,第 132—133 页。

以同时参加数个非亲属集团，但是，无论哪一个集团也不能代替亲属集团。因而，哪一个集团也都不能使他百分之百地献身。中国人的非亲属集团"单位"也具有某些"拟家族"的性质，例如，许多事情都得由单位最高领导亲自来办，结果领导心力交瘁，成员乐得自在清闲。一切都由单位大包大揽，个人有什么困难都找单位。组织成员对社会的关心程度降低，甚至认为组织是自己唯一的"社会"。培养出来的是对单位的依赖，而不是对单位的忠诚心。

同欧美相比，中国人和日本人的亲属集团以及带有亲属集团特点的集团对个人都有较大的制约力，个人在群体中强调依赖他人而不是独立，因而他们的行为都趋于以群体为本位而不是以个人为本位。[①] 但两者的区别是：中国人趋于依赖亲属群体，行为上有"家族本位"的倾向。这样的群体界限较确定，成员的地位与生俱来，几乎没有通过个人努力得以改变的可能性；而日本人则趋于依赖个人加入的小集团（不一定是亲属群体），行为上有"小集团本位"的倾向。这样的群体界限较不确定，成员的地位较不固定，通过个人努力有得以改变的可能性。因此，两个民族在行为方式和文化心理上有不同的倾向。中国人在行为上较重视亲属集团和家庭生活，具有较强的家族观念，对家庭有较强的责任感和牺牲精神。族人集团的有力保护给个人带来了高度的安全感，这使个人在心理上表现出较大的稳定性。他们的性格一般具有知足、实际、平和的倾向，在他同外部世界打交道时常能表现出较强的适应性，一般都能做到随遇而安。正是因为中国人没有像日本人那样完全"融化"在小集团中，在亲属集团以外的中国人"自我"意识比较浓，他们通常有鲜明的个性和独立见解，所以在跨文化的交际中，中国人和日本人之间有互不理解的地方。例如，目前中国的一些日资或中日合资企业中，中方雇员的频繁"跳槽"是一个令日方头疼的问题之一。他们认为中国人不愿为公司多干一点，不断"跳槽"是缺乏敬业精神。而中国人却相信，"树挪死，人挪活"，不愿意在"一棵树上吊死"。

---

① 参见尚会鹏著：《中国人与日本人》，北京大学出版社1998年版，第166页。

（三）“和”的精神很大层面体现在日常的言语行为之中

“和”的精神不是一个抽象的概念，很多时候体现在言语行为当中，这是日本民族很具特征的一面。

一个人的日常言语行为可以反映出他的性格特征。同样，从一个民族的言语行为特征中往往可以窥见民族精神的一面。日本人的言语行为有着比较明显的特征：有一个比较严密的言语待遇系统，对上司、长辈、关系不太亲密者，说话礼貌客气；频繁使用日常客套话，显得彬彬有礼；语言表达委婉含蓄，考虑对方的感受，不强加于人；说话多言犹未尽，给对方留有余地；避免直接拒绝他人，喜欢使用搪塞、敷衍等表达方式；尽量做到与交际对方保持情感上的一致，设法避免分歧，在和谐与道理之间必须作出选择的时候，他们往往会选择和谐。这些都是“和为贵”的道德规范在言语行为中的表现。

中国是文明之国、礼仪之邦，自古以来很讲究语言的礼貌。问别人姓名时说“您贵姓”；问年轻女性的年龄时用“芳龄多少”；对方比自己小则自称为“愚兄”、称对方为“贤弟”，尊称对方的家为“府上”，谦指自己家为“寒舍”；如此等等，礼貌语言非常发达。日本人在学习中国古代文化的过程中，也吸收了大量汉语中的礼貌语言，不仅如此，在漫长的历史长河中，还形成了自己独特的礼貌语言——敬语。

日语的敬语体系由三部分构成：第一是尊敬语，它是用来尊敬对方或谈话所涉及对象的语言，除了有一些特殊的敬语动词之外，还可以用语法的手段构成敬语。第二是自谦语，它是一种降低说话人的动作或所有物、以此抬高对方的语言，除了一些特殊的自谦动词之外，也可以用语法的手段构成自谦语。第三是郑重语，它仅是用来对说话的对方表示敬意的一种语言，通常在句子的末尾加上敬体助动词。使用这种文体说话，并不对话题所涉及的人表示尊敬，仅仅只体现出一般的社交礼貌。日语的敬语规则非常复杂，但是从语言自身的构成来看，并非十分难以掌握。难就难在它的运用规则，在何时、何处、对何人使用何种礼貌语言。在敬语的运用规则之上则是敬语精神。一个人的敬语可能使用得非常娴熟,但很可能是嘴巴上一套,心里又是一套,语言上是谦虚,态度上是傲慢,语言上是尊敬,举止上却又无礼,这不符合敬语精神。真正的敬语首先来自于心灵。关系密切的日本人之间不太拘泥于语言的礼节。过多使用敬语可能是关系疏远的象征。有趣的是,日本人夫妻吵架,常常使用敬语;国会对立党派之间的激烈辩论,往往不是使用漫骂性的言辞,而是使用级别甚高的敬语,这都是为了拉大与对话者之间的距离。换言之,敬语在表示敬意的同时,也有疏远关系、拉大距离的功能。从语言的礼貌等级上来看,日本的语言学者将言语行为看做是一种语言待遇,也就是针对不同的说话对象,决定是否使用敬语并选择它的等级,最末等的也就是最粗俗的表达。恰如其分地选择措辞,正是语言待遇的灵魂。

日语中有很丰富的日常客套话,日本人在每天的生活、工作中嘴里几乎都离不开。这些客套话是人际关系的润滑剂,日本人爱用客套话,正说明他们非常重视人际关系的和谐。

"早上好"、"你好"、"晚上好"这样的问候语频繁使用,"早上好"即使在家中也使用,这和汉语的习惯不太相同。日本人常将"谢谢"(arigato)、"对不起"(sumimasen)挂在嘴边,"对不起"在很多时候是作为"谢谢"的替代词使用的。一位老人在公交车上接受了别人的让座,一般他会说"对不起"来表示感谢的心情。据说是这个意思:"因为你给我让了座,使得你只能站着,真是对不起。"①同样,接受了人家的礼物时,经常也用"对不起"来致谢,如果说"谢谢",则有对礼物的一种期待之感。外国人说日本人喜欢道歉,主要指的是经常把"对不起"挂在嘴上,其实相当一部分情况下,这是一种日常社交时致谢的表达,是一种发自内心深处的感谢。吃饭之前要说一句"我开始吃了",吃完了后通常要说"我吃好了(承蒙您款待)",小孩子从小就是这样习得的,不但公共场合使用,在家里也这样说。

每种语言都有自己的称谓体系,随着时代的变迁,它们也会发生变化。每一种称谓体系里,都能找出该民族的生活习惯以及风土人情。因此可以

---

① [日]金田一春彦著:《日本語》新版(下),岩波書店1988年版,第282页。

说,一个民族的称谓体系,是该民族文化形态的一种反映。日语中的自称体系很发达,依据对方的关系与性别,“我”有不同的说法。与此相对应,对称词也很丰富,要依据交际双方的关系选择使用。日语里找不出一个像汉语中的“你”和英语中的“you”这样的对称词。称对方时,视情况可用职务名、亲属名、姓名(后加礼貌性后缀“san”或“kun”)等,其自称和对称的使用与复杂的人际关系交织在一起。日本文化重视相互依赖关系,重视群体,个体只有在与他人的关系中才能成立。这往往给翻译带来很大的困难。例如,“我”的多种表达形式体现出的尊卑、亲疏、性别差异等内涵,译成汉语后都不见了,仅仅剩下一个干瘪的“我”。翻译似乎是一个筛子,表层的语言译过来了,深层的文化内涵却被过滤掉了,这让我们有时候感到几分无奈。

日本人说话喜欢委婉,讲究含蓄,尽量避免过于直露的表达。他们经常使用一些含混的词语来做结束语,这样的结束语如果直译成汉语的话,大致上相当于“可能是……吧”、“不是……的吧”、“我想的话……”、“我想难道不是……吗”、“可能是这样的,不过……”、“好像……”、“似乎……”、“仿佛……”、“令人似乎觉得”等等。听日本人说话,读日本人写的文章,很快就会发现,这样的言辞比比皆是。

不但日常生活中这样说,就连在学术论文中、学术研讨会上也这样使用。本来是要表达一个精密的结论,日本人却往往使用推测的语气;本来应该旗帜鲜明地表明自己的观点、提出自己的主张,日本人却宁肯使用一些被动、自发的表达方式,那意思是“看来……”、“不由得让人认为……”,这在我们看来显得有些缺乏信心。我们曾经对学术论文中的非断定表达做过一个中日比较研究,对中日两类文科期刊共20篇学术论文做了一个统计,中文论文中有关“恐怕是”、“可以认为”、“似乎”、“可以说”、“可能”、“也许”这类非断定的表达仅出现16例,而与之对应的日文期刊的非断定表达为201例,差距很大。①

---

① 参见周新平、陈俊森:《学术论文中非断定表现使用状况的中日对比研究》,原文载《外语教育》(Vol.4),华中科技大学出版社2005年版,第16页。

用推测的语气表达确凿的论据，这很难直译成汉语，因为中国人不习惯接受过多的“可能是这样的吧”、“大概如此吧”、“我想是不是这样的呢”之类的表达。然而，日本人喜欢这种含蓄的表达方式。他们认为，使用过于肯定的语言，会给人一种张狂的感觉，这是很不礼貌的。日语的情意性很浓，感情色彩很强，日本人说话不太喜欢直截了当，但这丝毫不影响他们之间的沟通，委婉、含蓄的表达方式并不意味着他们不坚持自己的主张，仅只表示不把个人的看法强加给对方。

日本人说话多留有余地，未明说的部分由对方去体会、去悟出，而听话人也很少刨根问底。交际的双方注意尊重对方的意见，尽量避免相互之间的意见发生直接的冲突。日本人对别人的请求、邀请、建议等即使办不到或不能答应，也很少说“不”，而多用一些间接性拒绝方式，主要有 5 种：(1)迎合法，即顺应对方的意志，表明自己与对方立场相同，本是愿意接受其邀请、提议等，这时一般用逆态接续助词结句。由于使用了这类接续助词，意味着后面将出现转折，虽未说出“不”字，对方一般都心领神会。(2)踌躇法，用一些表示犹豫的副词，表明不太好办、难以接受的心情，以求得对方的理解。态度一犹豫，那意味着不想应承，但又不便说出口，对方多不再勉强。(3)拖延法，不立刻答应，或表示考虑考虑，或请对方等一段时间。中国人说“考虑考虑”，有很大的可能性，日本人说“考虑一下”，那基本上就是拒绝。(4)口实法，即找借口、理由推脱掉。不过这个方法一般不对上级使用。(5)沉默法，委婉的拒绝言辞使用过之后，如果对方仍在追问，这时的沉默，则表示一种无声的拒绝，在谈判当中常常会出现这种情况。中国人往往认为对方的沉默是在犹豫不决，或许还有一线希望而抱以期待，但这种期待多半会落空。①

间接性拒绝的言辞之外，往往伴有修复关系的表达。这是因为，尽管是非常委婉的拒绝，总难免辜负对方的好意，或是不能满足对方的请求而使对

① 参见陈俊森、樊葳葳主编：《外国文化与跨文化交际》，华中理工大学出版社 2000 年版，第 184—185 页。

方感到不悦。为了最大限度地减轻由于拒绝而带来的负面效应，保持双方的和谐关系，增加修复关系的言辞有时就显得必要。例如，或是感谢对方的好意，或是对自己的不能从命致以歉意，或是许诺等待下一次机会，等等。这些方法也都是日本人非常善于使用的。

日语里有一个相当于"不"的词，但是日本人轻易不对别人说"不"。据水谷修观察，日本人在平时的会话中说"不"一般只限于少数几种情况：第一，当别人称赞自己的时候，为了表示谦虚而使用，例如，"真不错呀！""不、不，还差得很远"。第二，当对方表示谦虚或自贬时，可以说"不"以鼓励、称赞对方，例如，"不行了"，"不，没关系的"。第三，在不涉及人际关系的时候，例如，有人问路："往这条路走可以到火车站吗？"对这样的询问可以毫不顾忌地说："不，不对"①。

日本人对直接拒绝、否定他人的请求、想法存有极强的抵触心理，他们认为对别人的请求或意见直言"不"，是对别人人格的否定，这样做是会损害人际关系的。日本人这么不愿意说"不"，这么不喜欢直截了当的拒绝方式，或者说不愿意当面否定别人，就是担心损害人际关系的"和"。在言语行为方面，日本人喜欢保持双方情感交流的一致性，面对有损于一致性、破坏表面和谐气氛的遣词用句的选择，采取的是慎之又慎的态度。日本人的"拒绝"言语行为恰恰反映的就是这个"和"的精神。

除了拒绝之外，他们还喜欢附和他人的看法和意见，即便他人的看法与自己的感觉不一致也不公开提出异议。山下秀雄举过这样一个例子：早春的一天，A、B 两人在单位的走廊里碰了面，A 对 B 说："今天真冷啊！"其实这一天并不冷，甚至有人在出汗。可是 B 不露声色，附和 B 说："真是啊！都已经春天了，还这么冷。"既然她本人觉得冷，那对于她来说可能就是冷。这样的回答 A 听了觉得很悦耳，简单的交际就可以很和谐地结束。要是 B 直言："不。今天很暖和！"那场面就很尴尬、扫兴。②

---

① 参见[日]水谷修：《話しことばと日本人》，創拓社 1999 年版，第 107—109 页。

② 参见[日]山下秀雄：《日本のことばとこころ》，講談社 1986 年版，第 19—20 页。

日语的句子结构里，主语不是最重要的成分，通常可以省略或隐含，尤其是有关“人”的主语，省略与隐含的时候特别多，这一点与汉语、英语很不相同。汉语、英语有一个倾向，以“人”为主语的表达很多，处处要显示出“你”、“我”关系，尤其是英语，“I”字还要大写。而日语在有关“人”的主体关系明确的情况时，主语能不出现则尽量隐去。日本人不喜欢人称代名词作主语，这与他们说话委婉、不露锋芒的语言心理有关。过多地使用第一人称代名词有炫耀自己之嫌，会给他人不快感；[①]过多地使用第二人称代名词，态度上可能又有咄咄逼人之感，而这些正是日本人所忌讳的。在语言交际中，通过各种语言的、非语言的手段表明“你、我、他”的关系，正体现出日语的含蓄、微妙之处。

日语交际时离不开“答腔”（aiduchi），一方说着，另外一方点头赞许的样子，嘴里不停地说着“哈依”、“是啊”、“是吗”、“这样啊”、“哦”之类的答腔语。水谷信子认为这不是“对话”，而是“共话”。自己的话自己说完，说完了后对方接着说，这是对话。一方的话还没有说完，另一方用答腔的形式接住，然后对方再接着说，这就是所谓的“共话”。频繁使用答腔其根本点在于交谈的双方有一种共存意识，是基于共同理解的一种言语行为。[②]

以上这些言语行为特征如果是“目”，其“纲”则是一个“和”字，是“和”的精神指挥、调动着日本人如何运用语言与他人交际，这相当于计算机的程序，个人的言语行为要受控于这个程序。

（四）从学习与模仿到借鉴与创新

虚心学习外来文化，并与本国的实际相结合，从而创造出适合本土发展的体制，是日本民族精神的显著特征之一。日本学习中国文化并非全盘照收。中国有两项为世人所嗤之以鼻的制度、习俗——宦官制度和女人缠足，日本人就没有学习和引进。中国从秦代起宦官制度开始盛行，一直到清代

---

① 参见［日］金田一春彦：《日本語》新版（下），岩波書店1988年版，第160页。

② 参见［日］水谷信子：《心を伝える日本語講座》，研究者1999年版，第62—63页。

末年,历代的王朝都为宦官制度的弊端而烦恼,始终未能找到一个好的解决办法。中国的妇女,长期以来处于奴隶的地位,缠足的习俗是对妇女身体和精神的一种摧残。过去有人认为“三寸金莲”是妇女的“美”,这种扭曲的审美观实际上是对妇女的迫害。对于全面学习中国传统文化的日本人来说,他们没有选择。鲁迅先生的散文“藤野先生”中就记载着藤野先生向他询问中国女人裹脚的情况,他不知道而答不上来。① 中国的科举制度也没有为日本人借鉴,日本的官僚贵族势力强大,不愿意平民介入到官僚的体制和中央政治中来。日本人选择适合他们自身发展的东西,引进后加以改造,不断内化,在灵魂中注入大和民族的内容,保持、发扬日本固有的精神,消化、活用中国的文化,这一点正是日本人的高明之处。

正如赖肖尔所指出:日本“由中国学来的制度与文化,经过几代对日本环境的适应过程,获得了自己的生命,并且在加上本国的特色后,产生了一个从根本来说是崭新的文化。这种新文化的许多组成部分,虽然可以清楚地看出其来自中国的渊源,但它基本上又不同于中国文化,也不同于日本的早期文化。”②

日本的历史从某种意义上来说就是向外国先进文化学习的历史,这在历史发展的紧要关头尤其明显,通过学习外国先进的文化,从一种旧的政治体制和生产方式变为新的政治体制和生产方式,最终推动社会进步。公元645 年的大化改新以唐文化为武器推翻了氏族奴隶制社会,建立了早期封建社会;1868 年的明治维新以西方文化为武器推翻了封建社会,建立资本主义社会,先进的资本主义生产方式取代了落后的封建主义生产方式。1945 年日本投降后,以西方的资产阶级民主主义为武器推翻法西斯军国主义的专制统治体制,建立了资产阶级民主主义的政治体制,举国上下进行经济建设,使日本社会飞速发展。日本学习、借鉴外国先进的东西并不是机械地照搬和模仿,他们总是想方设法地加以改造、创新,以适合本国的情况。

---

① 参见鲁迅先生纪念委员会:《鲁迅全集》第二卷,人民文学出版社 1973 年版,第 413 页。

② 埃德温·赖肖尔著,孟胜德、刘文涛译:《日本人》,上海译文出版社 1980 年版,第 50 页。

日本人借用了汉字,但发展了他们自己的假名体系;借鉴了儒家学说,但更改了它的道德标准,调整了它的政治学说,以适应他们的社会结构。接受佛教的同时,还保留了本族的神道教,以满足精神的需要。日本人常说的"和魂汉才"与"和魂洋才",意思是,不失去日本固有的精神来吸收、消化中国的学问;不失去日本固有的精神,来吸收西洋的学问和知识。这也正是日本民族精神的可贵之处。

四、日本民族精神的启示

从对日本民族精神的研究中,可以发现对弘扬与培育中华民族精神具有重要的意义和启示作用:

首先,危机意识是激励民族奋发向上的催化剂,勤奋努力是改变贫穷落后面貌的制胜法宝。有过在日本访问或生活经验的中国人可能有一个感觉,日本的大众传媒对日本经济多年来的低迷状况的报道、讨论、分析,铺天盖地,对日本社会的问题点充分暴露。对交通事故、自然灾害的报道,从伤亡人数到经济损失,从事故原因到现场的惨状,到受害人的家庭,甚至受害人小时候的情况、他的同学和朋友对他的怀念等等,不遗余力,这样的报道给初来乍到的中国人一个强烈的印象,日本怎么处在一个危机四伏的环境之中啊,眼睛看到的日本社会富裕、祥和的状况和他们大量的忧心忡忡似的报道好像不相符合。日本电视上对中国的报道和介绍,很多时候镜头对准的是上海浦东的摩天大楼和流光溢彩的外滩、北京的宽阔大街、深圳的现代化景观;同时,对中国的经济高速增长的各方面报道,也是深入细致。这往往给人一个错觉,好像中国已经变成了一个发达国家了。难怪常有日本人说,你们中国已经赶上我们日本了。这些当然反映了日本媒体对待报道、新闻的立场和原则,但是,从深层来看,这其实是日本民族的危机意识在新闻媒体中的集中反映。总是觉得自己问题多,需要改进、需要加油,将外部世界的进步描述得异常详尽，通过这样的方式告诉国民，“连中国都要赶上来了！”这样的危机意识，催化了日本国民的生存斗志，使他们经常处于一种居安思危的状态之中，这对于社会的持续发展有很大的激励和鞭策作用。再看看中国国内的媒体，多年以来，歌舞升平的报道多，宣传成就的多，盛世太平的宣传往往掩盖了我们很多的问题。中国的现代化建设虽然取得了举世瞩目的成就，但是我们不能忘记中国仍然是一个发展中国家，“三农”危机深刻，还有大量贫困人口，贫富差距拉大、贪污腐化的问题严重，城市下岗职工的再就业困难、环境污染、道德诚信危机等。

多少年来，中国的中、小学生接受的教育是：我们的祖国地大物博，各种资源丰富，土地富饶。这给了我们几代人极大的民族自豪感。中国土地面积居世界第三，各种资源也是居世界第三，面积够大、资源够多。但是由于人口众多，人均数量很少。“世界人均土地为 44 亩，人均耕地 5.5 亩，而我国人均土地仅 14 亩、耕地 1.5 亩、林地 1.8 亩、草地 5 亩。我国人均耕地、林地、草地大约是世界人均水平的 1/4、1/9、1/3。”①广大西部地区，处于高原地带的土地面积大，人烟稀少，大部分人口集中居住在东部和中部地区。土地、资源的过度开发、环境的破坏，都是当代中国面临的巨大问题。不认识到这一点，没有危机意识，我们的社会将很难做到持续、健康地向前发展。温家宝总理几年前说过：“一个很小的问题，乘以 13 亿，都会变成一个大问题；一个很大的总量，除以 13 亿，都会变成一个小数目。”②这个讲话后来被广泛称为“温氏定律”，反映了中国当代领导人的清醒头脑，看问题的全面性和客观性。其实，中国人也曾有过危机意识很强的时候，中国的国歌就证明了这一点：“中华民族到了最危险的时候，每个人被迫着发出最后的吼声，起来！起来！起来！我们万众一心，冒着敌人的炮火，前进！前进！前进！”正是这个危机意识，促进了民族的觉醒，最后取得了伟大的抗日战争

① 赵超英、周毅著：《国土资源·环境·生态与人口可持续发展战略》，中国土地出版社 2002 年版，第 4 页。

② 温家宝总理接受《华盛顿邮报》总编采访，载于 2003 年 11 月 21 日，http://www.china.org.cn/chinese/2003/Nov/447610.htm。

的胜利。现在,国歌依旧,人们的危机意识却淡薄多了。这一点,邻国日本给了我们很大的启示,在当代中国的现代化建设过程中,要经常保持清醒的头脑。我们在关注 GDP 增长的数字的同时,更要注意人均数字,要关注资源消耗的状况,关注环境保护,要关注贫困人口的状况。

日本人勤劳、认真的工作态度为世人所知晓,有的时候这成为了批评他们的一个口实,说他们是只会工作不会休息的经济动物,站在欧美人享受生活的角度,也许这个批评有一定的道理。可是,当你看到战败后日本一片废墟、百废待兴的景象时,如果没有全民族的统一意志,没有勤奋努力、认真负责、一丝不苟的工作态度,怎么可能在短短几十年内把日本建设成为一个高度现代化的国家?中国当年开始实行一周休息两天的工作制度、每年 3 个黄金周时,几乎是一夜之间就开始了新的生活。很多人为此欢呼,但是在转变的过程中很少听到不同声音的议论,一下子减少工作时间,经济上会带来什么影响?政府机构如何应对繁杂公务?学生的课业会不会受到不利的影响?对比日本实行周休 2 日制,在实行的前后开展了广泛的社会讨论和研究,虽然法律上规定一周工作 40 小时,每天工作 8 小时,但是,至今没有完全采纳的公司和社会部门还有很多。他们懂得一个基本的道理,即只有勤奋工作,才能够取得发展和进步。日本人常感叹,勤奋工作应该被看成是美德,现在外界评价我们的时候,这往往成了一种恶行,传统的价值观在欧美一些人的眼中变成了负面的东西。这里面可能有欧美社会和日本在经济、科技上竞争的含义在内,但是从我们中国的现实情况看,勤劳的品德应该作为社会的主流价值对待,日本民族在将自己的国家建设成为现代化国家的过程中所表现出来的勤奋精神,应当值得我们借鉴。中华民族自古以来就是一个勤劳勇敢的伟大民族,中国正在朝着现代化的方向迈进,我们有了很好的国策,也有着优良的传统,愚公移山的故事和长征精神就是这些传统精神的代表。现在需要的是发扬这些优良的传统,学习和借鉴日本民族勤勉努力的工作精神和态度,把我们的现代化建设稳步推向前进。

其次,集体力量、协作精神是一切事业成功的基础,“人和”是构建和谐社会的重要条件。日本民族精神中的集团主义与“和”的精神,在他们建设现代化社会过程中起到了巨大的作用。在当代中国,我们正在中国共产党的领导下,建设有中国特色的社会主义,为实现中华民族的伟大复兴而努力奋斗。在这个进程中,我们也需要高度的集体主义精神与和谐化的理念,这是我们伟大事业成功的基础和条件。

伟大的革命先驱孙中山先生曾感叹传统中国人是“一盘散沙”①。过去,中国人既有“一盘散沙”的一面.也有团结凝聚的一面。在亲属集团、地域集团以及民族集团这些层面,中国人的凝聚力量是十分强大的,但在缔结非亲属、非地域性集团方面,中国人就有“一盘散沙”的一面。由于家族制度向人们灌输的是一种相对的道德观而不是普遍的道德观,比如,“各人自扫门前雪,莫管他人瓦上霜”,“多一事不如少一事”,而不是“我为人人,人人为我”的公民意识。其实,在传统文化中,中国人是非常懂得集体的力量和团结一致的力量的。“众人拾柴火焰高”,“人心齐,泰山移”,“一根竹竿容易弯,三缕麻纱扯脱难。不怕力小怕孤单,众人合伙金不换。”这些朴素的俗语、民谣,早已深入人心,深得民意。毛泽东领导的中国革命,非常重视人民群众的力量,他带领中国人民推翻了三座大山,建立了一个崭新的中国。他把发动群众、运用人民群众的力量和智慧推到了最高的境界。解放后无论是在社会主义建设中,还是在应对危机、灾害的时候,都有集体主义的精神和力量发挥着重要的作用。有一首中国人都会唱的歌曲,多少年来一直激励着我们:“团结就是力量,这力量是铁,这力量是钢,比铁还硬,比钢还强。”但是,我们民族确实存在着独打单干的传统观念,尚有“一个和尚担水吃,两个和尚抬水吃,三个和尚没水吃”的人性弱点,还需要我们努力克服。在新的世纪里,我们更加需要团结协作,让集体主义精神永放光芒!

中国正在建设和谐社会,这是历史赋予我们的新的使命。胡锦涛指出:我们所要建设的社会主义和谐社会,应该是民主法治、公平正义、诚信友爱、充满活力、安定有序、人与自然和谐相处的社会。② 和谐社会的理论给我们

---

① 参见尚会鹏:《日本人与中国人》,北京大学出版社 1998 年版,第 123—124 页。

② 参见胡锦涛:《在省部级主要领导干部提高构建社会主义和谐社会能力专题研讨班开班式上的讲话》,载于新华网:http://news3.xinhuanet.com/theory/2006-05/22/content_4582463.htm。

指引了现代化建设的正确方向，这也是使国家长治久安、持续发展的必由之路。孟子说："天时不如地利，地利不如人和。"[①]中国的先贤在权衡"天、地、人"三才结构时，将人和置于首位，这说明，自古以来，中国人就非常重视人的作用和人的和谐。日本民族学习中国的古代文化，将"和为贵"的思想当做了他们治国理念，强调在社会各个领域中，"和"的重要性，利用"和为贵"的思想，整合各种资源、各种力量，这在日本长期的历史进程中，已经显示出了强大的生命力。我们在建设和谐社会的过程中，借鉴东瀛的宝贵实践经验，抛掉他们的集团主义与"和"的精神中的负面影响，这对于继承中华民族的传统文化、弘扬民族精神、推动社会进步是有益的。

重视集体主义、重视人的和谐，所要注意的是不能仅以小集团为中心，要有国家利益、民族利益的宽广胸怀，也不能够盲从一切，为了和谐而和谐，不讲究原则的"和谐"是经不起考验的，也不是我们和谐社会需要的。中国社会倡导的集体主义精神，就是一切从集体出发，把集体利益放在个人利益之上，"先天下之忧而忧，后天下之乐而乐"[②]，这在当代仍然具有积极的意义。

日本社会过分强调集团主义，往往压抑了个体的自我意识，限制了个体的发展和成长，缺乏独立人格，个人的权利容易被忽视。在日本"和"的世界里，首要的是协调一致。扰乱"和"的人是没有协调性的人，是会受到组织的排斥的。大多数情况下，越是说真话、直话，就越是不受大家的欢迎。他们并不是思想里有"和"这个观念而有意识地排斥持反对意见的人，而是无意识地对不和群的人加以排斥。这与意见的正确并没有关系。因为你搞乱集体，所以遭受排斥，就这么简单。我们常批评的"保持一团和气"、"搞无原则的和平"，这恰恰是日本社会的问题点。

对日本人来说，讲求"和"，往往没有什么绝对正确的东西，当然也就没有绝对错误的东西。大多数情况下是要依靠集体协商作出决定，一切都是

---

① 《孟子·公孙丑章句下》。

② 《范仲淹·岳阳楼记》。

相对的。因此集体决定的东西就敢于实行,而不管它正确与否、善恶与否。简而言之,对日本人来说,任何事情依靠协商就是最好的,协商达成的一致没有好坏之分,协商达成的一致不会追究任何人的责任,如果不能够达成全场一致,一定会有人嫉恨在心,在会议上持反对意见的话就不能和大家和睦相处。"和"的精神对内团结、忠诚、和谐,对外却具有排斥、打击的倾向。由于一般日本人将自身利益融入团体利益之中,当与外部发生利益冲突时,为了自身集体的利益,他们会携手一致,共同对付其他集体。日本人通常还以集体行为作为自身行为的基准。他们判断事物善恶好坏的标准是自己所在的集体,是集体内部的众人行为。日语中有一个成语:"出头的桩子容易遭打",和中国的"枪打出头鸟"有一点相似。他们说话、发表意见时非常谨慎,即使是正确的意见,如果提出来会伤和气的话,也不会说出口,轻易不说伤害对方的话。有时候为了保持和气,甚至对于多数人的错误意见保持沉默或者作出让步。只要满足了"和",大家共同商定的事情,就不会问责,也不会受到处罚。众人一致作出的决定,哪怕是违反宪法的事情也在所不惜。日本人守纪律是出了名的,他们很少在马路上闯红灯,但是,正如日语里有一句成语所说的那样,"大家一起过马路,红灯也不可怕"。用另一种语言来解释的话,大家一起做错事不会有问题。这就极易偏离正义和真理,导致产生危害他人与社会的极端行为。日本民族的这种倾向的危害性在近代日本向外扩张侵略过程中得到了充分的印证。[①] 集团主义与"和"的精神产生了巨大的凝聚力,使得日本民族高度团结一致,但是其负面的影响也应该引以为戒。

最后,虚心地、有选择地学习异民族的优秀文化是培育创新精神的不竭源泉。有报道说,日本新任驻华大使宫本雄二 2006 年 4 月来华上任,随身携带了《论语》和《孟子》。[②] 日本的书法教育的普及程度也大大超过中国,日本人的汉字书写,尤其是上了一点年纪人的汉字写得都很漂亮。日本人

---

① 参见郭常义:《日本民族"和"意识的二重性》,《解放军外语学院学报》1998 年第 6 期。

② 参见中国新闻网,2006 年 8 月 8 日。

对中国传统文化的学习和热爱，恐怕在世界其他地方很少见到。到过日本书店的人可能会有一个印象，他们这里怎么这么多有关中国的书籍啊！从传统文化，到当代经济、政治、社会、文学、艺术、体育、养生，无所不有，陆羽的《茶经》在日本可以找到多种研究、注释版本，《论语》、《三国演义》等经典就更不用说了。

经常听到一些年轻人议论日本文化时说：他们有什么，不都是从我们中国学过去的，不都是模仿我们的！这种夜郎自大的心态极大地妨碍我们学习外来的优秀文化。姑且不说其他方面，仅就日本民族虚心学习的精神和态度，就值得我们大为借鉴和学习。对比一下中国对日本研究状况，无论是在数量上还是质量上，都难以和日本对中国的研究匹敌，这是值得我们认真思考的事情。

"像日本人那样自觉的、大规模的文化引进，在西方历史中是找不出同样的例子的。……这一与西方不同之处，更多地应归功于中国文明的光辉灿烂和它的吸引力，而不是因为日本人和其他邻近中国的民族有什么特性。"①赖肖尔的这一评价，只说对了一半，虚心向外国的先进文化学习，取他人之长，补己之短，谋求国家和民族的发展，这不正体现了一个民族的良好精神吗！世界上很多国家或民族未必能够很好地做到这一点。今天我们走了一条改革开放的道路，但是仅仅才不到30年。这么短暂的实践经历，已经让我们充分认识了学习他人的重要性和必要性。在学习和借鉴的过程中，分清良莠、辨别真善美，吸收有利于我们的东西，并且加以改造，使之真正能够和中国的实情相结合，这种学习的精神在今天这个变化极快的信息化社会里，显得比任何时候都重要。

---

① 埃德温·赖肖尔著，孟胜德、刘文涛译：《日本人》，上海译文出版社1980年版，第45页。

第八章

犹太民族精神研究

古往今来,人类历史上的民族灿若星辰,而在大浪淘沙的历史变迁中能顽强生存并繁荣至今的屈指可数。犹太民族正是这样的一个生命力顽强而伟大的民族,它遭受了长久而深重的民族灾难,也在痛苦的民族耻辱与民族压迫中英勇不屈、坚强再生。犹太民族史是一部苦难史,两千多年来犹太人经受着流离失所、颠沛流离的民族大流散,濒临亡族灭种的危险;犹太民族史是一部屈辱史,外族入侵、种族奴役和民族掠夺使得犹太族承受着人类史上最深痛的民族厄难;犹太民族史是一部抗争史,矢志不渝地坚守着回到"上帝应许之地",为了民族自由和民族回归而前赴后继;犹太民族史也是一部奋进史,犹太人创造了灿烂辉煌的民族文化,涌现出远远超出其人口比例的难以数计的杰出的思想家、科学家和金融家,强大而现代的犹太民族国家以色列在阿拉伯世界的包围中生机勃勃,已成为中东地区的超级大国。

犹太人被称为"上帝的选民",何以被迫承受持久和深重的民族灾难而沦为"上帝的弃民"?上帝将迦南①作为"应许之地"赐予犹太人,何以他们又无家可归而被四处放逐和流散?流浪的犹太人何以创造出杰出的民族文

① 迦南是巴勒斯坦的最初名称,在《圣经·创世纪》中上帝将迦南这一块"流着蜜和奶之地"赐予希伯来人为业。公元前3000—公元前2500年,迦南为闪族人定居,约公元前2000年希伯来人最终攻占迦南并在此繁衍生息发展壮大起来。犹太人的民族史实际上是围绕着离开迦南的民族流散和重返迦南的民族回归而展开的。

化和民族智慧令世界为之惊讶和尊敬？犹太教经典《圣经·旧约》是基督教和伊斯兰教的精神源头，犹太文明为世界文明进程作出了重大贡献，何以又出现了世界范围内的反犹主义直至"奥斯威辛事件"呢？处于民族灭绝边缘的犹太族又是如何在一片废墟的基础上建立了被誉为"地中海明珠"的以色列呢？这一切固然可以从政治的、经济的、文化的和心理的多维视角进行追溯和解释，但都离不开对犹太文明的总体性审视。犹太文明的发端、兴盛、苦难和复兴都是在作为族类的犹太群体中进行的，犹太人所经受的历史遭际和犹太复国主义运动都指向于整体性的种的集体——犹太民族。对犹太文明及其相关问题的追问必须立足于民族性视野，从犹太文明与其他文明的相互关联中把握其内在规律和本质特征，而最能标示其民族特性的则是犹太人的民族精神。

犹太民族精神是犹太文明之源，是犹太人历尽数千年的民族流散和民族劫难却顽强不屈，始终保持民族主体性的内在动力，是犹太人在寄居异乡的岁月中追求民族解放、回归故土的精神依托，也是犹太人创造享誉世界的犹太文明、实现民族复兴和民族现代性之路的主要根源。因此，从逻辑和历史的双重立场都有必要展开对犹太民族精神的考察。本章主要从犹太民族精神的历史渊源、主要内容和基本特征，在此基础上通过考察犹太民族精神和中华民族精神历史性相遇的可能性，探求犹太民族精神对弘扬和培育中华民族的意义与启示作用。

一、犹太民族精神的历史渊源

民族精神是具有共同的种族属性和文化特质的群体在长期的历史过程中所积淀和稳定下来的精神品质，主要包括了该种族集团的民族习性、民族气节、民族特质、民族心理和文化共性。一方面，民族精神具有较强的恒定性，它是长期的历史沉积和价值过滤的结果；另一方面，民族精神也有相对的流动性,任何民族精神都具有历史性,随着特定的时代境遇而不断除旧纳新,使民族精神具有时代的精神气质。因此,任何民族精神都建基于其历史的生成与演进,都需要追溯其历史渊源。

(一)何谓"犹太人"

对犹太人的界定分为如下三个维度:

一是犹太人的地理界定。亚伯拉罕是犹太人有文字记载的始祖,他为了追求更为崇高而静穆的宗教生活,就带领着家人离开所生活的繁华城市迦勒底的吾珥城,穿越大沙漠来到迦南。他的儿子以撒有两个孩子——以扫和雅各。由于和以扫有矛盾,雅各被迫离开巴勒斯坦,后来他带着由12个儿子繁衍而成的约70余人的大家族在晚年回到故土巴勒斯坦,逐渐扩展和形成了古犹太王国。公元前926年,古犹太王国一分为二,由较大的10个部落组成的以撒马利亚为首都的北方王国被称为以色列王国;由犹大和便雅怜两个部落组成的以耶路撒冷为首都的南方王国被称为犹太王国。北方的以色列王国于公元前772年被强邻亚述帝国灭亡,随后这10个部落的犹太人被掳掠和流放到亚述帝国的偏僻蛮荒之地而最后或者被同化或者由于生存环境恶劣而逐步消失。南方的犹太王国则生存能力较强,但最终于公元前586年被巴比伦帝国的皇帝铁布甲尼撒攻陷,所有犹太人都被驱逐到巴比伦境内而沦为"巴比伦之囚"。直至公元前538年波斯帝国皇帝居鲁士大帝攻陷巴比伦后,将所有犹太人释放回到迦南,开创了犹太民族的第二圣殿时期。公元前331年马其顿王亚历山大大帝的入侵,托勒密王朝的统治和塞琉古王朝的压迫,最后公元前63年被罗马帝国灭亡。犹太人进行了民族史上大规模的地理大迁移,向亚非欧三地开始了长达两千多年的大流散,直至1948年以色列建国。现今的犹太人主要以以色列和美国为中心,占据犹太人口总数的70%,其他散布于世界各地,这也是从地理上界定犹太人的基本依据所在。"今日的犹太人通常被分为三大类,一是阿什肯那兹,包括德国犹太人、波兰犹太人等,另一是赛法迪姆,包括西班牙和葡萄牙的犹太人,另一类是所谓的东方犹太人。"①

二是犹太人的种族界定。有必要澄清希伯来人、以色列人和犹太人三者之间的区分。根据圣经记载，最早的犹太人被称为希伯来(Hebrew)人，即渡过河的人，他们的始祖亚伯拉罕带领他们渡过幼发拉底河来到迦南(今巴勒斯坦)，在摩西带领下希伯来人出埃及在西奈山接受"十诫"之后，就很少称犹太人为希伯来人。以色列人的起源来源于《圣经》。据《圣经·创世纪》记载，神与雅各摔跤，结果神也不敌雅各，因此，神对雅各说："你的名不要再叫雅各，你的名要叫以色列(Israel)。因为你与神与人较力，都得了胜。"②后来北方10个部落建立了以色列国，在被亚述帝国灭亡之后就很少使用以色列的称呼，直到犹太复国主义运动兴起，1948年犹太建国时用以色列名称。犹太人则是使用得最为广泛的称谓，历史上关于犹太人先后有希伯来人、以色列人、犹大人和犹太人四种用法。从源流上而言，希伯来人、以色列人和犹太人都是由同样血缘的民族成员构成的，具有共同的民族属性，但以色列和犹太都先后作为民族国家的国名使用过。

三是犹太人的文化界定。犹太人民族特性的形成与犹太人的民族迁移密切相关，正是在犹太人长期和大范围的民族迁移中犹太民族与其他民族互相交融而又不被同化，得以保持住自己的民族属性。正如汤因比在《历史研究》中写道："犹太区是从古代叙利亚的犹太区域性国家而来的，这一区域性国家曾经是希伯来人、腓尼基人、阿拉姆人和非利斯坦人的许多社会集团之一；但是由于古代叙利亚社会在同它的古代巴比伦的和古代希腊的邻居的不断冲突中所受的致命伤，结果是犹太的各姐妹社会集团已经失去了它们的身份以及它们的国家状态，而同样的挑战却刺激了犹太人为自己创造了一种新的共同生存的方式，他们以这种方式在异方人占多数并在处于异方统治之下的情况中把他们的身份保持为一个散居体(离散)，而在失去他们的国家和乡土后设法继续活下了。"③在犹太人的流散和迁移中对维

① 顾晓鸣：《犹太——充满"悖论"的文化》，杭州人民出版社1990年版，第7页。

② 《圣经·创世纪》第32章。

③ 汤因比著，曹末风等译：《历史研究》上，上海人民出版社1986年版，第208页。

护犹太民族特性的关键性因素是对犹太教的信仰。判定一个人是否属于犹太人的标准之一就是看其是否信仰犹太教而又不信仰其他宗教。但现今众多不信仰宗教的人却仍然可以归于犹太人之下。

因此,历史上关于何为犹太人的纷争不断,但总的来看要综合考虑地理的、种族的和文化的三重维度。因此,以色列在1970年通过的《回归法》修正案中规定:“凡犹太母亲所生,或已皈依了犹太教,而又不属于另一宗教的人,就被认为是犹太人。”目前关于犹太人的界定基本以此为基础,本文也正是立足于此来展开犹太民族精神的研究。

(二)历史视界中的犹太民族精神

犹太民族精神的形成有一个历史的生成过程,与犹太民族的兴衰和苦难史内在相关。犹太民族精神从原初素朴直观的民族心理和民族意识到逐渐积淀并最终凝聚成较为固定的精神气质一共经历了五个过程。

第一阶段是从公元前20世纪至公元前13世纪摩西率犹太人出埃及,这一阶段为犹太民族精神的萌芽期。这一时期犹太民族精神的显著特征是以犹太教的基本教义为引导,以保存和延续犹太民族的生存繁衍为主要目的的民族迁移为基本活动。为了繁衍生息,犹太民族先后跨越幼发拉底河远赴埃及,最后历尽千辛万苦摆脱埃及法老的奴役和追赶来到迦南,正是在这一系列的民族迁徙中形成了犹太人对被上帝获救的信仰,认为犹太人是“上帝的选民”。特别是摩西出埃及在西奈山前率众人与上帝订立契约,接受“十诫”,确立了犹太人的契约意识与“神选心理”,也为犹太人确立一神教、加强民族凝聚力发挥了关键作用。

第二阶段是从公元前13世纪至公元前586年第一圣殿被毁犹太人沦为“巴比伦之囚”,这一阶段为犹太民族精神的发展期。这一时期犹太人建立了独立的民族共同体,创造了第一圣殿文明,激发了犹太人的民族主体意识,但巴比伦帝国的入侵导致第一圣殿被毁,大批犹太人被迫沦落异乡,这使得犹太人深感异族入侵之耻和民族压迫之痛,也催生了犹太人对自由与回归的向往与渴求之情。

第三阶段是从公元前586年至公元前70年第二圣殿被毁犹太人开始世界大流散之间，这一时期为犹太民族精神的形成期。尽管犹太人重新回到巴勒斯坦并重建了被摧毁的第一圣殿，开始了犹太民族史上的辉煌的第二圣殿时期，但接连而至的异族入侵，先后是马其顿王朝、塞琉古王朝，最后罗马皇帝哈德良彻底摧毁了第二圣殿，犹太人或者远走他乡或者被贩卖为奴，开始流散到世界各地。在这一时期，犹太人一方面在犹太教的指引下形成了深厚的苦难意识，认为这是上帝对犹太人的惩戒，最终犹太人将获得解救；另一方面犹太人也展现出了坚贞不屈、顽强斗争的精神，频频爆发反抗外来压迫的起义，最为著名的是马萨达起义，起义者与强大的罗马军队作了两年多艰苦卓绝的斗争，到最后关头，起义者宁肯一死也不愿做罗马人的俘虏，在杀掉自己的妻子儿女后全部自杀殉难。

第四阶段从公元前70年至1948年以色列建国前，以奥斯威辛事件为标志，是犹太人民族精神的锻造期。犹太民族精神的生成史与犹太民族的离散史是相互关联的，犹太民族的世界大离散一方面造成了犹太人背井离乡的流浪者命运，另一方面也锻造了犹太人坚忍的生命意志、顽强的生存能力和灵活的生存智慧。这一时期犹太人屡次遭受各种形式的反犹主义，特别是奥斯威辛集中营大屠杀标志着犹太民族史上最为悲惨的劫难，另一方面使得犹太人的民族回归意识愈加强烈，推进了犹太复国主义运动。

第五阶段从1948年以色列建国至今，是犹太民族精神的现代化时期。随着以色列国的建立，犹太民族发挥了无穷的想象力和创造力，在一片废墟的基础上建设了具有高度现代化水平的以色列。同时，犹太民族精神也面临着全球化的挑战，犹太教如何应对宗教世俗化的挑战，如何实现与其他民族的交流与和解，这些都是犹太民族精神现代化所要解决的难题。

（三）犹太民族精神的历史渊源

犹太民族精神具有特定的历史渊源，由如下因素所决定：

一是贫瘠而独特的生态环境是犹太民族精神形成的物质基础。地理环境对于民族习性和民族气质具有重要影响，在民族产生时甚至可能起着决定性作用。亚里士多德说:“生活在遥远的寒冷的欧洲的人充满了旺盛的精神,但是缺乏知识和机能,所以他们虽然是比较自由的,但却没有政治机构也不能去统治别人。相反亚洲人则具有智慧和创造力,但缺乏精神力量,所以他们总是处在服从和被奴役的地位。而位于欧亚之间的希腊人,既具有精神力量又具有智慧和创造力……”孟德斯鸠也曾在《论法的精神》中就此问题作出阐释。他认为在土地肥沃、物产丰富的地区,居民生活习性散漫,容易形成依赖性的民族心态,由此在政治上缺乏足够的自由与独立意识,往往导致建立君主政权或寡头统治,也容易向强者屈服。但如果处在一个贫瘠的山区或者海岛地区,生存环境相对而言较为恶劣,经常面临着生存的危机,也没有很多财产,则人民热切追求自由和独立,由此在政治上也往往导致民主政治,也不会向强者低头。尽管“地理环境决定论”并不能够完全合理地解释民族精神与生态环境的关联,但民族心态和民族习性绝不是先验的抽象之物,不是预先决定的,而是在一定的物质环境中形成的。人不是主观地决定或者建构出某种民族习性,相反,人只能是在“抵抗”、“克服”和“适应”环境的过程中逐渐与自己周围的世界相一致,从而积淀出特定的民族习性。犹太民族最初起源于沙漠之中,沙漠在犹太人的历史经验中占据了重要位置,而后来到迦南,后来离开埃及时又在沙漠里艰难跋涉多年。事实上,世界三大宗教,犹太教、基督教和伊斯兰教都发源于沙漠之中,这说明沙漠对于人民的宗教意识与现实生活具有双重锻造作用。“沙漠在希伯来历史上的重要性,犹如边疆之于美国历史。……但是,沙漠的影响是复杂的,因为它同时具有现实和理想的特征。”①当犹太人的先祖亚伯拉罕带着子孙从贫瘠的沙漠来到被称为“流着奶和蜜之地”的迦南时,迦南“这个地方被历史学家称为肥沃的新月。这个名称容易使人误解。因为这里到处是沙丘和岩石,只是其间点缀着一些绿洲。然而,在古代,这里是往来辐辏之所。整个民族的军队、游牧部落、商人和商队都从这里川流而过。在当时和

① 芬克尔斯坦主编:《犹太人:其历史、文化和宗教》,转引自顾晓鸣:《犹太——充满“悖论”的文化》,浙江人民出版社1990年版,第48页。

后来,肥沃的新月不仅是买卖商品的市场,而且也是人们交流思想的地方。在这里,一些主张和观点经过加工提炼又以新的形式得到了广泛传播"[①]。相对于早先的沙漠生活而言,迦南之地对于以游牧为生的犹太人是富裕的,但较之尼罗河三角洲则又是相当贫瘠的,因此犹太人非常珍视这块上帝的"应许之地"。但迦南由于地处丘陵,气候复杂,干旱少雨,并不适合农业生产,为了生存的需要,犹太人不得不被迫放弃农耕生活而从事当时为其他民族所蔑视的商业活动,这也较早地培育了犹太人精明的商业意识和顽强的生存能力。同时,迦南靠近红海和地中海,地处亚欧进出要道,而周围遍布强邻,因此多次遭受异族入侵,长期的民族压迫和民族奴役实际上也孕育着犹太民族的自由意识与抗争精神。

二是大流散的历史境遇塑造了犹太民族的民族气质与民族性格。"犹太民族是一个流浪的民族",至少在以色列建国以前,犹太民族已经在世界上流散了两千多年。从民族精神来审视犹太人的大流散(Diaspora)具有三重意涵:其一大流散是犹太族必然的生存境遇。由于人口数量的稀少,农耕文明的匮乏,铁器铸造水平的落后,加上犹太人深重的救赎和受难意识,在那个战火纷飞的时代,犹太人被迫选择离开故土远走他乡。其二大流散分为两种情形:一种是在耶路撒冷被攻陷之前就有许多犹太人离开巴勒斯坦前往远方定居和经商,这是主动的流散;另一种是在亚述帝国的入侵、"巴比伦之囚"以及罗马帝国的野蛮统治之下犹太人被迫选择的离散。[②] 其三民族大流散通常消解了该民族的主体意识与民族气质,但犹太民族在长达两千多年的流散史中始终从精神上保持为一个整体,犹太民族精神不仅没有消失,反而在屈辱与抗争、离散与回归中愈加强烈。

犹太民族历史上经历了三次大规模的流散[③],并孕育和塑造了犹太人独特的民族精神。

犹太人第一次大流散是于公元前586年,南方的犹太王国被巴比伦王

① 阿巴·埃班著,阎瑞松译:《犹太史》,中国社会科学出版社1986年版,第5页。

② 参见肖宪:《犹太人:谜一般的民族》,上海人民出版社2000年版,第52页。

③ 参见肖宪:《中东国家通史》以色列卷,商务印书馆2001年版,第18—36页。

铁布甲尼撒率领军队攻陷了,将耶路撒冷圣殿烧毁,昔日繁华的犹太文明中心变成一片废墟。铁布甲尼撒将数万犹太人掳掠到巴比伦囚禁起来,史称"巴比伦之囚",从此进入了犹太民族的第一次大流散时期。"巴比伦之囚"是影响犹太民族历史关键性的历史事件,直接唤醒了犹太民族的苦难意识,犹太人开始认识到作为"上帝的选民"要经历失去"应许之地"的痛苦。

犹太人的第二次大流散开始于公元前332年,希腊马其顿王亚历山大攻占耶路撒冷,将大批的犹太人四处驱逐,开始了犹太民族的希腊化时期,这同时也是犹太民族的第二次大流散。一方面,希腊统治者采取了相对宽容的政策,允许犹太人保有自己的文化与宗教,这一时期犹太文化与希腊文化呈现一个相互影响互相交融的时期,犹太文化得到了一定的发展;但另一方面,希腊化后期的塞琉古王朝对犹太人采取高压政策,实行宗教同化政策,深重的民族压迫反而激起了犹太人风起云涌的斗争。

犹太人的第三次大流散是在罗马帝国时期。公元前63年,罗马统帅庞培率领军队入侵了整个巴勒斯坦地区并攻陷了耶路撒冷。为了反抗罗马人的残酷统治和民族压迫,犹太人从未放弃过抗争。最为著名的有两次:一是公元69年,罗马军队向埃拉扎尔领导的犹太起义者猛烈进攻,犹太守军奋力抵抗直至退守最后一道防线海滨城镇马萨达堡,起义者在抵抗了两年多后终因寡不敌众而失败,但这次民族起义在犹太民族史上留下了光彩的一页,体现了犹太人反抗侵略、救亡图存的大无畏的英雄气概。① 二是公元132年巴尔·科赫领导的起义并攻下了耶路撒冷城,在经过三年半的抵抗后也最终失败。公元135年耶路撒冷陷落,被屠杀的犹太人达到一百多万,圣殿彻底被毁,并用犁翻耕成田,剩下的犹太人都被掳掠为奴,驱逐出巴勒斯坦,从此开始了近两千年的大流散,直至以色列建国。流散期间的犹太人尽管肉体上备受折磨,经常被从一个国家驱逐到另一个国家,而辛辛苦苦创造的财富却被野蛮地剥夺了,宗教信仰也遭到蔑视,但这并没有减弱犹太人

① 参见徐向群、余崇健主编:《第三圣殿——以色列的崛起》,上海远东出版社1994年版,第8页。

对自己作为"上帝的选民"的民族自信心,也丝毫没有扑灭犹太人的复国之梦;相反,漫长而痛苦的流散史锻造了犹太人的坚强意志和生存能力,沉重的民族灾难使犹太人更加意识到建立一个统一而稳固的家园的重要性。无论是生活在中世纪黑暗的"隔都"中,还是遭受纳粹主义者的疯狂迫害,犹太民族都没有灭亡,始终传承和维护了支撑犹太人的精神信念。

三是强烈的宗教认同感是犹太民族精神生成、延续和创新的关键力量。宗教意识和宗教认同是犹太民族精神的主导性力量。犹太人的宗教认同经历了从多神教向一神教的转化,而对唯一真神耶和华的崇拜将信仰上处于分裂状态的犹太人聚合为一个整体,对形成统一的犹太民族意识具有关键作用。犹太人早先在沙漠和出埃及之前,各部落在与其他民族的交往中受到影响,或者信奉泛灵论,认为天地万物均有神性;或者信仰多神教,将金牛、大象、狮子、闪电、河神等作为神灵的化身,经常供奉和参拜;或者信仰其他的单一神灵。摩西受到上帝的指引,带领犹太人出埃及时,先后遭遇法老的多次围追堵截,都是上帝耶和华暗中相助,先后对埃及地上施展蛙灾、蝗灾、蝇灾等法术,直至以所有埃及人畜的头生子死亡的诫命才使得法老放弃对犹太人的追击。犹太人在返回迦南的艰难征途中民心离散、怨恨重重,又是上帝以耶和华之名与摩西在西奈山订立契约,即对犹太人影响深远的著名的"摩西十诫"。它的重要内容之一就是要求所有的犹太人都放弃对其他神的崇拜,转而信仰耶和华为唯一真神。作为回报,上帝将犹太人挑选为特选子民,并将"流着奶和蜜之地"的迦南赐予犹太人居住。如果犹太人背叛自己的宗教承诺,则上帝将施以惩戒和劫难。犹太人将自己的个体境遇与民族命运紧密地和犹太教联系起来,认为犹太民族的繁荣与苦难都是上帝施加的,犹太民族之所以经受着大流散,根源在于犹太人曾经违反了"摩西十诫",而上帝终将派遣一位救世主弥赛亚来挽救犹太民族,犹太人最终会回到上帝的"应许之地"。1948 年以色列国的建立更是在犹太人心中印证了上帝对犹太人的眷顾之情,以色列建国后也以立法的形式将犹太教确立为以色列的国教。因此可以说,犹太民族所具备的强烈的民族自信心、契约意识和苦难精神无不是犹太教基本教义的反映和提升,犹太民族精神与犹太教具有相通的历史经验。

与此同时,犹太民族精神的生成与创新也是在犹太教与其他宗教的冲突和交融中展开的。尽管犹太教是基督教和伊斯兰教的源头,宽容地相处了较长时间,波斯王朝对犹太人较为宽容,归还了第一圣殿中被抢的圣物并释放犹太囚犯回到耶路撒冷重建圣殿。波斯人征服西班牙后大批犹太人迁居西班牙并繁衍和创造了发达的犹太文明,成为大离散期间犹太民族发展史上难得的黄金时期。基督教早期对犹太教也较为宽松,许多基督徒都暗中帮助和保护犹太人。但随着伊斯兰世界、基督教世界的扩张,宗教冲突已逐渐发展到水火不容的地步,犹太人的民族特性也随着宗教争端发生缓慢而深刻的变化。不少基督教徒相信耶稣是被犹大出卖而被钉死在十字架上,这种宗教上的怨恨之情为基督教对犹太教的打压和排挤埋下伏笔,也成为日后"十字军东征"的主要借口。犹太教与阿拉伯世界的冲突则相对较晚,但在近年来以色列与阿拉伯世界的冲突已经成为犹太民族面临的中心议题。综观犹太教的发展史,一方面正是在与其他宗教的交锋和斗争中培育和强化了犹太人的民族主体意识,但另一方面犹太教中的"以眼还眼,以牙还牙"的报复心理使得犹太人面临着严重的宗教冲突和民族问题,这些都是需要认真反思和检视的。

四是历史上各种形式的反犹主义造成了犹太民族深重而漫长的民族厄运,但也从反面激励了犹太人生生不息的民族气节,促进了犹太复国主义的兴起。犹太民族似乎注定是一个充满苦难历史的民族。从犹太民族诞生之处,就受到其他许多民族的入侵与统治,犹太人遭受了各种不同形式的压迫与奴役。但究其根源,这些早期的驱逐犹太人的行为的主要目的是占领土地,掳夺财产和人口,对犹太民族的入侵与对其他民族的入侵动因基本相同,都是为了扩展生存范围与统治者的疆域边界。但其后流散于欧洲大陆上的犹太人的遭遇则完全不同。犹太人在欧洲近两千年的流散史中所经受的各种形式的压迫与排挤、甚至血腥杀戮,其根本动因仅仅因为他们是犹太人的缘故,因为他们血管里流淌的是犹太人的血,因为他们信仰的是犹太教,只是由于他们所归属的种族的缘故。尽管在今天看来这是一个荒谬的理由,但在当时成为各种形式的反犹主义的直截了当的理由,反犹主义似乎成为了一个合法的行为。中世纪欧洲建立了许多"隔都",就是在犹太人所聚集的城市中划定一块面积不大的范围，修建坚固的围栏，仅留一个出入口由非犹太人看守，犹太人必须在天黑以前返回“隔都”。“隔都”的生活条件极其恶劣，面积狭小，卫生状况非常差，遇到自然灾害或者瘟疫，往往死伤成百上千人。第三次大流散期间，欧洲很多地区都对犹太人进行“宗教诽谤”，他们造谣犹太人用基督徒的血来做犹太人宗教节日上所食用的无酵饼，诬陷犹太人往井水里投毒，并将当时在欧洲大陆上肆虐的黑死病等瘟疫现象的发生归结为犹太人投毒所致、犹太人背叛上帝而遭报复的缘故，尽管生活在“隔都”中的犹太人死于瘟疫的人口比例远远高于非犹太人。在第二次世界大战期间，希特勒领导的纳粹主义对犹太人的迫害达到顶点。“自1939年以来，在那些纳粹的怒火席卷过的土地上曾经生活着的900万名犹太人中，有600多万人悲惨地死去了——这一数字超过了全世界所有犹太人口的三分之一，大约相当于整个欧洲犹太人口的二分之一。”①其中奥斯威辛集中营更是将犹太人的民族悲剧极端化，以至于许多西方著名思想家战后都在反思，“奥斯威辛之后我们如何思”，由启蒙与理性所开启的现代文明何以对犹太人展开了一场种族大屠杀。

此起彼伏的排犹主义不仅没有压垮犹太民族，反而激发了犹太人生生不息的民族气节，促进了犹太复国主义的兴起。犹太人不愿意接受“替罪羊”的命运，不愿意永远都甘为亡国奴，不愿永远都居无定所、漂泊他乡。在犹太复国主义先驱摩西·赫斯的影响下，以平斯克、魏兹曼、费萨尔等人为代表的犹太复国主义者为了实现建立以色列国、回到上帝的“应许之地”的梦想而不懈努力。散落在世界各地的犹太人也纷纷响应，以各种形式倾力支持犹太复国主义运动。正是反犹主义与犹太复国主义的交锋，唤醒了沉睡在犹太人心中的归乡情结，激活了犹太人的民族意识，增进了犹太人的群体精神，犹太民族精神在血与火的考验中传承再生。

五是悠久灿烂的文化传统是塑造犹太民族精神的不竭源泉。民族精神

① ［英］塞西尔·罗斯著，黄福武、王丽丽等译：《简明犹太民族史》，山东大学出版社1997年版，第551页。

本身是文化传统中的核心部分，是文化传统中标志该民族主要特征和根本属性的内核，是对民族文化的凝结和升华。文化传统则是民族精神的生长土壤和精神氛围，为民族精神的形成与发展提供不竭的精神源泉。犹太民族具有悠久灿烂的文化传统，主要由犹太宗教文化、犹太哲学思想和犹太科技文化三大部分组成，它们对犹太民族精神的形成起了重要影响。

犹太宗教文化以宗教典籍为主，包括了《圣经·旧约》、《先知书》、《塔木德》、《密什拿》、《七十子希腊文本》和《拉比训言》等。它们以故事、训诫、律令等形式直接影响和规范着犹太人的日常生活与精神世界。犹太哲学思想丰富而深邃，先后涌现出了犹大·哈列维、迈蒙尼德、赫尔曼·科恩、弗兰茨·罗森茨维格、马丁·布伯、列维那斯等著名哲学家，主要关注于上帝的存在及其属性、上帝创世论、神与人的关系、灵魂与肉体的关系、伦理生活等问题。[①] 犹太哲学思想中的理性精神、宽容精神、契约精神对犹太人的道德生活、商业活动发挥了重要作用。犹太科技文化在近两个世纪以来取得了令人瞩目的成就。犹太人或犹太裔的科学家成为世界科技文明进程的主导力量，出现了爱因斯坦、玻尔、费米、奥本海默等一系列著名的科学巨匠。据统计，从1905年诺贝尔奖设立到1995年这90年间，一共有129位犹太学者获诺贝尔奖项，与犹太人口总数相比，获得比例之高是任何其他民族都难以企及的。犹太文化对世界文化的巨大贡献极大地增强了犹太人的民族信心，展示了犹太人的民族智慧和创造力，也是犹太民族历尽千年苦难却依然不倒，屹立于世界民族之林的主要原因。

二、犹太民族精神的主要内容

犹太民族经历了辉煌的圣殿时期，也遭受了巨大的民族浩劫，同时也从

① 参见傅有德等：《现代犹太哲学》，人民出版社1999年版，第5页。

民族苦难中走了出来,建立了现代化的民族国家。曲折的民族历史造就了犹太人复杂的民族特性,难以用单一的标准和简洁的语言全面概括出犹太人的民族精神,但在系统考察犹太民族历史生成的基础上,可以归纳出犹太民族精神的主要内容:

(一)以"上帝的选民"为核心观念的强烈的民族自信心和自豪感

民族自信是维护民族尊严、实现民族自立的重要精神支撑。犹太民族自信心集中表现在犹太人将自己称做"上帝的选民",即上帝在万民之中拣选出犹太民族作为其在人间实现上帝意旨的代表,在世间承受苦难与享有幸福的使命是犹太人必然的责任。"上帝的选民"的观念可以追溯至犹太教中"诺亚方舟"的故事,在世人行凶作恶而招致上帝将以洪水惩罚时,诺亚因为行为端正和虔敬奉神而受上帝恩宠,上帝神谕诺亚秘密建造方舟,当洪水来临万物灭绝而唯有诺亚一家存活下来。诺亚的后代闪姆繁衍开来的子孙中出现了犹太人始祖亚伯拉罕,因此犹太人认为自己作为"上帝的第一选民"的命运在上帝创世时就是预定好了的。《圣经·申命记》中上帝对犹太人说:"你们是耶和华你们神的儿女,你归耶和华你神为圣洁的民,耶和华从地上的万民中拣选你特作自己的子民。"①因此,犹太人认为自己命中注定是上帝在人间的使者。"根据上帝的启示,犹太人是上帝的选民,维护人类兄弟般的情谊、全部的和平以及人间的正义是他们的历史职责。"②

"上帝的选民"的观念已经根植于犹太人内心深处,坚不可摧,以此为核心形成了犹太人极其强烈的民族自信心和民族自豪感,这主要体现在:一是创造了当时非常先进的古犹太文明。尽管古犹太人生存环境恶劣,农耕水平低于邻国,但他们却先后创造出了周围民族难以比肩的第一圣殿和第二圣殿文明。二是在大流散期间也没有丧失犹太民族的自信心,深痛的民族耻辱并没有消磨犹太人作为"上帝的选民"的自信。欧洲凡是有犹太人

---

① 《旧约·申命记》第14章第1—2节。

② 亚伯拉罕·纽曼:《犹太教》,转引自潘光等:《犹太文明》,中国社会科学出版社1999年版,第28页。

聚集的地区，犹太人最终都逐渐成为最出色的手工业者和理财专家，拥有良好的商业信誉和雄厚的经济实力，甚至于许多欧洲王室都向犹太商人借贷。三是犹太人始终保持为一个整体，竭力保持自身的"犹太性"。流散的犹太人通常群体居住而形成一个犹太社区，一方面为了能够互相照应，另一方面也有利于保持犹太民族的生活习俗和宗教仪式，延续犹太人的民族特性。欧洲的部分犹太人曾经经历了"去犹太化"而同化于当地民族的运动，但最终都无法遮掩内心的犹太情结，同时也不为其他民族所认同。德雷福斯案件①的发生更是彻底让犹太人放弃了"欧洲化"的愿望，而坚持自己的"犹太性"。近年来随着以色列国的建立和犹太人在经济科技文化等方面取得的巨大成就，犹太人这个称谓已经完全消解了当初的蔑视和贬义，而用来表示对犹太人的赞扬和尊敬。

由此看来，犹太民族是一个具有强烈"悖论性"的民族，一方面，犹太人遭受了其他民族都不能比拟的民族苦难，另一方面犹太人又自誉为"上帝的选民"。观念上的自信与历史的遭际相冲突，"上帝的选民"与"上帝的弃民"之间的强烈对比，使得犹太人在至高的理想信念与残酷的生存现实之间来回挣扎。在一定程度上而言，犹太人自誉为"上帝的选民"蕴涵了反犹主义的危险，欧洲许多信奉基督教的民族并不认同犹太人的优越地位，相反认为犹大是耶稣之死的罪魁祸首。他们认为犹太人生性贪婪爱财，冷漠得毫无人性，正如同莎士比亚笔下《威尼斯商人》中的犹太高利贷者夏洛克的形象，因此他们蔑视犹太人，将其视为最低下和最卑鄙的种族。事实上，犹太人也逐渐认识到，"上帝的选民"更多的是一个宗教观念，现实生活世界中所有种族都生而平等，只有这样，各个民族之间才能相互融洽共同繁荣。

（二）以"神赐——受难——重生"为路向的苦难心理和救赎意识

与佛教文化的乐观意识和逍遥精神相比，犹太文化主张一种苦难意识；

---

① 德雷福斯是供职于法国总参谋部的一位犹太人少校军官。1894年由于种族歧视的原因，在未做认真调查和按程序审判的情况下被指控为向德国贩卖情报而判终身监禁。后此事在法国引起大争论，多年后事实查明这是一起针对犹太人的冤案。

与基督教文化的现世受罪来世救赎相比,犹太文化认为现实的苦难就是上帝对他的子民的考验,而犹太人也终将在人世间获得拯救和解放,弥赛亚将降临在犹太人身边,因此犹太人的民族精神实际遵循着一种"神赐——受难——重生"的路向。如耶和华与亚伯拉罕立约,说:"我要将你现在寄居的地,就是迦南全地,赐予你和你的后裔,永远为业。"①犹太人将上帝赐予的这块"流着奶和蜜之地"视做上帝对犹太人的恩宠和眷顾,但犹太人深知作为"上帝的选民"必须肩负传道授义、秉持公正和解救世界的使命。而犹太人之所以要先后经受三次大流散、背井离乡、四处漂泊的悲惨命运,实际上是因为犹太人不遵守对上帝的诺言而必然要承受的命运。《圣经·利未记》记载,犹太人因为有罪耶和华就神谕摩西举行仪式为犹太人赎罪,耶和华说:"在这日要为你们赎罪,使你们洁净。"②后来犹太人将此定为赎罪日,作为犹太民族一年中最庄严、最神圣的节日。"对于虔诚的犹太教徒而言,还是个'禁食日',在这一天完全不吃、不喝、不工作,在会堂祈祷,赎回他们可能在一年中所可能犯下的罪过。全世界的犹太人,包括不很虔诚的犹太人都会在这一天去犹太会堂祈祷。"③由此可见,犹太民族内心深处充满了强烈的罪责心理,这种忏悔意识实际上如梦魇一般伴随着整个犹太民族,使得犹太人常常自省和反思,因而敢于直面自己的错误,勇于承担责任,这也是犹太民族精神的可贵之处。

尽管苦难意识和赎罪心理贯穿于整个犹太民族史,但犹太人始终坚信苦难只是暂时的,上帝最终将拯救犹太人,犹太民族将获得重生。犹太教的先知认为由于犹太人违反与上帝订立的契约而招致上帝的惩罚,上帝借助外邦的力量对犹太人实行统治,但上帝最终还是会拯救犹太人,会在某个时候派遣一位弥赛亚来拯救犹太人。无论是沦为"巴比伦之囚",还是被驱赶进"隔都",甚至在奥斯威辛集中营,被拯救与获得重生的观念始终是犹太人的精神支柱。但犹太人不仅在精神上坚守救赎和重生的观念,并且在现

---

①《旧约·创世纪》第17章第8节。

②《圣经·利未记》。

③ 徐新、凌继尧主编:《犹太百科全书》,上海人民出版社1993年版,第632页。

实生活中为了改变犹太人受歧视的命运和实现民族复兴而不懈努力、艰苦奋斗。“神赐——受难——重生”的民族心理主导了犹太人几千年的发展史，对塑造犹太人的坚忍的意志、吃苦耐劳的生活态度和奋发进取的民族精神具有重要影响。

（三）以“锡安情结”为联结纽带的生生不息的民族回归意识和犹太复国精神

犹太教是联结犹太民族的精神纽带，耶路撒冷是分散在世界各地的犹太人的文化中心和信念归宿。回归耶路撒冷的渴望之情和重建辉煌的犹太文明的坚定信念形成了犹太人特有的“锡安情结”。“锡安情结”是自巴比伦帝国攻陷耶路撒冷、第一圣殿被毁、犹太人被掳为奴之时就萌发于犹太人的内心深处。随着第二圣殿被毁，犹太人彻底丧失了自己的家园，被迫背井离乡在世界各地漂泊。但无论是在跋涉逃亡的险途中，还是在异乡的艰难求生中；无论是寄身于狭小恶劣的“隔都”中，还是被关押在阴森恐怖的集中营；无论是生活贫瘠的犹太难民，还是富甲一方的犹太银行家，都把锡安山①作为民族回归的象征。因此，漂泊异乡的犹太人，每天都要向耶路撒冷的方向祈祷三次，以表达自己希望回家的心声；犹太人在建造房屋时总要留出一个角落不加装饰，以表示耶路撒冷尚未建好；在举行婚礼时总要打破一只杯子，表示圣殿还未修好，此时不宜寻欢作乐；犹太人死后，最珍贵的是从耶路撒冷的土地上装上一小瓶泥土安放在墓地里，表示尽管客死他乡，但最后仍然安息在纯洁的土地上；在每一年犹太人逾越节祈祷时犹太人都不忘了朝着耶路撒冷的方向深情地祝愿：“来年回到耶路撒冷。”②

马克思说：“我们不是到犹太人的宗教里去寻求犹太人的秘密，而是到现实的犹太人里去寻找和领悟犹太人的秘密。”犹太人将民族回归意识与

---

① 锡安是《圣经》中对耶路撒冷古城的称谓，锡安山位于大卫王儿子所罗门建造的圣殿的北边，也指称上帝耶和华居住的地方，随后锡安泛指犹太人的故土，锡安主义则相当于为了回到巴勒斯坦而进行的犹太复国主义。

② 黄福武：《锡安情结探源》，《犹太研究》第1期，载于犹太网：http://www.jewcn.com。

具体的历史境遇结合起来，产生了犹太复国主义运动。犹太复国主义具有多维视野：一是指“领土复国”，即在靠近上帝的“应许之地”巴勒斯坦或者靠近巴勒斯坦的地区拥有一块属于犹太人自己的领土，建立一个为国际社会所承认的国家实体，建设一个能维护犹太人利益的制度体系。二是指宗教上的复国主义，即恢复犹太教在犹太人特别是年轻的犹太人心目中的神圣地位，重建犹太民族的信仰中心，通过宗教力量寻求犹太民族的统一性和主体性。三是指经济与文化上的犹太复国主义，即并不急于建立一个单独的国家实体，而是主张在融入寄居地的主流社会的同时，充分发挥犹太人的商业才能和民族智慧，从经济上和文化上保持犹太人作为“上帝第一选民”的地位。“存在决定意识”，随着犹太人生存境遇的恶化，“领土复国”的主张逐渐成为大多数犹太人的共识。就其生成史而言，犹太复国主义是犹太人在面对流亡失国的悲惨命运时作出的救亡图存的反应，在 19 世纪末逐渐兴盛，成为将散落各地的犹太人团结在一起的关键力量。犹太复国主义之所以能逐渐兴盛并最终促进了以色列国的建立，其原因大致有三：首先，当时欧洲已成为犹太人的主要聚集地，而欧洲启蒙运动和法国大革命民主、自由和平等思想的影响，使犹太人深受影响和启示，重新认识和反思自己的命运。其次，欧洲犹太人民主、自由的加强和资产阶级力量的壮大为犹太复国主义提供了精神动力和现实基础。第三，重新在欧洲各国抬头的反犹排犹事件，特别是纳粹德国对犹太人的种族大屠杀使得人们重新审视犹太人的民族命运，给予犹太复国运动不同形式的同情与支持，同时犹太人自身也深切感受建立一个民族国家的必要性和紧迫性。[①] 时至今日，尽管现代化的以色列国巍然屹立于地中海沿岸，已经有 600 万的犹太人生活在上帝的“应许之地”，但犹太复国主义运动仍然没有停止，不仅还有许多犹太人准备迁居以色列，而且定居异国的犹太人也始终怀着对“圣地”的思念之情，以各种形式支持着以色列和犹太民族的复兴事业。

---

① 参见徐新、凌继尧主编：《犹太百科全书》，上海人民出版社 1993 年版，第 377 页。

(四)以“马萨达精神”为标志对自由的不懈追求和英勇顽强的抗争精神

综观人类历史,但凡一个伟大的民族,之所以能生存至今并繁荣壮大,无不是热烈追求自由和誓死捍卫享有自由的权利。犹太民族历史上屡遭强敌入侵,备受凌辱和压迫,但犹太人并不甘愿忍受奴役和压迫,并不屈于亡国奴的命运,亡国灭种的危机使犹太人奋起反抗,即便战斗到最后一刻也宁死不屈。

早在《旧约·出埃及记》中就有犹太人不堪忍受埃及法老的残酷压迫,在摩西的带领下历尽千辛万苦,先后摆脱了法老的大军追击,然后又在西奈沙漠艰难跋涉四十余年,最后终于回到巴勒斯坦。在先后遭受巴比伦帝国、波斯帝国、塞琉古帝国和强大的罗马帝国的侵略下,犹太民族尽管人数稀少,力量薄弱,武器落后,但并没有马上束手就范,开城投降;相反,始终动员全民族力量进行顽强抵抗,尤其是以在马萨达反抗罗马军团的斗争集中展现了犹太人的抗争精神。公元前66年,巴勒斯坦人掀起了反抗罗马统治的第一次民族起义,后遭到罗马皇帝尼禄的残酷镇压,但并未平息犹太人的反抗。公元70年继位的维斯帕先皇帝派出强大的罗马军团继续围攻耶路撒冷,犹太人在誓死抵抗3个月之后终因寡不敌众而被迫退守于靠死海东南岸的一处名为马萨达的海滨要塞。正是在马萨达,不到1000名犹太起义者在两年多的顽强抵抗中迫使罗马军团付出了15000余人的巨大代价,但最终无法坚守。起义者宁死也不做亡国奴,在决定集体为国殉难前夕发表了著名的“马萨达宣言”:“我们是最先起来反抗罗马,我们也是最后失去这个抗争的人。感谢上帝给了我们这个机会,当我们从容就义时,我们是自由人。明天拂晓,我们的抵抗将终止。不论敌人多么希望我们做活的俘虏,但他们没有办法阻止我们。可惜的是我们未能打败他们。但我们可以自由地选择与所爱的人一起死亡。让我们的妻子没有受到蹂躏而死,孩子没有做过奴隶而死吧!……让我们把所有的财物连同整个城堡一起烧毁……但不要烧掉粮食,让它告诉敌人:我们之死并不是缺粮,而是自始至终,我们宁可为自由而死！不为奴隶而生。”①这种“宁可站着死，不愿跪着生”的为自由而英勇顽强斗争的精神是犹太精神的象征，激励着犹太人为了民族自由和解放而前仆后继、奋不顾身，也赢得了其他民族的同情与尊重。

然而，犹太民族的自由精神具有相对的复杂性。一方面为了民族自由犹太人进行了风起云涌的起义，开展了各种形式的抗争；但另一方面自公元135年犹太人大流散后，犹太民族为自由而英勇斗争的历史在两千年的流散史中并没有得到明显的书写，许多犹太人默默地承受流亡失所的命运，为了生存流转于世界各地。究其根源，一是犹太人相信目前的命运是因犹太人背叛了与上帝订立的契约而招致的惩戒，上帝最终会拯救犹太人的；二是在流散时期犹太人有着精明的商业才能，许多人积聚了较多的财富，不愿冒险；三是由于自身力量特别弱小，许多犹太人被迫将民族情绪压抑于内心深处，以此维护相对稳定的生存环境。但民族尊严越被践踏，生存权利越被蹂躏，对自由的渴望之情就更加强烈。一旦爆发出来，犹太人的斗争精神就显得无比强大。两千年来忍辱负重的历史造就了犹太人热切的自由意识和复杂的斗争精神，正如柯克所指出的：“犹太人在莫名的悲论中，再次吐出了那亘古相传的冤言：‘他们无端视我为仇敌’。他们自己的以冤报冤的感情本来已在千百年来所受的压迫中越积越深。”②就此而言，当前犹太人与阿拉伯世界的冲突与斗争，一方面固然有历史恩怨、宗教冲突、地理环境以及大国利益争斗的原因，另一方面也需要反思部分犹太人狭隘的民族主义和冤冤相报的民族心理。

（五）以诚为本的契约精神和高度发达的理财精神

契约精神是犹太民族精神的重要特征。犹太人的契约观念可以追溯至公元前13世纪，当摩西带领犹太人出埃及后行进在沙漠中，摩西上西奈山倾听上帝的神谕，等回到沙漠中却发现犹太人已经铸造了一头小金牛并用

---

① 朱威烈、金应忠编：《90中国犹太学研究总汇》，三联书店1992年版，第14页。

② ［英］乔治·柯克：《战时中东》上卷，上海译文出版社1980年版，第16页。

牲畜祭祀,这时上帝耶和华认为犹太人随时都有可能背叛信仰耶和华的承诺,就以摩西为中介在上帝与犹太人之间订立了10条约束犹太人信仰和行为的“诫命”,即为“摩西十告诫”,具体包括:“(1)除了耶和华之外不可有别的神;(2)不可为自己雕制和崇拜任何偶像;(3)不可妄称耶和华的尊名;(4)当守安息日为圣日;(5)当孝敬父母;(6)不可杀人;(7)不奸淫;(8)不可偷盗;(9)不可作伪证陷害人;(10)不可贪婪他人的一切。”[①]“摩西十诫”是犹太民族发展史上的纲领性文献,它以律法的形式明确了犹太人与上帝之间的权利与义务。在“摩西十诫”中,上帝与犹太人之间权利与义务分工明确,一定程度上体现了现代契约中的公平精神。犹太人承担遵守诫命的义务而享有“上帝的选民”和居住在“应许之地”的权利,一旦违反与上帝订立的契约,上帝将对犹太人施以惩罚。因此,犹太人将国破家亡的民族大离散看做是由于自己违反了契约,上帝借助外邦的力量施加给犹太人的惩罚,但由于犹太人反躬自省,通过承受苦难而赎罪,最终上帝同样执行拯救犹太人的契约。古犹太的律法体系相对较为完善,从日常生活、社会结构和宗教信仰都作出了较为全面细致的规定,实际是犹太人契约精神的延伸和体现。犹太人的契约精神自上而下,由内而外,从与上帝订立契约到与普通人立约,从精神信仰到生活世界,每一处犹太人几乎是一丝不苟地实践着契约精神。犹太人将契约意识融入商业活动中,形成了极为宝贵的诚信精神,为犹太人赢得了良好的商业信誉。以诚为本的契约精神是犹太人经济生活的核心灵魂,在犹太人心目中,“我们人与人之间的契约,也和与神所订的契约相同,绝不可毁约”。

犹太人的契约精神与犹太人精明的商业才能结合在一起,形成了犹太人高度发达的理财精神。孟德斯鸠说过:“记住,有钱的地方就有犹太人。”马克思也指出:“犹太人的世俗偶像是什么?做生意。犹太人的世俗上帝是什么?金钱。”犹太人高超的理财技能往往使得一个地位很低的犹太人在两三代人的时间里就能进入中产阶级,甚至成为富裕的银行家。犹太人

---

① 《圣经·出埃及记》第20章第3—17节。

的理财技能与犹太人的生存境遇密切相关。古犹太人所生活的迦南地区不适合进行农业耕种，而民族大流散后也难以获得土地，因此多数犹太人只得从事当时被视为下层工作的手工业，后来精明的犹太人在获利颇丰的借贷业的基础上进入银行业并获得了巨大胜利。19 世纪欧洲的罗斯柴尔德家族是西方近代史上最为富裕的家族之一，主要从事银行业，其实力之雄厚，影响力之深远，几乎遍及整个欧洲，是犹太人高度发达的理财精神的杰出代表。在今天的西方社会，犹太人在其所居住国多数已成为社会主流阶层，涉及领域以最需要理财技能的银行金融业为主，先后涌现出了诸如雷曼兄弟、阿曼德·哈默、欧文·夏皮罗、马库斯·塞缪尔、索尔·斯坦伯格等大批的商业巨头。同时犹太人的理财技能也体现在理论研究上，出现了许多著名的经济学家，如前美联储主席格林斯潘、保罗·萨缪尔森（1970 年诺贝尔经济学奖得主）、西蒙·库兹涅茨（1971 年诺贝尔经济学奖得主）、肯奈特亚罗（1972 年诺贝尔经济学奖得主）、密尔顿·弗里德曼（1976 年诺贝尔经济学奖得主）、劳斯·克莱因（1980 年诺贝尔经济学奖得主）等，充分展现了犹太人高度发达的理财精神。正是因为具有以诚为本的契约精神和高度发达的理财精神，犹太人才得以在艰辛而漫长的流散生涯中顽强地生存下来，保持了经济上的独立自主性，也为犹太复国主义奠定了坚实的经济基础。

（六）全民性的崇智精神和创新意识

在两千多年的民族流散中犹太文明之所以能够薪火相传并发展壮大，重要原因之一就是犹太人全民性的积极学习、不断进取和勇于创新的精神。犹太人这种对教育的重视态度和对知识的尊重之情可以概括为一种“崇智精神”，它是犹太文明悠久的历史传统和民族习性的内在要素。犹太人就非常重视教育，积极加强对知识的学习。犹太人将研习犹太教经典文献的学者称为拉比，在希伯来语中指“师傅”，他承担着传道授业解惑的任务。犹太教主要的经典文献都立意于规劝人们要重视学习，如《塔木德》意为“教导”，《托拉》意为“训诫”，《米德拉西》意为“讲解”，《革马拉》意为“学习”,《密西拿》意为对律法的“重复学习”①。犹太教将学习视作宗教精神的重要内容,无论耶和华还是其子民,必须具备相应的智慧。

《圣经·箴言》说:“耶和华以智慧立地,以聪明定天。”《圣经后典·便西拉后传》指出:“富有智慧的言词使你走在世界的前列。”犹太人将对上帝的信仰与对知识的学习内在结合起来,认为知识其实是上帝意志的延展,学习是宗教修行的重要部分,唯有知识与信仰兼修的人才能最接近上帝,最可能倾听上帝的召唤和被拯救。

犹太人的崇智精神与犹太人的尊师重教传统密不可分。在第二圣殿时期犹太民族就明文规定每个犹太社团必须开设学堂,6—10 岁的学生必须进入接受启蒙教育,男孩到了 16 岁必须进入由社团资助的公共教育机构学习。即便是在流散时期,犹太人也不忘学习,每个犹太社会都有一座拉比学院,院长为高薪供奉的拉比,每日主要行走于祈祷室与书房之间,主要时间都用来集中研修和教授宗教经典,每个犹太青年男子都要抽空学习《塔木德》。尽管是一个流浪的民族,但中世纪欧洲的犹太人已经完成了扫盲教育。现代犹太人的教育水平之高,投入之大,令其他国家望尘莫及。据统计,以色列的教育经费投入占其 GDP 的 9%,居世界首位。在美国的 80% 的犹太人都受过了大学教育,常春藤名校中犹太人或犹太裔的教师占教师总数的 30%。尽管全世界的犹太人只有区区不到 1300 万人(第二次世界大战前人数最多,达到 1800 万),但犹太人涌现出了数不胜数的思想家、政治家、文学家、艺术家、科学家和商业家,甚至有人说,“世界的财富和智慧掌握在犹太人手中”。由此可见,犹太人历来就是一个崇尚知识、热爱学习、善于用头脑思考和行动的民族。

与此同时,犹太人并不固守传统、而是具有超越传统、突破权威的反叛精神,具有不断进取、积极创新的精神。在犹太教关于上帝与人的关系中,犹太人并不是盲目地服从于上帝,而是具有一定的选择权,只是在选择耶和华作为唯一真神之后才与上帝订立契约,人与上帝处于一种“辩论式”关系

① 参见周燮藩:《犹太宗教教育》,载于犹太网:http://www.jewcn.com。

之中。人会背叛上帝,亚当与夏娃在伊甸园偷吃禁果这一事件在神话世界里开启了人类文明。[①] 当犹太人饱经流离失所之苦时也曾怀疑过对上帝的信仰,也怀疑过犹太人作为"上帝的第一选民"的命运。同样,上帝也谴责和惩罚过犹太人。尽管怀有深厚的宗教信仰,但犹太人内心深处也潜藏着深刻的怀疑意识和批判精神。究其根源,一个重要的原因是犹太人长期流转于世界各地,四海为家,严酷的现实境遇迫使犹太人必须倾听其他民族的声音,积极吸收其他民族的优秀文化,这无形中使得犹太民族形成了强烈的创新意识和进取精神。正因如此,犹太民族历史上才出现了马克思、弗洛伊德、爱因斯坦斯等影响人类文明进程的伟大人物,而他们无一不是积极继承传统而又敢于超越传统,具有强烈的创新意识和批判精神。而正是在犹太人这种积极进取和勇于创新的民族精神的推动之下,犹太民族尽管历经千年苦难却毅然不倒,越挫越勇,涌现出大量的时代巨人,并建设成了被誉为"地中海明珠"的以色列。

三、犹太民族精神的基本特征

犹太民族精神作为犹太民族数千年民族史的历史积淀和观念提升,其间受到宗教的、政治的、经济的、文化的和地理的多重因素的影响和制约,而且随着历史的流转与变迁,犹太民族精神会不断除旧纳新,这样在本土化与其全球化的冲突中,在历史性与超越性的交错中,犹太民族精神更具复杂性和深刻性,难以简单地概括和归纳。但具体分析开来,犹太民族精神有如下基本特征:

---

① 参见傅有德主编:《犹太名人传》思想家卷,河南文艺出版社2002年版,总序第Ⅶ—Ⅷ页。

（一）犹太民族精神是在民族性与世界性的冲突与交融中生成和演进

犹太民族具有高度的统一性，无论是繁荣的圣殿时期，还是苦难的流散时期，犹太民族始终在精神上凝聚为一个整体，始终没有丧失其独有的民族特性。与此同时，犹太人又是一个具有广阔视野和开放气质的民族，数千年来流转于世界各地，在吸收和借鉴其他民族优秀文化的同时也影响了其他民族。

究其根源，与犹太民族精神所具有的二重特性密切相关。犹太民族精神实质是犹太本民族文化与外部民族文化的对立统一，是在民族性与世界性的冲突与交融中生成和演进的。就其民族性而言，主要体现在：首先，犹太民族所独有的“上帝的选民”的观念是保持犹太人民族性的核心支柱。他们认为只有犹太人才是与上帝“立约”的民族，也只有犹太人所具备的智慧和对上帝的虔诚，只有犹太人所经受的苦难和对弥赛亚来临的信仰，才能使得人类最终得以被拯救，进入“千年王国”。上帝将这一使命托付于犹太人身上，犹太人自然就高出于其他民族，因此当耶和华的恩威普照大地之时，“以色列人在政治上将变得同其他民族一样强大，而且在精神力量方面远远超过其他民族，从而在各民族中将占有较高的地位”①。其次，“犹太性”是犹太人民族性的集中体现。“犹太性”一度成为蔑视犹太人的贬称，随着反犹主义的溃败，犹太民族意识的复苏和犹太民族力量的增强，“犹太性”已经用来标示犹太人民族特性和民族气质的赞语。犹太民族精神的生成离不开对犹太性的维护。《旧约》中犹太人因为信仰其他民族的神，与外邦通婚而受耶和华惩罚。汗牛充栋的犹太典籍主要都是关于犹太民族史的记载，每年都要举行的犹太节日和宗教仪式就是为了唤醒流散于世界各地的犹太人对自己犹太人身份的记忆与认同。每个信仰犹太教的人出生8天后必须接受的“割礼”仪式被视做保持民族纯洁性的重要象征。中世纪的“隔都”生活在一定程度上阻断了犹太民族与其他民族的交往与融合，现代

① 《旧约·诗篇》第100章第3节。

化的以色列更是犹太人占绝对多数、犹太文化居绝对主导地位的国家。最后，犹太人为了维护其民族性而进行了顽强不屈的英勇抗争。从摩西带领犹太人出埃及，到马达萨堡抗争、科尔·巴赫起义，直到犹太复国主义运动，为了不致亡国灭种，犹太人一直在开展救亡图存的运动，即便是民族大流散期间，犹太民族依然保持为精神上的民族共同体。

就其世界性而言，主要体现在以下三个方面：一是犹太民族长期的历史大流散，造就了犹太人广阔的视野与开放的气质。数千年的流散史迫使犹太人必须学会与其他民族和睦相处，必须在与其他民族的交往与融合中才能更好地生存和维护自己的民族特质。尽管犹太人沦为到处流浪的民族，被放逐于世界各地，但犹太人往往能够迅速地融入当地生活，并在较短的时间内在经济和文化领域进入主流阶层，这显示了犹太人对异域环境较强的适应性和生存能力。二是犹太教本身具有较强的开放性和宽容性。犹太教坚决主张"一神论"，认为人世间的每一个人只要尊奉耶和华并忠诚行事，最终将都获救。"耶和华保护一切爱他的人，欲要灭绝一切的恶人。"①"耶和华善待万民，他的慈悲，庇护他一切所造的。"②正因如此，犹太教也成为基督教和伊斯兰教重要的宗教根源。三是犹太民族精神实质是在犹太文明与其他文明的交锋与互动中生成和培育的。犹太人历来有着"走出去"的优良传统，积极顺应世界文明发展的潮流，在与其他民族文化的交锋与互动中培育和弘扬本民族的民族精神。

综观犹太民族精神，民族性是其生成源泉，世界性是其发展动力，在民族性与世界性的对立和统一中培育和丰富了犹太民族精神，但归根结底，"犹太人通过'上帝的选民'的观念将犹太民族置于其他民族之上，体现出在犹太民族精神中民族性始终主导和制约着世界性，也标志着民族性和世界性在强调民族利益的前提下达到了统一"③。

---

①《旧约·诗篇》第145章第9节。

②《旧约·诗篇》第145章第9节。

③ 厉永平：《浅论犹太教的民族性与世界性》，《松辽学刊》（社会科学版）1991年第4期。

（二）犹太民族精神是在历史性与时代性的传承与超越中发展和创新

民族精神是在特定的历史中孕育、形成和发展的，与特定民族的传统文化密切相连，具有深厚的历史根基。与此同时，民族精神又必然随着时代的发展在内容上不断丰富，在形式上不断合理，是时代精神状况的凝结和升华。因此，民族精神是历史性积淀与时代性超越的统一。犹太民族精神也是在历史性与时代性的交融中不断形成和发展创新的。

从历史性视野而言，犹太民族精神是犹太文化的积淀和深化，具有较强的稳定性。一方面，作为犹太民族精神主要来源的《圣经》文化非常稳定。数千年来《圣经》在犹太人心目中的崇高地位始终没有变化，所宣扬的基本教义没有变化，《圣经》故事叙述的犹太民族历史始终为犹太人所信服，圣经文化实际成为犹太民族精神形成和发展的主轴之一，对其发挥了巨大的历史熏陶和塑型作用。另一方面，长期的共同的民族苦难不仅没有湮没犹太民族精神，反而成为凝聚犹太人的重要纽带。在流落异乡的岁月中，犹太人始终将“锡安”作为心中的圣地，祈求“来年一定回到耶路撒冷”。无论遭受何等的欺凌和压迫，始终都相信耶和华会派一位救世主弥赛亚来拯救犹太人。此外，共同的种族习性、思维方式、社会心态和文化样式也是维护犹太民族精神相对稳定性的重要因素。

从时代性视野而言，犹太民族精神随不同的历史境遇而呈现为不同的具体形态，是一个动态的、发展的过程。犹太民族精神的每一次的结构转型、内容创新和形态转换都是在一定的历史条件下通过特定的历史事件对时代精神状况的吸收和提升。民族精神与时代境遇的内在关联和有机互动，造就了犹太民族精神富有清新的时代气息和积极的超越精神。具体而言，首先，“出埃及”奠定了犹太人自强自立的民族性格，而在西奈山脚下通过“摩西十诫”与耶和华订立契约的行为则树立了犹太人深厚的契约意识，这两者是犹太民族之所以能历经劫难却屹然不倒的精神支柱。其次，“巴比伦之囚”使犹太人遭受了民族史上的第一次大流散，使犹太人强烈地经受到生命中的苦难意识，而两次圣殿被毁则加剧了犹太人的赎罪情结和拯救意识，使得犹太人将民族命运与宗教信仰结合起来。再次，犹太民族在欧洲的大流散生活不仅培育了犹太人精明的商业才能和较强的生存能力，而且背井离乡的流散生活反而加强了犹太人回归故土、复兴家园的念头，导致了锡安主义的诞生，推动了犹太复国主义运动。又次，以“奥斯维辛集中营”事件为代表反犹主义运动从肉体和精神上严重伤害了犹太人，也导致国际社会重新审视犹太人问题，客观上促进了以色列国的建立。最后，现代性进程推动了犹太民族精神的发展和创新。欧洲启蒙精神所颂扬的自由、民主和平等意识融入了犹太民族精神之中。现代性的巨大成就增强了犹太资产阶级的实力，强化了犹太人的民族主体意识。而全球化浪潮则开拓了其世界性视野，扩大了其交往范围，同时也使其在与其他民族的交往过程中面临着历史恩怨、领土争端、信仰差异等问题和挑战，如何正确认识和合理解决这些问题，对于丰富和发展犹太民族精神极为重要，也是犹太民族能否真正实现民族复兴的关键所在。

在时代性浪潮中维护历史传统，在历史性追问中强化时代意识，通过历史性与时代性的互动，犹太民族精神既保持了其核心理念和基本内容，同时又融入了新的时代精神，发展为不同的具体形态，实现了传承与超越的内在统一。

（三）犹太民族精神具有强烈的宗教背景，与犹太教的基本教义内在结合

与其他民族精神相比，犹太民族精神的根本特征就是强烈的宗教背景，宗教意识贯穿于整个犹太历史，犹太教的基本教义成为犹太民族精神的重要内容，使其在一定程度上具有宗教大同主义倾向。离开犹太教的背景考察犹太民族精神，必然缺乏对犹太民族精神的本质把握和深度理解。

犹太教对犹太民族精神生成、培育和发展发挥了关键性作用，具体而言：

首先，犹太教是犹太民族精神的重要源泉。犹太人的“上帝的选民”观

念显示了犹太人的民族自豪感和自信心，它来源于《旧约》中耶和华赐予犹太人的独特身份。犹太人极为重视的契约精神实质是上帝与犹太人立约这一行为的现实反映，是对“摩西十诫”的延伸和应用。犹太人渴望回归的锡安情结和复国主义运动也来源于《旧约》中耶和华将迦南作为“应许之地”赐予犹太人这一事件。犹太人尽管历遭磨难和压迫却坚忍不拔、乐观开朗，源于犹太人相信这是耶和华借外邦之手对犹太人所犯过错的惩戒，日后耶和华将派救世主“弥赛亚”来拯救犹太人。由此可见，“不是上帝选择了犹太人，而是犹太人选择了上帝”，上帝已成为犹太民族精神中的最高主体，犹太教教义成为犹太人精神生活的基本准则。

其次，犹太教是凝聚犹太人民族主体意识的重要纽带。与多神教相比，作为一神教的犹太教能更好地发挥信仰上的凝聚作用。尽管犹太人内部也有部落矛盾和派系分歧，但都尊奉犹太教为共同的宗教信仰，都愿在犹太教基本教义的指导下进行社会生活，特别是在抵抗异族入侵时，犹太教已成为抵抗运动的共同旗帜。尽管犹太教徒遭到宗教迫害，但许多犹太教徒宁死也不愿放弃自己的宗教信仰，即便是被迫改崇基督教者，也仍然秘密信仰犹太教，将未来生活的希望寄托于“弥赛亚”的拯救上。尽管犹太人流散于世界各地，但对犹太教经典的诵读和研习，对宗教仪式和宗教节日的保持与尊奉，使得犹太人从精神上依然团结为一个整体，将犹太教作为流散期间的精神寄托和信仰归宿。

最后，犹太人的世俗生活充满着浓厚的宗教情结。犹太人修建房屋要留下一个角落不加装饰，表示耶路撒冷尚未建成。犹太人祈祷时都要祝愿“来年回到耶路撒冷”。尤其是犹太民族所拥有的众多的节日都具有深厚的宗教背景。如：“逾越节是回顾整个民族摆脱奴役和获得解放；七七节是感念犹太民族得到圣书法典；住棚节是追思上帝对犹太民族在旷野游荡的庇护；哈努卡节和普珥节是纪念犹太民族免于灭亡并最终战胜对手；犹大新年和赎罪日则集中在犹太人的忏悔和希望开始新生活上。”①犹太人借助于

① 徐新、凌继尧主编：《犹太百科全书》，上海人民出版社1993年版，第349页。

节日来回顾历史，唤醒犹太人与上帝的特殊关系，在维护民族团结、保存犹太民族文化上发挥了重要作用。

（四）犹太民族精神是苦难意识与抗争精神的对立统一

屡遭异族入侵，被迫流落他乡，受尽种族压迫，几乎亡族灭种，是犹太民族精神的生存境遇，而正是这样的生存境遇造就了犹太人的苦难意识与抗争精神。苦难意识与抗争精神的并存，体现了犹太民族精神的复杂性，一方面，犹太人将自己的悲惨命运视为耶和华的惩戒，而走出苦难获得拯救的途径依然在于对耶和华的虔诚信仰；另一方面，犹太人又不甘接受亡国灭种的命运，时刻希望通过现实的斗争获得民族独立和自由，并为之而前仆后继，英勇抗争。

从信仰层面来看，人与上帝的关系问题是犹太人精神生活的主轴。人们以耶和华为唯一信仰的真神，居住在“流着奶和蜜的应许之地”，享有上帝选民的特殊身份，遵守与耶和华订立的契约，而一旦违背契约，则会遭受耶和华的惩罚，被驱逐出上帝所赐予的圣地，流放于异乡，承受心灵与肉体的磨难以获得重生。由此，犹太人自然而然地将自己的苦难命运视做为犹太人因为所犯过错而必须背负的罪责，以此来解释犹太人所遭受的不公正待遇和屈辱生活。一旦苦难意识在犹太人心灵中扎下根，成为民族习性的内在要素之后，对犹太人的影响是双重的：一方面，在苦难意识的支配下流散中的犹太人接受了自身所处的客民身份，对所受歧视表现出极强的忍耐性和承受力，客观上符合主民族的意愿和利益，有助于犹太人的生存和发展；另一方面，苦难意识发展到极端，则显现为软弱，消解了应有的主体意识与民族尊严。无论是中世纪的隔都生活，血祭诽谤，还是纳粹大屠杀，犹太人经常是逆来顺受，忍气吞声，接受了替罪羊的命运和不公正待遇。在电影《辛德勒名单》中，当载满犹太人的列车开往波兰的集中营时，到处都是犹太人恐惧而又软弱无助的眼神。犹太民族精神之所以呈现苦难性特征，根源在于犹太人深厚的宗教情结和悲惨的历史遭际。犹太人的流浪命运实际与其苦难意识内在相关，无家可归的命运塑造了犹太人的苦难心态，而对惩罚与救赎的虔诚信仰使得犹太人将民族劫难视做耶和华的旨意而默默承受。即便是在作为中东地区超级大国的以色列，仍然可以觅见这种苦难意识的影响。每年的赎罪日犹太人都要向耶和华忏悔以求得宽恕，大量的犹太文学作品仍然受救赎意识的引导，以此来提醒警示自己及后人，以防止民族悲剧的重演，避免再次“受难”。

从现实层面来看，犹太人具有不屈不挠、奋勇抗争的民族气节。信仰上的拯救并没有消解犹太人在现实上的抗争。尽管犹太人国小力弱，在强大的异族入侵之际很难拒敌于国门之外，但犹太人并没有马上就俯首认输，束手就擒；相反，在数倍于己的敌人面前毫不怯弱，奋勇抗争，涌现出了大批的民族英雄。在“马萨达精神”的激励下无数的犹太儿女为了维护民族尊严，为了实现“锡安主义”事业，回到“上帝的应许之地”而浴血奋战，视死如归。犹太民族赢得世人的尊重，不仅在于苦难的民族境遇，强大的生存能力和谨守如一的契约意识，也因为犹太人为民族自由与民族回归而不懈抗争的精神。犹太复国主义运动历经坎坷与艰辛，在无数犹太人前赴后继的努力下，终于将一个几乎不可能的计划变成为现实，现代化的以色列已经成为中东地区的超级大国。

由此可知，在犹太民族精神中，信仰的力量和现实的抗争互相交织，随着历史境遇的变化而此消彼长，共同塑造了犹太民族独特的民族气质和习性。

四、犹太民族精神的启示

在漫长、苦难而又跌宕起伏的民族发展史中，犹太民族形成和培育了以“上帝的选民”为核心观念的强烈的民族自信心和自豪感，以“神赐——受难——重生”为路向的苦难心理和救赎意识，以“锡安情结”为联结纽带的生生不息的民族回归意识和犹太复国精神，以“马萨达精神”为标志对自由的不懈追求和英勇顽强的抗争精神，以诚为本的契约精神和高度发达的理财精神，以及全民性的崇智精神和创新意识。这些民族精神是犹太文明的历史积淀，是对灿烂辉煌的犹太文化的继承与超越，是对犹太人民数千年来为追求民族独立和民族回归而不懈奋斗的历史经验总结和观念提升，是犹太人民对世界文明进程作出的重大贡献。对犹太人而言，无论是在辉煌的圣殿时期，还是在黑暗的大流散的岁月中；无论是在无家可归、被迫四处流浪之时，还是在建成了有“地中海明珠”之称的以色列国后；无论是艰难跋涉在流亡之路上，还是身处惨无人道的纳粹集中营里；无论是沿街乞讨的流浪者，还是身居高位、富甲一方的银行家，犹太民族精神始终是他们的精神支柱与信念支柱，是他们在黑暗中跋涉的指路明灯，是他们前进的不竭动力，对于实现犹太民族的独立和回归发挥了深远影响。

研究犹太民族精神，根本旨归是探索其对于培育和弘扬中华民族精神的意义和启示。因此，前提性条件是全面认识和合理把握中华民族精神的内涵。中华民族精神是数千年来中华民族传统文化的历史积淀，是无数中华儿女为了民族的振兴而前仆后继、流血牺牲凝聚而成的，是我们生存和发展的精神支柱与动力源泉。江泽民同志指出：“一个民族，一个国家，如果没有自己的精神支柱，就等于没有灵魂，就会失去凝聚力和生命力。有没有高昂的民族精神，是衡量一个国家综合国力强弱的一个重要尺度。综合国力，主要是经济实力、技术实力，这种物质力量是基础，但也离不开民族精神、民族凝聚力，精神力量也是综合国力的重要组成部分。”①在五千年的文明历程中，中华民族形成了以爱国主义为核心的团结统一、爱好和平、勤劳勇敢、自强不息的民族精神。如何进一步地培育和弘扬中华民族精神，不仅仅需要立足于本民族的优秀文化传统，更要放眼世界，“博采众长，为我所用”。通过研究和探讨其他优秀民族的民族精神中的积极成分和有益因素，丰富和创新中华民族精神。

中华民族精神与犹太民族精神至少在如下方面存在历史性相遇的可能

① 参见江泽民：《在全国抗洪抢险表彰大会上的讲话》，人民出版社1998年版。

性:中华民族和犹太民族同为具有悠久历史和灿烂文化传统的伟大民族,都曾经受过外敌入侵和民族压迫,都对世界文明进程发挥了深远影响。从民族的文明史而言,分别是希伯来文明和儒家文明的主要代表,都拥有悠久而灿烂的历史,具有博大精深的文化内涵。从历史际遇而言,都遭受过异族入侵和民族奴役、民族压迫,都具有深重的民族苦难史。从民族气节而言,为了追求民族独立和解放都具有不畏强敌和勇于抗争的精神。从民族性格而言,在面对民族危机和民族厄运时都具有顽强不屈、坚忍不拔的意志品格。从民族特性而言,都具有勤劳节俭的美德和开拓创新的民族智慧。

"他山之石,可以攻玉。"中华民族精神在与犹太民族精神的历史性相遇中可以学习和借鉴犹太民族精神中的有益而且有用的成分,积极科学地消化吸收,以更好地发展和创新中华民族精神。具体而言,犹太民族精神对培育和弘扬中华民族精神具有如下意义和启示:

(一)在维护民族团结和统一中培育与弘扬爱国主义精神

犹太民族精神的核心是强烈的民族主体意识和民族回归精神,它是凝聚犹太人的重要的思想基础和前进动力,是将散落于世界各地的犹太人聚合在一起的一种伟大的凝聚力、感召力和向心力。正是在这种民族团结和民族回归意识的引导下,尽管犹太人内部部落纷争,但总能统一阵线一致对外;尽管流散于世界各地,形似一盘散沙,但从精神上始终保持为一个整体;尽管背井离乡无家可归却始终向往着回到上帝的"应许之地"。正是国破家亡、流离失所的悲惨境遇使得犹太人认识到保持民族团结,争取民族回归的重要性,并为之而前仆后继,最终实现了以色列国的建立。

中华民族历来是一个有着爱国主义优良传统的伟大民族。中华民族由56个民族组成,国家是民族的主体和载体,热爱祖国与热爱中华民族是完全一致的。中华民族的历史,就是各族人民团结、统一、奋进的历史。弘扬与培育中华民族精神,核心是发扬爱国主义精神。爱国主义是中华民族精神的核心,"天下兴亡,匹夫有责。"在面临民族危机之时,"苟利国家生以死,岂因祸福避趋之"。中华民族历来不乏仁人志士,"先天下之忧而忧,后天下之乐而乐。”为了民族的独立与解放而舍生取义，杀身成仁。正如鲁迅先生所言：“我们从古以来，就有埋头苦干的人，有拼命硬干的人，有为民请命的人，有舍身求法的人，……虽是等于为帝王将相作家谱的所谓‘正史’，也往往掩不住他们的光耀，这就是中国的脊梁。”正是在爱国主义精神的激励下，从鸦片战争到八年抗战，无数英雄先烈为了民族团结和民族解放而抛头颅，洒热血，捍卫了国家统一和民族团结。而今天弘扬和培育爱国主义精神，一是要坚决反对任何分裂国家的行径和企图，反对任何敌对势力对我国的渗透和颠覆企图，不惜一切代价捍卫国家主权和民族团结；二是要积极投身社会主义现代化建设之中，通过建设高度发达的社会主义物质文明和精神文明来维护国家统一和民族和谐，以爱国主义为核心推进民族精神的开拓和创新。

（二）继承中华民族的诚信传统，积极培育契约意识与法治精神

自西奈山下与耶和华立约以来，诚信意识与契约精神就融入犹太民族精神的内核之中。而与上帝立约和与众人立约都是犹太人极为珍视并不惜一切捍卫之的。无论是在悲惨的大流散期间，还是在以色列建国后，犹太人对耶和华的虔诚信仰始终未变，犹太人在经济活动中的诚实守信、严守契约的精神也一直被广为赞誉，成为犹太人创造商业奇迹的法宝，也使得客居他乡的犹太人赢得世人的信赖和尊敬。

中华民族历来是一个诚实守信的民族，数千年的传统文化培育了博大精深的诚信文化。孔子有言：“人而无信，不知其可也。”①孟子说：“诚者，天之道也；思诚者，人之道也。”②程颢、程颐也指出：“进学不诚则学杂，处事不诚则事败，自谋不诚则欺心而弃己，与人不诚则丧德而增怨。”③中国传统社会一直将诚实守信作为安身立命之根本，主张“惟诚可以破天下之伪，惟实可以破天下之虚”。但中华文化的诚信意识缺乏对象的广泛性和作用的有

---

①《论语·为政》。

②《孟子·离娄上》。

③《二程集·论学篇》。

效性，它多基于血缘关系和利益共同体之内，只有微弱的道德约定和伦理准则的作用。究其根本，契约意识与法治精神在中国的培育与发展还不充分，诚信意识缺乏契约意识和法治精神的配合与协调。基于此，中华民族精神在继续挖掘传统的诚信文化的同时，要批判地吸收西方先进的契约精神和法治思想。在经济生活中树立自由、平等、尚法、守信的精神理念，构造诚实守信的经济环境；在政治生活中继续推行依法治国的治国方略，建设社会主义的民主法治；在道德层面构建和谐友善、互助互信的社会氛围，在平等理念、法律机制、契约原则和信用机制共同作用下，创新和发展中华民族精神，并最终实现“民主法治、公平正义、诚信友爱、充满活力、安定有序、人与自然和谐相处的社会”。

（三）尊师重教，崇智尚学，强化中华民族精神的知性内涵

犹太民族历来是一个尊师重教、热爱学习、崇尚智慧的民族。无论是流散时期，还是以色列建国之后，教育一直是犹太社会的头等大事。犹太民族的教育模式奠定了现代义务教育体制的雏形，犹太人是世界上受教育平均水平最高的民族。正是因为不遗余力地尊师重教，崇智尚学，所以尽管犹太人长期流离失所但从未放弃理想和信念，总能通过知识和智慧寻求合适的生存之道，而这种具有深厚知性内涵的民族精神一旦与民族主体意识相结合起来，就成为犹太复国主义和以色列现代化之路的智力源泉。同样，中华民族也有着好学重教的传统，自儒家以来就崇尚尊师重教的传统，涌现了大批先贤圣哲，创造了四大发明，为人类文明进程作出了重大贡献，但较犹太人而言，在吸收先进科学技术、培育创新人才方面还有许多需要学习和借鉴之处。据统计，“全球各地犹太人口占总人口不到0.3%，但是犹太裔诺贝尔奖得主比例是11.6%，菲尔茨奖得主比例是17.3%。而对比华裔和印裔，前者占世界总人口的比例为21%，后者为17%，但前者两奖比例分别为0.9%和2%，后者两奖比例为1.2%和0.2%”①。特别是在“知识经济”的

① 数据来源：北京大学两全其美网：http://www.lqqm.net。

今天，劳动者的素质的创新、人才的培养更是决定了中华民族未来所处的历史地位和发展走向。

弘扬与培育中华民族精神，根本在于提升全民族的文化素质和教育水平，培养创新型人才，为中华民族的复兴注入强大的精神支柱与智力源泉。当前中华民族正积极推行科教兴国战略，“全面落实科学技术是第一生产力的思想，坚持教育为本，把科技和教育摆在经济、社会发展的重要位置，增强国家的科技实力及向现实生产力转化的能力，提高全民族的科技文化素质，把经济建设转移到依靠科技进步和提高劳动者素质的轨道上来，加速实现国家的繁荣强盛”①。中华民族复兴必定是建立在全民族整体文化素质和科学技术水平的发展和提升之上，通过科教兴国与构建学习型社会，培养知识型人才，以强化中华民族精神的知性内涵，推动民族精神的发展与创新。

（四）在传统与现代之间保持应有的张力，实现中华民族精神的继往开新

犹太民族精神的重要特征是历史性与时代性的继承和超越实现发展和创新。一方面，以《圣经》文化为代表的古犹太传统始终是犹太文明的固有根基。即便犹太人迁徙放逐于天涯海角，但对耶和华的虔诚信仰，对“选民观念”的执著，对“摩西十诫”的践行，在犹太人的精神生活中始终占有重要地位。另一方面，犹太人并不陈腐僵化，故步自封，相反，积极吸收一切外来文明中的有益成分，为其所用。犹太人将西方先进的科学技术、经济模式和文化理念与古老的犹太传统有机结合前来，使犹太文明既保持了民族特性又获得新的营养，实现了民族精神的新生。中华民族具有深厚而悠久的文化传统，以儒家文化为主导的传统文化根深蒂固而影响深远，如何在传统与现代、继承与超越之间保持张力，实现平衡和协调发展，以此推进和创新中华民族精神，关系到中华民族的现代性之路，关系到中华民族的复兴。

---

① 参见《江泽民文选》第一卷，人民出版社2006年版。

从犹太民族的历史经验中我们可以发现,传统与现代的统一是建基于对历史的辩证认识和合理吸取之上,对传统的拒斥并不能获得现代性的再造。中华民族的现代性进程绝不能走民族虚无主义路线,“全盘西化”和“拿来主义”的做法已为理论和实践证明是行不通的。中华文明的发展和创新必须奠定在对以儒家文明为核心的传统文化的批判性继承之上,才可能获得根基和源泉。同时,也必须清醒地认识到在传统文化中欠缺在西方社会中所发展出来的科学技术和工业文明,也欠缺西方文明所尊崇的理性主义、契约意识和法治精神,这是中华民族精神需要补充和纳入的。因此,传统文化是中华民族安身立命之根本,现代文明是中华民族开拓创新之道路,只有在传统与现代的互动中才能实现中华民族精神的继承与超越的内在统一。

附录一:《密西拿》关于犹太教的十三条信仰

1. 创造主创造一切并管理一切;
2. 创造主是独一无二真神;超出一切;永恒存在;
3. 创造主无形无体无相,是不可比拟的;
4. 创造主是最先的,也是最后的;
5. 创造主是独一可敬拜之主,此外别无他物;
6. 先知向世人所传达创造主的一切话语皆真实无误;
7. 先知摩西是真实的,摩西是先知之父,是最伟大的先知;
8. 犹太律法是神向摩西所传,不能更改;
9. 犹太律法永不改变,也不会被取代;
10. 创造主洞察人的一切行为和思想;
11. 创造主向遵守他律法的人施与奖赏,向践踏他律法的人施与惩罚;
12. 弥塞亚必将降临,要每日期盼,水不懈怠;

13. 相信死后复生。①

附录二:《费城宣言》

费城大会于1869年11月3—6日在美国的费城召开,大会通过了费城宣言,声明如下:

1. 救世主弥赛亚降临以色列的目的,不是为了重新恢复大卫王后代的犹太国,并再次卷入地球上的国土纷争和民族纠纷;弥赛亚降临是为了团结上帝的所有子民,使他们宣明上帝独一的信仰并最终实现全人类的团结并唤起他们对道德的尊崇。

2. 有人把犹太第二帝国的毁灭看做是上帝对犹太人所犯罪孽的惩罚,我们反对这种解释并认为,第二帝国的毁灭正是上帝向亚伯拉罕传达神圣启示的开始,这一神圣启示随着世界历史的发展而变得越来越清晰:犹太人的神圣使命是让全人类真正了解和认识上帝的真理并尊崇上帝,为了实现这一神圣使命,犹太人目前已散居到世界的各个角落。

3. 亚伦的祭祀制度和摩西的牺牲礼拜是整个人类真正信仰的前奏,这种信仰始于散居到世界各地的犹太人;同时也是真诚奉献和道德圣洁的献身精神的前奏。这是唯一愉悦并为上帝所接受的精神。这些制度作为更高层次信仰的准备,随着第二圣殿的毁坏而永远属于过去,只是在这种意义下——作为过去一种有教育意义的影响——它们将在我们的祈祷词中提到。

4. 亚伦的后代及犹太人的其他后代,无论在宗教仪式上还是在宗教义务上,他们之间的任何差别和不同,在宗教崇拜和社会生活中都将是不许可的。

---

① 转引自[英]诺曼·所罗门著,赵晓燕译:《犹太教》,辽宁教育出版社1998年版,第151页。

5. 以色列人是上帝的选民，是人类最高理想的持信人，无论在过去、现代和将来，我们都要始终强调这一点。这样做很重要，因为它使犹太人时时牢记所担负的神圣使命并坚信上帝对他子民的爱。

6. 相信肉体死后复生是没有任何宗教基础和宗教依据的；“十三条信仰原则”中的第十三条所说的“死后复生”仅仅是指“灵魂”的不朽和众存。

7. 加强犹太人对希伯来语的修养是必要的和迫切的，因为神圣的启示是用希伯来语下传的；几乎影响了所有文明国家的拉比文学，也是用希伯来语写成并流传下来的。对我们来说，加强希伯来语的修养，应成为我们在履行神圣使命过程中的始终愿望。然而，现在我们的大多数同情者已不能理解希伯来语，因此，在现存的环境条件下，我们必须要让他们用一种他们可以理解的语言进行祈祷。如果对祈祷语言不理解，那么，祈祷将变成空洞的、没有灵魂的形式主义。

另外，大会还通过了婚姻法，并接受了确认犹太身份和地位的“母系原则”。这一原则进一步强调：只要孩子的母亲是犹太人，那么孩子就应看做是犹太人，即使男孩没有实施割礼。[①]

---

① 转引自［英］诺曼·所罗门著，赵晓燕译：《犹太教》，辽宁教育出版社1998年版，第152—153页。

第九章
越南民族精神研究

越南，全称为越南社会主义共和国。它位于东南亚中南半岛东侧，背靠大陆，东临南海，南濒退罗湾，海岸线长达3200公里，北与中国的广西、云南接壤，西与老挝和柬埔寨为邻，越南地势西高东低，境内四分之三为山地和高原。北部和西北部为高山和高原。中部长山山脉纵贯南北。主要河流有北部的红河，南部的湄公河。红河和湄公河三角洲地区为平原。越南全国地处北回归线以南，高温多雨，属热带季风气候。越南是一个多民族国家，按语言、文化和民族意识分为54个民族，其中京族（越族）占总人口的89%以上，通用越南语（即京语）。作为一个历史悠久的国家，越南的本土文化有着悠久历史、多彩形式和丰富内容，其中舞台艺术有：从剧、嘲剧（从中国广东潮州传去）、杂剧、水上木偶等；民间艺术有北宁民歌等；越南的旗袍、斗笠、磨漆画等也都别具特色。

越南民族历史悠久，其北部自我国秦朝至宋朝以前的1000年间隶属我国各封建王朝。939年脱离中国的封建统治。越南公元968年成为独立的封建国家。1803年越南之名开始，并最后确定了越南的版图。1858年法国入侵，开始了对越南长达86年的统治。1945年越南民主共和国成立，建国后，越南人民又经历了近30年的抗法抗美的战争。1975年4月30日，北越人民军攻克了西贡，才从此结束了越南遭受外国侵略的历史。同年7月，越南人民又在黎笋的领导下成立了独立自主的越南社会主义共和国，最终取得了民族的解放与独立。

越南人民曾在一个短暂的时期内、在八月总起义中争得了完全的胜利，把独立权重新交给了越南国家，诞生了亚洲第一个人民民主共和国——越南民主共和国。但自19世纪中叶又逐步沦为法国殖民主义的殖民地。为了民族的解放和独立，越南人民发动了不知多少次起义，但历次的起义、运动，都是不断崛起却接连遭到失败，频频被扑灭在血海之中，坚强不屈的富有爱国主义的传统文化是怎样把富有不屈精神的整个民族带领到一个没有出路的境地呢？后来，越南民族又经过了历史上最长、最酷烈侵略战争的30年，竟取得了前所未有的、人们认为不可能取得的显赫战功，最终争得了完全的胜利，并以一个小国战胜法、美两个帝国主义大国而圆满告终。其原因何在呢？在争得完全独立和统一之后，越南人民步入一个新纪元——建设和保卫祖国。在祖国顺利过渡到社会主义新纪元的同时如何实现和稳固越南社会主义建设的可持续发展是仍然需要思考的重大现实问题。

我们认为，越南的地理、历史、文化环境尤其是其民族独立解放的历史进程体现了越南民族不屈的爱国主义精神和越南民族人文主义精神。由于越南人民找到了救国的道路，即不可限量的越南民族的、传统文化的综合力量，其民族解放事业才逐步走上胜利之途。一个美国政客曾经说过：如果越南只有空的英勇战斗精神而已，则美国的巨大军事力量已把他们打败，但越南还具有创造性的聪明才智。直到今天，越南在国家仍基本处于发展缓慢状态、农业领域还占劳动力70%以上的情况下，正实现工业化、现代化的任务。很清楚：由于实行革新开放政策，越南正面临新的机遇，但同时也必须对付新的挑战。面对这种形势，给越南提出的问题是，在革新事业中必须找出正确的和创造出适合快速和稳定发展的措施。越南民族取得胜利并持续发展等现实的分析，应该从其传统文化价值和民族精神丰富内涵的深刻挖掘开始进一步探讨研究。

同为共产党执政的社会主义国家，中越两国山水相连，血脉相通。越南的传统文化深受中国影响，如儒家思想、道佛教和龙文化在越南同样有悠久的历史和市场；在乐器方面，除了独弦琴、德朗琴等是越南独特乐器外，其余民族乐器都是中国传去的；在建筑风格方面，越南也深受中国影响，如越南阮朝都城顺化，仿照了中国北京紫禁城的建筑风格；越南的庙宇也多模仿中国，也供奉孔子、关公等中国“圣人”，里面所用的文字全是汉字；中越两国文学上的交流与相互影响也很深刻，中国古典文学名著及成语、唐诗、宋词在越南也有广泛的流传。越南的语言文字与中国有极强的历史源缘。公元1171年，汉字成为越南的国家文字。到公元14世纪，出现了以汉字为基础的规范的越南文字“喃字”，17世纪后，越南作为一个亚洲民族国家开始使用以拉丁字母表述的语言，现今通用的“国语字”是葡萄牙、西班牙、法国等在越南的传教士创造的，但其六个音调的发音明显有中国的痕迹。

如此，在越南地理历史文化环境背景之下，对越南民族精神的深刻挖掘和探讨对越南民族解放独立、越南社会主义建设有着深刻的理论意义和现实意义，并在与中华民族精神的进一步的比较研究中对弘扬培育中华民族精神、实现中华民族的伟大复兴有着重要的借鉴和启发意义。

一、越南民族精神的历史渊源

寻求越南民族精神的历史渊源，首先需要明确什么是越南民族精神。我们知道，民族精神是一个民族所普遍表现出来的精神活力和个性特征，以及普遍尊奉的有利于社会进步和民族利益的社会信念、价值追求和道德风尚。[①] 这种精神体现着鲜明的民族性格、积极的民族意识，蕴涵着民族文化的精华和活力。

在马克思主义者看来，民族精神是一个民族在其整个生存与发展过程中建立和结晶出来的一种民族意识。它是在民族文化传统的价值中表现出来的民族意志和特征的基础。在一个民族的生存与发展取向中，民族精神

① 参见王希恩：《民族精神的形成与发展》，《世界民族》2003年第4期。

起着非常重要的作用，它是一个民族的信念与追求的目标。而一个民族的传统价值，则是普遍（属于人类）与特殊（属于特定的民族或民族群体）之间的统一。换言之，民族精神是一个民族的传统价值的结晶与升华，是以爱国主义与民族独立意识为主的一系列传统价值的结晶。

越南民族精神就是越南人民的民族意识，它是在越南整个历史过程中被创造出来的并在越南文化传统的价值中得到表现。它在越南为独立与民族解放而奋斗的过程中发挥了充分的作用。正是这种精神造就了越南人民在数千年的历史中维持与发展自己国家的意志与力量。一般来讲，我们认为，越南民族精神往往可以理解为不屈不挠的爱国主义精神、积极追求民族解放和独立的英勇战斗精神、主宰自然的辛勤劳动德性、仁爱团结齐心协力的精神、与邻国和平友好生活的精神。除了这些世界上各民族都具备的可贵的精神气质之外，越南民族在经过不知多少艰苦和长期的建国与卫国斗争之后还造就了一种富有创造性的、独特的聪明精神。

如此，较为准确地把握越南民族精神的深刻内涵，我们可以联系越南的地理环境、历史经历、民族构成、社会发展、传统文化等方面展开回顾和分析，以寻求越南民族精神产生与发展的深远历史渊源。

（一）越南民族精神的形成与发展，与越南是多民族国家有关

越南有着 54 个民族，主体民族京族多分布于平原地区，少数民族中除高棉族、占族和部分华族居住在平原地区外，多分布于北部和西部靠近中、老、柬边境的边远山区，约占全国总面积的 70%。越南北方是多民族混居区，南方多为单一民族聚居区，在越南革新开放的进程中，主体民族京族与少数民族在经济上的差距有进一步拉大的趋势（据统计，山区少数民族的生活标准仅为首都河内水平的 1/14）。山地民族与主体民族之间在经济、社会发展上的巨大差异引起了山地民族的不满，加深了民族隔阂。

从历史上看，越南的主体民族京族通过不断征战统一了越南，少数民族在政治生活中影响有限，与国家的关系历来十分松散，越南在公元 10 世纪立国后，在很长一段时间内统治势力不及山地民族地区。随着越南中央政

府逐渐加强对山地民族地区的控制，主体民族与少数民族的政治利益便发生了冲突，导致民族矛盾的恶化。由于越南各民族内这种固有矛盾的存在，使越南民族更加意识到维护各民族和睦相处大团结的稳定局面对于越南社会主义建设的稳步发展有着积极重要的作用。

越南一贯重视国内民族问题，制定了比较符合国情的民族政策。越共“六大”以来，越南以经济建设为中心，对民族政策进行了调整，制定了一系列优惠政策，保持了民族团结的有利局面，对推动国家社会主义建设和革新事业起到了重要作用。越南革新开放以来的民族政策，主要可概括为如下几个方面：第一，从政治的高度处理民族问题，巩固民族统一阵线。越南强调民族平等和团结，反对民族歧视，反对民族分裂。越共“八大”强调，要“扩大并加强全民大团结，发挥全民族的力量”。越共中央要求“民族大团结的思想必须落实到国家的各项政策主张和法律上，落实到政治、经济、社会文化、国防、对外关系各领域，要满足社会各阶层的正当利益和愿望，把权利和责任、个人利益和公民义务结合起来，以民族利益为重”，“发挥爱国传统、民族自豪感和自立自强意识，团结一切赞成革新事业的越南人”，巩固和扩大民族统一阵线，把越南建设成为民富、国强、社会公平、文明的社会主义国家，实现工业化、现代化。

越南将民族团结与坚持社会主义方向紧密地结合起来，组成民族统一阵线，保证了国内政治的稳定，建国以来没有出现大的民族问题，成为东南亚地区民族关系融洽的典范。与民族矛盾尖锐的缅甸甚至是经济发展较好的印尼、马来西亚、菲律宾等国相比，越南良好的民族关系为其经济、社会发展提供了有利的条件，确保了革新开放的顺利进行。

与此同时，多民族构成的特点使越南民族的精神气质和性格特点具有丰富多样的基础元素，他们共同构成越南民族共同体浓郁的精神文化。在越南领土上生活着的不同语言、不同风俗习惯的54个民族，他们在越南民族发展的整个历史进程中，为满足生存和发展、建国与卫国目标进行的社会斗争中，经常并肩生产和战斗，并不断创造各种物质文化和精神产品。这无疑是越南传统文化造就出的一个典型，在天灾，特别是敌祸面前。各民族更加团结,同时仍保持每个民族的本色,又一起创造一种统一越南国家的共同文化。这种团结统一精神,在胡志明的话中表达了出来:“越南国家是一个,越南民族是一个。河可干,山可烂,这个真理任何时候不会变。”团结就是力量,上述精神和团结,是越南文化的一个标志,它已带给民族一种强大的生命力。

(二)越南民族精神的形成与发展,与越南所处的地理环境有关

民族精神的特性受民族性格所规定,民族性格是怎样形成的?不少理论家在民族精神研究中将地理环境摆在了基础位置。孟德斯鸠将民族性格与民族气节的形成归因于气候条件。他说,人的“精神气质和内心的感情因气候而又有极端的差异”①。这种论述,现在看来难免粗率,但其合理性是显而易见的,因为,“一方水土养育一方人”,孟德斯鸠看到了气候环境对人的性格和精神产生的巨大影响,只是他没有看到人的能动作用,因而陷入了“地球环境决定论”。

根据孟德斯鸠的理论,在寒冷的气候条件下,心脏的动作和纤维末端的反应都较强。这使得那里的人们有较强的自信和勇气,对自己的优越性有较多的认识,较少复仇的心理,较为直爽,较少猜疑、策略与诡计。“气候有时可能极度炎热,使身体完全丧失力量。这种萎缩颓废的状态将传染到人的精神:没有丝毫的好奇心,没有丝毫高尚的进取心,也没有宽容豁达的感情。”越南全国地处北回归线以南,高温多雨,属热带季风气候。这种自然气候环境造就了越南人不屈不挠的意志力和较强的适应力。

黑格尔也直接谈到了环境对民族精神(实际上是民族性格)的影响,他说:“民族精神”产生的基础是地理环境。地理环境是民族精神“进行表演的场地”,是“一种主要的,而且必要的基础”。各民族所居地方的“自然类型和生长在这块土地上的人民的类型和性格有着密切的联系”②,黑格尔的

---

① [法]孟德斯鸠著,张雁深译:《论法的精神》上册,商务印书馆1995年版,第227页。
② [德]黑格尔著,王造时译:《历史哲学》,上海书店出版社1999年版,第85页。

分析具体、贴切，较孟德斯鸠胜出一筹。更难能可贵的是，黑格尔不但看到了地理环境对民族性格和民族精神形成的重要性，而且也看到了它的局限性。他说，在这个问题上，“我们不应该把自然界估量得太高或者太低：爱奥尼亚的明媚天空固然大大地有助于荷马诗的优美，但是这个明媚的天空绝不能单独产生荷马。而且事实上，它也并没有继续产生其他的荷马。在土耳其统治下，就没有出过诗人了”①。这话颇有意味。

狭长的海岸线，平原与河流、山地与高原，多样化的地形特征，正同越南各民族多方面的生活和越南民族多元化的特征相吻合。在战略地理上，越南位于两个大国也是人类两个伟大文明起源的中国和印度之间的国际交流道路上，具有重要的地位。越南还处于东亚和南亚区域之间重要航海交通道路上。在历史上，越南也是各强国扩张主义、殖民主义的重要地盘，因此，越南是自远古以来有机会接触到世界上东西方巨大文明的为数不多的民族之一。

同时，关于文化交流，总的来看越南常持宽容的态度。东方的佛教、道教、儒教和后来西方的天主教已经传入，接受并转化为符合越南人的心情与越南民族的利益。一个典型的例证是，著名的儒家都是爱国的士大夫，实质是儒学渊博的爱国者。越南民族还接受了汉字，用以记载自己的文化，并作为诸如《平吴大诰》等雄文大作的基础。关于越字，越南民族接受了民族语言的拉丁化，且视之为“国语”。这种接受对普及文化和提高越南民族共同的智慧作出重要贡献。除了在一个特定的时期内，阮朝朝廷不得不实行“闭关锁港”和“排除左道”政策之外，一般来讲，外国商人和传教士在尊重主权和越南民族利益的条件下，都能得到自由活动的许可。②

（三）越南民族精神的形成与发展，与越南特定的历史经历密切关联

民族性格受制于地理环境。实际上，除了地理环境的制约之外，人们适

① ［德］黑格尔著，王造时译：《历史哲学》，上海书店出版社1999年版，第85页。
② 参见［德］黑格尔著，王造时译：《历史哲学》，上海书店出版社1999年版，第85页。

应自然、从事物质活动的经历和特殊的历史境遇也都是民族性格形成的重要因素。而历史经历对民族精神的制约也不限于民族性格,更有民族意识。

地理环境对于民族来说有一种无可选择的规定性:日本人自古生存于日本列岛,中国人生来就是黄河、长江的子孙,而印度人则世世代代在恒河里洗浴。但人的主观能动性可"选择"成为此民族不同于彼民族的另一原因。同样一块地域,受同样环境因素的制约,却因人的主观选择不同而可以有不同的生产方式、不同的语言习惯、不同的宗教信仰和不同的礼俗文化。美国人类学家露丝·本尼迪克特曾深刻地表述过这一点。她说:人类的行为方式有多种多样的可能,这种可能是无穷的。但一个民族在这样无穷的可能性当中只能选择其中的一些作为自己的文化模式。选择的内容可以包括对待生、死、青春期及婚姻的方式,也可以包括经济、政治和社会交往各个领域的规矩和习俗。①

人的习俗和其他传统文化正是通过这种选择并固化以后才成为自己的民族特征的。这是一个非常重要的认识,因为正是这种认识使人们从孟德斯鸠的"地理环境决定论"中解放出来。

"选择"使得人们从事物质生产活动的方式多样化,多样化的物质生产活动方式也不能不赋予各个民族以性格上的深刻烙印。最常为人们所熟知的就是:农业民族持重保守,游牧民族彪悍飘逸,海洋民族勇于冒险。"选择",使得同一地域的民族可以有文化上和性格上的差别;同样,不同的历史经历也成为民族性格形成上的重要一环。

越南民族在为了对抗强大民族的挤压而不断进行斗争的历史进程中,表现出了一个民族英勇善战、性格顽强的一面。我们知道,具体的历史经历是由无数个偶然因素所构成。偶然因素的多样性,决定了各个民族历史的多样性,也决定了这些经历对民族性格影响的多样性,与对民族性格的影响相比,特定的历史经历对民族意识的影响显得更为直接,民族意识的形成往往与特定的民族冲突事件有关,而经历过强烈民族冲突的民族往往也有更

---

① 参见[美]露丝·本尼迪克特著,王炜等译:《文化模式》,三联书店1998年版,第89页。

强烈的民族意识。西班牙是通过反对阿拉伯人的占领而进行了长达数百年(公元8—15世纪)的斗争后才确立了统一的宗教和民族意识的。法兰西和英格兰原来有着密切的政治、经济联系,而当两国为了争夺弗兰德尔和加斯科尼等地而爆发了“百年战争”(1337—1453)后,泾渭分明的民族分离意识才在两个民族中最终确立。此外,瑞典、瑞士、荷兰、葡萄牙等民族意识的形成也与他们战胜各自的异族敌人密切相连。历史上,越南民族的民族意识的确立与外国列强的殖民入侵有很大的关系。越南民族经历了无数次的民族独立战争和运动,战争在给人们带来深重灾难的同时,也促使人们深刻感悟“我们”与“她们”在族别和利益上的差异。实际上,从世界历史的角度看,普遍的民族意识的形成和增长也是从近代以来才开始的,而这又与资本主义的扩张、帝国主义的世界性殖民侵略分不开。压迫和反抗是一对“孪生子”,它们同出一个“娘胎”,又共同成为孕育民族意识的母体。民族意识是民族精神的本源,民族精神作为一个现代话语是与民族意识在世界上的普遍高涨有着直接关系的。

(四)越南民族精神的形成与发展,与越南社会发展有关

研究者都有一种共识:民族精神是民族的灵魂,它根植于民族文化的沃土之中。因此探究民族精神的形成不能不涉及民族文化问题,民族精神的生成规律也受制于民族文化的规律。在人类学家的眼里,文化是人类创生的一切。人类形成以后,便以自己的文化来塑造自己、改造自己;人创造了文化,文化也在改造着人类本身。但文化是一个与人有关的、含义极为广泛的概念,有物质文化和精神文化之分。民族文化是以民族为界对文化的一种分类,任何一种民族文化的所有内容并非都是优秀的,但民族精神是民族文化中的积极的、优秀的成分。民族精神是一般民族文化的升华,这种升华大致是经过自我选择和对其他文明的吸纳两种途径获得的。

越南是一个以农业为主的国家,主要出产大米,同时越南还是一个海岸线很长的国家,湖泊、水塘也很多,所以渔业在越南人的生活中占有很重要的位置,越南人的村落是最基本的社会组织和社会生活结构,其内部关系紧

密多样,村与村之间的交往也很多。村落内部有各自的田地分配管理方式,有自己的宗教信仰活动,包括一直被流传至今的一些原始的宗教仪式和后期传入的佛教、儒教和道教。有的地区受到西方天主教、基督教的影响,建有教堂,定期举行礼拜活动。村内部有一些传统的组织,如宗教会、耆目、耆老会等。越南家庭是越南社会的细胞。传统的越南家庭一般是两代或三代同堂,父亲为一家之长,但由于小农经济状况的存在,妇女在家庭中也占有重要地位。在越南社会中,国家中央集权制度很早就已出现。国家机构将村落置于其统辖之下,并把各村落联结成为义务和权利的统一体。在越南传统的政治体制中,村落与国家的关系以一种特殊的形式存在,村落对国家承担有义务,但又保持着相当的独立性。在村落中生活的每一个成员都有双重的义务:对内承担村落的义务,对外承担国家的义务。

越南各民族都有自己独特的文化、文字、语言、服饰、风俗习惯、文化艺术以及氏族关系和宗教信仰。由于历史和自然条件等因素,各民族间的发展水平差异较大。居住在山区和边远地区自然环境恶劣的民族,其生产水平十分落后,有的少数民族还处于自给自足的自然经济状态,靠狩猎、采捕为生。

越南民族分布的特点决定了各民族经济、社会发展的不平衡性:平原地区的京族从事以水稻种植为主的定居农业,经济文化较为发达;高原山区的少数民族以从事刀耕火种为主的山地农业,并不同程度地受到封建制度、村社制度以及原始氏族制度残余的影响,发展相对落后。越南的精神生活受到农业居民物质生活和社会生活方式的制约,始终未能形成一套思想意识上严谨明确的理论体系,而只是在世代相传的原始思想和民间智慧、道德传统的基础上吸收、选择、融合、改变着佛教、道教和儒教的思想内容。从公元前111年开始,汉文化全方位地输入越南,越南文化是在汉文化的影响下形成和发展起来的,越南社会的各个领域,从语言、文学、音乐、美术、宗教、戏剧、哲学、历史到习俗、建筑、服饰……随处都可见到汉文化的明显特征,甚至汉文化在长期发展中逐渐消失了的一些特征在越南文化中仍然保留了下来。然而,越南文化尽管受到了汉文化的深刻影响,但仍具有本民族文化的鲜明特征，这种鲜明的民族文化特征是在吸收、改造和发扬了外来文化影响的基础上逐步形成和发展起来的。

自我选择就是各民族在历史进程中自然地将不利于自身生存和发展的因素剔除出去，而将那些优秀的、积极的因素保留下来并发扬光大。人类文化也是循着量的累积和质的提高优胜劣汰的规律发展的。人类早期构木为巢、茹毛饮血，而今高楼广厦、锦衣玉食，这是物质文明的进步，它满足了人类不断追求高质量生活的需求。越南民族正是在社会发展的进程中不断追求着进步，努力寻求着能为整个民族共同体的利益认可的价值观念和高尚的道德标准。

（五）越南民族精神的形成与发展，与越南杰出人物、宗教等发挥的关键作用有关

民族精神的形成既是一个文化选择、吸纳的自然过程，也始终离不开社会的自觉活动，其中杰出人物、宗教和国家的作用尤为突出。

杰出人物是民族的精英，他们是民族优秀文化的集中体现者，也是民族精神的倡导者和培育者。提到越南，我们不得不说胡志明，这位伟大的爱国者出生在貉鸿之地，深刻地吸收了越南文化传统的精髓，又对东方文化有广泛的了解，经过多年奔波于四海五洲，他敏锐地接受了世界各种文化包括西方文化的精华，发现了人民、全民的无穷强大力量，把民族解放事业引向胜利。越南的完全独立、统一和今天的社会主义是胡志明思想的重要成果，它是全民族独立统一意志与在马列主义光辉照耀下全人类为独立斗争的有价值的经验结晶。这是胡志明从为解放一切被压迫民族、阶级和贫苦人的斗争中总结出来的人类最先进的理论和血的经验。胡志明对以上思想的创造性运用是现在和将来越南和许多民族革命事业胜利的保证。杰出人物对民族精神的倡导和培育也融会在他们对精神文化的提升过程之中。从概括、提升到传播，胡志明在民族精神形成过程中的作用是贯穿始终的。

宗教是人类创造的一种特殊文明，它对人类社会生活的影响极为深刻，时至科学如此发达的今日，信教的民众仍占世界人口的2/3以上。宗教既

是一种精神文化，也在相当大的范围内发展成了一种制度文化。它在人类社会生活中的这种重要地位也当然地对民族精神的形成产生着巨大影响。这种影响的首要因素是宗教所具有的民族性。另外，在于它对人们社会生活影响的广泛性。当一个社会的经济生活、文学艺术、饮食服饰、婚丧嫁娶、言谈礼仪乃至政治结构处处都受到宗教的熏染时，它的民族精神也不能不受到强烈浸染。宗教的民族性和对社会影响的广泛性使得它对民族精神的塑造是全方位的。在这种背景下，它对社会的影响便无所不在。恩格斯在讲到民族宗教的形成时说："在每一个民族中形成的神，都是民族的神，只要这些民族存在，这些神也就继续活在人们的观念里。"①这里说的是宗教的民族性，也点出了宗教在民族观念中的地位。宗教是一种信仰，这决定了它直接参与对民族成员的社会信念、价值观和伦理道德的塑造。越南宗教众多，主要有佛教、天主教、基督教、儒教、道教、和好教、高台教、福音教和伊斯兰教等，其中佛教和天主教影响最大，其次是基督教和儒教。由于特殊的地理和历史原因，各宗教之间的分野不清，宗教的相互演变、融合现象比较普遍。越南众多宗教具有悲情、遁世、宿命的特点，对人们的世界观是有消极影响的，但同时，它也有着显著的积极面，诸如向善、宽容、追求美好、诚信和献身精神等，这种种积极精神塑造着一种进步和文明；让越南民族经受文明的熏陶。宗教具有的长期性和普及性使得民族精神中所需的积极的价值观和社会理念在社会中得到广泛的熔铸。越南宗教的多样化，使得越南民族与相邻民族国家传统文化有着交集和融合，有利于民族的开放和互动，包括民族性格在内的精神特征当然也得到了发展。

国家是文明社会的基本政治建构和整体社会单元。为了维护国家的统一和稳定，任何一个国家都会自觉提倡一种意识形态以凝聚社会。由此，这种意识形态也就很自然地成为这个国家民族精神的一种培养基，它的一些内容也便成为民族精神的成分。实际上，在越南历史上杰出人物和宗教领袖的作用在大多数情况下也都是和国家的意志相一致的，国家掌握着社会

---

①《马克思恩格斯选集》第4卷，人民出版社1995年版，第250页。

的统治权、支配权,也便决定了它是培育和倡导民族精神的主导力量。越南党和政府根据本国国情,制定了一系列应对和处理各类民族与宗教问题的政策措施,对于维护越南安定团结的良好局面,促进越南工业化与社会主义现代化建设的发展有着积极有效的影响意义。因此,谈越南民族精神的形成和发展,国家的作用始终是第一位的。

二、越南民族精神的主要内容

民族精神是一个民族在其整个生存与发展过程中建立和形成的一种民族意识。它是在民族文化传统的价值中表现出来的民族意志和特征的基础。在一个民族的生存与发展取向中,民族精神起着至关重要的作用,它是一个民族信念与追求的目标。换言之,民族精神是一个民族传统价值的结晶与升华。

关于越南人的传统价值,我们看到过很多形式的阐述。爱国主义、热爱独立与自由、勤奋、奋斗意志、好学、谦逊、敬老意识、高度的社区意识等传统价值经常被称为越南人的典型传统价值,此外还包括节俭、家庭责任感、极端个人主义意识等等。①

越南民族精神就是越南人民的民族意识。它创造于本民族文化传统价值,并在越南文化传统的价值中得到表现。正是这种精神造就了越南人民在数千年的历史中维持与发展他们国家的意志与力量。其中最重要的是爱国主义与民族独立精神。由于发扬民族精神,越南民族解放与改革事业以及现代化过程取得了重大成就。

越南民族历史悠久,在其数千年的历史进程中创造和磨炼出了有自己

---

① 参见范文德:《在全球化背景下发扬当今越南民族精神》,《华中科技大学学报》(社科版)2004年第1期。

民族特色的民族传统价值。在越南民族建立和捍卫国家的过程中,越南人民要与极其严酷的自然条件作斗争,还要抵抗外国入侵者。在生存与发展的过程中,越南人民与众多不同的、在经济与军事潜力方面比其强大无数倍的外国侵略者作斗争。但是,就是在抵抗外国侵略者的过程中,越南人民的传统价值不断得到加强和磨炼,从而赋予越南人民明显的不同于其他民族的特殊同一性。如文章第一部分所述,越南的传统价值、民族精神是在越南特定的自然、经济、社会、政治与文化条件下形成与发展的。在这些条件下,创造出来的传统价值增强了越南民族在爱国主义、热爱民族独立、团结、社区意识等方面所表现出来的民族意识与民族精神。具体而言,越南民族精神包含着如下基本内容:

(一)爱国主义是决定民族生存与发展的精髓,是越南民族精神的核心本质

有学者表明,爱国主义是形成越南民族精神精髓的一种基本价值。他们以为,爱国主义是一种高尚的、神圣的价值,是一系列其他文化价值的起源。它是一种由来已久的自然的人类情感。尽管爱国主义的本质是不变的,但它在不同的历史时期有着不同的表现。

越南的爱国主义与社会主义联系在一起,并因此给传统越南文化创造出新的生命力。胡志明建立了一种崇高的人文主义,重视人的生存权利;一种人文行动哲理,民族解放与社会解放、人类的解放相关联。他发现了人民、全民的无穷强大力量。只有发动每个爱国阶级和阶层,旨在给人民、给全民带来自由、幸福,才能把民族解放事业引向胜利。越南人民曾在一个短暂的时期内、在八月总起义中争得了完全的胜利,把独立权重新交给了越南国家,诞生了亚洲第一个人民民主共和国——越南民主共和国。综观越南民族的历史经历,正是由于爱国主义的存在,越南民族才能够成功地对抗外国入侵者,并在建国以来的整个历史中捍卫与发展越南国家。胡志明曾宣告,越南人民拥有深厚的爱国主义精神。它是越南民族极其宝贵的传统。自古以来,每当越南被侵略时,这种精神就涌现出来,形成一股强有力的浪

潮,跨越所有的艰难险阻,淹埋所有的卖国贼与侵略者。

和世界其他社会主义国家一样,爱国主义在越南民族解放独立进程中起到不可估量的积极作用,1954 年建国之初,建立了高度集中的中央计划经济体制和与之相应的社会政治、经济和文化体系。20 世纪 70 年代末越南开始了持续 15 年的经济危机。在相当长的时期内农业生产徘徊甚至下降,工业生产明升实降,物质供应奇缺,分配领域混乱,流通渠道不畅,物价迅速飞涨,黑市极度猖獗,国家和社会处于危急状态。在这种极为困难的背景下,民族爱国主义更加体现了其重大促进作用。

在获得政治独立后的今天,越南面临着如何成功地与世界接轨的问题,特别是当前越南经济一体化的进程中的现实问题令人担忧。在越南的社会主义现代化建设中,面临物质贫乏、资源短缺的现状,越南政府积极制定自己国家的经济发展计划,其中,爱国主义仍然作为基本指导原则贯穿始终。"发挥爱国传统、民族自豪感"是越共"八大"根据越南实际国情在革新开放以来制定的民族政策。

无论是反抗殖民者的压迫,打击敌对势力的入侵,还是在获得政治独立后的今天的革新开放社会建设事业,越南民族不畏强权,勇于抗争,表现了他们伟大的民族尊严和崇高气节。

(二)追求独立与自由的意识,是越南民族精神的重要内涵

有学者认为,独立与自由意识是最崇高、最稳定的价值,它是越南民族一直为之不断奋斗的一种价值,是整个民族长久的追求,是维护生命的人权中的一个先决条件,是越南实力和自豪的来源。①

可以说,民族精神是以爱国主义和民族独立意识为主的一系列传统价值的结晶。爱国主义与民族独立意识强烈地相互依赖,从而创造出民族精神的精髓。爱国主义是建立民族独立意识的基础,而民族独立意识反过来

① 参见范文德:《在全球化背景下发扬当今越南民族精神》,《华中科技大学学报》(社科版)2005 年第 2 期。

加强了爱国主义。

胡志明说:“没有比独立与自由更宝贵的东西”,“(我们)宁可牺牲一切,也不可丧失(我们的)国家,使之沦为奴隶。”①胡志明将他全部的革命事业献给唯一的追求,即如何使越南民族完全独立、使越南人民丰衣足食、使每个人接受教育。这不仅是胡志明本人的愿望,而且是越南民族的长久抱负与梦想。根据胡志明的思想,独立与人民的自由和幸福密切相连。独立是为人民带来自由与幸福的一个前提条件和必要条件。如果不能为人民带来自由与幸福,独立是无意义的。

胡志明的思想总体上反映了创造越南民族的民族精神的基本民族价值。他得出的这些思想,不仅来源于越南文化传统与民族解放事业的实践,而且还来源于他为了探寻拯救国家之道路而在其 36 年巡回实践中与其他国家文化所做的比较。

在越南民族为独立和民族解放而奋斗的过程中,民族精神得到了充分的发挥。这就是为何越南民族从未屈服于任何侵略者的原因。每当越南民族被侵略时,民族精神就风起云涌,形成一股淹埋一切侵略者的浪潮。这种精神在越南抵抗外国入侵者的所有斗争得到了证明。

越共八大制定的民族政策中“发挥自立自强意识”深刻体现了越南社会主义革新开放中对独立自由的民族意识的深刻理解和把握。

(三)仁爱、团结、齐心协力,是越南民族精神的灵魂所在

越南是一个形成很早的多民族国家,具有发展悠久的文化。正是这种传统文化造就出一个罕见的典型,那就是在越南领土上,不同语言、不同风俗习惯的 54 个民族,在整个历史进程中,经常并肩生产和战斗。在天灾,特别是敌祸面前,各民族更加团结,同时仍保持每个民族的本色,又一起创造一种一个统一越南国家的共同文化。这种团结统一精神,在胡志明的讲话

① 范文德:《在全球化背景下发扬当今越南民族精神》,《华中科技大学学报》(社科版)2005 年第 2 期。

中表达了出来:“越南国家是一个,越南民族是一个。河可干,山可烂,这个真理任何时候不会变。”团结就是力量,上述精神和团结,是越南文化的一个标志,它已带给民族一种强大的生命力。

越南共产党自成立以来就把解决民族问题当成越南革命的战略任务。在越南进行社会主义革命的各个阶段,越南党和政府的民族政策集中地体现了各民族团结、平等、互助和共同进步的总原则。20 世纪 90 年代以来,国际上出现了不少由于民族问题而引发的政治、经济和社会问题,加之苏联和东欧的一些社会主义国家相继解体及演变,因此越南党和政府对民族问题更为重视。1996 年召开的越共八大强调:民族问题具有极其重要的战略意义,要“扩大并加强全民团结,发挥整个民族的力量”,在工业化、现代化和革新事业中,各民族之间要实行平等、团结、互助。2001 年 4 月召开的越共九大也强调各民族平等、团结、互助、共同发展和发扬各民族良好的传统文化。越共中央要求,民族大团结的思想必须落实到各项主张、政策和法律上,落实到政治、经济、社会文化、安宁、国防、对外关系各领域,“团结一切赞成革新事业的越南人”,巩固和扩大民族统一阵线,把越南建设成为民富、国强、社会公平、文明的社会主义国家,实现工业化、现代化。

由于越南高举了全民团结的民族主义大旗,并把它与坚持社会主义方向紧密地结合起来,组成民族统一阵线,动员全社会的力量集中于革新开放事业,因而国内政治安定,社会稳固,经受住了经济改革当中通货膨胀、失业及生活困难等多种巨大压力和冲击波,全国没有出现大的民族问题。相对于民族和派系矛盾尖锐的柬埔寨、缅甸,甚至经济发展较好的印度尼西亚、马来西亚、菲律宾等国家,越南良好的民族关系为其经济、社会的发展提供了有利的条件,确保了越南革新开放的顺利进行。

(四)创造性的、独特的聪明精神,是越南民族精神的关键内容

关于越南悠久的文化发展史,我们了解到,出土著名铜鼓的东山文化遗址自公元前第一千年纪中期已经存在。说到文郎——瓯骆国与其设有城郭和出土了锅箭镞的政治、军事中心古都古螺,也存在于公元前 3 世纪。可以

说:早期当地居民很早已有了一种生活哲理。这种哲理体现于像乳汁一样培养越南人心魂和人格的代代相传的歌谣俗语宝库之中,体现于以“骆子鸿孙”、“龙子仙孙”等为形象的关于民族起源的传说之中,这些传说时常教育越南人起源于共同的一个根,以维护“同胞”情义和乡情村义。特别是雄王的形象,已变成了越南人的一种潜在意识。关于“山精、水精”、“圣董”等传说,提醒每一个人铭记征服自然和反抗外敌是各代人的神圣义务。自古流传下来的习俗,如祭供祖先、尊崇对国家有功之人以及那些民间演唱会,是维护和培育越南民族做人的本领和为人之道的方法。关于越南民族起源的美好神话传说颇具独特风格,表现出了越南人民独特的审美心理,是聪明的越南人民通过丰富的想象创造出来的艺术文化。后来,哲理的普及和深化逐步将其载入成文的历史,逐步继续建立起越南文化的基础。

越南传统的社会结构村落以及一些传统的习俗等文化特征随着越南社会在不同时期所发生的变化而在不断改变着,越是靠近城镇的地区越是如此,而在一些偏远地区,传统的文化特征则更为明显。随着越南社会的发展,传统的文化特征特别是其中一些落后的部分,将会随着人们意识的转变而逐渐消失,一些新的特征逐渐出现,都是越南民族精神的创造性体现。

越南在近代以来长期沦为法国殖民地。1945 年第二次世界大战胜利后,越南民主共和国宣布成立,很快又遭到法国和美国的再度入侵,先后经历了 8 年的抗法战争和 10 年多的抗美战争,终于在 1975 年实现了祖国的统一。正是在不懈反抗外来势力、争取国家独立与民族主权的过程中,越南共产党在不断变化的国际国内形势下不断地探索和实践着一条有越南特色的革新开放和社会主义现代化发展道路。越南各族人民在艰苦的自然条件下,为反抗外敌入侵,实现民族独立,进行了多次起义和运动,有失败也有成功,尤其是抗美抗法的近三十年斗争,彻底赶走了侵略者,取得了前所未有的胜利。一个弱小的民族单靠不屈不挠的英勇斗争是不可能取得民族解放独立的彻底胜利的,不少学者将越南民族这一伟大胜利的原因归结为越南民族创造性的、独特的聪明精神。

综上所述,越南民族精神是在悠久的历史发展过程中逐渐形成的。它有着博大精深的基本内涵和丰富内容。由于对民族精神概念本身的界定就不尽一致,因而许多理论工作者和学者也从不同的角度对越南民族精神的基本内涵进行归纳和概括。总的来说,民族精神是一个有着丰富历史内涵的与时俱进的概念,它与民族一样,有其历史、现在与未来,具有传统性、时代性的特点,因此其内涵也可以分为传统精神、时代精神,是历史性和时代性的有机统一。

(1)从传统精神来看,作为历史的概念,越南人民的民族精神植根于越南民族数千年绵延不绝的优秀文化传统之中,在人民创造历史的过程中"凝结而形成的民族精神的基本内涵"可以概括为"爱国主义;为主宰自然的辛勤劳动德性;为保卫和建设共同体的仁爱、团结、齐心协力的精神;与邻国和平、友好生活的精神;经过不知多少艰苦和长期的建国与卫国斗争而造就的一种富有创造性的、独特的聪明精神"①。

(2)从时代精神来看,作为与时俱进的概念,是能够适应于现在时态的民族生存与发展的要求,是时代文明内在、深层的精髓和内核,是在一个时代起主导作用的精湛思想、最高指导原则的时代精神。近代越南,越南共产党人的革命精神逐渐成为现代越南民族精神的主体,其基本内涵可以概括为"坚定的理想信念、不怕牺牲的革命精神、实事求是的科学态度、为人民服务的崇高人生主旨、保家卫国的爱国主义情感、自力更生、艰苦奋斗的创业精神"等,具体表现为"胡志明思想"等。在社会主义的伟大实践中,越南民族精神又增添了新的内容,丰富了它的内涵。

(3)从历史性和时代性的有机统一来看,越南共产党人的革命精神继承和丰富了越南民族精神,使民族精神的内涵更加丰富,影响更深。它体现在党内提出的胡志明思想。越南共产党提出了"胡志明思想"。在1991年6月召开的"七大"上,第一次把"胡志明思想"写入党的正式文件。阮文灵在七大政治报告中指出:这次大会文件的新内容是,在强调马列主义的同时,党突出了胡志明思想是"在我国具体条件下创造性地运用马列主义取

① 崔桂田:《关于共产党执政国家的马克思主义民族化比较》,《山东社会科学》2005年第4期。

得的成果,而且实际上胡志明思想已经成为党和整个民族的宝贵精神财富……胡志明思想的提法符合于我国革命实际,符合全党、全民的感情和愿望"①。2001 年越共九大更加全面系统地阐述了胡志明思想,认为"胡志明思想是关于越南革命基本问题的一套全面、深刻的理论和政治观点体系;是在我国具体条件下创造性运用和发展马克思列宁主义,继承和发展优良民族传统价值观以及吸收人类文化精华的产物"。它包括"关于民族解放、阶级解放和人类解放的思想;关于民族独立与社会主义紧密联系、民族力量与时代力量相结合的思想;关于人民力量和民族大团结的综合力量的思想;关于人民当家做主和建设真正属于人民、人民做主和为了人民的国家的思想;关于经济和文化发展以及不断改善人民物质和精神生活的思想;关于革命道德、勤奋、节俭、诚恳、正直、为公和无私的思想;关于培养未来革命接班人的思想;关于建设廉洁和强大的党以及把党的干部和党员锻炼成为既是领导者又是真正忠于人民的公仆的思想,等等"。大会强调:"我们党和人民决心沿着以马克思列宁主义和胡志明思想为基础的社会主义道路建设越南。"②

三、越南民族精神的基本特征

民族精神是一个民族在长期共同生活和实践中逐步形成的一种优秀传统。它反映了民族的价值理念、心理素质、性格意志和精神风貌。它是民族文化的核心和灵魂,是一个民族赖以生存和发展的精神支柱。从其运动属性看,它是历史性和时代性的统一;从其基本性质看,它是共性与个性的统一;从其作用方式看,它又是间接渗透性与直接能动性的统一。③

---

① 崔桂田:《关于共产党执政国家的马克思主义民族化比较》,《山东社会科学》2005 年第 4 期。
② 崔桂田:《关于共产党执政国家的马克思主义民族化比较》,《山东社会科学》2005 年第 4 期。
③ 参见古小松:《中越社会主义比较研究》,《东南亚纵横》1995 年第 4 期。

越南民族精神的形成与发展过程可划分为越南先民原始思维阶段，越南民族精神体系形成阶段，越南封建意识形态丰富发展阶段以及越南传统民族精神与西方思想观念融合创新阶段。其主要特征是民族意识、民族和国家独立观念构成越南民族思维的核心，越南民族精神的形成与发展深受中国思想史发展演变的影响，越南民族精神的形成与发展具有开放性和包容性，比较注重形象思维、实用性而相对缺乏抽象思维、思辨性。

越南古代的思想体系特别是长达两千余年封建社会的思想体系，可以说是以民族意识为内核，以儒释道思想为社会上层主导意识形态，以村社和民间文化为社会下层普遍思想载体，三者之间相互联系、相互渗透，密切结合为一个整体。作为占统治地位的统治阶级的思想观念，已经越南化了的儒学在长时期占据支配地位。近代以来，西方资产阶级思想和文化包括若干哲学观念开始输入越南，但主要表现为某些政治理念和科技文明。进入20世纪，马克思列宁主义在越南从无到有，从弱到强，得到广泛传播，进而形成胡志明思想，成为越南革命和建设事业的指导思想，居于社会意识形态中的核心地位。在前面了解了越南民族精神的主要内容之后，我们可以看到，越南民族精神除了具有以上所有民族精神的共同特征之外，还具备较为明显的特征，如，同一性、选择性、自主性、开放性和创造性等等。具体表述为：

第一，民族意识、民族和国家独立观念构成越南民族思维的核心内容。特别是进入自主封建时代以来，这种民族意识、民族和国家独立观念更为突出、鲜明，具体表现为民族自我认同、民族自豪感、国家自古一统观、国家独立至上、文明优越感、文明自古一脉相承等等。此外，本民族语言延续不衰，也使在文字产生以前民族意识、民族思维得以有一个维系的根本载体。尽管长期使用汉字，不少文人也以通晓汉字为荣耀，但越南语自古已经存在，为社会上下层普遍使用。封建时代的统治者和士大夫在写作时使用汉字，而在口头表达时都是使用越南语言。用汉字创制的越南民族文字和用拉丁字母拼写的越语，均被尊之为国音、国语，也是民族意识的反映。许许多多的思想家，如潘佩珠、胡志明所思索的问题首先是民族存亡、国家独立，在此基础上，才进一步阐发自己的思想观念，形成一定的体系。可以说，越南文化是以民族意识、民族精神为支柱的。正是有了这种精神支柱，越南民族文化、民族思维在从其他民族文化和民族思维中接受了很多内容的时候，却没有被“同化”。具体到越南古代文化，可以说就是从中国传统文化移植过去，又带有自身民族特色的文化。这种移植必须与越南的实际相结合，成为越南民族文化的有机组成部分，才能生存和发展，才具有长久生命力。越南思想史的发展，也体现出这一特征。①

第二，越南民族精神的形成与发展深受中国思想史发展演变的影响，一些越南学者接受中国学术思想，表现出述而不作的特征。作为汉文化圈中的一员和一直与中国封建王朝保持宗藩关系的国家，越南自立以后，中国隋唐佛学、宋明理学、明清实学和近代新学都曾传入越南，对其思想界产生较大影响。如18世纪著名哲学家黎贵惇既接受了宋代理学大量的思想内容，又受到明清实学思想家的影响。其主要哲学著作《芸台类语》理气篇显现出理学思想家的深刻烙印。其所著《群书考辨》、《圣漠贤范》，中国学者赞为“大儒明体之学”、“致用之学”。从研究的具体内容看，越南学者曾指出，其本国思想史上虽然没有出现如同欧洲一样的思维与存在、精神与物质、辩证法与形而上学等概念，却有着相应的问题和范畴，如天人、形神、心物、有无、理气、静动、常变等等，这些问题和范畴，正是中国哲学史上经常提及、深入探讨的。越南学者的阐发，除少量有一些创见之外，一般是局限在中国学者的研究范围之内的。② 越南著名的佛学思想家慧忠上士和陈仁宗创立的竹林派即是禅宗的一支，他们所提出的即心即佛说、无念说(亡二见论)③等思想也常见于中国佛教著述中。

第三，越南民族精神的形成与发展具有开放性和包容性，常常能够将不

---

① 参见向东：《越南思想史的发展阶段和若干特征》，《郑州大学学报》(哲学社会科学版)2001年第3期。

② 参见向东：《越南思想史的发展阶段和若干特征》，《郑州大学学报》(哲学社会科学版)2001年第3期。

③ 参见[越]阮才书：《越南佛教史》，越南社会科学出版社1988年版，第23页。

同的思想体系和学说融会在一起，以适应自己的需要。越南自主封建王朝建立之初，民族文化和思维发展程度有限，思想界对于从“上国”即中国封建王朝传播而来的儒释道各种思想学说和宗教信仰皆取而崇之，为己所用。到封建社会发展时期儒释道三者的势力和地位有所变化消长，如李陈时期释道影响盛于儒，后黎和阮朝时期又崇儒学重道学，佛道教势力有所衰落，但三者之间的相互影响、相互渗透是始终存在的。越南古代史上也曾经有独尊儒学、儒学居支配地位的时期，但任何时期都未形成一元独霸、排斥其他学说、各种思想体系水火难容的局面。越南古代思想界对待儒释道的态度和认识的发展轨迹，可表述为“三教并尊”——“三教一旨”——“三教同源”。这也是越南佛教寺庙中同时可以容纳供奉其他神祇的思想根源。这种思想发展轨迹与“三教一旨”在中国的发展，有着密切联系。早在公元2世纪末，避乱交趾的牟子就著有《理惑论》，认为儒释道学说有共通之处。越南自主封建王朝丁至陈朝时期，以儒释道三教试士，优渥礼待三教有识之人。不少越南学者像朱文安、阮侠、阮屿、阮秉谦、黎贵谆等人的学说思想中，儒释道的影响常常可以并见，包括鬼神之说也兼容并蓄。陈太宗、陈仁宗都是饱浸儒学、精研佛理、通晓禅旨的学者。在他们的思想和为政实践中，已将儒释诸说融于一体，灵活运用。陈太宗曾说“开启愚昧之法，晓谕生死之理之捷径，盖佛之大教；为后世之称杆之法则，盖先圣之重责……今联何不以先圣之任为己任，佛之教诲为己之教诲！”至18世纪，郑穗居士撰《三教一源说》和吴时任著《竹林宗旨原声》较深入地阐发了三教合一思想，其抽象思维程度超出陈太宗《课虚录》所表现的程度。近现代以来，胡志明把马列主义在越南弘扬光大，同时吸收儒学的合理因素和民族文化的基本素养，形成自己的思想体系。胡志明的革命人生观、道德观主要是吸收了儒家思想内容。他把儒家忠、孝的观念加以发展，提出“忠于国”、“孝于民”，越南学者认为，这是“把与旧的价值观相联系的一些概念加以改造、提高，甚至更新的范例”①。胡志明本人在40年代就曾表示：“孔子、耶稣、马克

① [越]阮才书：《越南思想史》第一集，越南社会科学出版社1993年版，第153页。

思、孙逸仙难道没有共同点吗？他们都欲为人类谋幸福、为社会谋福利。倘若他们今天尚健在，聚会一起，我相信他们一定能够如亲密朋友相处，……我要努力做他们的小学生。”①这段话也间接反映了胡志明思想受到多种思想体系的影响，是多种思想学说融会的产物。

第四，从文化和思想史角度综合考察，越南民族史学、文学相对发达，哲学相对薄弱，注重形象思维和实用性，相对缺乏抽象思维和思辨性。越南学者也认为，尽管历史上越南已形成了自己的哲学思想，“但哲学并不发达”②。越南历史上文学和史学兴盛较早，官私著述甚多，名家辈出，而哲学却发展较为缓慢，著述有限，真正意义上的哲学家、思想家、专门的哲学著作较为少见，黎贵谆在越南历史上是著述最多的学者之一，其《芸台类语》理气篇涉及哲学基本问题，是越南思想史上最具深度的哲学著作之一。但不少著名学者如朱文安、阮侠、阮秉谦等人著述不多，流传于世者更为少见，这就为人们研究其哲学思想带来较大困难。相比之下，史学和文学影响更大一些，很多哲学家，首先是史学家、文学家。一些古典名著可以说是妇孺皆知，家喻户晓，如《岭南披怪》中的一些传说故事，《金云翘传》等，黄童白叟，皆爱慕之。阮屿作为思想家，主要就是通过其《传奇漫录》等文学作品中包含的“三教合一”观念来体现的。《岭南披怪·徐道行传》中“有空如水月”，《金云翘传》中“才命常相妒”的思想观念也都在民间广为流传，启迪了辩证思维，为人所熟知。越南民族相对善于形象思维，注重实用性，这和古代东方民族思维的一般特征也是相符的。很多思想家就是经邦济民、积极入世的儒学家、政治家。相比较而言，越南宗教哲学相对发达一些，出现了一些有影响的思想家和内容深刻的著述。

我们应当认识到，越南民族精神的精髓是越南民族传统文化，文化传统本身并非是不变的；相反，它是在不断地变化和发展的。即使基本的民族传统价值也会发生变化，以符合新的历史条件的要求。所以，保持和发扬民族

① [越]武元甲：《胡志明思想根源》，《共产杂志》1996 年第 23 期。

② 参见[越]阮才书：《越南佛教史》，越南社会科学出版社 1988 年版，第 23 页。

文化并不是意味着完全拒绝与否定其他外国文化价值,包括西方文化价值。相反,只有通过学习人类文化成果,越南文化才能稳定地发展。但是,学习其他文化应当是有选择性的。越南民族有选择性地学习国外价值后,应当改造这些价值,使之融入民族文化。在越南民族当前的改革事业中,需要鼓励人民的创造性与自主性。但是,个人的自由与创造性精神取向要服务于社会利益,同时不允许个人主义的消极方面破坏越南民族的基本传统价值。

四、对中华民族精神的启示和意义

作为一个具有悠久文化传统的国家,越南的文化传统与其民族历史共存了几千年。在这一过程中,越南文化不仅保持了同一性,而且通过学习其他外国文化,例如,学习中国、法国、俄罗斯,甚至美国的文化,丰富了自己。胡志明明确表达了民族文化传统与人类文化价值相结合的思想,联合国教科文组织赞扬他是民族解放的英雄、伟大的文化思想家。为了探寻拯救越南民族的道路,他在各大洲巡回实践,非常理解西方价值及其他国家文化。他写道:“儒家的优点是个人道德的自我修养。基督教的优点是其崇高的利他主义。马克思主义的优点是辩证法。Ton Dat Tien 学说的优点是其政策适宜于我们的条件。我努力做他们(那些思想家)谦虚的学生。”

民族精神本身是一个过滤器,它帮助我们的民族选择(对越南的文化)有积极作用的价值,摒弃一切有害价值。越南民族精神创造于越南整个历史过程并表现于越南文化传统的价值观中,它在越南为独立与民族解放而奋斗的过程中发挥了充分的作用。当前,民族精神对许多民族的改革与现代化至关重要。反省越南文化及建设越南文化的方式,胡志明说:“越南文化是东方文化与西方文化相互影响的结果……我们学习东方和西方的精萃来发展我们自己的越南文化。”

在继承与发展上述胡志明思想的同时,越南一直力图并且的确是在发扬民族文化传统与学习世界文化精髓基础上，建设具有深刻的民族同一性的先进文化。从许多国家的发展经验以及越南的实践中，我们可以断定，建设具有民族同一性的先进文化这一思想已被证明是在当前全球化背景下发扬民族精神的一项可靠的方针政策。

我们知道，全球化不是一种新的现象。但是当前它表现出了某些新的特点。由于资本主义国家，特别是强大的资本主义国家对于当前全球化的强大控制，因而某些学者将当前的全球化形容为资本主义的全球化。

当前的全球化强烈地影响着几乎所有的国家、整个人类社会的社会生活及每个人的生活。世界范围的人民与民族对于发展中的全球化有不同的反应。当发达国家成千上万的人抗议全球化及全球化引起的贫困时，发展中国家的人民却在欢迎全球化的到来，希望全球化能够帮助其民族革新科技，步入现代化社会。

因为全球化趋势的增速，出现了一种在一些资本主义国家称之为“智慧文明”的文明。我们正目睹一场使物质的数量日益增加的科学技术革命以前所未见的速度迅速发展，其直接劳动在产品生产中所占的比例日益减少，有时减至极小的程度，正如卡尔·马克思预先推断的那样，在各资本主义国家经济结构和社会以及各发达资本主义国家的社会正经历着深刻的变化：农业和工业中直接劳动所占的比例锐减，在服务和信息领域中从业的劳动比例已占70%以上，而且还在继续增加。

我们正看到一种相反的道路：当生产出来的物质总量日益更有可能满足人类需求的时候，世界三分之二的人仍生活在贫困和落后的状态，富国和穷国之间的差距在日益加大。特别在亚洲，近来金融和经济结构方面的沉重危机又使情况更加复杂。

值得注意的是，全球化带给不同国家的机遇并非总是相同的。大体而言，经济更为发达的国家会比贫穷的国家得到更多的机遇。此外，全球化还为贫穷及发展中国家的社会生活各方面带来了巨大的挑战，包括经济、政治，尤其是文化挑战。

例如，在当前的国际背景下，几乎所有的不发达及发展中国家都在竭尽全力赶超经济全球化，以实现跨越式发展。这些国家一方面重视国际一体化，以及所有领域与不同形式中的双边及多边发展；另一方面，他们积极地抵御西方（经济和政治上的）干涉与不合理要求。在经济世界一体化过程中，不发达及发展中国家紧要地提出了民族独立与主权问题。他们面临着一些发展机遇来加强国力、获得在国际劳动力分配体系中的适当位置、经济上逐渐独立、巩固政治独立；同时，也面临着巨大的困难与挑战，甚至面临着科技、资本及其他方面的"重新殖民化"威胁。

从文化角度来看，全球化给发展中国家，特别是亚洲国家，带来了巨大的文化挑战。事实上，几乎所有的亚洲国家都经历过西方殖民主义的统治。殖民主义不仅剥削了被殖民化国家的自然资源，而且中断了本土人与其文化、智力、精神遗产之间的一切联系。因此，在获得政治独立后，尽管遭受了物质贫乏，但几乎所有的亚洲国家都以"现代化"思想意识，积极地制定了各自的经济发展计划，这的确是"西化"和"资本主义化"。

越南民族的发展需要越南大力发展越南文化及其重要组成部分的文学艺术，保持民族传统和物质文化与迅速接受人类文化聪明才智并行。这种文化为建设不断革新带来日益提高劳动效率和社会经济效益的经济结构，为建设一个在水平不高时的民主、公平，生活健康、幸福的社会共同体创造动力。这种文化是在保持独立主权同时又能融入区域和世界进程中，创造巨大综合国力把民族引向胜利的头等重要前提。这种文化给稳步迈上革新之路、在越南共产党和胡志明主席的旗帜下，在国际朋友的合作与帮助下，满怀信心和自豪迈向新的千年纪的越南人民，带来强大的活力。这一点对世界各民族有着深刻的借鉴意义和启示。

当全球化不再停留于口头、书面，无孔不入地渗透进我们生活的每一个空间时，许多亚洲国家或被迫、或被诱惑到了这场全球化过程中，西方文化优势强烈地影响了作为人类文化摇篮之一的亚洲的传统文化。因此，对于丧失民族文化同一性的担忧不无道理。

在战略地理上，越南位于两个大国也是人类两个伟大文明中国和印度之间的国际交流道路上，具有重要的地位。越南还处于东亚和南亚区域之间重要航海交通道路上。越南社会没有经过奴隶制度，可以说，当时的大越国与区域内其他国家相比能够称得上是强盛的。在历史上，越南也是各强国扩张主义、殖民主义的重要地盘。因此，越南是自远古以来有机会接触到世界上东西方巨大文明的为数不多的民族之一。

中国和越南在过去20年中快速而稳定的发展进一步肯定了两个民族在亚洲及世界的地位。发展的成功可以用政治稳定、充沛而开放的对外政策、相对低成本的劳动力等方面来解释。但我们认为，越南成功的主要原因之一在于发扬民族精神，从而为越南的全面改革事业创造出了一股聚合性的力量。越南经过按苏联模式走社会主义的一段时间，虽然取得了一定重要性的成就，但社会经济日益陷入迟滞和危机。越南共产党在胡志明思想的光辉照耀下，及早发现了问题，总结了实践，提出了创造性的革新路线，重新取得了重要的胜利。

虽然如此，越南人民在需要克服数十年战争所造成的巨大损失的情况下，正实现新的任务。另外，一个原本是殖民地、半封建的国家，走上多种经济成分和由国家调节的市场机制的社会主义，又是一条无论在理论上还是实践上都是崭新的道路，在历史上没有先例可循。有一个我们必须真正重视的问题，即以实践的观点和民主的精神，来克服理论方面滞后的问题。我们以为，这不仅仅是越南的问题，而且也是世界上许多国家的迫切需求，是一个时代的理论问题。①

可见，民族精神对许多民族的改革与现代化至关重要。在全球化背景下，亚洲国家，特别是发展中国家在保持自己的民族文化同一性时，面临着如何成功地与世界接轨的问题。这也是我国在当前经济一体化过程中所面临的大问题。这时，稳定保持与弘扬本民族的民族精神就成为各国都必须认真面对的一个重大课题。而要稳定保持和弘扬民族精神，首先要保持与弘扬那些创造了民族文化同一性的传统价值观；其次要选择适宜于本国条

① 转引自1998年7月15日在河内举行的首届越南学国际会议上的讲演，参见[越]武元甲，戴可来译：《关于“越南学”的一些思考》，《东南亚纵横》(季刊)1998年第4期。

件的模式，同时，还要积极地与世界融合，广泛参与和世界其他民族的对话，学习其精髓以丰富本民族的文化同一性。

具体到我国而言，这种危机感似乎应该比其他国家更为强烈，毕竟，这里还存在一个久不曾言说但大家都心知肚明的差异，一个不可调和的对立：意识形态的落差。因此，我们必须居安思危，未雨绸缪，严阵以待，打好这场没有硝烟然而极其残酷的"软件"战争，实现中华民族的伟大复兴，使我们中华民族永远牢牢屹立于世界民族之林。

参考文献

[1]吴浩:《自由与传统——二十世纪英国文化》,东方出版社 1999 年版。

[2]温斯顿·丘吉尔:《英语国家史略》上册 ,新华出版社 1985 年版。

[3]蒋孟引:《英国史》,中国社会科学出版社 1988 年版。

[4]戴维·罗伯兹:《英国史·1688 年至今》,中山大学出版社 1990 年版。

[5]阎照祥:《英国政治制度史》,人民出版社 1999 年版。

[6]钱乘旦:《第一个工业化社会》,四川人民出版社 1988 年版。

[7]钱乘旦、陈晓律:《在传统与变革之间——英国文化模式溯源》,浙江人民出版社 1991 年版。

[8]钱乘旦、许浩明:《英国通史》,上海社会科学院出版社 2002 年版。

[9]罗斯:《伊丽莎白统治时期英国的扩张》,1955 年版。

[10]索斯盖特:《英帝国》,1945 年版。

[11]威尔·杜兰:《世界文明史》第 7 卷,东方出版社 1999 年版。

[12]肯尼思·O. 摩根:《牛津英国通史》,商务印书馆,1993 年版。

[13]劳埃德:《1558—1983 年的英帝国》,牛津大学出版社 1984 年版。

[14]罗斯等:《剑桥英帝国史》第一卷,剑桥大学出版社 1929 年版。

[15]钱乘旦:《现代文明的起源与演进》,南京大学出版社 1991 年版。

[16]斯塔夫里阿诺斯著、吴象婴、梁赤民译:《全球通史:1500 年以前的世界》,上海社会科学院出版社 1996 年版。

[17]埃德加·莫兰著,康征、齐小曼译:《反思欧洲》,生活·读书·新知三联书店 2005 年版。

[18]刘晓春 :《俄罗斯民族经济与改革》, 远方出版社 1999 年版 。

[19]何云波著:《陀思妥耶夫斯基与俄罗斯文化精神》, 湖南教育出版社

1997 年版 。

[20]本文池主编:《在北大听讲座（第八辑）:俄罗斯文化之旅》，新世界出版社 2002 年版。

[21]安启念:《东方国家的社会跳跃与文化滞后 ——俄罗斯文化与列宁主义问题》，中国人民大学出版社，1994 年版 。

[22]吴克礼主编:《当代俄罗斯社会与文化》，上海外语教育出版社 2001 年版 。

[23]宋瑞芝著:《俄罗斯精神》，长江文艺出版社 2000 年版。

[24][俄]B. Л. 索洛维约夫等著，贾泽林、李树柏译:《俄罗斯思想》，浙江人民出版社 2000 年版。

[25][越]越南第十届国会民族委员会:《党和政府有关民族的政策和法律》，民族文化出版社 2000 年版。

[26][越]越南人民军总政治局思想文化局:《我们国家和党的民族政策观点和若干民族问题》，人民军队出版社 1995 年版。

[27]范宏贵:《越南民族和民族问题》，广西民族出版社 1999 年版。

[28][越]阮郊:《越南佛教史论》第一集，文学出版社 1992 年版。

[29]赵廷光主编:《云南跨境民族研究》，云南民族出版社 1998 年版。

[30]《世界社会主义思想通鉴》，人民出版社 1996 年版。

[31][越]陶维英:《越南文化史纲》，胡志明市出版社 1992 年版。

[32][越]胡志明:《胡志明选集》第二卷，越南外文出版社。

[33][越]阮才书:《越南思想史》第一集，越南社会科学出版社 1993 年版。

[34][越]阮才书:《越南佛教史》，越南社会科学出版社 1988 年版。

[35][越]武挑:《古今儒教》，越南社会科学出版社 1990 年版。

[36][越]陈文饶:《从十九世纪到八月革命前越南思想的发展》第一集，越南社会科学出版社 1973 年版。

[37]A. L. Rowse. ,*The England of Elizabeth* ,London, 1951.

[38]A. L. Rowse. ,*The Expansion of Elizabethan England* ,London, 1981.

[39]F. C. Dietz ,*England Public Finance*1558—1641 ,London, 1932.

[40]朱达秋:《关于俄罗斯文化的深层结构的几点思考》,《四川外语学院学报》2000 年第 2 期。

[41]吴嘉佑:《“俄罗斯思想”简评》,《东欧中亚研究》2002 年第 4 期。

[42]张建华 :《俄国历史上俄罗斯民族主义的产生及其基础》,《世界历史》1994 年第 5 期。

[43] 范文德:《在全球化背景下发扬当今越南民族精神》,《华中科技大学学报》(社科版)2005 年第 2 期。

[44] 黎文积:《胡志明关于民族独立与社会主义紧密相连的思想》,《学术论坛》2001 年第 5 期。

[45] 人大复印资料:《国际共产主义运动》1999 年第 4 期。

[46] 古小松:《中越社会主义比较研究》,《东南亚纵横》1995 年第 4 期。

[47]许宝友:《越共九大政治报告的新特点》,《国外理论动态》2001 年第 7 期。

[48]崔桂田:《关于共产党执政国家的马克思主义民族化比较》,《山东社会科学》2005 年第 4 期。

[49][越]武元甲著,戴可来译:《关于“越南学”的一些思考》,《东南亚纵横》(季刊)1998 年第 4 期。

[50] 梁志明:《论越南儒教的源流、特征和影响》,《北京大学学报》1995 年第 1 期。

[51][越]陈辉燎:《越南人民抗法八十年史》第一卷,三联书店 1973 年版。

[52][越]武元甲:《胡志明思想根源》,《共产杂志》1996 年第 23 期。

[53]于向东:《越南思想史的发展阶段和若干特征》,《郑州大学学报》(哲学社会科学版)第 5 期。

[54]欧阳康:《走进古巴人的精神家园——古巴哲学和社会主义理念初探》,《哲学研究》2002 年第 4 期。

[55]欧阳康:《古巴哲学与文化感悟》,《华中科技大学学报》(人文社会科学版)2002 年第 4 期。

[56]欧阳康:《当代古巴的哲学与社会主义——访古巴科学院院士、著名

哲学家龚萨里兹教授》,《求是学刊》2006 年第 1 期。

[57]欧阳康:《在现代化进程中推进人与文化的良性健康互动——越南人学研究一瞥》,《哲学研究》2004 年第 11 期。

[58]欧阳康:《革新开放中的越南社会主义——越南哲学与文化感悟》,《南京大学学报》(哲学、人文科学、社会科学版)2005 年第 3 期。

[59]欧阳康、杨玲:《越南民族精神印象》,《华中科技大学学报》(社会科学版)2007 年第 4 期。

[60]欧阳康:《俄罗斯民族精神的探索与思考——访“俄罗斯学”学会会长楚柏斯等》,《华中科技大学学报》(社会科学版)2005 年第 5 期。

[61]欧阳康、陈仕平:《论俄罗斯民族精神的主要特性》,《华中科技大学学报》(社会科学版)2008 年第 1 期。

[62]欧阳康、吴兰丽:《民族精神的概念界说与研究思路》,《华中科技大学学报》(社会科学版)2004 年第 2 期。

后 记

民族精神的研究必须具备比较的视野，特别是在当今全球化背景之下，如何弘扬与培育中华民族精神这一重大时代课题，更离不开对世界其他民族的文化与精神的观照、借鉴。惟其如此，我们才能进一步认清自己民族精神的内涵与特点，并为她的继承和提升开辟新的天地。自“弘扬与培育民族精神研究”课题启动伊始，我们就精心设计了民族精神的比较研究这一子课题，本书即为课题组成员深入系统研究的主要成果。

民族精神比较研究子课题由欧阳康牵头负责，经过课题组全体成员的多次开会研讨，拟定了写作大纲，并具体分工如下：导言，欧阳康；第一章，张廷国；第二章，丁建定；第三章，别敦荣、崔燕；第四章，欧阳康、陈仕平；第五章，潘斌、张建华；第六章，欧阳康、潘斌；第七章，陈俊森、王秋华；第八章，张建华、潘斌；第九章，欧阳康、杨玲。全书最后由欧阳康统稿。在书稿构思、写作过程中，首席专家杨叔子院士和其他子课题组的老师提出了不少有益建议；华东师范大学哲学系潘斌博士做了大量的技术性工作；华中科技大学民族精神研究院栗志刚老师也为本书的完成付出了许多劳动。在此一并向他们致谢。

人民出版社哲学编辑室陈亚明主任、夏青编辑为本书出版付出了不少心血，在此表示衷心的谢意。

主　编

2009 年 5 月

责任编辑:夏　青

图书在版编目(CIP)数据

思想碰撞与方法借鉴——民族精神的比较研究/ 欧阳康　主编.
-北京:人民出版社,2009.9
(民族精神研究丛书)
ISBN 978-7-01-007775-8

Ⅰ. 思…　Ⅱ. 欧…　Ⅲ. 民族精神-对比研究-世界　Ⅳ. C955

中国版本图书馆 CIP 数据核字(2009)第 030436 号

思想碰撞与方法借鉴

SIXIANG PENGZHUANG YU FANGFA JIEJIAN

——民族精神的比较研究

欧阳康　主编

人民出版社 出版发行
(100706　北京朝阳门内大街 166 号)

北京集惠印刷有限责任公司印刷　新华书店经销

2009 年 9 月第 1 版　2009 年 9 月北京第 1 次印刷
开本:710 毫米×1000 毫米 1/16　印张:22.75
字数:320 千字　印数:0,001-3,000 册

ISBN 978-7-01-007775-8　定价:46.00 元

邮购地址 100706　北京朝阳门内大街 166 号
人民东方图书销售中心　电话 (010)65250042　65289539